Jiaoyu Guanli Lilun Yundong

教育管理新概念丛书

丛书主编：陈如平

教育管理理论运动

陈如平◎著

教育科学出版社
·北 京·

总序

对教育管理进行系统研究，最早始于19世纪末20世纪初的美国。此后，无论从教育管理研究的领域看，还是从教育管理著作的数量看，或是从教育管理学家及其核心思想的影响力看，美国的教育管理研究始终处于“一枝独秀”的国际领先地位，而其他教育发达国家大概是在20世纪60年代后才开始有组织地开展教育管理方面的研究。首先是加拿大、澳大利亚两国“亦步亦趋”，因循美国教育管理“理论运动”的步伐，努力在教育管理理论层面拓展各自的研究领域；而英国则始终注重务实的研究，未发展出类似美国教育管理实证性理论体系，这种倾向直至20世纪90年代初才略有改变。日本、德国的教育管理研究更多地带有本国的特色，侧重教育行政研究和教育法制建设。20世纪90年代后，受各国社会经济快速发展、社会思潮多元化、信息网络化以及教育本身发展的影响，各国更加重视和加强教育管理，教育管理研究同时出现了一些令人欣喜的新趋势。“教育管理研究已经上升到了一种潜在的主宰位置。不仅有关教育管理各方面的文本开始成为教育管理出版物中的重头戏，而且更为普遍的是，有关管理的语言、设想、理念开始主宰着那些教育工作者们的语言、意识、行为和分析问题的方式”。[①]从各国教育管理研究的总体情况看，进入21世纪后，再现教育管理理论的“丛林”。与此同时，在当代教育管理学的领衔学者的积极推动下，“新管理主

① G. Grace. *On the study of school leadership: beyond educational management* [J]. In *British Journal of Educational Study*, 1993 (4): 353.

义”的教育管理思想在全球范围内逐步传播，出现了教育管理理论趋同的国际化倾向。①

我国教育管理研究的发展经历了一个曲折而复杂的过程。20世纪前半叶，我国早期的教育管理研究紧随欧美，带有鲜明的外来移植性的特点。② 在20世纪二三十年代，以杜佐周、罗廷光等人为代表的教育管理学者，致力于美国教育管理思想的引进，并将它应用到我国教育管理理论和实践中，出版了一大批至今仍有影响的教育管理著作，促进了我国教育管理学科体系的初建。与此同时，教育统计、智力测验、学校调查等许多先进的管理方法和技术引入并立即运用到我国教育管理实践当中，加速了我国教育管理的科学化，效果较为理想。新中国成立后，我国教育研究曾一度出现“一边倒”的倾向，教育管理学科被置于教育学的附属地位，教育管理研究出现停滞局面。直至改革开放后，在20世纪80年代初，我国的教育管理研究才逐渐恢复元气，并形成了学科建设蓬勃发展、研究队伍不断壮大、各类著作精彩纷呈、国际交流与合作等相辅相成的喜人气候。由于长期的闭塞状态，国外先进的教育管理和方法给人以耳目一新的感觉，与我国教育管理的落后状况和水平形成鲜明的反差，这种状态激起我们学习和借鉴国外先进教育管理理论和实践的兴趣。

迈入21世纪后，我国的教育管理研究出现了新的气象。这主要表现在以下几个方面：首先，国内著名大学纷纷开设教育管理学课程，有的还开设教育管理学硕士课程，招收教育管理学专业硕士和博士研究生，大大扩充教育管理研究的队伍，近20年以来我国教育管理研究队伍老化，人才断层现象得到进一步的缓解；尤为欣喜的是，国内一批中青年教育管理学者异军突起，他们广泛发表学术论文，出版专著和教材，展开实证研究，深入课题研究，展示了我国教育管理研究的新生力量。其次，教育管理学名著译介工作得到明显的加强，大批国外20世纪90年代后出版的优秀教育管理学著作被陆续介绍、引进和翻译到国内来，而且形成比较广泛

① 杰夫·惠迪等．教育中的放权与择校：学校、政府和市场［M］．马忠虎译．北京：教育科学出版社，2003：70．

② 张济正．我国教育管理学科的过去、现在和未来［J］．华东师范大学学报：教育科学版，1989（3）．

的读者群，使最新的国外教育管理理论和知识得到同步传播，并得到即时的响应，以往那种学术滞后的现象已大为改变。第三，近年来，国际著名的教育管理学家纷纷来华访问或者与国内学者建立起合作研究关系，使得当代教育管理学领衔学者的核心思想得到更为直接的宣传，国内学者在他们的指导和帮助下掌握了大量的新的教育管理研究范式，不仅开阔了研究视野，而且开拓了新的研究领域和研究方向。这些状况为繁荣我国教育管理学科建设和促进教育管理研究营造了非常良好的学术环境。当然，目前我国教育管理研究中还存在诸多明显的问题，究其原因，主要有三个：没有出现泰罗式的人物；欠缺实证研究精神；深受“三大误会”① 的干扰。这些问题都需要我们进行深入的、扎实的研究和反思，以便得到合理的解决。

基于以上这些原因，我们设计出版一套“教育管理新概念丛书”，不仅要全面而充分地展示近年来我国教育管理研究方面的最新进展，提供更为丰富的、鲜活的教育管理学知识，搭建我国教育管理学科的新框架，而且要拓宽教育管理研究的视野和领域，运用新的教育管理研究范式，将教育管理理论研究的丰富成果应用到教育管理实践当中，同时将来自学校管理第一线的鲜活的成功示例和先进经验提炼上升为理念、观点、学说，乃至流派；更为重要是，通过这种梳理，能为我国的教育管理研究提供更广阔的发展平台。

本丛书自命为“新”，在于“新题”、“新作”和“新人”，试图反映出本丛书的三个基本特点：

所谓“新题”，是指本丛书选题突出综合性，既要反映纵向的历史脉络，又要体现横向的平面整合。这样纵横交错，给教育管理研究勾勒出一种新的画面。其中有的作品主要介绍和描述现代教育管理思想的发展历史和目前动态，还有的作品着重阐述、评价当前在学校管理领域中流行的部分管理理念和管理策略。

① “三大误会”是指：管理理论发展三阶段似乎已成定论，不可更改；教育管理本身无理论，只能移植经济管理或企业管理理论；西方管理理论的发展，似乎在20世纪70—80年代后停顿了。（详见冯大鸣．沟通与分享：中西教育管理领衔学者世纪汇谈［M］．上海：上海教育出版社，2003：354.）

所谓“新作”，是说本丛书注重原创性。各本著作要求以近年来个人的研究和深刻思考为基础，绝非简单拼凑的编撰之作，杀青之作应该代表作者本人新近的研究水平。新作均冠以“新概念”之名，无非是强调两层意思，一是对原先未曾整理、挖掘的材料进行重新的整理，另一是要求对新问题加以概括、提炼，形成新的框架体系或者作新的解释。

所谓“新人”，特指本丛书的作者均为近年来活跃在教育管理研究和教学岗位上的中青年学者。在我国蓬勃发展的教育管理研究中，他们当中有些人已占一席之地，有些人才小有成就，有些人还尚待锤炼。但总的来说，他们都已投身于我国的教育管理研究的事业之中，他们对我国教育管理理论与实践的发展具有强烈的使命感和责任感，他们的敬业精神、专业基础以及研究能力更毋庸置疑。至于著作的水平和质量自当交由读者们去评价细说。

本丛书的写作和出版是作者们的一种“斗胆”的尝试。尽管作者们日常的教学、研究和管理工作缠身，但本丛书写作所富有的挑战性，使得作者们在接受、撰写和完成所有著作时，都怀有“敢先吃螃蟹”、义无反顾的精神；尽管整个过程是在焦虑、困惑和问题交织的情境中进行的，但作者们得到了各种支持，包括团队互助。在这里，我们首先要感谢教育管理学界的前辈学者们，正是他们的雍容大度和无私提携，使这套丛书得以出世。其次，我们还要特别感谢教育科学出版社领导和编辑，正是他们的大力支持和真诚帮助，这套丛书才得以正式出版。最后，我们还要感谢丛书的读者们，他们可能是教育管理的理论工作者，也可能是在学的教育管理学专业的学生，还可能是战斗在第一线的中小学校长，正是他们的共同体验和快乐分享，使这套丛书得以留传。我们有理由相信，本丛书的出版会产生“一石激起千层浪”的效应，真正为我国教育管理研究的发展添砖加瓦。

陈如平

于中央教育科学研究所

目 录

绪论　路向何方？

一

20世纪40年代末至80年代是美国教育管理发展的一个极为重要的时期，一般称之为“行为科学”（Behavioral science approach）或“社会科学”（Social science approach）时期。[①] 其最明显的特征

① 有关美国教育管理思想发展的历史分期有三种不同的观点。第一种观点是以管理理论的发展为线索讨论教育管理思想的发展，如罗伯特·欧文斯（Robert Owens）分为科学管理时期（1910—1935）、人际关系时期（1935—1950）、组织行为时期（1950—1975）和新的组织理论时期（1975年至今）四个阶段（欧文斯．教育组织行为学［M］．孙绵涛等译．武汉：华中师范大学出版社，1987：29－30）；霍伊（Wayne K. Hoy）和米斯克尔（Cecil G. Miskel）分为古典组织思想时期、人际关系时期、社会科学时期和反传统观点时期四个阶段（详见：Hoy & Miskel. *Educational Administration：theory，research and practice.* McGraw-Hill，Inc.，1996：9）；伦伯格（Fred C. Lunenburg）等也持类似的观点（详见：Fred C. Lunenburg，& Allan C. Ornstein. *Eucational Administration：Concepts and Practices.* Wadswprth Publishing Co. 2000）。这是当今的主流观点。第二种观点是以教育管理理论的来源为线索来分析，如以1875年佩恩（William H. Payne）出版的《学校督导》（*Chapters on School Supervision*）一书为美国教育管理研究的起点，卡伯特森（Jack A. Culbertson）将教育管理理论的发展分为五个阶段：“实践者正视教育和管理科学：1875—1900”，“学校管理科学的确立和新观点的发现：1900—1925”，“教育和管理科学源流的拓宽和加深：1926—1950”，“提升为一种管理科学：1951—1966”，“作为一个防卫概念的管理科学：1967—1985”［Culbertson. *A Century's Quest for Knowledge Base.* Norman J. Boyan（ed.）. *Handbook of Research on Educational Administration.* Longman Inc.，1988］。第三种观点采用了模式分析的方法，如瑟万吉尼（T. J. Sergiovanni）等人把教育管理分为四种模式：效率模式（1900—1930）、人的模式（1930—1965）、政治与决策模式（“二战”后至今）、文化模式（当今）（详见：Sergiovanni al et.. *Educational Governance and Administration.* Prentice-Hall Inc.，1980：38－65）；英国学者托尼·布什（Tony Bush）分为：正规模式、学院模式、政治模式、主观模式、模糊模式和综合模式（详见：托尼·布什．当代西方教育管理模式［M］．强海燕主译．南京：南京师范大学出版社，1998）。我国台湾学者王如哲将20世纪美国教育管理理论分为规范性知识时期（1900—1946）、行为科学时期（1947—1985）和辩证的新纪元（1986年以后）三个时期（详见：王如哲．教育行政学［M］．台北：五南图书出版股份有限公司，1998：361－367）。尽管这些历史分期的观点可能因时代背景、起始年代、分析方法、理论基础有所差异，但对于20世纪40年代末至80年代美国教育管理思想的发展已形成一个共识：行为科学和社会科学对那个时期的美国教育管理思想及研究产生了决定性的影响。

就是，许多美国教育管理学家试图从行为科学和社会科学①中吸取一些适合于教育管理的知识和思想，来建构教育管理的理论体系。② 这种集体的努力及其所取得的众多成果，成为美国乃至整个西方教育管理领域中最重要的事件之一——教育管理“理论运动”（the Theory Movement）。

在此之前，美国教育管理思想已得到了长足发展，形成了科学管理时期和民主管理时期两个特征极为明显的阶段。科学管理时期始于 1910 年前后，到 20 世纪 30 年代前后结束，期间泰罗所倡导的科学管理理论对美国教育管理思想和实践产生了深刻的影响，教育管理领域凸显出对效率的崇拜（the cult of efficiency）。③ 20 世纪 30 年代前后，由于自身存在一些缺陷和不足，科学管理理论逐渐被民主管理思想和人际关系学说所取代，民主参与学校管理迅速成为美国教育管理思想和实践的新特征。但是，由于民主参与管理的概念不确定并且与学校管理实践相脱节，因此，在 20 世纪 50 年代前，民主管理思想和人际关系学说很少被运用到学校管理实践中。美国教育管理学家坎贝尔（Roald Fay Campbell）曾指出，“无论是民主管理和人际关系学说，都未尝制订改革学校实践的严密计划；相反，这些思想就其本身而言更多的只是提出一些改革主张而已。”④ 这种状况大大限制了民主管理和人际关系学说的影响范围。

20 世纪 50 年代前的美国教育管理思想及研究尽管在许多教育管理著

---

① 在美国管理学著作中，行为科学与社会科学这两个概念有时是通用的。但也有的学者主张将社会科学与行为科学区分开来，如贝雷尔森（B. Berelson）和斯坦纳（G. A. Steiner）说：“我们在使用词汇时，不能将行为科学与社会科学等同起来。社会科学，一般人们认为它包括 6 个学科：人类学、经济学、历史学、政治学、心理学和社会学。就行为科学来说，我们指的是人类学、心理学和社会学——但要有所增减：减去的学科，如生理心理学、考古学、技术语言学和大部分的自然人类学；增加的学科，如社会地理学、一些精神病学，还有经济学、政治学与法律的行为部分。总之，我们在这里着重研究的是直接与人的行为有关的科学研究。”（详见：卡斯特，罗森茨韦克．组织与管理［M］．李柱流等译．北京：中国社会科学出版社，1985：92 - 93.）

② 欧文斯．教育组织行为学（第二版）［M］．孙绵涛等译．武汉：华中师范大学出版社，1987：30.

③ 坎贝尔等．现代美国教育管理［M］．袁锐锷译．广州：广东高等教育出版社，1991：56.

④ 坎贝尔等．现代美国教育管理［M］．袁锐锷译．广州：广东高等教育出版社，1991：197.

作中有所反映，但从学科水平来看，既没有科学理论为基础，又缺乏一定的理论概括，大多数是一些对教育管理经验的描述，“教育管理的研究主要是研究现存问题的情况或是收集意见。除极少数人例外，在教育管理方面，没有什么研究是对尚待解决的理论问题进行考察的，事实上，没有一项研究包含了行为科学家提出的见解与研究方法”。[①] 许多学者认为，产生这种状况的主要原因是教育管理的教学同社会科学研究的主流脱节，尤其在一些颇负盛名的大学里，教育学院与工商学院很少有学术交流；另外一个重要原因是，教育管理课程一直由担任过督学的教授讲授，他们的专业知识主要来自多年在一线工作中辛辛苦苦获得的经验，因此，教学内容集中于“怎样去做”这些实际问题方面，依靠的是过去管理者所积累的经验，并不是经过实证的系统知识，虽然他们现身说法，提出许多管理的原理和原则，但主要是成功管理者的观察或心得体会。因此，学生所学到的也多是一些零碎的知识，知道怎么做但却不知所以然。这种现象反映在当时所发表的论文中，除了少数之外，大多数论文以讲述当时的问题与综合意见为主，绝少使用严肃的科学研究与实验设计，结论因而难以被采纳。

20世纪50年代前后，美国教育管理研究发生了变化，开始趋向于理论探索，不再单纯因追求实用的观点而把科学原则排除在外；并且这些理论研究已经不再是个体的摸索，而是美国教育管理学家们通过一些全国性组织进行的集体研究。这种努力最后形成了教育管理史上著名的理论运动。“教育管理作为一门学术性学科的演进……明显走向不同的方向。当‘理论运动’开始被人们当作一种新的方向来称呼时，它在很大程度上为学术与实践的分离奠定了基础。这场运动是在那些希望将教育管理地位提升到一个学术研究领域的大学教授的主导下开展的，该运动的支持者们把

① 欧文斯．教育组织行为学（第二版）［M］．孙绵涛等译．武汉：华中师范大学出版社，1987：25－26.

许多社会科学的研究方法应用到了教育管理之中”。[①] 对这一时期教育管理研究的特征和发展态势，理论运动的见证人、美国教育管理学家卡伯特森曾给以清晰的概括：①在许多管理学的研究者中，流行清晰而敏捷地鉴别、描述管理行为的文章和描述管理行为的人，但对目标则解释的多，劝诫的少；②一些学者已极其明显地从管理的经济效果转向了这些现象的社会心理方面；③管理虽然发生在各个不同的组织中，但其过程大体是相同的，这个观点是被大家所公认的；④通过经验研究，包括理论的测试和发展，能够增进管理基础知识的观点，已经日益被学者们所相信；⑤越来越多的像心理学、社会学、人类学和经济学这样一些学科的学者参与了教育管理学的研究。[②]

二

尽管美国教育管理学界对理论运动的起点持不同意见，[③] 但理论运动的发起人，当代著名教育管理学家格里菲思（Daniel Griffiths）非常明确地把它确定在 1947 年前后。[④] 美国教育研究学会（NSSE）出版的 1964 年鉴报告说，在 1946—1947 年，美国教育管理研究领域在组织工作上发生了三个重大事件，强烈地影响了美国教育管理研究的发展，并进一步形成教育管理理论运动。这三个重大事件是：“第一，凯洛克基金会（W. K. Kellogg Foundation）收到该基金会教育咨询委员会的一份建议书。

① 冯大鸣．沟通与分享：中西教育管理领衔学者世纪汇谈［M］．上海：上海教育出版社，2002：106.

② 恩旺克沃．教育管理的理论与实践［M］．史景文，张耀源译．北京：教育科学出版社，1987：5.

③ 关于理论运动的起点，美国教育管理学界持四种不同意见：一是把全国教育管理学教授大会 1949 年的年会作为理论运动的起点；二是把 1950 年凯洛克基金会决定启动教育管理合作计划是起点；三是把 1954 年的全国教育管理学教授大会会议作为起点；四是把 1957 年芝加哥研讨会当作真正的起点。

④ Griffiths. *Administrative Theory*. In Norman J. Boyan（ed.）. *Handbook of Research on Educational Administration*［M］. Longman Inc.，1988：28. 台湾学者林志忠有关美国教育管理思想研究的新著《教育行政理论：哲学篇》，将 1947 年定为理论运动的起点。林志忠．教育行政理论：哲学篇［M］．台北：心理出版社，2004.

建议书认为，学校管理是一门学科领域，应该得到基金会的资助；第二，美国学校管理人员协会（AASA）的计划委员会，在规定协会的目标时，提出要对督导制度进一步专业化进行研究，并开设课程；第三，教育管理学教授们应建立一个组织，专门对管理、领导原理以及对学校管理者在培训中遇到的实际问题，进行科学的研究”。[①] 这三个事件使人们认识到，必须改进教育管理课程和学术研究并使之专业化。此后，在凯洛克基金会的资助下，教育管理合作计划（CPEA）得以建立和实施，学校管理人员协会设立了学校管理促进委员会（CASA），全国教育管理学教授大会（NCPEA）和大学教育管理委员会（UCEA）相继成立，这些团体为美国教育管理研究及理论运动的发生提供了强有力的组织保障和人力支持。[②] 美国教育管理学家霍伊（Wayne K. Hoy）和米斯克尔（Cecil G. Miskel）曾明确指出，“由于全国教育管理学教授大会、教育管理合作计划和大学教育管理委员会的努力，使教育管理的发展能与其他管理学齐头并进，并且使教育管理学得以独立成为一门科学，并为未来理出一个研究与发展的方向”。[③]

从理论运动发展的进程来看，在20世纪70年代初达到了顶峰，但是以后的进展并不十分顺利，甚至有人断言理论运动失败了。[④] 许多教育管理研究者把1974年在英国布里斯托市召开的“国际互访计划”（IIP）第三届年会和1975年在美国哥伦布市召开的大学教育管理学教授大会年会，视为理论运动急转而下的分水岭。[⑤] 在1974年国际互访计划年会上，加拿大教育管理学者格林菲尔德（T. Barr Greenfield）递交了一篇题为《关于组织的理论：一种新观点及其对学校的涵义》的论文，对理论运动以

---

① 奥洛斯基等．今日教育管理［M］．张彦杰等译．北京：春秋出版社，1989：11－12.

② Willower. *Educational Administration*: *Inquiry*, *Values*, *Practice* [M]. Lancaster: Technomic Publishing Co. Inc., 1994: 1.

③ 霍伊，米斯克尔．教育行政学［M］．王家通主译．台北：台湾复文图书出版社，1983：18.

④ 坎贝尔等著．现代美国教育管理［M］．袁锐锷译．广州：广东高等教育出版社，1991：266.

⑤ Frank W. Lutz. *Daniel E. Griffiths*: *He Changed an Entire Profession* [J]. In UCEA Review, 2000 (3).

来所产生的各种理论假设进行了猛烈的批判，他倡导用现象学的方法来研究教育管理。① 格里菲思描述说，这种批判是“彻头彻尾的”。美国芝加哥大学学者艾里克森（Donald A. Erickson）则在1975年哥伦布会议上发表论文《迟来的教育管理范式转变》，提出教育管理研究要实现“范式②转变”（paradigm shift）③。许多教育管理学者感觉到，在经过轰轰烈烈的理论运动之后，随之而来的是迷惘和困惑，而不知在学术上应如何发展。1974年，在坎贝尔的退休会上，他的老朋友、教育管理学家坎宁安（William Cunningham）指出，“20世纪70年代，教育管理领域在学术上有些困惑，并正在寻求确定近期的研究方向或指出未来的适当选择。”④ 卡伯特森就此认为，“教育管理理论运动在很大程度上已疲惫不堪”，“基本假设的重新验证已经开始”。1979年，格里菲思承认教育管理领域的“学术困惑”和“要奋起批判”。他说：“这似乎是对我一生中所接受的所有理论进行挑战”；他甚至指出：“要自己考虑脱离与其一起生活，甚至

---

① Greenfield. *Theory about Organization: A New Perspective and Its Implication for Schools*. In M. Hughes (ed.). *Administering Education: International Challenge* [M]. London: The Athlone Press, 1975.

② “范式”（paradigm），又译“范型”，此概念最先是由美国学者库恩（Thomas S. Kuhn）在1962年所著《科学革命的结构》（*The Structure of Scientific Revolutions*）一书中提出来的，但他未给出一个确切的定义。库恩认为，各种范式就像人的性格一样具有差异性，在不同范式中从事研究工作的科学家，会从不同的观点来观察世界，会使用不同的语言来描述他们所看到的现象。因此，用来评判科学理论优劣的基本原则或标准也互不相同（参见：库恩. 科学革命的结构［M］. 金吾伦，胡新和译. 北京：北京大学出版社，2003）。美国教育管理学家巴克（J. K. Barker）曾指出：“一种范式是做以下两件事的一套（书面的或非书面的）规则章程：①它建立或界定域界；②它告诉你为了成功应该如何在这一域界内行事”，“对运用某种范式的人来说可能是最可见的和最明显的东西，或许对运用另一个完全不同范式的人来说则是完全不可见的东西”（参见：J. K. Barker. *Paradigms: The Business of Discovering the Future* [M]. New York: Harper Collins, Publishers, Inc., 1992: 86）。坎宁安（William Cunningham）等则更明确地指出，“范型来自于传统的科学，是依赖于信念系统及科学数据和事实的思想的框架。范型是我们理解和解释世界的方式，是我们在对复杂行为所做特殊解释基础之上从事观察，进行思维，给予价值判断和实现目标的方式”（参见：坎宁安，科尔代罗. 教育管理：基于问题的方法［M］. 赵中建主译. 南京：江苏教育出版社，2002：8）。

③ Erickson. *An Overdue Paradigm Shift in Educational Administration*. In L. L. Cunningham, W. G. Hack & R. O. Nystrand (eds.). *Educational Administration: The Development Decades* [M]. Berkeley, Calif: McCutchan, 1977.

④ 黄志成. 近期外国教育管理理论的发展［J］. 外国教育资料，1995（1）：22.

对其做过贡献的准则，这是一个极其痛苦的过程。”[①]因此，可以说，到20世纪70年代，理论运动已陷入一个前途难以预料的境地。

在随后的十多年间，以格林菲尔德、福斯特（William Foster）等为首的后现代教育管理学者们对理论运动进行了长时间的全面批判，形成了西方教育管理思想史上著名的“格林菲尔德革命”（Greenfield Revolution）。[②] 格里菲思等人也奋起捍卫理论运动的领地和学者的尊严，出现了“两格论战”（Griffiths-Greenfield Debates）的争鸣场面。在这场论战的带动下，西方教育管理学术界掀起了新的教育管理研究的高潮，促成许多非传统的教育管理理论观点应运而生，其中包括格林菲尔德的主观主义、霍奇金森（Christopher Hodgkinson）的人文主义理论、贝茨（Richard J. Bates）的批判理论、艾弗斯（Colin W. Evers）与拉柯姆斯基（Gabriele Lakomski）的自然融贯论和威洛尔（Donald J. Willower）的实用主义理论等，[③] 这些理论促成了教育管理理论的多元化发展。

面对强大的对手和教育管理理论多元化的发展趋势，理论运动到了终结之时。自成立以来，大学教育管理委员会一直是理论运动的主阵地。1985年，大学教育管理委员会发起了对“教育管理知识基础”的探究性研究，试图确认理论运动的合法性，这种努力得到了美国教育管理学界的大力支持。1988年，美国教育管理学家、加利福尼亚大学教授博扬（Norman J. Boyan）主编《教育管理研究手册》一书，[④] 收入诸多当代美国教育管理学顶尖人物的文章，对教育管理理论运动作出了客观中肯的评价。格里菲思针对教育管理学界有关理论运动的种种误解和抨击，在退出研究领域从事行政管理多年后重新出山，他所撰写的“理论运动”一章

---

① 黄志成．近期外国教育管理理论的发展［J］．外国教育资料，1995（1）：22.

② Foster. *Paradigms and Promises*：*New Approaches to Educational Administration*［M］. Buffalo，NY：Prometheus Books，1983：121.

③ 这方面的研究成果主要有：林志忠．教育行政理论［M］．台北：心理出版社，2004；孙绵涛，罗建河．西方当代教育管理理论流派［M］．重庆：重庆大学出版社，2008.

④ Norman J. Boyan（ed.）. *Handbook of Research on Educational Administration*［M］. New York：Longman's Inc.，1988.

全面介绍和阐述了美国教育管理理论运动的产生、发展的过程及其影响，这是对1974年和1975年那两篇具有巨大杀伤力的论文作出的最终反应。[①]卡伯特森也撰文指出，理论运动的发展可以说是毁誉参半，有些学者认为该运动造就了许多的成就，有些学者则声称理论运动必须停止，教育管理研究应由另一个新的范式来取代。[②] 在理论运动初期曾在美国布法罗大学攻读博士学位，后来成为宾夕法尼亚州立大学教育管理学教授的威洛尔则认为，新范式取代旧范式的过程可称作是教育管理领域的一种范式转换，并相信这种转换对教育管理学的进步有很大的帮助。[③] 但他仍郑重地指出，虽然在20世纪70年代中期，跨学科研究的理论运动曾面对强大的攻击，但理论运动依然是重要的，并且持续产生贡献，不能就此简单地认为理论运动结束了。[④] 这些文章及其观点可被视为三位理论运动倡导者的正式表态，对确定理论运动的终结时间和划分理论运动的发展阶段具有重要的指导意义。

与对理论运动起点的歧义一样，有关理论运动结束的时间，西方教育管理学界的意见也很不统一。有学者认为，理论运动在20世纪60年代末实际上已告结束；有学者认为，应以70年代中期格林菲尔德等人对理论运动的批评和抨击为标志；也有人认为，直到1983年《国家处在危险之中》（*Nation in Risk*）的发表，人们把研究的焦点重新转移到教育管理的实际问题之时，理论运动才宣告终结；还有人将格里菲思、斯托特（R. T. Stout）与福西斯（P. B. Forsyth）等人于1988年为美国优质教育管理全国委员会（NCEEA）共同编撰的报告论文集《美国的学校领导者》

① Frank W. Lutz. *Daniel E. Griffiths: He Changed an Entire Profession* [J]. In UCEA Review, 2000 (3).

② Culbertson. *A Century's Quest for a Knowledge Base*. In Norman J. Boyan (ed.). *Handbook of Research on Educational Administration* [M]. Longman Inc., 1988. 唐莹编译. 高等师范教育研究，1992 (5).

③ Willower: Synthesis and Projection. In Norman J. Boyan (ed.). *Handbook of Research on Educational Administration* [M]. New York: Longman's Inc., 1988: 724 – 748.

④ Willower. *Educational Administration: Inquiry, Values, Practice* [M]. Lancaster: Technomic Publishing Co. Inc., 1994: 4.

的正式出版视为理论运动彻底终止的标志。[①] 本书从事件的性质与作用以及当事人的身份和地位的角度，把 1988 年博扬主编出版《教育管理研究手册》和格里菲思发表《理论运动》这篇总结性文章定为理论运动结束的标志，以便全面、完整地描述和概括理论运动发展的历史。我国有学者把理论运动的终结时间定为 1988 年，也是基于这样一种认识和判断。[②] 目前，一些美国学者也以“20 世纪 40 年代至 80 年代教育管理理论运动”为题讲授教育管理课程，[③] 这种明确标示教育管理理论运动的起止和存续年段的做法是当前美国教育管理理论研究的一个新动向。

在确定理论运动的始终之后，再来考察其发展的整个脉络。从 1947 年到 1988 年间，像管理科学出现的“丛林”局面一样，美国的教育管理学界出现了各种各样的理论学派，可谓是五彩缤纷：学派林立，观点冲突激烈，应该说，这是适应科学技术发展和教育发展需要，教育管理研究走向多元化的必然结果。但就理论运动而言，其主流思想是引导教育管理朝着建立理论、着重研究和运用行为科学、社会科学方向的发展，尤其是在行为科学和社会科学研究成果的巨大影响下，教育管理学者更加注重教育管理理论的构建，并将行为科学和社会科学的研究成果运用于教育管理的研究和实践中，这是其最重要的贡献。

本书将理论运动分为三个阶段。第一阶段，从 1947 年到 20 世纪 60 年代初，为理论运动的发轫和初步发展时期。这个阶段的主要代表人物有格里菲思、哈尔平（Andrew W. Halpin）、盖茨尔斯（Jacob W. Getzels）、坎贝尔、卡伯特森等著名教育管理学家。他们坚持把逻辑经验主义应用于教育管理研究，从提出“理论是什么”开始，开展理论建构和实证研究，为教育管理研究和教育管理理论发展奠定了宏大的知识基础。第二阶段是

① Griffiths, Stout & Forsyth. *Leaders for America's Schools* [M]. Berkeley, Calif.: McCutchan Pub. Co., 1988.

② 孟卫青. 20 世纪西方教育管理“理论运动”的回顾与反思 [J]. 教育导刊，2002（8-9）上半月刊号：96.

③ http://asterix.ednet.lsu.edu/~maxcy/7802_fall_03_syl.htm.

在20世纪60年代中期以后，理论运动虽然仍坚持实证主义观点，但已经主张学校是一个开放系统的观点，把教育管理放到更广阔的背景中来研究。这个阶段的代表人物有西尔弗（Paula F. Silver）、霍伊和米斯克尔等人。第三阶段是从1974—1975年开始直至1988年，这个阶段最重要的事件，就是格林菲尔德等学者对理论运动展开猛烈的批判和抨击，而以格里菲思为首的理论运动的倡导者和支持者们坚决捍卫、奋起辩争，形成"两格论战"的撼世场面。这场论战不仅证明了理论运动存在的意义与价值，而且进一步确立了理论运动的历史作用和地位。澳大利亚学者艾弗斯和拉科姆斯基都曾明确指出，理论运动促成了至今依然居于支配地位的教育管理理论的形成。①

从世界范围来看，理论运动主要发生在20世纪40年代末的美国，然后逐渐扩展到其他西方国家，受其影响最大的有加拿大、澳大利亚和英国等英语国家，对一些亚洲国家和地区，如日本、我国的台湾等也有一定影响。虽然到了20世纪80年代以后，理论运动才对我国大陆的教育管理学界产生影响，但在很大程度上促进和推动了我国教育管理理论研究、教育管理课程的开设、教育管理人才培养与学校管理实践的发展。

三

理论运动兴起后，美国及其他西方教育管理学者对它的介绍和评述颇多。作为理论运动的发起者，格里菲思发表的三次著述不仅可以看作对理论运动不同发展阶段的总结，同时也是研究理论运动的重要文献资料。第一次著述写于1964年，格里菲思为美国教育研究学会主编的1963年鉴《行为科学与教育管理》对教育管理理论运动以来的有关成就作了描述和概括，并试图向教育领域的工作者们解释理论运动的发展。格里菲思自认为"该书是自理论运动开始以来所有著作中的一部主要著作"，"它理所

① Evers & Lakomski. *Exploring Educational Administration*: *Coherentist Applications and Critical Debates* [M]. Pergamon Press, 1996: 1.

当然地可以被看成是对理论运动的一次总结”。[①] 他公开声称，20 世纪 50 年代以后的美国教育管理研究的主流，已转向把行为科学和社会科学理论应用到教育管理研究当中，但是，理论运动初期有关教育管理研究发展的许多设想至今还远没有实现。[②] 美国教育研究学会资深年鉴编辑赫曼 · 里奇（Herman G. . Richey）则表示，“该年鉴是并且今后也会是教育管理理论与实践发展的一个重要标志”。[③] 格里菲思的第二次著述写于 1979 年，他面对格林菲尔德的猛烈批判，情急之中完成了《教育管理中的智力混乱》[④] 一文，无可奈何地承认理论运动陷入智力混乱之中，但未言理论运动失败。第三次著述写于 1988 年，格里菲思经过沉思和反省后，应博扬之邀为《教育管理手册》撰写《理论运动》一文，全面客观地总结了理论运动的产生、发展的过程及其影响。[⑤]

除格里菲思在以上著述中所提出的重要观点外，西方教育管理学者在研究教育管理时都无法绕开理论运动及其代表人物的思想观点，必须做出表态性发言，这成为当今教育管理研究和理论发展的重要特征。这些观点主要围绕以下四个方面逐步展开：

第一，对理论运动的哲学基础的研究。卡伯特森指出，格里菲思和哈尔平等人以逻辑实证主义和行为主义为基础发起的旨在建立一种教育管理科学的理论运动，确立了“科学至上”的观点。[⑥] 以格林菲尔德、福斯特和贝茨等为首的当代教育管理学家对“理论运动”所秉持的“价值中立”

---

① Griffiths. *Administrative Theory*. In Norman J. Boyan (ed.). *Handbook of Research on Educational Administration* [M]. Longman Inc., 1988: 29.

② Griffiths (ed.). *Behavioral Science and Educational Administration* [M]. Chicago, Illinois: The University of Chicago Press, 1964: 2.

③ Griffiths (ed.). *Behavioral Science and Educational Administration* [M]. Chicago, Illinois: The University of Chicago Press, 1964: Editor's Preface.

④ Griffiths. *Intellectual Turmoil in Educational Administration* [J]. In *Educational Administration Quarterly*, 1979 (3).

⑤ Griffiths. *Administrative Theory*. In Norman J. Boyan (ed.). *Handbook of Research on Educational Administration* [M]. Longman Inc., 1988.

⑥ Culbertson. *A Century's Quest for a Knowledge Base*. In Norman J. Boyan (ed.). *Handbook of Research on Educational Administration* [M]. Longman Inc., 1988.

（value-free）的观点进行了全面彻底的批判。威洛尔则从历史的角度对理论运动的产生、发展，以及美国教育管理学界从倡导社会科学的研究取向转到批判理论、主观主义与相关观点的整个过程做出了全面的评述。①

第二，对理论运动的研究方法做出评论。霍伊和米斯克尔认为，理论运动所采取的是社会科学方法，这种方法在重视社会关系和正式组织结构的作用的同时，从心理学、社会学、政治科学和经济学中吸收一些主张，如巴纳德（Chester I. Barnard）、西蒙（Herbert A. Simon）、帕森斯（Talcott Parsons）等人的理论观点。②

第三，有些学者受库恩的“范式”概念的影响，将理论运动归结为“理性范式”。理性范式以演绎法来了解知识，对于组织的特征采用逻辑实证的态度来分析。这种方法落实在教育研究上就成为通常所说的量化研究。格里菲思就特别重视数据分析。

第四，对理论运动的批判研究。尽管理论运动开展之初，有一些学者提出质疑，但这些质疑与轰轰烈烈的理论运动形势相比，显得势单力薄。20 世纪 70 年代末，德国法兰克福学派开始将批判理论广泛应用于教育管理研究，其中又以教育管理中的“女性研究”成就最大。诺丁斯（Nel Noddings）指出整个教育管理界向来被男性独霸，女性虽然非常努力，但仍受到挤压而难以打入核心。由于男性主导，因此其文化与价值观（如竞争、好斗）就影响着教育的体系；学生被教导不竞争就灭亡的理念，因而对少数民族与弱势团体缺乏同情。③ 奥蒂斯（F. I. Ortiz）和马歇尔（C. Marshall）则指出，完全由男性决定何种教育是恰当与有价值的，往

---

① Willower. *Educational Administration: Inquiry, Values, Practice* [M]. Lancaster: Technomic Publishing Co. Inc., 1994.

② Hoy & Miskel. *Educational Administration: Theory, Research and Practice* [M]. McGraw-Hill, Inc., 1982: 9.

③ Noddings & Caring. *A Feminine Approach to Ethics and Moral Education* [M]. Berkeley, California: University of California, 1984.

往会犯下以偏赅全的毛病，唯有让女性积极参与，才能有所平衡。[①] 格里菲思也曾坦称理论运动没能考虑性别问题并使之理论化。[②]

20 世纪 90 年代之前，我国国内教育管理学界对盛行数十年的美国教育管理理论运动知之甚少。许多教育管理学著作，“不仅对上述哈尔平、坎贝尔、卡拉汉等人的教育管理著作不作介绍，而且对发生在‘战后’美国并对整个西方教育管理理论研究发展具有里程碑意义的‘理论运动’也是只字不提。以至于某些从事教育管理学科教学的教师，至今仍对理论运动的起因、目标、功绩、缺陷、所招致的批判以及理论运动的历史意义不甚了了。”[③] 造成这种状况的主要原因是：我国教育管理界对美国教育管理理论及其学术著作的介绍、引进、翻译、评述工作做得很不够，误以为教育管理本身无理论，只能移植经济管理或企业管理的理论。有学者直言不讳地指出，许多教育管理学教材“基本回避对西方教育管理理论的介绍和评论，似乎教育管理理论本身是空白一片”。[④] 此外，教育管理研究缺乏明显的历史意识，也是造成对理论运动忽视的一个重要原因。当今的我国教育管理研究比较注重实践取向，强调解决当前教育管理实践存在的问题，其结果不仅会对教育管理理论的发展历史自然而然地产生一种轻视乃至无视的心态，而且对某些历史事实不能做出公允的评判和正确的运用。

从 20 世纪 90 年代中期开始，以上这种状况才稍有改变，一些教育管

① Ortiz & Marshall. *Women in Educational Administration.* In Norman J. Boyan (ed.). *Handbook of Research on Educational Administration* [M]. Longman Inc., 1988: 123 - 144.

② Griffiths. *Intellectual Turmoil in Educational Administration* [J]. In *Educational Administration Quarterly*, 1979 (3): 43.

③ 冯大鸣，孙孝华．简析我国教育管理研究中的若干缺陷与误会［J］．教育理论与实践，2001 (11): 33.

④ 冯大鸣，孙孝华．简析我国教育管理研究中的若干缺陷与误会［J］．教育理论与实践，2001 (11): 33.

理研究者已经意识到这些问题和困境，并做出一些努力尝试改变①。根据现有资料，国内最早提及“理论运动”的论文是黄志成1995年发表的《近期国外教育管理理论的发展》。该文指出，20世纪50年代以后，社会科学和管理科学的发展，给教育管理带来了许多新思想和新观点，促进了教育管理理论的研究，进入了教育管理理论的构建阶段。70年代，在众多教育管理理论研究的基础上，出现了许多教育管理理论，形成了“教育管理理论运动”。笔者所著的《美国教育管理思想史》概要介绍了1950年以后美国教育管理理论化的走向。张新平在其所著《教育组织范式论》一书中用较大篇幅评述理论运动，他指出：“教育管理理论运动大致是20世纪50年代初期，在美国出现的一种力图将教育管理构建在实证主义与逻辑实证主义基础之上的‘管理科学’运动。”黄崴撰文认为理论运动是西方教育管理思想发展史中一段极其重要的时期，“它兴盛于20世纪50年代初到70年代初，至今仍然是教育管理领域的主流理论之一”。该文还把理论运动归于“理性为本模式”，并指出其占支配的观点是把教育管理学作为一种科学理论，其理论基础则是逻辑实证主义和行为科学。孟卫青曾撰文以20世纪60年代为界限，把理论运动分为初步形成时期和发展成熟时期两个阶段，前一个时期要数格里菲思、哈尔平和盖茨尔斯贡献最大；后一个时期则以学校是一个开放系统为主调，代表人物有西尔弗(Paula F. Silver)、霍伊、米斯克尔等人。蔡怡则对理论运动作了进一步的勾勒，其中反映了当代教育管理学者，如美国学者海林格（Philip Hallinger）对这一运动的评述，并且指出“理论运动对整个西方教育管理研究产生了里程碑的影响”。何玉静也曾撰文论述了理论运动兴起的历史原

① 国内有关理论运动的研究成果有：黄志成．近期国外教育管理理论的发展［J］．外国教育资料，1995（1）；陈如平．美国教育管理思想史［M］．海口：海南出版社，2000：191－193；张新平．教育组织范式论［M］．南京：江苏教育出版社，2001（140）；黄崴．20世纪西方教育管理理论及其模式的发展［J］．华东师范大学学报：教育科学版，2001（1）；孟卫青．20世纪西方教育管理“理论运动”的回顾与反思［J］．教育导刊，2002（8－9）上半月；蔡怡．西方教育管理理论运动述评［J］．江苏高教，2003（4）；何玉静．西方教育管理“理论运动”述评［J］．河南教育学院学报（哲社版），2004（1）．

因、现实背景、理论基础和主要观点，并作了简要的分析评价。

我国台湾地区对理论运动的研究相对较早。[①] 黄昆辉于1985年主持翻译了西尔弗的《教育行政原理》一书，并参照该书框架完成鸿著《教育行政学》。秦梦群的《教育行政理论与应用》比较细致地探讨了理论运动中所提出的主要理论观点。王如哲的《教育行政学》列专章剖析了理论运动的哲学基础、发展脉络及其对美国与其他国家的影响。台湾本土培养的教育管理学博士林志忠出版的《教育行政理论：哲学篇》一书，从哲学层面对西方教育管理理论的发展进行了全面的评述，其中以两章的篇幅对理论运动以及格里菲思的实证主义教育管理理论进行了必要的分析，这是目前中文著作中对理论运动最为明确且详细的评述。

四

本书试图完整描述20世纪40年代末至80年代中期美国教育管理的发展状况，着重介绍理论运动对教育管理研究的理论贡献。绪论主要描述了理论运动的基本情况及其国内外的研究状况；第一、二章着重分析理论运动产生与发展的社会、教育背景和理论基础，试图对理论运动这个美国教育管理发展史上的重大事件的背景做出清晰的交代；第三至九章以专题形式系统介绍理论运动中所提出来的各种主张和观点，涉及学校组织理论、社会系统理论、学校组织气候、教育领导、教育管理决策、开放系统等方面内容；第十章描述理论运动的后续发展及其对世界主要国家教育管理研究的影响，以对理论运动有一个更为完整的认识。本书按照理论运动所涉及的几个重点研究领域依次展开论述，期望梳理这40年来美国教育管理发展的基本脉络和理论流派。

本书对理论运动的产生、发展、衰落及其主要理论观点作了比较系统

① 台湾地区有关理论运动的研究成果有：黄昆辉．教育行政学［M］．台北：东华书局，1988；秦梦群．教育行政理论与应用［M］．台北：五南图书出版股份有限公司，1988；王如哲．教育行政学［M］．台北：五南图书出版股份有限公司，1998；林志忠．教育行政理论：哲学篇［M］．台北：心理出版社，2004.

完整的梳理和描述，期望尽可能多地把大量的第一手文献资料和背景呈现给读者，由读者自己尽情去研读和判断，进而形成对理论运动的综合印象和给予客观公正的评价。本书还引用了一些国内外学者有关理论运动的研究成果，均以适当的形式予以说明。

由于本书引用了大量的英文资料，为避免读者由于翻译方面的问题产生不必要的误会，除了个别继续使用约定俗成的译法外，本书对其他英语人名和地名的处理分别参照《英语姓名译名手册》（第二次修订本）（商务印书馆 1991 年出版）和《美国地名译名手册》（商务印书馆 1994 年出版），在人名第一次出现时，同时标注英文；一些专业术语也尽可能按照约定俗成的译法，并加注英文。由于笔者学术水平有限，本书若有不妥之处，敬请各位读者和同仁们不吝赐教指正。

第一章

理论运动的发轫

理论运动的发展最早可以追溯到 1947 年前后。美国教育管理学家摩尔（Hollis A. Moore）曾指出，“如果非要选定一个日期来标志‘学校管理发轫’的话，1947 年可能是一个最佳选项”。① 这一年所发生的几个重大事件直接促成了日后理论运动的产生。

第一节　1947 年美国教育管理现状

作为一门独立的研究领域，美国的教育管理研究始于 19 世纪末 20 世纪初。此后 40 多年，美国教育管理研究发展迅速，许多教育学院聘请了学校管理学教授，众多有关改进学校管理的教科书摆上了书架，教育管理成为最大的研究生教育领域，涌现出一大批像达顿（Samuel Train Dutton）、斯奈登（David Snedden）、克伯雷（Ellwood P. Cubberley）、斯特雷耶（George D. Strayer）、莫特（Paul R. Mort）、纽伦（Jesse H. Newlon）等名扬全国的教育管理学家。20 世纪 20 年代至 30 年代，美国只有

① Griffiths（ed.）. *Behavioral Science and Educational Administration*［M］. Chicago，Illinois：The University of Chicago Press，1964：11.

个别大学开设了教育管理课程，但到第二次世界大战结束时，大约有300所大学和学院开设了教育管理课程。此外，类似学校管理人员协会等专业学术组织纷纷成立、完善和加强，并在推进教育管理专业化和科学化的道路上不断发挥作用。

美国学校管理人员协会

作为全国性的专业组织，学校管理人员协会（AASA）在美国教育管理研究的开展和理论运动的发轫中发挥了积极的组织作用。该协会的历史最早可追溯到1867年成立的学校督学协会（ASS），随后并入美国教育协会（NEA）并成为它的一个分部，1937年改为现名。1921年，学校管理人员协会设立小学校长分会，1927年设立中学校长协会。20世纪40年代之前，学校管理人员协会的成员以大城市学校督学为主，来自小城镇、乡村和郊区的学校督学被排斥在这个组织之外，这引起了乡村学校督学的普遍不满，因此，他们另外成立了全国县与乡村督学协会（NACRAS），以服务乡村教育发展的需要。1949年，著名学校卫生专家、时任密苏苏里州克莱顿市督学的布拉肯（John Bracken）当选为学校管理人员协会主席，打破了长期以来大城市督学占据支配地位的局面。

经过近百年的发展，学校管理人员协会成为美国规模最大、最具影响力的学校管理人员组织。到1946年，学校管理人员协会拥有大约6000名会员，超过半数的会员为督学，其他成员包括督学、大学教授、书商以及看好学校市场的商人。1937年这个组织改名时，学校管理人员协会开始允许副督学和助理督学加入，但仍拒绝中小学校长加入（至今如此），因此阻碍了学校管理中另一支管理力量的发展。

学校管理人员协会第一任秘书长是尚克兰（Sherwood Shankland）。在他的任期内，学校管理人员协会为得到社会认可与足够的经费支持而四处奔波，但最终都未能达到目的。乃至在美国经济“大萧条”时期，尚克兰不得不动用个人财产以维持协会的运行。1946年，长期担任西雅图市督学的麦克卢尔（Worth McClure）接替尚克兰的位置。在他的领导下，学校管理人员协会积极参与美国国家教育政策的制定和实施。由于麦克卢尔坚持推行教育决策民主化，因此，任期十年的他在美国全国性活动中扮演了举足轻重的角色，同时进一步确立了学校管理人员协会的全国性领导地位。

学校管理人员协会的最高管理机构是理事会，[①] 由若干名委员组成，每年改选一次，所有会员都有资格参加投票和担任委员。理事会主席通常每年任命一名委员主持理事会常设机构的工作。理事会主席、常务理事、咨询委员会和各州理事决定学校管理人员协会的工作和政策。学校管理人员协会每年召开一次年度大会，会期四天，出席人数通常多达上万人，会议形式多样，除了全体大会外，还举行各种各样的分论坛、研讨会、座谈会等。

学校管理人员协会下设众多委员会，大多为咨询性质，如督学和校长委员会、审计委员会、选举委员会、联邦政策与法律委员会、基金委员会、学校领导委员会、少数民族事务委员会、提案委员会、乡村和小学校委员会、州与国家关系委员会、城郊委员会、技术咨询委员会、女性管理者咨询委员会等。此外，还设有一些专门委员会。委员会的所有成员均是任命的，任期一般为三年，并且实行轮换制。

学校管理人员协会主办了《学校管理与领导》（*School Governance and Leadership*）、《学校管理者》（*The School Administrator*）月刊等杂志。此

① 2003 年，学校管理人员协会进行了组织机构改革，成立了一个新的双层管理机构，这标志着学校管理人员协会的发展发生了重大转折。这个新的管理框架包括成立管理委员会（governing board）和理事会（executive committee）。管理委员会由各州代表组成，每州至少派两名代表，人口稠密的州可多派代表，其主要职能是对学校管理人员协会的各项工作进行全面指导。理事会人数较少，由管理委员会推选的各地区会员组成，主要负责协会的日常工作。该协会现任主席劳伦斯（John R. Lawrence）指出："学校管理人员协会的使命是支持和发展有效的学校领导者，让他们致力于为全体儿童提供最高质量的公立教育。通过这个新的结构，给每位会员提供令人激动的崭新的参与机会，促使学校管理人员协会更能反映其会员的需求，来完成其使命，并且为本地区服务"。AASA. *AASA Members Approve Major Governance Changes*. http：//www. aasa. org.

外，还设立了若干奖项用来奖励教育管理领域中的杰出人物。

第二节　理论运动的三个重要事件

1947 年，美国教育管理领域发生了三个重要事件。“一是凯洛克基金会收到其下属的教育咨询委员会的一份建议书。建议书认为，学校管理是一门学科领域，应该得到基金会的资助；二是美国学校管理人员协会的计划委员会，在协会目标中提出要对督导制度的进一步专业化进行研讨，并开设课程；三是美国教育管理学家们建立了一个组织，专门对管理、领导原理以及对学校管理人员在培训中遇到的实际问题进行科学的研究。”① 这三个事件直接影响了理论运动的发轫。

凯洛克基金会

凯洛克基金会是由美国商人、大慈善家凯洛克（Will Keith Kellogg）于 1930 年创建的。凯洛克于 1860 年出生在密歇根州巴特尔港。14 岁那年，他没念完六年级就失学，替父亲沿街卖扫帚生活。四年后，他从当医生的哥哥那里谋得一份工作，协助改进病人餐食，偶然发明薄玉米饼的制作法，并由此名扬全国。1906 年，凯洛克在家乡建立了第一家烤饼公司。凭借他的经营意识、对市场的理解力和技巧，以及辛勤工作，凯洛克获得巨大成功，并将生意扩大到澳大利亚和英国等国家。

随着财富的增长，凯洛克慷慨解囊，大量赞助慈善事业，帮助第一次世界大战中的英国孤儿、盲人和一些医疗机构。1925 年，他建立了一家公司，主要是为了帮助建立农业学校、鸟类保护区、实验农场等。他还向

① Griffiths（ed.）. *Behavioral Science and Educational Administration*［M］. Chicago，Illinois：The University of Chicago Press，1964：15.

家乡资助近300万美元，兴办残疾儿童学校等机构。1930年，凯洛克被聘为美国前总统胡佛（Herbert Hoover）白宫儿童健康和保护委员会的代表。这些经历更激发了他对慈善事业的投入。

1930年6月，凯洛克建立儿童福利基金会。数月之后，凯洛克修改基金会章程，并重新命名为凯洛克基金会，他把出售凯洛克公司股票和其他投资的收入共计6600万美元作为底金，并设立独立的董事会来进行日常管理。按照凯洛克的说法，基金会的使命是“无论种族、宗教或者出生地的差别，努力改善青少年的健康、快乐和幸福”。[①] 此后，凯洛克全身心地投入于基金会的工作，直至把基金会办成美国最著名的也是世界最大的基金会之一。

早在20世纪30年代，凯洛克基金会就对学校管理人员的培训表现出浓厚的兴趣。起初，基金会曾支出大笔经费，用来改善密歇根州七个县的教育。当基金会认识到这些地区的学校项目要很好地执行，需要教师和学校管理者对儿童的发展进行更全面的了解时，基金会便着手实施了一项暑期培训计划，专门培训这些学校的管理人员。关于这些早期的活动，凯洛克基金会曾报告说：“几乎在四分之一世纪前，刚刚诞生的凯洛克基金会就制订了高度实验性的密歇根社区健康计划，援助西南密歇根州的七个县，这些县的公民把对学校的改善视为社区的首要目标。他们提出要求并得到基金会的援助，在社区范围内开展学校需求、学区合并、教师学历培训、学校建筑与现代化以及学校董事会的短期课程等研究。而且，相当重要地，这些活动正是学校管理人员所考虑的问题。”[②]

1946年1月，凯洛克基金会在旧金山举行教育咨询委员会会议，斯坦福大学教授汉纳（Paul Hanna）、密歇根大学教授西伊（Maurice F. Seay）和泰勒（Ralph Tyler）三位委员提出建议，基金会应涉足公立学

① W. K. Kellogg Foundation. *The First Twenty-five Years* [M]. Battle Creek, Michigan: W. K. Kellogg Foundation, 1955: 5.

② W. K. Kellogg Foundation. *The First Twenty-five Years* [M]. Battle Creek, Michigan: W. K. Kellogg Foundation, 1955: 99 - 100.

校管理领域，以加强学校管理者在社区中的领导地位。此前，凯洛克基金会曾长期致力于改善社区生活，尤其是关注卫生设施的建设。在收到教育咨询委员会的建议后，经过投票，凯洛克基金会同意将成功的社区计划逐渐转到提高当地学校管理人员的领导水平上来。他们指出，以往一些社区学校领导常常错误百出、缺乏想象力，并且无法满足社区的希望和期盼，许多学校管理者对社区建设以及对学校在改善社区日常生活中的作用缺乏深刻的了解，因此，要想大规模地改善学校意味着首先要提高学校领导人的素质。由此可见，凯洛克基金会此时已对教育管理发生兴趣，旨在提高学校管理者的管理水平。

1947 年，学校管理人员协会中专门负责“制订学校管理委员会未来十年相关研究项目”工作的计划委员会提交了一份报告。担任该计划委员会主席的是明尼阿波利斯市督学戈斯林（Willard Goslin）。他是一位具有丰富经验的教育管理专家。该报告涉及学校管理委员会发展的方方面面，包括启动促进教育管理人员专业化的研究。① 这份报告正好与凯洛克基金会庞大的研究资助计划不谋而合。该报告所列举的三个研究领域：改进教育管理人员培训课程；重新制订学校董事会的选拔标准；学校管理人员协会更广泛地参与各类专业活动。这些成为后来教育管理合作计划的主要内容。

第二次世界大战后，凯洛克基金会将资助计划项目从卫生和教育扩大到农业。因为战争的缘故，欧洲的食物供应遭到破坏，基金会在英国、德国、冰岛、爱尔兰和挪威等国资助了农业项目。1951 年凯洛克去世后，基金会继续执行各项资助计划。在 20 世纪五六十年代，基金会将资助范围扩大到卫生医疗管理的研究生培养，还把注意力转移到乡村领导和社区学院运动上。70 年代，在保持其他主要项目不动的情况下，基金会的注意力稍有变化，转向鼓励志愿者运动和援助弱势群体，特别强调对少数民族的资助。进入 80 年代后，基金会对自己的目的、目标和成果进行了反

① Hollis A. Moore. *Studies in School Administration* [M]. Washington: AASA, 1957: 2.

思。经过审慎评估，重新确定资助计划的重点是卫生、教育、农业和领导等领域。90年代的变化可以说是渐进式的而非革命式的，其资助范围主要集中在卫生、食品和农村发展、青年人和教育，以及慈善事业和志愿者等活动领域，此外，还资助领导、信息技术、资本分配以及社区的社会与经济发展等领域。到2000年年底，凯洛克基金会的净资产已超过六亿美元，从基金分配的领域来看，教育名列第一，占总基金支出的四分之一强。①

全国教育管理学教授大会

第二次世界大战结束后，美国一些教育管理学教授深感各所大学开设的学校管理人员培训课程褊狭，呼吁加强大学教育管理学教授之间的沟通。1947年，《学校经理》（*The School Executive*）杂志主编科金（Walter D. Cocking）、大州学校主官委员会（CCSSO）执行秘书长诺顿（E. B. Norton）和学校管理人员协会主席麦克卢尔在学校管理人员协会亚特兰大年会上提议召开全国教育管理学教授大会（NCPEA），得到与会者的积极响应。同年8月，72位来自美国各大学的教育管理学教授云集纽约英迪科附近的霍姆斯特德镇，举行了全国教育管理学教授大会第一次会议，开启了美国教育管理研究的新纪元。

科金出生于艾奥瓦州曼彻斯特市中西部的一个农民家庭，在家乡读完中小学，1903年从艾奥瓦迪温斯学院毕业，1923年获艾奥瓦州立大学文学硕士学位，1928年获哥伦比亚大学哲学博士学位。科金曾在艾奥瓦、得克萨斯、田纳西等州的教育行政机构任职。1933年起，他先后在艾奥瓦州立师范学院、俄亥俄大学、得克萨斯大学、华盛顿大学、哥伦比亚大学等著名大学任教。1937年，被聘为佐治亚大学教育学院系主任，并担

① 1999 *A R Financial Highlights*（*Payments*）[J]. In *Leadership*: *It's time*: 1999 *Annual Report*. Http: //wkkf. org.

任罗斯福总统教育委员会委员。在他的领导下，佐治亚大学教育学院声名鹊起。1941年，科金建议将黑人教育作为学院未来50年发展的重点，遭到学院执行委员会的强烈反对，被停止了院长工作。后经人推荐，科金担任《学校经理》杂志的编辑，并于1944年9月接替普西（Eurin G. Pusey）任主编。科金积极参与教育管理实践与研究的改进工作，并与学校管理人员协会等学术组织保持密切联系，对当时很多教育管理学者产生深刻影响。据与科金保持长期密切交往的教育管理学者威洛尔回忆，科金人高马大、神态威严、从不沾雪茄烟，做事非常执著，给他留下很好的印象。① 鉴于在倡导和推动教育管理研究方面的特殊贡献，科金被全国教育管理学教授大会誉为“大会之父”。②

英迪科大会的召开标志着全国教育管理学教授大会的正式成立。此后，每年定期召开一次大会，会期约为一周，为从事教育管理教学与研究的教授们提供相互熟悉和交流思想的平台和机会。举行全国教育管理学教授大会旨在收集教育管理研究的成果并进行加工整理，总结出哪些方面可应用于学校管理实践。但是，与学校管理人员协会成员的广泛性不同，全国教育管理学教授大会对参会人数控制得很严。1947年英迪科会议的出席者为72人；即使十年后，出席阿肯色州费耶特维尔年会的也只有142人。其组织结构也较为松散，除了一个由九人组成的计划委员会外，既没有一个秘书处之类的办事机构，也没有公选的行政官员。它成立多年也没有办起一份由同行评审的学术刊物。

全国教育管理学教授大会的宗旨和目标是：①确保教育管理学教授的高质量的专业发展；②界定教育管理人员培训和教育管理学教授的知识基础；③促进理论研究的成果在教育管理实践中的应用；④制定并执行教育管理学教授的道德准则；⑤确保对下属团体的专业水平和管理工作的评估

---

① Willower. *Educational Administration: Inquiry, Values, Practice* [M]. Lancaster: Technomic Publishing Company, 1994: Preface to the First Edition: ix.

② W. R. Flesher & A. L. Knobloch. *A decade of development in educational leadership: The first ten years of NCPEA* [M]. National Conference of Professors of Educational Administration., 1957.

与鉴定；⑥给教育管理学教授提供支持，并在关键问题上成为权威；⑦发展教育管理人员培训的技术；⑧制订教育管理计划的申报、认可和批准的标准。[①] 其主要活动包括：提供信息和领导；改进学校管理人员的培训；鼓励研究和服务；促进高水平的专业标准；寻找教育问题和机会，促进成员的提高；加强与其他致力于提高教育质量的专业组织的合作等。全国教育管理学教授大会的成立，对美国教育管理形成一门独立的研究领域，起到了非常重要的作用。当时许多教育管理学教授纷纷加入进来，并且深受这个组织的影响。它下属的各个兴趣小组的有关活动，不仅促进了教育管理研究的专门化，而且也加强了与其他社会科学领域的学术沟通。

1954 年，全国教育管理学教授大会年会在丹佛大学召开，这是美国教育管理发展史上具有里程碑意义的一次会议。它之所以重要，主要是因为大会所邀请的几位社会科学家在与教育管理学教授们研讨彼此的观点时，针对当时教育管理领域缺乏理论和研究的现状，进行了异常猛烈的抨击，从而拉开了对教育管理研究进行旷日持久的狂轰滥炸的序幕。在这次会议上，哈尔平、盖茨尔斯和柯拉达西（Arthur P. Coladarci）等社会科学家向教育管理学教授提出了以下主张：①教育管理迫切需要更好的研究；②更好的教育管理研究必须是以理论为基础的；③社会科学是这些理论的来源；④社会科学家有资格对教育管理学教授加以指导。[②] 这些主张对教育管理研究者们借鉴其他领域较为成熟的社会科学研究方法以及开展教育管理的多学科研究都具有很大的帮助。

丹佛大学年会直接产生了两个重要的成果，一是 1955 年盖茨尔斯与柯拉达西合著的《理论在教育管理中的运用》一书，该书着重探讨了社会行为科学理论在教育管理研究中的运用问题。二是全国教育管理学教授大会核准了一项计划，即由该会的两位著名教育管理学家坎贝尔和葛雷格（Russell T. Gregg）主编《教育管理行为》一书，并于 1957 年正式出版。

---

① http：//www. ncpea. net.

② Griffiths. *Administrative Theory*. In Boyan（ed.）. *Handbook of Research on Educational Administration*［M］. Longman Inc.，1988：28.

该书是第一本以行为科学理论为指导来探讨教育管理活动的论文集，共收集了14篇论文，集中反映了当时美国大学从事教育管理研究的教授们对行为科学理论以及它可能对教育管理活动所产生的影响的认识。该书的重要意义在于，它明确指出教育管理研究缺少理论指导，并为新的研究提供了有关线索。格里菲思指出：《教育管理行为》的出版，“已经清楚地表明，出现了一个背离传统的学校管理著作的运动”。[①] 当时大部分学者相信唯有运用行为科学和社会科学的理论方法，才能够解决教育管理领域中理论不足的问题。

摩尔曾将全国教育管理学教授大会初期活动的结果归结为三点：一个是对社区研究有兴趣的基金会开始意识到学校管理者的关键作用；就教育管理的进一步专业化，表达了一个虽然模糊但却真诚的希望；在教育管理学的教授和研究者中，达成了一致性和目的性。[②]

在理论运动发展的过程中，全国教育管理学教授大会发挥了巨大的推动作用。然而，令人遗憾的是，全国教育管理学教授大会在完成这一重要使命的同时，开始走下坡路。按照格里菲思的分析，全国教育管理学教授大会的影响式微，与大学教育管理委员会的成立直接有关。与大学教育管理委员会对教育管理学术研究和教育管理者培养教育改进的新努力相比，全国教育管理学教授大会的运作方式比较陈旧，对新环境的适应能力明显不足。作为一个组织，全国教育管理学教授大会虽然并未随着大学教育管理委员会的建立而消亡，但它对教育管理学教授和其他学术人士的号召力却大大下降。在经历了数十年的尴尬之后，全国教育管理学教授大会的新一任领导层终于在1992年做出决定，改变该组织的目标和方向，即：在继续保留有关改进教育管理教育的质量，鼓励教育管理研究和促进教育管理新思想的传播等传统活动的同时，将其总体目标和努力方向定位于鼓励

① Griffiths. *Administrative Theory*. In Boyan (ed.). *Handbook of Research on Educational Administration* [M]. Longman Inc., 1988: 28.

② Moore. *Studies in School Administration* [M]. Washington: American Association of School Administrators, 1957.

和推进教育管理学教授的专业化，并将该组织的名称改为“全国教育管理学教授委员会”（National Council for Professors of Educational Administration），其英文缩写仍为 NCPEA。[①] 从总体上看，全国教育管理学教授委员会后期的变化与更名自是后话，但就它对当时的理论运动的兴起和推动而言，1956 年后全国教育管理学教授大会的逐渐式微及大学教育管理委员会的后来居上实在具有非同一般的意义。

第三节　教育管理合作计划

教育管理合作计划是凯洛克基金会在教育领域的一个重大资助项目。这是一项旨在改进学校管理人员素质与培训的全国性计划，其前提是让学校管理者更好地了解他们的公民责任和社会责任。[②] 教育管理合作计划的提出和实施对于教育管理理论运动起到了积极的推动作用。

前期的研讨

1947 年，根据戈林斯等人的建议，学校管理人员协会组成了以麦克卢尔为首的特别委员会，向凯洛克基金会申请资助研究经费。该委员会建议，由凯洛克基金会资助 7.5 万美元成立一个全国性的委员会进行学校督导研究。该全国委员会由 15 人组成，设专职主任一人，下设六个地区性的分委员会。全国委员会包括四个方面的职能：①开展教育管理人员的专业培训；②联络并与督学、校董会及其成员保持密切关系；③研究督学的任职、退

① Murphy & Forsyth. *Educational Administration*: *Decade of Reform* [M]. California: Crewin Press Inc., 1999: xiii – xv.

② *Answering the Call to Leadership.* In *Leadership*: *It's time*: 1999 *Annual Report* [Z]. Http: //wkkf. org.

休等条件；④从全国范围内招聘高素质人才从事学校管理工作。[1] 虽然这四个方面的工作都非常重要，但是由于该建议提出这个计划主要由学校管理人员协会负责，全国委员会的工作则是宣传甚至只是组织招聘工作，高等院校不受这个计划的影响，保持相对独立，因此，凯洛克基金会在讨论这个建议时投了反对票。他们同时提出在确定了教育管理研究的必要范围后，再资助一项具有探索性意义的计划，并且还要求把全国县乡地区督学协会（NACRAS）和大州学校主官委员会（CCSSO）纳入其中。

尽管凯洛克基金会否决了戈林斯等人的建议，但还是同意赞助召开一系列会议。这些会议由五次研讨会组成，其主要任务是在全国范围内调查教育管理研究方面所取得的成果。最后一次研讨会于 1949 年 4 月 27 日结束，提出“教育管理合作计划”的框架建议，送交凯洛克基金会讨论。该计划建议增加经费预算、进行更长时间的研究，并建议交由那些具有地区性或全国性领导特征的大学来实施，同时探讨了建立一个全国委员会的可能性。这些建议显然把教育管理合作计划带入到一个全新的境地：它不是一项“研究”，而是一项大规模的改进计划。格里菲思对此明确指出，“毫无疑问，这些经费与其说将导致更多的发现或发明，不如说改变了培养学校管理人员的机构”。[2]

合作计划的调整

在教育管理合作计划正式实施前的几年，凯洛克基金会曾根据形势的发展变化对有关计划进行了调整，尤其强调对计划的分散控制，这部分调整是凯洛克基金会深思熟虑的结果。凯洛克基金会明确表示对建立全国性的协调委员会不感兴趣。当然，从一开始，凯洛克基金会就反对采取任何

① Griffiths（ed.）. *Behavioral Science and Educational Administration* [M]. Chicago, Illinois: The University of Chicago Press, 1964: 18.

② Griffiths（ed.）. *Behavioral Science and Educational Administration* [M]. Chicago, Illinois: The University of Chicago Press, 1964: 19.

措施来加强对计划的控制。因此，凯洛克基金会坚持认为，每个大学地区中心应指导各自的计划。

而学校管理人员协会的一些领导人对基金会提出由各大学取代全国委员会的主张兴趣淡然。但为了满足管理实践者的兴趣，学校管理人员协会设立了发展委员会。表面上，发展委员会具有广泛的决策职责。一些委员会则认为它应负责提出建议并向凯洛克基金会申请经费资助。但是，发展委员会的决策职责从未真正履行过，没有哪个大学地区中心是根据发展委员会的建议而设立的。

尽管发展委员会是学校管理人员协会的一个下设机构，它的成员各吸收了一名县乡督学和州学校主官委员会的代表。但是，随着工作的实际进展，学校管理人员协会越来越成为占支配地位的组织，州学校主官委员会和全国县乡督学协会的影响则越来越弱，直到1955年学校管理人员协会建立了一个中央委员会为止，这两个组织几乎完全被忽视。

合作计划的实施

1950年8月7日，凯洛克基金会正式宣布其决定：基金会提供330万美元，资助一个题为“改进学校管理人员素质及培训计划”的课题，将全国分为若干个地区，分别由若干大学中心主持研究。这就是著名的“教育管理合作计划”，它被格里菲思称之为20世纪下半叶美国教育管理发展与改进方面的两件大事之一。[①] 最初有芝加哥大学、哥伦比亚大学师范学院、哈佛大学、乔治·皮博迪师范学院和得克萨斯大学五所大学，1952年又有俄勒冈大学、俄亥俄州立大学、斯坦福大学三所大学加盟。这八所大学都成立了相应的教育管理合作计划中心，致力于制订区域性计划来改进教育管理。1955年，凯洛克基金会资助的大学扩大到30所，并

① Murphy & Forsyth. *Educational Administration*: *A Decade of Reform* [M]. California: Crowin Press Inc., 1999: xi.

在加拿大艾伯塔大学增设了第九个地区研究中心。20世纪60年代初，凯洛克基金会还资助了初级学院的教育管理研究。在这十年间，凯洛克基金会先后提供了600多万美元资助教育管理的研究和发展，许多大学和学院、地方教育行政机构、3000多所中小学参与该项计划，绝大多数计划得到实施并完成。

基金会资金是如何使用的呢？通过基金会详细的财务记录，这些资金的一个重要的用途是购买社会科学与行为科学的研究成果，用来验证和检查学校的管理问题。这些资助还用来支持教学改革，例如，教学实习、学科教学研讨会、专门的田野研究。这些资金使得许多管理研讨会和大学机构能够分析与学校管理有关的观点，尤其是评估学校管理人员的职前培养和在职培训。

在以上大学设立区域性教育管理合作计划中心的目的在于：①为优秀且具有潜力的管理人员开设职前课程；②通过学科整合，让大学对于重大的社会与教育问题具有更强烈的敏感度；③将研究发现传递给各个学校单位；④研究与发掘教育与管理的新知识；⑤在区域中各个大学、学院政府机构与组织，以及各教育管理单位之间开辟持续不断的合作和沟通渠道。[①]其实，不少中心在活动之初就邀请了一些社会科学家来参与工作，他们通常是以顾问身份出现的，主要职责是对理论和研究进行指导，有时也负责人员培训。由于这些社会科学家大都深受逻辑实证主义的熏陶并接受了其根本观点，因此，在中心工作期间，他们都致力于向教育管理领域传播逻辑实证主义思想，其做法推动了旨在建立“管理科学”的理论运动。

最初，教育管理合作计划对改进管理实践的关注更甚于对教育管理的研究。后来很快发现，要改进实践，必须依赖许多管理方面的知识。因此，许多参与项目的人员转而吸取公共管理与企业管理的成果，也有许多人员转向运用社会科学和行为科学来研究教育管理。他们认为，最好的研

① Sergiovanni & Others. *Educational Governance and Administration* (3rd eds.) [M]. Boston: Allyn & Bacon, 1992: 85.

究途径可能是彻底理解人类和环境，因此他们认识到，管理人员或经理必须用心理学、社会学、政治学、经济学等社会科学知识武装起来。他们相信，通过学习社会科学，管理工作者能更好地洞察情境、工作和工作人员。

但是，在教育管理合作计划实施的过程中，也存在严重的问题和失误。首先是没有着手收集全国的数据，而是由各个中心自存一份。更糟糕的是，对最初所担心的“年轻管理人员匮乏”的问题，从来就没有进行过综合性的全国性的供需研究。教育管理合作计划既没有对管理人员进行培训，也没有对其未来革新做过彻底的调查研究。曾经有一段时间，由于受学校管理人员协会发展委员会的催促，八个地区研究中心也承诺每年召开会议，而且还推选得克萨斯大学教授艾维斯（Henry Fred Alves）为年会主席，但从未付诸行动。艾维斯曾完成《西南地区中心教育管理合作计划的五年回顾》① 一书，但一直未正式出版。

合作计划的成果

1954 年，学校管理人员协会对教育管理合作计划的工作进行了阶段性评估，递交了一份题为《三年来教育管理合作计划的进展》研究报告②。1957 年，摩尔以教育管理合作计划执行秘书长的身份，向学校管理人员协会和学校管理人员促进委员会递交了一份题为《学校管理研究》的报告，并正式出版。③ 该报告指出在有关教育管理合作计划的研究调查中，只有极少数是以理论为导向的，大量的研究依然停留在训诫、行动指南叙述、意见陈列或是描述性的调查上。此后几年，在教育管理合作计划

① Alves. *Five year review*: *Southwestern Cooperative Program in Educational Administration* [M]. Unpublished, 1955.

② AASA. 3 *Years of Progress in the Cooperative Program in Educational Administration* [M]. Imprint. Washington, 1954.

③ Hollis a Moore. *Studies in School Administration* [M]. Washington: American Association of School Administrators, 1957.

的推动下，教育管理研究和实践开始得到逐步改善。格里菲思曾在 1960 年明确指出：最近发生了很多变化，非常迅速，并且几乎是来自教育管理合作计划这个唯一的动力……培训课程所强调的重点正在从资金、设备设施和交通工具转向管理的真正对象——人。[①] 托普（Donald E. Tope）也曾写道："总的看来，教育管理合作计划最重要的成果是促进了全国对学校管理人员进行专业培训的关注，同时建立了若干个与发展教育管理专业有关的全国性组织。"[②]

从总体上说，教育管理合作计划产生了许多真正重大的影响。首先，在承担教育管理合作计划的那些大学，学校管理培训项目因为得到资助，发生了永久性的变化。八所大学由于得到凯洛克基金会的大笔赞助，得以招募新的研究人员，有助于吸引更多的学生，并将视野投向全国范围。俄勒冈大学利用教育管理合作计划，开设了一门以应用社会科学为基础的新的学校管理课程，该课程在凯洛克基金会的资助结束后仍在继续。同样，芝加哥大学的研究项目略有变化，旨在改进"助理教学人员"的招聘程序。斯坦福大学的"内部职位安排"项目直接取自于教育管理合作计划，同样还有哈佛大学的"职业生涯"研究项目。在其他四所大学，教育管理合作计划对教育管理课程的影响较小，特别是在乔治·皮博迪师范学院，影响最小。得克萨斯大学、俄亥俄州立大学、哥伦比亚大学师范学院三所大学，因为规模较大、情况复杂，则与凯洛克基金会保持一定的距离。

第二，教育管理合作计划产生了一些新的教育管理著作。大多数贴有"教育管理合作计划"标签的著作，研究范围较窄，主要是给凯洛克基金会提交的"进展报告"。摩尔曾对 1957 年之前 303 份报告的标题作了简要分析，认为这些报告对教育管理学的影响不大、不具有里程碑意义。[③]

① Griffiths. *New Forces in School Administration* [J]. In *Overview*, I. (January, 1960): 48 – 51.

② Donald E. Tope. *A Forward Look*: *The Preparation of School Administrators*, 1970 [M]. Eugene, Oregon: Bureau of Educational Research, University of Oregon, 1960: 105.

③ Moore. *Studies in School Administration* [M]. Washington: AASA, 1957.

但是，在教育管理合作计划时期和随后几年间，学校管理著作显示出新的生命力。有四五本精彩的案例研究著作出现；教科书开始关注重要的人、概念和技能；行为科学对教育管理的影响逐渐增大。设在芝加哥大学中西部地区的研究中心更是一枝独秀，在中心主任坎贝尔的带领下，取得了卓越成就（见表1－1）。尽管教育管理领域还没有出版优秀的研究期刊，但有许多理由让人们期待在不久的将来会出现一本这样的杂志。

表1－1 芝加哥大学中西部地区研究中心出版的“教育管理研究丛书”

书 名	作 者	出版时间	页数
《学校财政与地方规划》（*School Finance and Local Planning*）	福尔克斯（John Guy Fowlkes） 沃森（George E. Watson）	1957年	85
《校董会研究》（*School Board Studies*）	斯特普利（Maurice E. Stapley）	1957年	56
《学区重组》（*School District Reorganization*）	奇泽姆 （Leslie L. Chisholm）	1957年	97
《管理关系》（*Administrative Relationship*）	古巴（Egon G. Guba） 比德威尔（Charles E. Bidwell）	1957年	118
《地方学校系统的咨询服务》（*Consultative Services to Local School Systems*）	萨维奇 （William W. Savgce）	1959年	74
《教育管理理论》（*Administrative Theory in Education*）	哈尔平 （Andrew W. Halpin）	1958年	188
《学校督学的领导行为》（*The Leadership Behavior of School Superintendents*）	哈尔平 （Andrew W. Halpin）	1956年首版 1959年重印	109

资料来源： Andrew W. Halpin. *The Leadership Behavior of School Superintendents* [M]. Midwest Administration Center, the University of Chicago, 1959: iv.

第三，地区研究中心培养了大批能力强、年纪轻的学校管理领导人。在教育管理合作计划发展中，大批有能力的年轻督学通过一定的选拔程序脱颖而出，个别督学还在各地区研究中心获得了博士学位。设在乔治·皮博迪师范学院的教育管理合作计划南部地区中心主任皮尔斯（Truman M. Pierce）和副主任奥尔布赖特（Arnold De Wald Albright）曾就南部地区各州实施教育管理合作计划的经验报告如下，“差不多有200位研究生真正负责（南部各州）的合作计划，其中有101位通过研究生毕业并取得教育管理学博士学位”。[①] 当然也有人持不同看法，摩尔曾指出，实际上，即使没有教育管理合作计划，也能培养出这么多的博士。[②]

第四，教育管理合作计划确立了专业规范和标准。在凯洛克基金会的赞助下，产生了两个专业性组织——学校管理促进委员会（CASA）和大学教育管理委员会（UCEA）。这两个衍生的组织承担了教育管理合作计划终止后的研究。前者是学校管理人员协会的左膀右臂，以促使变革作为其最高目的；后者是由一流的多目标大学组成的自我发展体，这些大学致力于教育管理学研究生教育的教学实践、科学研究和课程开发。

除了这两个组织以外，凯洛克基金会的资助对全国教育管理学教授大会产生了直接的推动力和实际效果。全国教育管理学教授大会的成员来自各级各类机构，不像大学教育管理学教授委员会那样是通过选举产生的，但它在很大程度上表达了教育管理学教授们的声音。许多研究者认为，全国教育管理学教授大会对推动20世纪50年代教育管理合作计划的实施产生了积极影响。实际上，全国教育管理学教授大会的成立激活了美国的教育管理研究，对教育管理学课程的批判性评价，催发了一系列颇有影响的书刊、论文集和学术论文的公开出版或发表。

卡伯特森指出，由于教育管理合作计划的领导者特别强调在培训和研

---

① Pierce & Albright. *A Profession in Transition: Southern States Cooperative Program in Educational Administration* [M]. Nashville, Tennessee: George Peabody College for Teachers, 1960: 181.

② Griffiths (ed.). *Behavioral Science and Educational Administration* [M]. Chicago: University of Chicago Press, 1964: 23.

究中应加大社会科学运用的力度，这一方针为教育管理学教授更多地接触社会科学家创造了条件，同时也促进教育管理学教授尽可能多地阅读社会科学和自然科学书籍。在与社会科学家的交流、学习中，教育管理学教授“所获得的新思想有助于在教育管理中创立一种新科学的气氛并推进了社会科学在教育管理中的运用”。[①] 虽然最初参加教育管理合作计划的八所大学的执行效果不一，但也显现出了共同的特征。有些大学开设的管理人员的培养课程，特别是芝加哥大学和俄勒冈大学，已迈向社会科学和行为科学的途径。摩尔就曾认为教育管理合作计划培养了学校管理的新领导者。而这种新的领导者乃是培养中小学管理人员的综合大学的教师典型，他一方面是行为科学的学生，另一方面又是行为科学研究应用到教育过程与制度的诠释者。[②] 更明确地说，这八所大学都是培养地方教育管理人员的综合大学。由于这种合作计划，有关教授才有机会将行为科学应用于教育管理研究之中；对其教学而言，也可将行为科学的研究发现传授给未来的地方教育管理人员，使其能落实应用到教育过程及制度上。从这些事实来看，教育管理合作计划对教育管理理论运动确实产生了巨大的影响。

尽管教育管理合作计划已成为过去，但该计划的运作机制和工作模式被更多的美国大学所借鉴。2003 年，威斯康星大学麦迪逊分校所制订的教育管理合作计划旨在培养高水平的教育管理研究人才。[③] 这个计划面向美国东北部和中部地区的已经获得科学硕士学位的并且在教育管理岗位的教育工作者，包括校长、教学主任、学生事务或特殊教育主任。其最终结果是培养和造就一批教育管理专家和教育管理博士。类似地，明尼苏达大学、曼卡托州立大学和温诺纳州立大学也共同制订了一项培养教育政策与管理博士的合作计划，专门招收有实际经验的教育工作者，通过高级研究

① Culbertson. *A Century's Quest for a Knowledge Base*. In Norman J. Boyan (ed.). *Handbook of Research on Educational Administration* [M]. Longman Inc., 1988: 15.

② Moore. *The Ferment in School Administration*. In Griffiths (ed.). *Behavioral Science and Educational Administration* [M]. Chicago: University of Chicago Press, 1964: 26.

③ http: //www. uww. edu/gradstudies/announcement. htm/.

生课程的学习，以增进专业知识和提高领导技能。[①] 完成该计划要求的学员可以获得明尼苏达大学教育管理博士学位。所开设的高级研究生课程分三类，即教育管理学、教育研究方法和其他辅助课程。

第四节　学校管理促进委员会

1950 年到 1955 年间，由于学校管理人员协会和凯洛克基金会之间存在较大利益冲突，使得教育管理合作计划发展委员会的研究工作难以拓展。在教育管理合作计划第五个年度接近尾声时，该委员会派人进行巡视，到八所大学研究中心评估该计划的实施效果。但是，这种做法无益于修补学校管理人员协会的利益与教育管理合作计划本身所达目的（实质上体现大学的利益）之间的缝隙。因此，对教育管理合作计划工作进行协调显得十分必要。凯洛克基金会也收到了比先前呼声更高的请求。此前，密歇根大学教授西伊已于 1954 年担任凯洛克基金会教育部主任，他曾几次接到发展委员会关于对几个研究项目提供一些指导和协调的建议。

1955 年 6 月，学校管理人员协会和凯洛克基金会经过谈判，同意创建“学校管理促进委员会”（CASA），来协调教育管理合作计划工作。当时，首要的问题是学校管理促进委员会的组成结构。学校管理人员协会建议选派教育管理合作计划某个地区中心的一位主任负责这个新委员会诸多中心的工作，但遭到地区中心主任们的强烈反对，他们提出“要么全当，要么一个都不当”。由于学校管理人员协会理事会担心大学教授们会占据这个委员会的主导地位，因此，他们提出一个折中的组成方案，即委员会的成员包括：八个地区中心的主任，三位学校管理人员协会理事，一位大州学校主官，一位校董会的成员，一位大学教育管理委员会的官方代表，

① Cooperative doctoral program in Educational Policy and Administration. http：//www. education. wisc. edu/edadmin/ academics/coop/index. html/.

学校管理人员协会的秘书长，一位县或乡督学的代表，另外自由推出两人；其中一人担任主席。

这个由 18 人组成的学校管理促进委员会经过两年的运作和磨合后，逐渐形成较为理想的成员结构：学校管理人员协会主席和候选主席，一位州学校主官，两位大学管理人员，两位教育管理学教授，一位校董会成员，主席（由学校督学担任）。自 1957 年开始，这种成员结构一直未作变动，委员会的人事结构保持着相当的稳定。

1964 年前，学校管理促进委员会先后选出三任主席。第一任是哈佛大学教授亨特（Herold C. Hunt），曾出任艾森豪威尔政府卫生、教育与福利部副部长；第二任是田纳西州查塔努加市督学德西克（Lawrence G. Derthick），后任美国联邦政府教育部部长；第三任是伊利诺伊州格伦科市督学米斯勒（Paul J. Misner），自 1957 年起一直担任该委员会的主席。此外，学校管理促进委员会还设有执行秘书长一职，摩尔于 1955 年被选为首任执行秘书长。1961 年，这一职位由依阿华州公立学校督学、资深职业教育专家赖特（John Calvin Wright）接任。

学校管理促进委员会的职能

有关学校管理促进委员会的职责，除了一致同意必须“对教育管理合作计划各地区中心呈报的研究成果进行讨论”外，没有实施其他方面的指导工作。凯洛克基金会也没有提出过一般意义上的正式的书面建议。

由于缺乏一个明确的指导纲要，学校管理促进委员会陷入了各种期望的冲突之中：凯洛克基金会希望它成为教育管理知识的传播中心。凯洛克基金会所编的《第一个 25 年》给学校管理促进委员会的职能定位是：借助这个委员会，凯洛克基金会和学校管理人员协会“通过在专业会议、专业刊物和一些主要大众传播媒体上提供详细的报告，来努力增进教育管理合作计划成果的运用”。[1] 学校管理人员协会则期望这个委员会来评价各地区研究中心计划的效能；而各地区研究中心则期望该委员会能影响学校管理人员协会的政策。学校管理促进委员会的历史也正反映了这种冲突，但实际上这个委员会最大的成功在于第三个方面，即影响学校管理人员协会的政策。

由于来自学校管理人员协会理事会的压力，各地区研究中心非常自然地反对通过这个新的委员会来对它们的效能进行事后评估。地区中心不仅拒绝使用单一的工具来测量，而且拒绝各中心之间相互测量；地区中心认为这些资金的使用应由凯洛克基金会直接负责，而不是通过学校管理促进委员会来负责。学校管理促进委员会在履行其传播中心职能上的主要障碍是：它们很少获得可供教育管理合作计划追踪的有关学校管理实践的新数据。鉴于此，传播各大学的教育管理研究信息，不久就成了大学教育管理委员会的职能，而不是学校管理促进委员会的职能。

在总结教育管理合作计划地区中心各种研究成果和出版物的基础上，学校管理促进委员会出版并广泛宣传《学校管理研究》（*Studies in School Administration*）一书。后来，该委员会执行秘书长摩尔担任了美国学校管理人员协会 1960 年年鉴《美国学校专业管理者》（*Professional Administrators for America's Schools*）的主编。

当然，与其他委员会相比，学校管理促进委员会的工作是非常超前的，委员们凭借他们的远见、理解力、发现力和悟性，致力于推进美国学校专业管理者的发展。这意味着努力把美国学校管理人员协会从一个只是参与督导及其日常管理问题的会议与年鉴组织，转变成为一个培养教育管理专业人员、制定学校管理专业标准、从事教育管理研究和奖励的组织。

学校管理促进委员会最重要的工作是围绕学校管理者标准的建立所作的准备。实质上，这使委员会进入了制定国家政策法律和进行专业鉴定的

---

① W. K. Kellogg Foundation. *The First Twenty-five Years* [M]. Battle Creek, Michigan: W. K. Kellogg Foundation, 1955: 104.

领域，进而最终将影响美国学校管理人员协会本身的政策。

学校管理促进委员会早期最重要的出版物是《把握方向》(*Something to Steer by*)[①]，该书言简意赅地陈述了整个教育管理专业应该追求的35个目标，这本书分发了25000多册，对制定督学的培养标准、在职教育计划、选择督学的学校董事会程序和一些非常需要研究的纲要来说，这本书已经成为有绝对影响力的作品。

与全国师范教育鉴定委员会的合作

学校管理促进委员会成立六周时，美国全国师范教育鉴定委员会(简称NCATE)一名代表进入委员会的执行秘书处，他提出了一项发展性研究建议，即应对毕业结果鉴定的标准进行研究，以培养学校管理者。全国师范教育鉴定委员会虽然只成立了一年，但它已经完成了除师范教育以外的几个特殊计划的未来鉴定项目，师范教育是它的首要责任。学校管理促进委员会想委派一个特别委员会来制订学校管理专业标准，或者当学校管理高级委员会成立时来承担这项工作。后来，全国师范教育鉴定委员会怀疑这个委员会是否能承担这项职能，因此，取消了委派这样一个专门委员会的计划。

学校管理促进委员会为鉴定项目工作了几年时间。首先，它为全国师范教育鉴定委员会提供一项指南，指出学校管理者培养计划的重要特征，这些特征应在各种鉴定诊断中加以考虑。这项指南是对一份早期的纽约州培养文件的提炼，那份文件是由哥伦比亚大学师范学院的中亚特兰大教育管理合作计划的成员提出的。

后来，学校管理促进委员会与全国师范教育鉴定委员会的一个下属团体合作共同建立特别标准。1959—1960年，学校管理促进委员会第一次使用了这个管理标准。只有当某个研究机构承担对它的教师教育项目的鉴

① *Something to Steer by* [M]. Washington: American Association of School Administrators, 1958.

定时，才会对学校管理者培养计划进行鉴定访问。

学校管理人员协会和全国师范教育鉴定委员会经过共同努力，确立了一项重要的原则，即学校管理人员协会不执行鉴定功能，而是依靠全国师范教育鉴定委员会这个教师教育中唯一的鉴定主体。

很快，学校管理促进委员会推出了另一个项目，以加强学校管理人员协会和师范教育鉴定委员会之间更加密切的合作。该项目提出，学校管理人员协会在 1964 年后要采取措施限制其成员的活动，改由全国师范教育鉴定委员会鉴定两年学校管理研究生计划的毕业生。这一措施，以修订学校管理人员协会的章程的形式，得到了 1959 年在亚特兰大市举办的美国学校管理人员协会年会的批准。① 通过这一措施，学校管理人员协会积极推进这个高水平的专业标准，最大限度地控制会员的发展。学校管理促进委员会在认真审读这些成文的标准后，开始向学校教育管理的督学和教授们解释这种制度性的鉴定。学校管理促进委员会甚至通过拨款来帮助师范教育鉴定委员会完成前期计划的检查，以提供强有力的支持。

第五节　大学教育管理委员会

大学教育管理委员会的成立是美国教育管理理论研究的另一个里程碑，为理论运动的发展提供了组织准备和人员准备。成立大学教育管理委员会的目的在于，改善美国教育管理人员的培养方式，为大学间开展综合性教育管理研究合作提供一种平台和工具。②

① *Your AASA in* 1958—1959 [M]. Washington: American Association of School Administrators, 1959: 9.

② Griffiths. *Administrative Theory* [M]. Appleton-Century-Crofts, 1959: 5.

大学教育管理委员会的成立

1954年，当教育管理合作计划第一个五年期接近结束时，最初的八个地区中心共同制订了一项计划，希望继续这些合作计划的研究，同时要求凯洛克基金会继续提供资助。作为中亚特兰大地区中心的哥伦比亚大学师范学院建议：设立一个合作性组织，以便在改进教育管理研究和教育管理人员培训工作上投入更多的努力；其成员不是个人而是由在培养学校管理者领域明显处于领导地位的大学机构组成；这个组织成员的数目肯定要超过八个中心，但必须是一个精英团体；希望凯洛克基金会资助这个组织，以维持其正常运转。凯洛克基金会采纳了该建议，并于1955年8月趁全国教育管理学教授联合会召开会议之际，就该建议征询了几所主要大学的会议代表的意见。1956年2月，在召开美国学校管理人员协会大会期间，来自这些大学的代表们再次聚会，制订了组织大学教育管理委员会的具体计划。

1956年11月，在凯洛克基金会的资助下，哥伦比亚大学举办了一个探索性的会议，有32所大学受邀出席了会议。这些大学在教育管理合作计划的第一个五年间表现十分积极。它们不仅都具有教育管理学博士学位授予权，而且大都在学校管理领域取得了实质性成果。这次会议所形成的委员会目标和组织计划，经过修订和补充后，为大学教育管理委员会提供了基本的组织框架。此后，在经过有关法律程序的处理后，大学教育管理委员会正式宣告成立，它的成立标志着教育管理合作计划有了新的突破。

大学教育管理委员在哥伦比亚大学最先设置了一个拥有部分时间工作制工作人员的中心办公室，负责处理日常行政事务。1956年到1959年，在中心办公室的协助下，大学教育管理委员会的设置法制化工作已经完成，并确立了这一组织的目标，而且获得凯洛克基金会为期五年的额外财力资助。1959年，大学教育管理委员会的中心办公室迁往俄亥俄州立大学，并且雇用了几位全日制工作人员。1984年，中心办公室再度转移阵地迁至亚利桑那州立大学。1991 年，又搬迁到宾夕法尼亚州立大学。1996 年，搬迁到密苏苏里大学哥伦比亚分校。

大学教育管理委员会的组织机构

大学教育管理委员会成立之初有 32 所大学参加，后来增加到 35 个，在 20 世纪 60 年代中期已超过 40 个，到 2003 年有 54 所大学（含分校），主要是美国与加拿大的研究型大学（见表 1－2）。

表 1－2　大学教育管理委员会会员机构名录

亚里桑那大学	布法罗大学（后改名为纽约州立大学）
奥本大学	辛辛提那大学
鲍灵格林州立大学	康涅狄格大学
布里奇曼青年大学	代顿大学
威廉玛丽学院	佛罗里达大学
福特汉大学	佐治亚大学
佐治亚州立大学	休斯敦大学
霍夫斯特大学	伊利诺大学
伊利诺州立大学	堪萨斯大学
印第安纳大学	肯塔基大学
艾奥瓦大学	路易斯威尔大学
堪萨斯州立大学	马里兰大学
肯特州立大学	密歇根大学
利哈伊大学	明尼苏达大学
路易斯安那州立大学	密苏里大学哥伦比亚分校
迈阿密大学	内布拉斯加林肯大学
新墨西哥州立大学	内华达－拉斯维加斯大学
纽约大学	新墨西哥大学
北伊利诺大学	北科罗拉多大学

续表

奥克拉马哈州立大学	奥克拉马哈大学
波兰特州立大学	俄勒冈大学
拉特格大学	匹茨堡大学
萨姆·休斯敦州立大学	田纳西大学
西南得克萨斯州立大学	田纳西大学奥斯汀分校
圣·约翰大学	田纳西大学泛美分校
纽约州立大学阿巴尼分校	田纳西大学圣安东尼分校
坦普尔大学	托莱多大学
田纳西州立大学	犹他大学
得克萨斯 A & M 大学	弗吉尼亚大学
俄亥俄州立大学	华盛顿大学
宾夕法尼亚州立大学	威斯康星大学迈迪逊分校
阿拉巴马大学	威斯康星大学
阿肯色大学	华盛顿州立大学
英国哥伦比亚大学	韦恩州立大学

资料来源：UCEA：*Membership Directory*，2003. http：//www. ucea. org.

大学教育管理委员会的管理是由两个正式的委员会来负责的：理事会与全体会员大会。理事会是由会员机构选举产生的9位人员组成，他们主要负责人事任命与报酬的决策事项，并且研讨发展计划，如有必要也可以向会员大会提供建议，并作临时性的方案决策。全体会员大会由每一会员机构派一位代表组成，主要职责是选举理事会成员、协助理事会就有关管理、财务和成员事务等做出决策，提供成员大学会员之间的联络和沟通，参与和大学教育管理委员会有关的研究计划的制订。

大学教育管理委员会的日常工作由中心办公室负责。设执行主任1人，负责对中心办公室人员的领导，其职责包括与理事会共同制订大学教育管理委员会的愿景、目标和活动，贯彻落实委员会的使命，领导、支持、监管和执行委员会的日常工作。中心人员一般还包括助理主任1人、主任助理 1 人、财务主任 1 人和研究助理若干人。自大学教育管理委员会成立以来，执行主任均由著名的教育管理学家担任。首任执行主任戴维斯（Daniel R. Davies）在教育管理合作计划启动时，担任哥伦比亚师范学院教育管理学教授。他还先后参与了全国教育管理学教授大会和大学教育管理委员会的组建工作。1959 年戴维斯卸任后，俄勒冈大学教育管理学助理教授卡伯特森（Jack A. Culbertson，1959—1981 年在任）接任。在卡伯特森之后担任此职的有：维利斯（Charles L. Willis，1981—1984 年在任）、格里菲思（Daniel E. Griffiths，1984—1985 年临时接任）、福西斯（Patrick B. Forsyth，1985—2000 年在任）、哈特利（Richard V. Hatley，2000 年 8 月临时接任）、扬（Michelle D. Young，2000 年 9 月至今在任）。

大学教育管理委员会的目标与活动

创立初期，大学教育管理委员会便致力于改进教育管理人员的培养工作，包括属于继续教育性质的在职训练与职前训练课程。其主要贡献在于：拓宽了教育管理人员培训方案的内容；增进更为有效的教育管理研究方法的应用；将教育管理从轶事经验式导向的学习方式，转换为教育科学导向，以获得关于组织与领导的普遍知识；开发教育管理人员培养方案的教学材料；促进美国及其他国家的教授与管理领导人员，在提高研究与管理培养方案水平和方向方面，相互沟通与合作；继续努力促使研究与管理培养方案朝着杰出的水平发展。① 近年来，大学教育管理委员会还相当重视加强教育管理人员培养机构与学区以及其他管理人员服务机构之间的联系。

大学教育管理委员会从事多种不同的活动，并且发行一些出版物与教材。所有上述活动的开展，均根据大学教育管理委员会的基本目标，并符合其定位与功能，但也有充分的弹性，以便回应教育管理变化的需求。简

① *An Introduction to UCEA*. http：//www. ucea. org.

而言之，大学教育管理委员会具有以下几项目标：①增进教育管理所有相关领域的了解，并提升其他有助于产生更多、更为有效的教育管理专业人员职前与成员发展方案的各种途径；②开发较佳的教学方法、新的教材，以及其他有助于产生更为有效的教育管理专业人员职前与成员发展方案的各种途径；③创建更为有效的途径与网络，使致力于改进教育管理的工作人员有机会来交换彼此新的了解以及较佳的方法。[①]

其次，就计划活动而言，大学教育管理委员会赞助的具有代表性的活动项目有：①探讨诸如以校长领导效能、教育政策与管理资源等为主题的研究方案；②阐明研究与训练的新方向，例如，教育管理研究观点的明确叙述、培训具有前瞻意识的领导者，以及建立管理人员证书与资格标准；③有效利用其他的学科领域，诸如加强管理人员培训方案的人文学科资源之管理人员训练方案的检视与发展；④会员机构的专业性革新机会，如举办研究方法、培训未来的领导者，以及解决城市教育的挑战等研讨会与座谈活动；⑤召开大学教育管理委员会大会，这是对所有具有会员资格的教学与研究人员及来自非会员机构的专业人员开放的年度专业性会议；⑥大学教育管理委员会计划中心，这是一系列由大学教育管理委员会的主办大学所组成的主体研究单位；⑦在专业研讨会、机构与年会上，以及在研究与发展方案上，来自会员机构的研究生参与；⑧新组织的设置：美国教育管理学会（IASEA）、美国教育管理政策委员会（NPBEA）等。

大学教育管理委员会出版四种在全国发行的刊物：《教育管理季刊》（*Educational Administration Quarterly*）、《大学教育管理委员会评论》（*UCEA Review*）、《教育领导案例杂志》（*Journal of Cases in Educational Leadership*）、《教育管理》（*Educational Administration*：*The UCEA Document Base*）。《教育管理季刊》创刊于 1965 年，对于传播教育管理的观点与研究成果，增进教育管理的理论发展，卓有成效。[②] 该刊是第一份登载理论

① *An Introduction to UCEA*. http：//www. ucea. org.

② Hoy & Miskel. *Educational Administration*：*Theory*，*Research*，*Practice* [M]. 2nd ed. New York：Random House，1982：13－14.

建构、实证研究及政策问题的教育管理学术性刊物，是大学教授、行为科学家及教育管理学研究生彼此对话、沟通的园地。《大学教育管理委员会评论》是一份定期性刊物，主要提供大学教育管理委员会的最新信息，以及来自会员大学的最新动态消息。教育管理专业杂志的出版，标志着美国教育管理理论研究新阶段的开始。《教育领导案例杂志》采用交互式的电子格式，适用于教育领导者培训课程。《教育管理》是大学教育管理委员会有关文件的汇编。此外，大学教育管理委员会还定期资助有关书刊、专著和专题报告的出版和发表。

此外，大学教育管理委员会设立若干奖项，鼓励和认定在教育管理学领域做出努力和贡献的专家和学者。"罗纳德·坎贝尔奖"（The Roald F. Campbell Award）授予终身做出杰出成就的最高水平的学者。"杰克·卡伯特森奖"（The Jack A. Culbertson Award）授予在职业生涯头六年中获得突出成绩的教育管理学教授。"威廉姆斯·戴维斯奖"（The William J. Davis Award）每年授予在《教育管理季刊》上发表最佳论文的作者。"教育领导精英奖"（The Excellence in Educational Leadership Award）授予为改进教育管理培训做出重大贡献的学校管理人员。"保拉·西尔弗案例奖"（The Paula Silver Case Award）授予在各期 UCEA《教育领导案例杂志》上发表的最优秀的案例的作者。

学校管理人员行为测量计划

1956—1957 年，在大学教育管理委员会成立之后短短一年的时间内，在美国著名教育考试测量机构"教育考试服务中心"（ETS）[①] 与哥伦比

① Educational Testing Service 成立于 1947 年，是美国最大的非营利的私立教育考试机构和教育研究机构，承担 SAT、TOFEL、GRE、GMAT 等著名考试任务，其使命在于"通过提供公平、有效的教育测评以提高教育质量和实现教育平等"。目前，ETS 的主要研究重点在于高等教育、教师素质与培训、课堂技术、学校满意度等相关主题，有 2600 多名专业人员。http: // www. ets. org.

亚大学师范学院的协助下，为一项研究计划提供赞助，开发《学校管理人员行为量表》。这项计划主要来自美国联邦教育署的财力资助，少部分依靠捐赠的款项。

芝加哥大学研讨会

大学教育管理委员会在推动教育管理理论发展方面所采取的最重要、最直接的措施是，1957 年 11 月 11 日至 13 日与教育管理合作计划中西部地区中心芝加哥大学共同发起召开了一次有关教育管理理论的研讨会，集中探讨“推动教育管理理论发展”的问题。参加研讨会的有来自 28 个大学教育管理委员会成员校的 51 位代表。八位来自心理学、社会学、工商管理学、公共管理学和教育学领域的著名学者向大会递交了论文并做报告（见表 1 –3）。他们中有后来被公认为美国教育管理理论运动的先驱者们：哈尔平（Andrew W. Halpin）、汤普森（James D. Thompson）、帕森斯（Talcott Parsons）、沙特尔（Carroll L. Shartle）、亨普希尔（John K. Hemphill）、格里菲思（Daniel E. Griffiths）、盖茨尔斯（Jacob W. Getzels）、坎贝尔（Roald F. Campbell）等。由于哈尔平在研讨会上首先开宗明义地陈述了教育管理理论，因此，这个研讨会的召开向人们非常明确地传递了这样一个信息，即首要的任务是要加快教育管理理论的发展，尤其是推动科学的教育管理理论建设，因而在教育管理领域激起了理论研究的热潮，成为教育管理理论运动“象征性的诞生地”。①

表 1 –3　芝加哥大学研讨会主要论文

题　目	作　者	单　位
教育管理理论的发展	哈尔平	芝加哥大学

① 胡森等. 简明国际教育百科全书 · 教育管理 [Z]. 中央教育科学研究所比较教育研究室译. 北京：教育科学出版社，1992：67 –68.

续表

题　目	作　者	单　位
教育管理理论发展中的问题	汤普森	匹茨堡大学管理科学中心
组织理论	帕森斯	哈佛大学
组织行为研究的理论框架	沙特尔	俄亥俄州立大学人事研究委员会
管理是问题解决	亨普希尔	教育考试服务社
管理是决策	格里菲思	哥伦比亚大学师范学院
管理是一个社会过程	盖茨尔斯	芝加哥大学
教育管理的哪些特点使其成为一个独特的案例?	坎贝尔	芝加哥大学中西部地区管理中心

资料来源：Griffiths. *Administrative Theory* [M]. Appleton-Century-Crofts, 1959: 6.

研讨会后，哈尔平将以上八篇论文汇编成集，并冠以一个简单的、充满希望的标题——《教育管理理论》，交由芝加哥大学于1958年正式出版。此后，哈尔平在谈到此书时说，尽管书名如此，但这本书“并没有提出某种教育管理理论，这仅仅是因为没有一种理论配叫这个名字”。[①]

《教育管理理论》有四章内容对确定教育管理理论的研究路线和发展方向来说十分重要，有人戏言是“宣言书”。在其中一章中，盖茨尔斯简要阐述了管理是一个社会过程的观点和模式，并介绍了依据该模式所进行的两个相关研究。另一章中，亨普希尔将管理描述为一个解决问题的过程。还有一章中，格里菲思提出“决策是管理的中心功能”。最后一章中帕森斯论述了某些与正式组织理论有关的思想。这四章实际上就是四条教育管理研究的路线，并在随后几年成为研究的主要关注点。哈尔平也在该书中论述了一个理论所能接受的基本原则。在哈尔平看来，费格尔将理论定义为“一组源于纯粹的逻辑——数学程序的假设，一组更大的经验法则”，虽然有可能窄化理论的内涵，但同时也使理论变得相对的清晰和简

① 胡森等．简明国际教育百科全书·教育管理［Z］．中央教育科学研究所比较教育研究室译．北京：教育科学出版社，1992：64.

洁。因此，他赞成以费格尔的定义作为理论的可接受标准之一。

国际互访计划

为促进各国教育管理学者的交流，在凯洛克基金会的赞助下，大学教育管理委员会策划了“国际互访计划”（The International Intervisitation Program）。这是一项被公认为最重要的教育管理学国际性研讨会。

1966年秋天，美国密歇根大学和加拿大艾伯塔大学举办了第一次国际互访计划，此后每隔四年举办一次。其主要目标在于通过大学校际间的合作与交流，促进教育管理的研究与发展，以及提升教育管理教学的质量。曾经担任大学教育管理委员会和国际互访计划执行秘书的卡伯特森指出，国际互访计划有三个目的：①在教育管理研究者与实际执行者之间提供一个沟通的渠道；②为来自不同国家的教育管理学者提供观念比较与交流的机会；③提供教育管理领域内，未来可能进行的研究、发展与努力的方向。[①] 截至1998年，国际互访计划共举办了9次，每次会议都有鲜明的研讨主题（见表1－4）。[②]

表1－4　历届国际互访计划举办情况

届次	研讨主题	时间	举办地点
一	教育行政与管理的国际性研究观点，包括指明教育行政与管理的发展趋势，探究其相关问题与争议，并且促进教育行政与管理的教育与研究	1966年	美国密歇根大学 加拿大艾伯塔大学
二	澳大利亚与其他国家面临的挑战与分析：计划与制度分析、教师参与及制定政策的协商过程等	1970年	澳大利亚

① 墨菲，路易斯．教育行政研究手册［M］．王如哲等译．台北：心理出版社，2004：140.

② Ribbins，P.，R. Glatter，T. Simkins & L. Watson（eds.）. *Developing Educational Leaders*［M］. Essex：Longman，1991.

续表

届次	研讨主题	时间	举办地点
三	教育管理与行为是一项国际性挑战：探讨实践与理论的新方向	1974 年	英国布里斯托大学
四	检视加拿大以及比较教育行政与管理	1978 年	加拿大温哥华大学
五	走在十字路口的教育管理与计划	1982 年	尼日利亚首都大学
六	公平与多样化：教育管理人员的挑战	1986 年	美国夏威夷大学
七	发展未来的教育管理人员	1990 年	英国曼彻斯特大学
八	集权化与分权化：对于管理人员培训的启示	1994 年	加拿大多伦多大学、纽约州布法罗大学
九	教育规划与执行	1998 年	南美巴巴多斯

资料来源：根据有关资料整理而成。

从总体上说，国际互访计划的实施，促使美国的教育管理研究开始将焦点转移到美国本土以外。同时也刺激了英国、澳大利亚、加拿大的研究者，促使他们具有更宏观的国际视野，极大地推动了理论运动的国际化和教育管理的跨国合作研究。

综上所述，大学教育管理委员会对教育管理研究的理论化与专业化具有举足轻重的影响。如 1957 年由它所赞助举办的芝加哥教育管理研讨会，代表着一项致力于提升教育管理研究水平的事件。这次研讨会扮演着理论运动的催化者角色，反对纯粹经验主义，以及从事科学的分析，并以一种可以接受考验的知识基础，来取代轶事与指示。隶属于大学教育管理委员会会员大学的一些教育管理学教授，将他们的注意力转向行为科学的研究。在 20 世纪 50 年代末 60 年代初，这些大学聘任了许多研究取向的年轻教授，他们深深为大学教育管理委员会推动的理论运动所吸引。毫无疑问，大学教育管理委员会在理论运动以及激发教育管理理论研究上扮演着重要角色。

美国教育管理学者海斯（Dale Hayes）、法利斯（William Pharis）曾将全国教育管理学教授大会和大学教育管理委员会的影响作了综合对比性评价。“如果认为全国教育管理学教授大会单独改变了管理人员的培训课程，或许不够确切；但是，如果说丹佛年会的议题及其讨论乃是引发这种课程改变的一个原因，那么堪称适切中肯。但更确切地说，大学教育管理委员会与其机构的代表制度，及其更具有结构性的运作等，对管理人员培训课程的改变扮演了最主要的角色”。[①] 可见，这两个学术组织对教育管理理论运动的推进产生了极其重要的影响。

第六节 《行为科学与教育管理》的出版

1964 年，由格里菲思负责主编的《行为科学与教育管理》一书，作为美国教育研究学会（NSSE）1963 年鉴的第二部分正式出版。这部著作所涉及的内容，全面反映了第二次世界大战以来在社会科学和行为科学大力推动下美国教育管理研究的状况和发展趋势。

庞大阵容

《行为科学与教育管理》的出版与美国教育管理研究迅猛发展的势头密切相关。1959—1960 年，美国教育研究会主任委员会逐渐意识到要促进教育管理的研究工作。1960 年 10 月，美国教育研究会主任之一、纽约锡拉丘赐大学教育学教授朗斯代尔（Richard C. Lonsdale）在总结教育管理领域的活动及先前讨论过的主题后，建议美国教育研究会出版一本年鉴，全面回顾和总结第二次世界大战后管理实践和理论发展的状况。主任委员会投票推举纽约大学教育学院副院长格里菲思担任该年鉴的主编。应主任委员会的邀请，格里菲思出席了于 1961 年 2 月举行的美国教育研究

① Hayes and Pharis. *National Conference of Professors of Educational Administration* [M]. Lincoln: University of Nebraska, 1967: 16.

会年会，陈述其有关该年鉴性质的观点。主任委员会批准了格里菲思提出的建议，并任命他为新成立的美国教育研究学会“行为科学与教育管理委员会”（Committee on Behavior Science and Educational Administration）主席。为确保年鉴的出版发行，1963 年 9 月，美国教育研究学会主任委员会还责成匹茨堡市督学马兰德（Sidney P. Marland）、行为科学研究中心主任泰勒参与年鉴的编辑工作。

根据美国教育研究会的规定，行为科学与教育管理委员会的职责主要包括：①选择供研讨的主题；②从人事安排的角度任命委员会委员，以确保能够考虑到所有重要的观点；③提供适当的经费补助，以满足必要的支出；④出版和发表委员会的报告；⑤安排年会的讨论计划。①

行为科学与教育管理委员会的核心成员由当时最著名的五位教育管理学教授和杂志编辑组成。他们是：卡尔森（Richard O. Carlson），时任匹茨堡大学管理研究中心常务主任；卡伯特森，时任大学教育管理委员会执行主任；格里菲思，时任纽约大学教育学院副院长；哈斯丘（Laurence D. Haskew），时任得克萨斯大学教育管理学教授；朗斯代尔，时任美国教育研究会主任。外围成员有：巴顿（H. Warren Button），时任纽约州立大学助理教授；卡拉汉，时任华盛顿大学研究生教育所教育学教授；坎贝尔（Roald F. Campbell），时任芝加哥大学教育管理学教授；查特斯（W. W. Charters），时任华盛顿大学教育学教授、社会学讲师；迪尔（William R. Dill），时任匹茨堡卡内基技术学院工业管理研究生院副院长；格罗斯（Bertram M. Gross），时任纽约锡拉丘赐大学市民与公共事务麦克斯韦尔研究生院政治学教授；亨普希尔（John K. Hemphill），时任新泽西普林斯顿教育考试服务中心研究部主任；扬拉康（Laurence Iannaccone），时任华盛顿大学教育研究生院副院长；利普汉姆（James M. Lipham），时任威斯康星州立大学麦迪逊分校教育管理学副教授；摩尔，时任亚里桑那

① Griffiths (ed.). *Behavioral Science and Educational Administration* [M]. Chicago: University of Chicago Press, 1964: title page.

州立大学教育学院院长。以上这些各个学科领域的著名学者构成了《行为科学与教育管理》的庞大而精锐的写作阵容。

基本内容

《行为科学与教育管理》分四大部分共 14 章，收集了 16 篇优秀论文。第一部分主要是从历史的角度，回顾了美国教育管理的发展进程和时代背景。其中包括摩尔的“学校管理的发轫”、格罗斯的“科学的管理研究方法”，以及卡拉汉和巴顿的“组织中人的角色的历史变迁（1865—1950）”。

第二部分着重讨论有关教育管理的新的知识基础。格里菲思贡献了“理论的性质与意义”一文。利普汉姆的“领导与管理”，从心理学、社会学和行为科学的角度，全面评析有关领导的研究，并指出领导研究的未来发展方向。朗斯代尔的“维持组织的动态平衡”，应用巴纳德的组织平衡理论，讨论组织目标、组织结构、组织诱因、组织气候、组织生存以及组织变革的问题。迪尔的“决策”以西蒙的决策论为根基，探讨了组织决策的优点、决策研究的范围、理性的限制、决策的参与、新的决策方法以及在教育管理中应用的一些问题。扬拉康研究了“学校中的非正式组织”，查特斯则分析了“学校中的正式组织”。卡尔森在“环境制约与组织影响”中，分析了组织环境对公立学校及其客户的影响。

第三部分主要探讨新的科学知识为教育管理提供专业基础的重要意义。坎贝尔分析了“教育管理实践的重要性”。卡伯特森则强调“学校管理人员培训”的积极意义，介绍了学校管理人员培训课程、教材和教学方法等。

第四部分特别介绍了新兴科学“现象学”对教育研究的意义。

值得一提的是，与《行为科学与教育管理》相类似，美国教育研究会于 1946 年出版了由格雷斯（Alonzo G. Grace）主编的《变化中的教育管理概念》（*Changing Conceptions in Educational Administration*），作为美国教育研究会 1946 年鉴。把这两部著作相比较之后可以发现，尽管它们所针对的和所写的都是同一个主题和同一个问题，但著作内容及写作方式却发生了显著的变化。《变化中的教育管理概念》一书的作者都是教育学者和专业教育工作者。他们的写作几乎很少受到哲学、历史和行为科学等著作的影响。整本著作没有什么理论参考书，也几乎没有可供研究的参考资料。因此，“1946 年鉴没有指出未来的道路；相反地，它标志着一个教育管理时代的结束。”[①] 格里菲思感叹道，短短的 18 年光阴，同一个主题的著作却发生了如此大的改变，这几乎是难以想象的。但他同时指出：“就在该书出版不久所发生的一系列事件，最终推动教育管理发展到现在的状况。对这些事件的处理，加上它们的历史遗产，以及承续它们的新的事件，构成了这本有关管理的 1964 年鉴的核心。”[②]

重要影响

格里菲思反复强调《行为科学与教育管理》的作用主要在于“解释”与“描述”。“《行为科学与教育管理》并不想预测（教育管理）新的发展方向，相反地，而是尽可能用一种详细的方式描绘当前的趋势……本书旨在呈现教育管理的新的发展状况，并且把它们解释给教育管理领域中的人员。”[③] 这一点与逻辑实证主义所强调的“科学的目的在于描述、解释与预测”极为一致[④]。

按照格里菲思的归纳，第二次世界大战结束至 20 世纪 60 年代初，美

① Griffiths（ed.）. *Behavioral Science and Educational Administration*［M］. Chicago：University of Chicago Press，1964：1.

② Griffiths（ed.）. *Behavioral Science and Educational Administration*［M］. Chicago：University of Chicago Press，1964：1.

③ Griffiths（ed.）. *Behavioral Science and Educational Administration*［M］. Chicago：University of Chicago Press，1964：2.

④ 王如哲. 教育行政学［M］. 台北：五南图书出版股份有限公司，1998：33.

国教育管理研究出现了若干新的概念和新的发展。具体分析如下①：

第一，教育管理受经验研究的影响。管理不完全是一种常识性的、只凭经验的艺术；它可以用行为科学家所提供的工具来进行研究。这些工具包括人类行为的概念和理论、研究设计、统计学观点、计算机和这些探究模式的逻辑。格里菲思指出，过去几十年教育管理研究中最重大的失误在于缺乏足够的证据和原则。这在很大程度上影响了作者们的价值取向，即证明他们所确信的事物。由于这些原则或价值缺少操作化定义，因此造成所提出的理论流于形式。最近的研究趋于使各种概念操作化，检测各种主张以及发展各种基于证据的理论。

第二，所有组织的管理都必须面对一项共同的任务。格里菲思指出，过去那种认为教育管理是独一无二的活动，与商业管理、军事管理、卫生管理和其他类型管理有极大差异的观点，现在完全被一种新的观念所取代：各种管理的共同性大于差异性。管理学者拉扎斯菲尔德（Paul F. Lazarsfeld）认为，所有的管理者都要面临四项任务，这些任务在不同的组织之间差异不大。这些任务是：①管理者必须完成组织的目标；②管理者必须利用其他人来完成这些目标，但是他们不是机器，而是具有激情和创造性的人；③管理者还必须考虑工作中人道主义方面的问题，他要确保为他工作的人快乐，提高他们的工作士气；④管理者还必须努力为组织的变革和发展做好准备。在这个变革的世界里，人和组织必须进行调整以适应不断变化的环境。“组织必须考虑到变革的条件，这样就会出现一个稳步的发展过程，而不是一系列突然的摧毁性的革新。”②

然而，格里菲思认为，教育管理在许多重要方面确实与其他类型的管理存在差异。这些差异一时还不能描述清楚，但是一旦管理者从其他类型

① Griffiths (ed.). *Behavioral Science and Educational Administration* [M]. Chicago: University of Chicago Press, 1964: 2 -6.

② Lazarsfeld. *The Social Sciences and Administration*: *A Rationale*. In Lorne Downey and Frederick Enns (eds.). *The Social Sciences and Educational Administration* [M]. Edmonton: University of Alberta, 1963: 3 -4.

的管理当中学到了些什么，就应着手研究以区分出教育管理的差异，组织运行的环境类型差异，组织目标、构成以及环境对学校设计与管理的重要意义。

第三，管理者应该用不同的眼光来看待人。格里菲思指出，管理者眼中的人有三类。第一种观点来自于古典的管理科学，在20世纪初至30年代非常流行。该观点集中反映在泰罗（Frederick Tayor）的著作中。在这里，人被看作“一个内在的机器”，按照分配给他的任务行事，几乎很少谈到动机或者人的行为的差异。第二种是有关组织中人的观点，以梅奥（Mayo）和罗特利斯伯格（Roethlisberger）在西部电器公司的研究和库普曼（G. Robert Koopman）等人在《学校管理中的民主》中的研究最为典型。在这里，人被看作与某类团体有关的人；在工业中，它是非正式的工作团体，在教育上它是委员会。实际的管理是以强调人际关系、团体动力和承诺为特征的。这个时期的后期，有关小团体的研究十分流行。第三种观点则认为人具有智力、情感、动机和知觉等差异。人的生活中仅有一部分贡献给他所服务的组织，因此他的角色经常与他在家庭、教会、政治团体等其他组织中所扮演的角色发生冲突。组织结构影响他的行为的形成，他所拥护的非正式团体也发挥重要作用。这种有关人的观点不是一种简单的描绘，而是一种复杂的观点。

格里菲思描述了当时教育管理研究中发生的一些主要变化:[①] 第一，“领导”和“管理”不是同一类行为。格里菲思指出，过去的十五年，人们一直把领导与管理混为一谈，但在实际操作中，这两个概念的差异越来越明显。事实上，领导与管理之间的差异很难把握，在管理实践中，无论从行为的角度还是按组织结构的看法都能找到最好的说明。第二，正式组织结构被视为组织行为研究的起点。随着正式组织结构的建立，研究者开始研究非正式组织结构及其对组织目标和个体目标达成的影响。组织过程

① Griffiths（ed.）. *Behavioral Science and Educational Administration*［M］. Chicago：University of Chicago Press，1964：5－6.

的复杂性也由此成为研究的对象。第三，行为科学家们对管理研究的兴趣日趋浓厚。第四，以上这些变化对管理实践和管理人员培训，也产生了重要的影响。

由于《行为科学与教育管理》一书对理论运动以来的有关成就作了描述和概括，并试图向教育领域的工作者们解释理论运动的新近发展，格里菲思认为“该书是自理论运动开始以来所有著作中的一部主要著作”，“它理所当然地可以被看成是理论运动的总结”。① 他公开表示，20 世纪 50 年代以后，教育管理研究的主流转移到行为科学和社会科学的理论方面来。美国教育研究学会年鉴著名编辑里基（Herman G. Richey）则表示，“该年鉴是并且今后也会是教育管理理论与实践发展的一个重要标志”。②

第七节　理论运动的领军人物

理论运动云集了一大批优秀的教育管理学者。从第一代首倡者格里菲思、盖茨尔斯、坎贝尔，到其继承人西尔弗，再到第三代学者霍伊、米斯克尔，他们著书立说，传播思想，极大地推动了理论运动的进展。

首倡者：格里菲思

格里菲思是美国大学教育管理委员会杰出的领导人之一。生于 1917 年，早年在阿尔巴尼大学任教时，他就对教育管理研究表现出浓厚的兴趣和极高的天赋，并确立了终其一生的职业方向。1954 年，在全国大学教育管理学教授大会年会上，格里菲思与哈尔平、盖茨尔斯、柯拉达西等人

---

① Griffiths. *Administrative Theory*. In Boyan（ed.）: *Handbook of Research on Educational Administration* [M]. Longman Inc., 1988: 29.

② Griffiths（ed.）. *Behavioral Science and Educational Administration* [M]. Chicago: University of Chicago Press, 1964: Editor's Preface.

率先提出“将理论引入教育管理学术领域”。1957年，格里菲思调任哥伦比亚大学师范学院教授，并于1959年出版了《管理理论》一书，号召人们应用社会科学理论和逻辑实证主义推动教育管理研究的发展，这些著作和观点使格里菲思受到全国和国际的关注。同年，他转到纽约大学工作，致力于将社会科学理论应用于教育管理研究来创建教育管理理论。与其他人相比，格里菲思承担起创建大学教育管理委员会的重任，并领导这个组织无可争辩地成为在教育管理研究和学术领域最重要的组织，也由此奠定了他在大学教育管理委员会中的领导地位。

20世纪70年代中期，格里菲思与理论运动遭遇最严峻的挑战和考验。1974年，加拿大教育管理学者格林菲尔德在英国布里斯托国际互访计划年会上发表文章攻击逻辑实证主义，“对组织理论进行了彻头彻尾的批评”，格里菲思被迫投笔回应。[①] 1983年，他继续反击：“如果任何一个人读到或听过贝斯和格林菲尔德的观点的话，他会得到这种印象，他们把传统理论的倡导者看作十足的白痴和疯子。这些表达常常得到响应。”[②] 不过，格里菲思后来也承认逻辑实证主义存在弱点，他说：“我们似乎正在拒绝给世界带来最大科学生产率的理论，而寻求如现象学、人种学、符号互动论等研究方法。”这可能是就有关教育管理理念的最广泛的论战。[③] 这种论战也让格里菲思反思教育管理的研究和讨论。格林菲尔德也亲自加入了论战。根据这两位顶尖学者的回忆，格里菲思似乎喜欢这场论战，并且拿它“开玩笑”。直到1988年，格里菲思亲自撰文才结束了这场论战。

格里菲思毕生从事教育管理研究事业，著述颇丰。除他早期编著的《学校管理中的人际关系》（*Human relations in school administration*，1956）

① Griffiths. *Some Thoughts about the Theory in Educational Administration* [J]. *UCEA Review*, 1975 (1): 119.

② Griffiths. *Commentary on Educational Administration*: *An Interview with Daniel E. Griffiths* [J]. In New York University Quarterly, 1983.

③ Griffiths. *Theories*: *Past*, *Present and Future* [M]. *UCEA Occasional Paper*, 8320, 1984: 54 - 68.

外，其代表作还有：《学校管理者的工作绩效》（*The job performance of school administrators*：*a research development project*，1962），与加伯（Lee O. Garber）合编的《促进学校提高有效教育》（*Organizing schools for effective education*，1962），《学校督学》（*The school superintendent*，1966），与麦卡迪（Donald J. McCarty）合编的《院长的两难问题》（*The Dilemma of the deanship*，1980 年）。1988 年，他还与斯托特（Robert T. Stout）、弗西斯（Patrick B. Forsyth）合编《美国学校领导者》（*Leaders for America's schools*），这是给美国优质教育管理委员会（The National Commission on Excellence in Educational Administration）提供的研究报告与论文集。20 世纪 60 年代，格里菲思还与其他学者就纽约市公立学校教师的退休、选拔、任命和进修等问题进行了广泛深入的研究。

格里菲思一生担任诸多重要的职务，如纽约大学教育学院院长、全国优质教育管理委员会主席（NCEEA）等。1984—1985 年，他还担任大学教育管理委员会的执行主任。大学教育管理委员会评价说，格里菲思的著作“对教育管理领域产生了巨大的影响，并继续为一代又一代的学者、实践工作者和其他从事管理人员培训的人所认识。”格里菲思在大学教育管理委员会的继任者，美国得克萨斯大学教授卢茨（Frank W. Lutz）在其撰写的回忆录中高度赞颂格里菲思，“他改变了整个专业。”[①] 鉴于格里菲思对美国教育管理理论发展的杰出贡献，1992 年他成为坎贝尔终身成就奖的首位获得者。

代言人：盖茨尔斯

盖茨尔斯（Jacob W. Getzels）1912 年出生于波兰，童年时随全家举迁美国。1935 年从布鲁克林学院获文学士学位，1939 年获哥伦比亚大学

① Frank W. Lutz. *Daniel E. Griffiths*：*He Changed an Entire Profession* [J]. In UCEA Review，2000 (3).

英语和比较文学硕士学位，1951 年获哈佛大学社会关系学博士学位，同年进入芝加哥大学担任教职，一直工作到退休。

盖茨尔斯是美国著名社会科学家、教育心理学家，被当代著名教育心理学家、美国耶鲁大学教授斯腾伯格（Robert Sternberg）誉为“创造力研究之父”，认为他“用一种积极的方式改变了这个领域”。他与芝加哥大学心理学教授杰克森（Philip W. Jackson）合著的《创造力和智力：天才学生的培养》（*Creativity and intelligence: explorations with gifted students*, 1962）一书，是创造力研究的经典之作。在《创造性视野》（*The Creative Vision*, 1964）中，盖茨尔斯与合作者——心理学家奇克森特米海伊（Mihaly Csikzentmihalyi）集中研究了“问题发展”问题。这项研究表明：对理解创造力来说，问题如何形成比问题如何解决更加重要。美国学者杰克森（Philip Jackson）曾说，盖茨尔斯有关中学生创造力和艺术家问题解决能力的研究，有助于国内外对这些课题进行彻底的探究，他站在 20 世纪后半叶那些为教育研究做出重大贡献的人的前面。

盖茨尔斯的研究兴趣还包括运用社会科学和行为科学的理论来解决教育、教育管理以及价值的获得等问题。奇克森特米海伊说：“他是教育领域中最伟大的集大成者之一。尤其是他不仅在教育领域而且在心理学领域，关注价值是如何获得并且如何转移的。”20 世纪 50 年代中期，盖茨尔斯白手起家建立了教育管理学术研究，使其成为令人羡慕的探索领域。1954 年，盖茨尔斯与哈尔平、柯拉达西等学者，受凯洛克基金会和美国学校管理人员协会之邀，参加了在丹佛大学召开的“教育管理合作计划”大会。盖茨尔斯在会上明确指出，教育管理研究亟待改善；教育管理研究必须以理论为基础；社会科学是教育管理的理论来源；社会科学家是教育管理学教授的导师。格里菲思认为，“在那些社会科学家中，盖茨尔斯、哈尔平、柯拉达西三位最为重要。他们在传播‘新的话语’及改变每一位与会者的信仰方面，是极其成功的。”① 就盖茨尔斯而言，格里菲思在这里所说的“新的话语”，实质上是指他不断加以阐发的社会系统理论，后被称为“盖茨尔斯模式”。

盖茨尔斯曾担任过许多重要的职务。1960 年，他被任命为设在加利福利亚帕洛阿尔托（Palo Alto）的行为科学高级研究中心的特别研究员。1964—1967 年，担任美国联邦教育署研究咨询委员会（the Research Advisory Council of the U. S. Office of Education）委员。1965 年，担任白宫教育参议会顾问（the White House Conference on Education）。1967 年，任总统教育天才咨询顾问（the President's Task Force on Talent in Education）。1969 年，担任经济合作与发展组织美国教育代表团成员。还曾任美国全国教育学会副主席（the National Academy of Education）。他一生获得了众多荣誉，其中包括 1978 年获哥伦比亚大学巴特勒奖章（the Nicholas Murray Butler Medal），1984 年获布鲁克林学院颁发的阿鲁姆斯杰出奖（the Distinguished Alumnus Award）和霍夫斯特拉大学授予的荣誉博士学位。

除上述著作外，盖茨尔斯还著有：与柯拉达西合著的《理论在教育管理中的应用》（*The use of theory in education administration*，1955），《成人教育中的学习理论与课堂实践》（*Learning theory and classroom practice in adult education*，1961），与奇克森特米海伊合著《天才学生的创造性思考》（*Creative thinking in art students*：*an exploratory study*，1964）和《创造性视野》（*The creative vision* ：*a longitudinal study of problem finding in art*，1976），与利普汉姆和坎贝尔合写的《教育管理是一个社会过程：理论、研究与实践》（*Educational administration as a social process*：*theory*，*research*，*practice*，1968），与泰罗（Irving A. Taylor）合编的《有关创造性的观点》（*Perspectives in creativity*，1975）等。

① Griffiths. *Administrative Theory*. In Boyan，Norman J. （ed.）. *Handbook of Research on Educational Administration* [M]. Longman Inc.，1988：28.

教育政治家：坎贝尔

坎贝尔（Roald Fay Campbell）于 1905 年出生在犹他州的一个农户家庭。自波卡特洛市爱达荷技术学院毕业后，先在得克萨斯州教了几年书，后进入杨伯翰大学攻读研究生。1929 年研究生毕业，在南爱达荷的两个小镇担任了 12 年的督学，期间他利用暑假时间先后获得杨伯翰大学的硕士学位和斯坦福大学博士学位。1942 年秋天，他离开了督学岗位，担任犹他州大学助理教授、初等教育系主席和承担大学教师教育研究项目实验的斯图沃特学校主任。此后十年间，坎贝尔从助理教授升到教授，依然继续从事他的双重管理工作，成为教育管理这一新兴学术领域的专家。为了专心从事学术研究，坎贝尔于 1952 年调任俄亥俄州立大学教育管理学教授。1957 年又转到芝加哥大学，接替著名教育管理学教授雷维斯（William C. Reavis）的工作，并在那里工作了十多年，先后担任中西部管理中心主任、教育系主任和教育研究生院院长。在他的领导下，芝加哥大学成为全世界屈指可数的几个顶尖水平的教育管理学术研究机构之一。在芝加哥的岁月里，坎贝尔还成为美国教育学会和大学教育管理委员会的核心成员。他曾担任《教育管理季刊》的首席编辑、美国教育研究协会主席（1969—1970）；1970 年，还曾获卡帕荣誉奖（Kappa Delta Pi）。

1970 年，坎贝尔回到俄亥俄州立大学担任教育管理学教授，开辟了教育领导的历史与实践这一新的学术研究领域。他还着手评估教育管理学术研究和研究生教育的现状，组织教育管理学教授们进行综合研究。以此为基础，在一群青年学者的协助下，他开始探索教育管理的历史根基和哲学基础。坎贝尔终身致力于教育管理研究，他认真探究、整合以及寻找新的管理知识来改善教育，并且乐此不疲。他广泛阅读其他领域的著作，研究其他类型的文化，质疑教育领导的各种学说和观点，最后将每种教育观点与现实基石相对照，探索这些观点是否能进一步改善我们的所知和我们的所为等问题。他形成与整合这些观点的动机，是与他试图影响事件和机构的愿望相一致的。作为北美和世界数以百计的著名学者和教育领导者的良师益友，坎贝尔被称作是“教授的教授”。

1974年，坎贝尔退休后偕妻子定居盐湖城，与儿孙们生活在一起。犹他州大学授予他首位杰出终身教授荣誉。但坎贝尔退而不休。此后14年，坎贝尔仍然在该校教育领导系讲授多门课程，继续从事教育管理研究，出版多本著作。而且花费大量时间和精力，培养青年教育管理研究者。1988年，坎贝尔到爱达荷州的阿伯丁探亲时，因心脏病突发不幸逝世。这距专为他举办的坎贝尔从教纪念研讨会的召开只差几天。在犹他州大学的讲台上，还平平整整地摆放着他的讲课提纲和一部完整的手稿。

坎贝尔一生中独立撰写或支持编撰的著作多达12部，许多著作都是教育管理学的标志性著作。其中包括：《学校—社区关系的动力》（*The Dynamics of School-community Relationships*，1955），《教育管理行为》（*Administrative Behavior in Education*，1957），与利普海姆合著的《作为行动指导的管理理论》（*Administrative Theory as a Guide to Action*，1960），《美国学校的组织与控制》（*Organization and Control of American Schools*，1965），《教育管理导论》（*Introduction to Educational Administration*，1971），《教育管理的历史与实践》（*History of Thought & Practice in Educational Administration*，1987），与马佐尼（Tim L. Mazzoni）合著的《州公立学校政策的制定》（*State Policy Making for the Public Schools*，1983），《学校系统的绩效约定》（*Performance Contracting in School Systems*，1972），《九种生活》（*Nine Lives：Leadership and the University of Utah's School of Education*，1869—1988），与马卡蒂（Donald J. McCarty）和拉姆齐（Charles E. Ramsey）合著的《学校管理者：美国公立教育中的权力与冲突》（*School Managers：Power and Conflict in American Public Education*，1971）。作为坎贝尔的长期合作者，著名教育管理学家纽厄尔（L. Jackson Newell）认为坎贝尔是“20世纪教育领导学术领域中影响最大而且最受尊敬的人物”。

坚定的追随者：西尔弗

西尔弗（Paula F. Silver）毕业于纽约大学教育学院，曾师从两位理论运动的早期参与者、教育管理学教授里朗斯代尔（Richard Lonsdale）、福格蒂（Bryce Fogarty），深得真传。西尔弗曾担任大学教育管理委员会主任多年。1999年，大学教育管理教授委员会为纪念西尔弗对该会做出的突出贡献，设立了保拉·西尔弗管理案例奖（The Paula Silver Case Award）。①

西尔弗是理论运动坚定的追随者，她视构建教育管理理论为自己毕生最大的诉求。她曾在《教育管理：实践与研究中的理论视野》（*Educational Administration*：*Theoretical Perspectives on Practice and Research*，1983）一书中袒露了自己的心迹，她感叹道："发觉理论到底是什么，会是一种令人兴奋而愉悦的经验，就像发现特别而凌空存在的平面，在不易看到、明亮如镜的大气里，每种事物都散发着纯抽象的逻辑的光芒。要切实把捉理论的蕴义，不只仅仅在于了解任何一种定义，而是对抽象的性质要有闪现的洞察，瞬间认识到理论的字眼并不是代表着世俗的事物，而是人类创造心灵的发明。"② 言语里渗透着一位女性教育管理学家感情细腻、丰富的特点。

西尔弗的《教育管理》主要探讨学校等组织以及组织中人们的行为方式。全书共分八篇14章，全面介绍和评述了当时最主要的12种教育管理理论，这些理论包括不证自明理论、一般系统理论、科层理论、顺从理论、领导行为研究、领导权变理论、组织气候理论、社会系统理论、概念系统理论、激励保健理论与期望理论。台湾学者黄昆辉教授在主持翻译该书时，大为赞叹，"全书脉络一致，不但涵盖周延，而且析论深入，颇值参考"。③ 他认为，该书最大的特点是采用了实证分析的方法，无论立论

---

① http://www.ucea.org/html/awards/silver.html.

② 西尔弗．教育行政原理［M］．黄昆辉主译．台北：三民书局，1984：著者序．

③ 西尔弗．教育行政原理［M］．黄昆辉主译．台北：三民书局，1984：著者序：3．

或取材都符合实证科学的要求。[1] 西尔弗自己也承认，该书所讨论的主题与所采用的资料有严格的限定，即比较注重社会学和社会心理学等行为科学和社会科学的理论，以及比较重视业已进行广泛研究的理论。“大部分来自行为及社会科学原理的理论架构，对于学校的行政实务都含有重要的启示”。[2] 因此，该书被认为是理论运动发展的写照。

第三代学者：霍伊和米斯克尔

霍伊（Wayne K. Hoy）和米斯克尔（Cecil Miskel）是美国著名的教育管理学家，他俩合作完成的《教育管理学：理论、研究与实践》（*Educational Administration：Theory，Research，and Practice*），自 1978 年初版以来，一直是美国许多大学教育管理专业的必备教材或重要参考书，至今已修订再版七次，影响长久不衰。该书注重将教育管理理论的前沿性、结构性、系统性与教育管理变革实践的情景性相结合，既展现了一个理论和实践双向建构、内容丰富、结构清晰的教育管理学体系，又洞开了一扇了解和探讨当代美国教育管理变革实践的窗口，是教育管理理论运动后期发展的代表之作。

霍伊 1959 年毕业于洛克港州立学院，1965 年在宾夕法尼亚州立大学获教育学博士学位。此后，在俄克拉荷马州立大学从事教学工作多年，1968 年起，转任拉特格斯大学，系该校杰出教授，历任教育管理系主任、学术委员会副主任等职。1994 年担任俄亥俄州立大学教育管理学教授。他主要从事管理学、组织社会学和人际关系社会心理学等领域的理论研究。他曾任全国教育管理学教授大会常务秘书长和大学教育管理委员会主席等职，并于 2003 年 11 月荣获大学教育管理委员会的最高奖——罗纳德·坎贝尔教育管理学终身成就奖。霍伊的著作大都是与他人合作完成

① 西尔弗．教育行政原理［M］．黄昆辉主译．台北：三民书局，1984：著者序：4.
② 西尔弗．教育行政原理［M］．黄昆辉主译．台北：三民书局，1984：著者序：8.

的。1967 年，他与威洛尔（D. J. Willower）、艾德尔（T. L. Eidell）共同合作完成《学校与学生控制意识》（*The School and Pupil Control Ideology*）。1986 年，又与福西斯（Patrick Forsyth）合著《有效的督导：从理论到实践》（*Effective Supervision：Theory into Practice*）。1991 年，与塔特（C. John Tarter）、科特卡姆（Robert B. Kottkamp）合著《开放学校与健康学校：测量组织气候》（*Open Schools/Healthy Schools：Measuring Organizational Climate*）。此书则达到 20 世纪 80 年代以来教育管理理论研究和发展的顶点。①

米斯克尔毕业于俄克拉荷马州立大学，获得教育学博士学位，曾任密歇根大学教育学院院长，犹他大学教育管理学教授和主任、教育研究生院教授和院长，堪萨斯大学教育管理学教授，还在中学担任过科学教师和校长。现任密歇根大学教育管理政策学教授，主要从事学校组织、管理与政策等领域的理论研究与教学。他是《教育管理季刊》（*Educational Administration Quarterly*）杂志 1987 年卷和 1988 年卷的编辑，担任该杂志编委长达九年。由于在《教育管理季刊》第 16 卷与第 19 卷上发表的杰出论文，米斯克尔获得过威廉·戴维斯奖（William Davis Award）。除与霍伊合著《教育管理学：理论、实践与研究》外，米斯克尔还发表了诸多学术性著作。此外，他还与霍伊共同编辑了"教育管理理论与研究"系列丛书（*Theory and Research in Educational Administration*，2002，2003，2004）。

由于在学术渊源上，霍伊和米斯克尔坚持理论运动早期倡导者的基本主张，因此被视为理论运动的继承者和发展者。② 加拿大教育管理学家霍奇金森（H. L. Hodgkinson）曾对他们的著作评价说："霍伊和米斯克尔作为科学取向阵营的标准继承者，竭尽全力地（尽管某种程度上是疲惫不堪的）以美国实用主义经验论精神为指导，努力探寻对事物的解释性规

① Hoy, Tarter & Kottkamp. *Open Schools/Healthy Schools：Measuring Organizational Climate* [M]. Sage Publications, Inc., 1991：Preface.

② 孟卫青. 20 世纪西方教育管理"理论运动"的回顾与反思 [J]. 教育导刊, 2002 (8－9) 上半月号.

则，探寻预言，探寻对于复杂的社会现象的法理性解释，甚至是在寻求一种交互作用的机械或者准机械系统，这种系统能被管理、指导、计划，而首要的是能被理解。结果是不可避免地产生了常常被不友善地描述为‘科学的’方案。这种方案在方法论上倾向于量化，在认识论上倾向于唯实论。它极力避开质性的、不可计量的和难以操作的东西，完全接受了维特根斯坦（Ludwig Wittgenstein，奥地利哲学家）早期的主张，即‘凡是人们不能言说的，人们对此必须保持沉默’。”①

① Greenfield & Ribbins（eds.）. *Greenfield on Educational Administration*：*Towards a Humane Science* [M]. London：Routledge，1993：Foreword：X.

第二章

理论运动的理论基础

从理论渊源看，费格尔（Herbert Feigl）的逻辑实证主义、巴纳德（Chester I. Barnard）的现代组织理论、西蒙（Herbert A. Simon）的决策理论以及行为科学为美国教育管理理论运动提供了直接的理论基础。这些理论及其代表人物不但强调管理科学化的重要性，大力提倡实证研究方法，还努力建构教育管理管理理论。他们相信：唯有建立完整的理论，才能使管理实践更具效率。这些理论观点成为教育管理理论运动最重要的理论支撑。

第一节　逻辑实证主义

逻辑实证主义（logical positivism）是教育管理理论运动最重要的哲学基础。[①] 有学者指出，教育管理理论运动“是教育领域中以逻辑实证主义为指导的一个极其重要的标志和举措”。[②] 逻辑实证主义的研究方法对20世纪40年代末开始的美国教育管理研究产生了巨大的影响，虽然到20世纪70年代

① 王如哲．教育行政学［M］．台北：五南图书出版股份有限公司，1998：32.
② 张新平．教育组织范式论［M］．南京：江苏教育出版社，2001：28.

中期，它遭到现象学、批判理论等后实证主义和后现代主义理论的激烈围剿，但至今仍为美国教育管理理论研究的理论支柱之一，在研究方法论上占有一席之地。[①]

逻辑实证主义溯源

逻辑实证主义是20世纪20年代中后期开始流行于西方的一个重要哲学流派，又称“新实证主义”（new logical positivism）、“逻辑经验主义”（logical empiricism）、“科学经验主义”（scientific empiricism）。狭义上，它仅指20世纪20年代至30年代期间以维也纳为中心的一批学者（即“维也纳学派”）所倡导的哲学。他们主张，任何不能为感官经验所验证的主张都是无意义的而且是非科学的。基于这种理念，后人称之为逻辑实证主义。

逻辑实证主义有两个来源，一个是经验主义，另一个是实证主义。一般来说，经验主义最早是由英国哲学家洛克（John Locke）提出来的。洛克认为，知识是建立在经验基础之上的，经验经由人类的视觉、听觉、触觉与其他感官经验习得。理性主义与经验主义虽然理念不同，但都主张知识有其稳固基础，因此同属于知识论上的基础主义。基本上，经验主义者不反对理性的功能，认为它可结合与运作各种意念，但最基本的知识乃是来自于经验。例如，以“红色”为例，经验主义认为如果没有看过红色，就无法理念化。因此，理性虽然可以进一步联结与比较各种意念，但意念的来源仍根基于经验。经验主义的主张后来深深影响着逻辑实证主义。

根据经验主义的观点，许多意念因为缺乏发觉的证据而无法得到验证，例如，人类的灵魂、潜意识等。维也纳学派的学者们即支持这种观点。在他们的主张下，奥地利医生、精神分析学创始人弗洛伊德（Sigmund Freud）的大部分主张因无法验证而被看作形而上学的。逻辑实证主

① 秦梦群，黄贞裕．教育行政研究方法论［M］．台北：五南图书出版股份有限公司，2001：4.

义者采用最严格的经验主义标准来检验知识。在教育领域中，坚持此原则的学者首推美国实验心理学家斯金纳（B. F. Skinner）。他认为，所谓的内心世界，如果没有经由直接观察的途径加以验证，则在科学领域中难以有立足之地。斯金纳的主张对理论运动产生了相当大的影响力，其中对“操作性定义”的要求即为明证。

实证主义的观点首先是由法国社会学之父孔德（Auguste Comte）在1853年所发表的“实证哲学”（The Positivistic Philosophy）一文中提出来的。孔德的思想主要受到当时法国乌托邦主义者圣·西门（Henri Saint-Simon）的影响。圣·西门认为社会现象与物理现象相似，可以搜集、归纳为各种法则或一种科学，他在1830年所写的《社会组织理论》（*Theory of Social Organization*）一书中提到，“这种方法，真真实实是科学的方法；由于这个属于一个普遍观念之存在的使用，科学得以具有确定的与‘实证’的特征”。[①] “实证”一词首见于此。后来孔德进一步指出，所谓“实证”，代表的是真实的、有用的、确定的、精确的、有机的、相对的六个涵义。然而，孔德并未对于各名词做仔细与深入的内涵分析。孔德指出，社会问题应遵照科学的指示，通过对可观察的资料进行验证，并寻求建立现象之间关系的定律或法则。在他的实证主义研究中，主张两种现象之间的关系是允许加以解释及预测的。孔德的思想已建立了具体的实证论中心思想，强调任何有意义的命题（或是定义）都可以被证实或被推翻。

孔德的思想流传到英国，深深地影响了英国哲学家穆勒（John Stuart Mill）。穆勒不仅继承了孔德的思想，反对形而上学，强调经验事实，而且继承了英国经验主义的传统，强调以心理学与逻辑学作为理论基础。穆勒特别重视归纳逻辑，反对演绎逻辑，他指出一切的推理和证明或者真理的发现，都是由归纳法和归纳法的解释所构成，人们一切非直观的知识都起源于归纳法。因为归纳的方法可以让人们从已知推演未知、从经验推论实体，进而了解宇宙的真理，促进科学的进步。显然，穆勒的实证思想是

① 秦梦群，黄贞裕．教育行政研究方法论［M］．台北：五南图书出版股份有限公司，2001：35.

希望将社会科学和自然科学的研究方法进行统一，强调科学哲学研究的重点在于发现通则，以作为解释和预测之用。

穆勒之后，斯宾塞（Herbert Spencer）是英国实证主义最重要的代表人物。他把宇宙分未可知界与不可知界，前者是指可用文字来描述的现象世界；后者则是指现象背后的实在世界，是不可知的宇宙之谜，因此，他自称其理论是不可知论的实在论，也就是说，“实在”是超出人类认识的范围，人类所能拥有的仅仅是代表实在的符号而已。

基于科学界的空前成就与实证主义者的大力鼓吹，在20世纪前半叶，几乎所有的方法论都笼罩在实证主义的范式之下。当时，实证主义学者与讲究逻辑的学者们纷纷主张将“逻辑”放入方法论中，研究的目的应该以外在世界中可观察的“事实”为主。当时的倡导者有奥地利的马赫（Ernst Mach）、英国的罗素（Bertrand Russell）、维特根斯坦（Ludwing Wittgenstein）和美国的卡尔纳普（Rudolf Carnap）等大腕哲学家。

马赫被公认为“逻辑实证主义之父”。[①] 他的哲学是一种激进的经验主义。他认为心灵没有能力认知或理解它自身的感觉所不可企及的事物，科学理论不是对我们感觉之外的真实事物的发现，而是预见其进程的一种手段。逻辑实证主义者们不仅沿袭了马赫对待基于感觉经验的知识的基本态度，也采纳了他的关于科学的基本统一性的结论：所有的科学研究都有“感觉”这一共同的题材。罗素提出了逻辑原子主义（logic atomism）主张，他认为应该创造一种理想的科学语言，哲学活动的功能应在于澄清日常用语的混淆以及消除它所引起的误解，还应去发现原子事实的真正结构。罗素的观点为逻辑实证主义所推崇并被奉为理论建立的目标。而维特根斯坦则提出了证实原则（verification principle），即认为必须采用某种程序或方法来证实某一命题是否有意义，由此，那些无法验证真伪对错的命题，如善恶、价值、上帝等全部被视为无意义。这一原则后来成为逻辑实证主义重要的方法论基础。因为他们早期的贡献，才使逻辑实证主义得以

① 安东尼·弗卢．新哲学词典［D］．黄颂杰等译．上海：上海译文出版社，1992：308.

顺利建立。其中以卡尔纳普的思想最为重要，主要是由于他成立了曾风靡学术界的维也纳学派。

维也纳学派

20世纪20年代初，石里克（Moritz Schlick）在维也纳大学担任归纳科学哲学讲座教授。他召集哈恩（H. Hahn）、赖特梅斯特（K. Reidermeister）、弗朗克（Ph. Frank）、纽拉特（Otto Neurath）等人，成立了石里克小组（der Schlick's Kreis），讨论现代物理学、数学和逻辑学的新发展以及有关的认识论问题。当时的参加者还有卡尔纳普、门格尔（Karl Menger）、米塞斯（Richard von Mises）、魏斯曼（Friedrich Waismann）、克拉夫特（Victor Kraft）、费格尔以及哥德尔（K. Godel）等人。20年代末期，在“石里克小组”的基础上，哈恩、纽拉特和卡尔纳普等人建立了维也纳学派（der Wiener Kreis），成立了马赫学会，并出版了一本宣言式的小册子《科学的世界观点——维也纳学派》（*Wisse Nschaftliche Weltauffassung*：*Der Wiener Kreis*），阐明了这个学派的基本纲领。这个学派的基本思想被称为逻辑经验主义或逻辑实证主义。

除了继承休谟、孔德和马赫等人的实证主义基本观点，维也纳学派的形成，还有其他重要的因素：首先是相对论的创立和量子物理学的新发展；其次是弗雷格（Gottlob Frege）的巨著《算学基础》（*The Foundations of Arithmetic*，1884）开始受到重视，罗素与怀特海合著的《数学原理》（*The Principles of Mathematics*，1910—1913）的出版；再者是石里克的《普通认识论》（*Allgemeine Erkenntnislehre*，1918）和维特根斯坦的《逻辑哲学论》（*Tractatus Logico-philosophicus*，1922）的影响。如果没有这些理论作为其思想基础和方法论基础，则任何形式的新实证主义或新经验主义，无论逻辑实证主义还是逻辑经验主义，都是根本无法想象的。

维也纳学派所掀起的这个哲学运动之所以能在欧洲迅速发展起来，主要应归因于以赖兴巴赫（H. Reichenbach）为首的“柏林学派”的呼应和波兰的华沙学派的声援。在英国，艾耶尔（Alfred Jules Ayer）、魏斯曼以及维特根斯坦等人的哲学活动也起到了重要作用。在美国，卡尔纳普、弗朗克和费格尔等人继续宣传和发展逻辑经验主义的基本观点，同时将它与美国的实用主义、操作主义和自然主义联系起来。这样，维也纳学派这个哲学运动引起了国际哲学界的更广泛的注目，成为当时颇有影响的国际哲学潮流之一。1936 年石里克被枪杀后，维也纳学派实际上也被瓦解了，1938 年因被纳粹政权视为“反动哲学”而遭到公开禁止。逻辑经验主义经历了几十年的变化和发展，已经失去了它在维也纳时期的本来面貌，但是它在当前西方分析哲学中仍有相当的影响。

费格尔及其科学的目的

在诸多逻辑实证主义学者中，对教育管理理论运动产生直接影响的是费格尔。教育管理理论运动的早期倡导者们认为，传统的教育管理学只是“纯粹的经验主义”，根本算不上科学，必须发展一种教育管理科学代替以往纯粹的经验主义。为了为教育与管理实践寻找一个系统和严密的知识基础，早期的学者们采纳了费格尔的哲学观点。“知识要有效地改进教育管理实践，就必须以理论的形式构建，而理论就是逻辑经验主义哲学家费格尔的某种假设——演绎结构。”① 霍伊和米斯克尔曾指出，理论运动的早期倡导者们采纳了费格尔对理论的定义，并运用于逻辑实证主义的教育管理理论建构中。②

费格尔出生于奥地利的一个犹太家庭。他早年对自然科学（物理学和化学）特别感兴趣。在维也纳大学期间，由于对爱因斯坦的敬仰，他转向研究科学哲学，并在导师石里克的指导下，完成关于“概率因果性和自然律”的论文，获得哲学博士学位。当时维也纳学派正在建立之中，

① Evers & Lakomski. *Exploring Educational Administration* [M]. Elsevier Science Ltd., 1996.

② Hoy & Miskel. *Educational Administration: Theory, Research, and Practice* [M]. 2nd ed. New York: Random House, 1996: 2.

费格尔被吸收为其成员，与卡尔纳普、赖兴巴赫和波普尔（Karl Raimund Popper）等哲学家保持着良好的关系。1930 年秋，费格尔到美国演讲，使他的思想广泛地传播到美洲。1931 年，费格尔和波伦堡（Albert E. Blumberg）合写《逻辑实证主义——欧洲哲学新运动》① 一文，正式提出"逻辑实证主义"这一名称，并介绍了这个学派的基本观点和任务，引起美国哲学界的广泛关注，费格尔也由此成为逻辑实证主义在美国的当之无愧的先驱。后来，因为受德国纳粹主义的迫害，卡尔纳普、弗朗克等维也纳学派的成员相继来到美国，使美国成为逻辑实证主义新的大本营。1931 年，费格尔应邀到艾奥瓦州立大学任教，1940 年又转到明尼苏达大学担任哲学教授，直至 1971 年退休。在此 40 年间，费格尔不断捍卫和完善逻辑实证主义，并于 1943 年发表"逻辑经验主义"（Logical Empiricism）一文，被收入他与塞拉斯（W. Sellars）合编的《哲学分析读本》② 中。

费格尔首先将纯粹数学（pure mathematics）与事实科学（factual science）予以区分。前者是具有优越地位的"正式——概念性学科"；后者是经验主义的科学，也就是"自然与社会——文化科学"。纯数学的确定性、完全精确及必然性主要依赖于它与经验性事实的分离。当数学被应用于事实科学时，则借用数学形式与归纳结构来分析经由经验所获得的内容。但是，无论在经验性事实的变异与叙述上利用数学的情形是多么明显，事实的知识都不可能达到绝对的精确或纯数学的必然性。在自然与社会科学中（包括管理科学在内）所宣称的知识只是一种持续性的趋近，并且提升其证实的程度。假设或概率所提供的保证，只是意味着对于所有我们可能用来处理经验事实的科学所显示的信心而已。它是经验主义的科学，因此被理解为是一项永无止境的探索。这种意义的科学与经由岁月所

① Feigl & Blumberg. *Logical Positivism*: *A New Movement in European Philosophy* [M]. *Journal of Philosophy*, 1931 (28): 281 - 296.

② Feigl and Sellars (ed.). *Readings in Philosophical Analysis* [M]. California: Ridgeview Publishing Company, 1949.

形成的常识，以及有效的观念所聚焦形成的知识之间，只是程度上有所差别。①

费格尔进一步指出，科学的目的在于描述、解释和预测。第一项目标是基本而且不可或缺的；第二与第三项目标（密切相互关联）的达成，可以说是最不可或缺的科学努力的成果。以历史这一科目为例，人们普遍认为是一项艺术，但是当它对于有关过去的事实假定得到经由严密的当前证据验证所支持时，它是科学的。在历史学科中，与自然科学的因果解释相比，这些事实的因果解释通常说明面临更多的困难，心理学、社会学、文化人类学及经济学也类似，但是这些事实的解释只是在原则上而并非在逻辑上有所不同。因此，纯经验主义科学的目标适用于所有的学科领域，社会科学和行为科学家的主要任务是在特定的研究情境中，达到充分精确的描述、解释和预测。

科学知识的标准

在费格尔看来，一门学科要成为科学知识，须遵循以下五个标准或规则。②

第一，互为主观的可检测性（intersubjective testability）。这只是一项对于一般所谓科学的“客观性”（objectivity）较为充分明确的叙述。这里所包含的不只是免于个人与文化的偏见或偏好，而且更根本地必须达到一项要求，即任何一位具有适当知识与观察或实验设计技能者，都可以来检测科学的知识命题。互为主观性这一术语强调科学事业的社会性本质。如果有任何的“事实”（truths），只允许具有特权或某种地位的个人才能取得，这种神秘式的或梦想式的——也就是由它们的本质所宣称的知识命

① Feigl. *Nuturalism and Humanism.* In R. S. Cohen（ed.）. *Inquiries and Provocations*：*selected writings 1929－1974*［M］. London：D. Reidel Publishing Company，1949：368.

② Feigl. *Nuturalism and Humanism.* In R. S. Cohen（ed.）. *Inquiries and Provocations*：*selected writings 1929－1974*［M］. London：D. Reidel Publishing Company，1949：368－372.

题，并无法由任何其他人独立地予以检视——此时这种事实不是科学上所寻求的知识类型。因此，互为主观的可检测性，明确划分了人类的科学与非科学性活动。

第二，可信赖度（reliability）或充分的证明（confirmation）程度。这是科学知识的第二项标准，它使我们能够去辨别一般所谓的“仅仅是意见”（或者更差的只是迷信）与知识（明确证实的信念）之间的差异。这项标准可能会被用来作为辨别科学与非科学知识命题的差异。显然，相对于第一项标准，科学知识虽然在某种程度上得到了区分，但并没有对明确证实信念、理论或科学假设之间的差异进行明确的分类，在这种情况下，任何一个知识命题都有可能被接受成科学知识或被推翻。一般而言，根据草率的推论或薄弱的类比判断所形成的事实命题，与人类所接受的科学真理之间是有所不同的，这里的科学事实是指处于极低的几率，但最后却受到有利证据支持所形成的知识。现代实验与统计分析技术是最具有力量的工具，这种技术使我们可以在机会与法则之间拥有识别能力，并因此成为增进知识可信赖度的最佳途径。

第三，确定性（definiteness）与精确性（precision）。它要求应用到科学知识命题中的概念必须尽可能明确地予以澄清。在质的分类科学层次上，这相当于试图将所有广泛的区域模糊情形减少到最低的程度。在量化科学层次上，这种概念的正确性是通过测量技术的应用，来获得最大程度的改进。这种测量的设计通常也提高了客观性的程度。当然并不需要把精确度提高到超出我们处理问题所需要的精确程度。

第四，一致性（coherence）或系统性的结构（systematic structure）。这是所谓“有组织的常识”，不只是其他资料项目的集合体，而是一个对于科学上寻求的事件的严谨叙述。在描述的层级上，这产生了如分类或分组的系统、图形与统计图表等。在解释的层级上，整组的法则或理论性假设得到应用，科学的解释则包含在假设演绎过程之中。以法则、理论来建构前提，并在这种前提下我们用符合数学逻辑的方式，引出观察到或可观察的事实。这些事实通常是属于异质性的领域，因此被统整到一项具有一致性、统一性的结构之中。

第五，综合性（comprehensiveness）或知识的范围（scope of knowledge）。它使科学知识在程度上与常识性的知识有所区别。不仅经过大胆的、彻底的假设，而且凭借独创性的设计，使这些假设受到考验，科学要求达到的目标在于使我们能超越对我们没有太大帮助的感觉。拥有望远镜、显微镜、光学分光镜、测谎器，以及数以千计的其他科学证明，我们得以扩大我们的感觉，因此开启了至少是非直接的途径，使我们得以进入远距离、非常大、异常小，或者被隐藏与隐蔽的世界。我们的知识完整性所产生的提升，当然是受到欢迎的，而且成为最令人印象深刻的科学特征。尽管如此，必须谨记的是：所达到的知识范围是经过努力达成的一项成果，不能将这种知识与后设理论混为一谈，或假借语意的神奇来描述知识图像。聪明的科学家并没有提出一项终结性的解释，他们将其统一的假设公开以便修正，一旦有证据提出质疑时，他们总是随时准备修正其解释，或予以放弃。科学在这种自我更正的层面受到强调，而且成为科学最重要的特征。

根据费格尔的观点，管理科学是属于事实的科学，无法达到完全的精确及确定性，但可以根据上述标准来建立这一学科的知识，虽然这种知识并非是绝对性的终极真理，却是一种可以获得证实逐渐趋近的知识。费格尔的思想影响了教育管理领域的一些学者，其逻辑实证主义思想被广泛应用在教育管理研究领域。

理论与方法论特征

根据逻辑实证主义者的论点，教育管理理论是科学的，必须以特定的方式来建构这些理论。理论运动的早期倡导者们采纳了费格尔对于理论的定义。在费格尔看来，所谓理论，就是“从纯粹的逻辑—数理程序和一

大批经验法则中推导出来的一套假设”。这种理论具有三大特征：[①]

首先，该理论是层级结构且必须包含一套明确的经验性主张。理论可以被想象为是在一个三角形之中，最上层是极少数为人们所熟知的普遍实证通则，包括物理学法则或最普遍的有关类似法则的实证假设；第二层是特定而有限制的现象领域的特定法则，例如，组织、人本心理学或工程学；最下层是有待发现的大量的单一实证命题。必须建构一套管理理论，以便包含最为普遍的管理理论假设，这些假设与所熟知的物理学法则是相互一致的；有较多的管理主题与领域的有关通则，可以从前述的假设导引出来；最后有关的单一命题，则可以用来描述个别可观察的事实或事物形貌。[②] 层级的底层是一些特定的主张，是对此事件或此现象做特殊观察所得到的结果。层级的上方是一些较具有普遍性的主张，适用于所有的学校、组织、生活系统以及其他对象。换句话说，理论必须能从特殊推演出普遍逻辑，以得到适用于任何情况的法则。

第二，该理论具有重复验证性。本质上，层级结构中的主张或假设是为了追问源流，这包括特殊的观察和描述。因此，这些特殊的观察即为经验性证据的基础，如果这些观察（假设）被确定，则代表假设正确。被确定的次数越多，则表示被否定的概率越小。

第三，该理论中主要专有名词采用实证性定义。逻辑实证论者强调定义必须源于观察。研究者或许会发现这个要求有时无法达到，因为所谓的理论术语常常都是无法用肉眼观察来获得结果的，例如，物理学中的名词“电子”或“夸克”就是不可观察的。然而为了使实证性测量过程易于计算与观察，操作性定义仍然无法避免。

与有关理论的观点一致，逻辑实证主义者在研究方法上坚持以下主张。[③]

---

① 秦梦群，黄贞裕．教育行政研究方法论［M］．台北：五南图书出版股份有限公司，2001：9－10.

② Evers & Lakomski. *Educational Administration*: *Ethical and Philosophical Issues.* In T. Husen & T. N. Postlethuite (eds.). *The Encyclopedia of Education* [M]. Oxford: Pergamon, 1994: 1769.

③ 秦梦群，黄贞裕．教育行政研究方法论［M］．台北：五南图书出版股份有限公司，2001：10－11.

第一，采用假设验证的形式进行问题研究。逻辑实证主义者主张任何知识必须通过经验的发现加以验证，因此，对于上层普遍性的主张必须要先定为假设后用经验的证据进行推论。此假设如果经过不断的检测而成立，才被视为确定。其形式为：如果“所有观察的 X 为 Y”，则“所有 X 为 Y”的命题被否定的概率就越小。一般而言，假设的叙述形式如同自然科学中的定理，例如“‘高关怀—高倡导’是最佳的领导方式”。这种从自然科学移植而来的论述形式是逻辑实证主义坚持“知识法则化”的一大特点。但是，这种研究形式受到后实证主义者的猛烈抨击。

第二，采用操作性定义。所谓操作性定义，就是根据可观察、可测量或可操作的特征来界定研究变量的定义，它详细说明研究者要观察、测量和操作研究变量的程序和活动。为达到精确的目标，逻辑实证主义者坚持采用操作性定义来解释教育管理的概念（如智力、领导能力、组织气候等）。最著名的操作性定义的例子是，智力是在某个智力量表上测得的分数。这个定义告诉我们测量智力要做什么。操作性定义为美国物理学家、诺贝尔物理学奖获得者布里奇曼（P. W. Bridgman）所倡导，虽然没有在物理学界广为应用，但在心理学与教育学上却成为显学。其主张是：任何概念如果不能被测量就是无意义的。根据这种说法，任何对知识的探求，应可将它精细地划分为特定的操作程序。其后所使用的测量工具与结论的产生，都必须基于事先所设定的操作性定义。这种要求除达到设定可观察到的现象外，也具有使结论不至于过度空泛的作用。

第三，坚持理论中立的原则。逻辑实证主义者根据经验主义的主张，要求研究过程中的发现与解释必须基于“理论中立”原则。换句话说，研究者不应受其既定理念与价值观的影响，而对现象的解释有所偏颇。理论上，执行同一理论产生的过程，不同的研究者应导致相同的解释，即如同一个化学家可用 2 个氢分子 1 个氧分子合成水一般。当然，在实践上，这是极为困难的。因此，逻辑实证主义者设定特有的程序，希望做到理论中立。其中最明显的就是，将研究者与被研究者分开，目的在于确定前者并未在过程中受到“污染”。此外，在解释所发现的现象时，研究者也被禁止使用具有价值色彩的语言，而仅能就其发现加以陈述。受其影响，教育领域中的伦理与价值命题就被排除在外，因为它们无法被实际验证，也不符合价值中立的原则。

第四，偏向统计量化的研究方式。逻辑实证主义的基本主张在于使用客观的研究范式，研究可被观察的现象。在实践中，逻辑实证主义的研究方法并不等于量化研究；事实上，不少反对逻辑实证主义的学者也采用统计分析。然而，出于精确与可测量的目的，统计量化方式的研究自然成为逻辑实证主义者们的首要选择。20 世纪，统计学的进步一日千里，利用电脑快速处理，号称可将数值分析达到趋近无限。此外，如样本随机分配技术、大量调查资料的精确计算等，均符合逻辑实证主义者的口味。因此，量化研究就成为最普遍的研究方式。

澳大利亚教育管理学者艾弗斯和拉克姆斯基归纳指出，教育管理理论要符合逻辑实证主义，必须满足下述三项条件：①理论应是可以检测的，换言之，理论所隐含的概念，可以通过进一步的观察，获得证实或者未予证实。如果是证实的，理论获得证据予以支持；相反地，如果未予证实的，则必须修正理论予以完善。②应用于教育管理理论的建构中，术语必须是能操作定义的，这可以观察测量程序的确认。③教育管理的行为科学理论排除了伦理的成分。[①]

逻辑实证主义的深远影响

逻辑实证主义继承了经验主义的基本精神，要求任何有意义的知识必须源于现实的观察与验证，他们要求绝对的精准，任何叙述必须能通过逻辑式的验证。这种主张为后来很多管理学家所重视，其中以西蒙最为著名。他认为，逻辑实证主义是研究管理决策行为的最佳方法和论述途径，

① Evers & Lakomski. *Educational Administration*: *Ethical and Philosophical Issues*. In T. Husen & T. N. Postlethuite (eds.). *The Encyclopedia of Education* [D]. Oxford: Pergamon, 1994: 1769.

也唯有如此，相关研究才具有“科学性”。他提出，要认真考虑逻辑实证主义在管理研究和管理理论建构中的意义与作用，主张“价值中立”原则。[①] 西蒙的研究主要在决策行为，虽然没有触及教育管理，但由于领域相近，对日后教育管理理论运动给予极大的启发。

格里菲思最初继承了费格尔的思想观点，认为用逻辑实证主义来研究人类的行为，与研究物理学与生物学的态度一致，赞同把“事实”与“价值”分开，将自然科学的研究方法移植到教育管理领域，有力地推动了20世纪50年代的教育管理理论的建构。哈尔平等人也倾向于逻辑实证主义的走向，将伦理与价值的命题排除在研究之外。欧文斯就此总结指出，“从20世纪20年代中期到70年代中期，对解释组织行为的探索主要是由笃信传统的实验室科学的学者们主宰和控制着。该科学起源于逻辑实证主义。因此，在随后的几十年中，主导组织行为研究的学者要求使用唯一的方法，来思考组织和组织成员的行为。他们要求用理论和科学技巧来验证理论。他们认为这些技巧是客观的，不受受试者影响，而且把数学证明作为最高调查目标的方法”。[②]

尽管后来逻辑实证主义招致格林菲尔德等学者的猛烈抨击，更有学者认为以逻辑实证主义为基础的教育管理研究存在一些致命的问题，[③] 但在理论运动形成发展的整个过程中，逻辑实证主义作为单一的哲学基础和研究方式，一直居于独霸天下的地位，对教育管理理论的建构产生了重大影响。

① 西蒙. 管理行为［M］. 杨砾等译. 北京：北京经济学院出版社，1988：44.

② 欧文斯. 教育组织行为学（第七版）［M］. 窦卫霖等译. 上海：华东师范大学出版社，2001：92－93.

③ 秦梦群，黄贞裕. 教育行政研究方法论［M］. 台北：五南图书出版股份有限公司，2001：16.

第二节　巴纳德的现代组织理论

巴纳德（Chester I. Barnard）是20世纪上半叶美国最著名的管理学家。他把各种组织都作为一个协作系统来研究，提出了一系列不同于传统组织理论的观点，为现代组织理论奠定了基础。巴纳德的组织管理理论对美国乃至整个西方管理理论进入现代管理理论阶段起着继往开来、承上启下的作用。美国管理学家孔茨（Harold Koontz）把巴纳德开创的管理理论体系称作社会系统学派。[①] 总体上看，虽然巴纳德与美国教育管理理论运动的产生没有直接的联系，但他所建立的现代管理理论体系通过西蒙等人的继承和拓展，为理论运动的发轫与发展发挥了重要的铺垫作用。

现代管理理论之父

1886年，巴纳德出生在美国马萨诸塞州马尔登市，后曾就学于蒙特赫蒙学院，1906年进入哈佛大学经济系学习，三年内就以优异的成绩修完全部课程，但因缺少实验学科的学分而未获得学位就离开了大学。巴纳德于1909年进入美国电话电报公司，先后做过电报译员和工程师。1922年进入宾夕法尼亚贝尔电话公司做管理工作，1927年成为新泽西贝尔电话公司总裁，一直到退休。他对组织管理工作的巨大热情还使他自愿参加了许多其他组织的活动，担任了联合国原子能委员会美国代表团顾问、新泽西紧急救济局、新泽西感化院、联合劳务组织等领导职务。1948—1952年，他任美国洛克菲勒基金会董事长。由于巴纳德在研究企业组织的性质和理论方面做出了杰出的贡献，他一生共获得过7个荣誉博士学位。

巴纳德在其漫长的工作经历中积累了丰富的经营管理经验，并深入分

① 孔茨等．管理学［M］．黄砥石，陶文达译．北京：中国社会科学出版社，1987：85.

析现代管理的特点，写出了许多重要的著作，其中最著名的是 1938 年出版的《经理人员的职能》（*The Functions of the Executive*），该书被誉为现代管理学的经典名著。《经理人员的职能》是基于他在 1937 年 11 月至 12 月间在波士顿洛厄尔学院所作的八次报告扩展而成的，其目的在于提出一种组织理论并鼓励其他人来考察由经理人员管理的协作系统的性质，该书“预示着未来多种管理理论的发展，……（巴纳德）理论的发展，以及说明这些理论相互之间关系的尝试，使管理理论进入了一个综合的、全面的发展阶段”。[①] 这本书连同其 10 年后写成的另一部重要著作《组织与管理》（*Organization and Management*）都是巴纳德管理理论的代表作。巴纳德的这些著作为建立和发展现代管理科学做出了重要贡献，使他独树一帜地成为社会系统学派的创始人。

巴纳德的著作及其影响力是不容置疑的，著名经济学家、1978 年诺贝尔经济学奖获得者西蒙对巴纳德的影响曾给予高度评价。西蒙曾在《管理行为》第一版的“谢辞”中情真意切地表示，“我要向彻斯特·巴纳德先生表示特别的感谢：首先，感谢他的《经理人员的职能》一书对我的管理学思想起到了重大的影响作用；其次，感谢他对本书初稿做了极其认真的审阅；最后，感谢他为本书撰写了前言。”[②] 西蒙的很多概念和主张，如有限理性、复合决策、组织平衡及权威等，就直接来源于巴纳德的思想或受到巴纳德的启发。格里菲思也曾明确指出，“在有关市场的现代管理理论中，如果不是全部，也是大多数理论来源于巴纳德的学说，就是在今天这样来说也不算夸张”。[③] 我国学者孙耀君指出，巴纳德在人群组织这一复杂问题上的贡献和影响，可能比管理思想发展过程中的任何人

① 欧文斯．教育组织行为学（第七版）［M］．窦卫霖等译．上海：华东师范大学出版社，2001：48．

② 西蒙．管理行为［M］．杨砾等译．北京：北京经济学院出版社，1988：40．

③ Griffiths. *Administrative Theory*: *Current Problems in Education* ［M］. Appleton-Century-Crofts, 1959：63．

都更为重要。[1] 因此，巴纳德被尊称为“现代管理理论之父”。

组织是一个协作系统

在管理思想发展史上，古典管理理论以组织的存在作为研究的前提，探讨组织的结构及其运转规律，人被看作组织机器的一个部件。人际关系理论从人的社会关系角度看待组织系统中的人，探讨满足人的社会心理需求与组织效率之间的关系。巴纳德与古典管理理论和人际关系理论的研究方法不同，他继承了人际关系理论把组织看作是一个社会系统的思想，从组织形成的根源和基础上，提出了组织是一个协作系统的概念。

巴纳德认为，人都具有个人的意志自由，都具有选择能力和决策能力，当个人要克服限制其达成目的的物理的、生物的、社会的诸方面因素时，就会产生协作的需求，协作是人克服制约因素的手段。组织正是以此为基础建立起来的。由于物质和社会环境方面的差异，以及成员的数量、种类及其贡献程度的不同，组织会形成各种不同的类型，但就其共同的方面看，任何组织都是由自由的人按照协作的需要而形成的行为或力量的系统。因此，从本质上看，组织是一个人的协作系统，“是有意识地协调两个以上的人的活动或力量的一个体系”。[2] 巴纳德把组织看作人的行为或力量的协作系统，是以对人的独立自主性和人的关系是一种社会关系的理解为基础的，其立论的根据和看问题的视角显然比古典管理理论和人际关系理论又前进了一步。

在巴纳德看来，企业就是一个协作系统，这个协作系统是由物理系统、人的系统、社会系统和组织系统四个分系统构成的。企业的物理系统是指机器设备、工具、原材料等生产的物质条件，因而也就可以说是企业的生产系统；人的分系统是指由管理人员、技术人员、工人等组成的集

① 巴纳德．经理人员的职能［M］．孙耀君等译．北京：中国社会科学出版社，1997：译者的话．

② 巴纳德．经理人员的职能［M］．孙耀君等译．北京：中国社会科学出版社，1997：60．

团；社会分系统在这里有其特定的含义，是指企业同外部环境相互交换效用的系统，如产品的销售和原料采购等，因而也可以说是企业的交换系统；而把上述三个分系统统一起来，使之形成一个整体，并服务于同一目的的便是组织系统。因此，在整个协作系统中，组织分系统处于核心的地位，通过组织分系统的作用，使物理分系统不断地生产和改变物质的效用；使个人的活动得到协调，从而能按照组织目的做出自己的贡献，并由此得到相应的报酬；使社会分系统同外部环境有效地联系起来，以便交换效用，实现产品的价值。

巴纳德认为，一个协作系统是否能持续存在，取决于三个因素：①协作的能率，即能够实现协作的目的——组织目标；②协作的效率，即在达到组织目标的过程中，是否使协作成员能满足个人目标；③协作系统能否适应外部环境和取得内部平衡。[①] 从巴纳德对于协作系统生命力三个方面的理解来看，其见解是独特的和深刻的。他的“能率”和“效率”的概念，实际阐明的是作为协作系统其组织目标和成员个人目标的关系问题。在巴纳德看来，协作系统的生命力首先在于其效率的尺度，即它能否不断为其成员提供足够的诱因，这是协作系统生命力的内在源泉；同时还在于其能率的尺度，即通过组织成员不断提供贡献，使组织目标得以实现，这是协作系统的生存能力。这二者之间具有内在联系。巴纳德指出，如果一个系统协作得很成功，是有效率的（组织成员个人目标的实现程度较高），同时组织目标也能实现，这个协作系统就是有能率的。同理，如果一个协作系统的组织目标能够实现，是有能率的，同时组织成员的个人目标也能实现，这个协作系统就是有效率的。组织的生存和发展决定于组织效率和组织能率这两个方面的联系，二者共同构成了组织延续（组织生命力）的基本原理。

巴纳德还把组织的效率和能率与组织的内部平衡和外部适应联系起来。他把效率和能率的实现，不仅放在组织内部平衡上理解，还把它和环

① 巴纳德．经理人员的职能［M］．孙耀君等译．北京：中国社会科学出版社，1997：66－67.

境联系起来，指出协作系统能否适应外部环境是其生命力的重要条件，这无疑打破了传统管理理论对组织理解的封闭性观念，为现代管理理论和实践的发展开辟了道路。

组织目标和个人目标的关系问题在古典管理理论中也不时被论及，但把它作为组织基本内容的两个方面，并且把这两个方面联系起来，结合环境给予较系统的考察，却是巴纳德的功劳。他的这个观点被西方管理学者誉为管理思想发展史上的一个里程碑。

组织的要素

巴纳德认为，组织要形成一个整体，必须具备三个基本条件，即："①能够互相进行信息交流的人们，②这些人们愿意做出贡献，③实现一个共同的目的。"[①] 因此，作为协作系统的正式组织能否产生与存续，不论其级别的高低和规模的大小，都包含三个基本的要素：协作的意愿、共同目的和信息沟通。

协作意愿是指个人要为组织目的贡献力量的愿望。"协作意愿意味着自我克制，对自己个人行动控制权的放弃，个人行为的非个人化。"[②] 这种意愿产生的结果就是个人努力的凝聚和结合。没有协作意愿，为协作系统做贡献的个人努力就不能持久。协作愿望具有两个显著特点：一是个人意愿的强度存在极大的差异，二是任何个人的贡献意愿的强度都不可能维持不变，它总是断续的和变动的，而与之相关的组织所可能获得的贡献意愿总量也就必然是不稳定的。

共同的目的也就是组织目的，该目的与参加组织的各个成员的个人目的有所不同。巴纳德指出，"参加组织的每一个人可以被看成具有双重人格：组织人格和个人人格。"[③] 组织人格与个人人格为了实现组织目的而

① 巴纳德．经理人员的职能［M］．孙耀君等译．北京：中国社会科学出版社，1997：66.

② 巴纳德．经理人员的职能［M］．孙耀君等译．北京：中国社会科学出版社，1997：68.

③ 巴纳德．经理人员的职能［M］．孙耀君等译．北京：中国社会科学出版社，1997：71.

采取的合理行动相联系，个人人格与满足个人目的而采取的合理行动相联系。组织目的必然是外在的、非个人的、客观的事物，个人目的必然是内在的、个人的、主观的事物。组织目的同旨在实现个人目的的个人人格并无直接联系。现实生活中虽然存在着这种情况，即组织目的的实现本身可能变成个人满足的源泉，但这却是少之又少的。一般来说，组织目的只有得到组织成员的理解并为各个成员所接受时，才能激起协作行为。“能够作为协作体系基础的客观目的是贡献者（或可能的贡献者）相信为已决定的组织目的。反复灌输存在着共同目的的信念是经理人员的一种主要职能”。[①]

信息沟通是组织的第三个要素，它在组织要素中居于中心地位。这不仅是因为组织的上述两个要素只能通过信息沟通才能联通起来，而且也是因为组织的结构、规模和范围几乎全由信息沟通技术所决定。须知，如果只有组织目的，却没有相应的信息沟通使之为组织成员所知晓，那就毫无意义；同样，如果不传递必需的信息，就不仅不能确保成员的合理行动，而且也不能确保组织成员产生协作意愿。

为了达到有效沟通的目的，就必须建立一个客观的信息沟通体系。为此，巴纳德提出了以下原则：[②] ①信息沟通的渠道要清楚地为大家所知道，使人人都了解自己的职务、权限和义务；②客观权威要求组织中的每一个成员有一个明确的正式的信息沟通渠道，确保正式组织中的每个人都同组织建立起正式的关系；③信息沟通的线路必须尽可能地直接和快捷，信息沟通的线路越短，信息沟通的速度就越快，错误就越少；④原则上必须应用整个信息沟通线路，以确保信息能够通过权威体系的每一层次，从而充分发挥每一层次的作用；⑤在信息沟通中心服务的人员即职员和监督者的能力必须合格；⑥在组织执行职能时，信息沟通线路不能中断。如果负责人因事不能履职时，应有人代理；⑦每一个信息都要被确认，即传达

① 巴纳德．经理人员的职能［M］．孙耀君等译．北京：中国社会科学出版社，1997：70.

② 巴纳德．经理人员的职能［M］．孙耀君等译．北京：中国社会科学出版社，1997：139－143.

信息的人是否确居其位，该职位是否确实包含相应的信息类型，该信息是否确实是从这一职位发出的。巴纳德提出的上述原则，主要是就复杂组织维持客观的权力需要而言的。他的这些思想具有突出的现代意识的特点，对后人很有启发。

总之，巴纳德将组织的要素规定为协作意愿、组织目标和信息沟通，具有划时代的意义。特别是他将信息沟通列入组织要素之中，这是巴纳德的一大功绩，在他以前的组织理论家并没有把信息沟通当作基本要素加以明确而认真地研究。巴纳德关于协作系统的三个基本要素及其相关关系的论述，可用图 2－1 来表示。

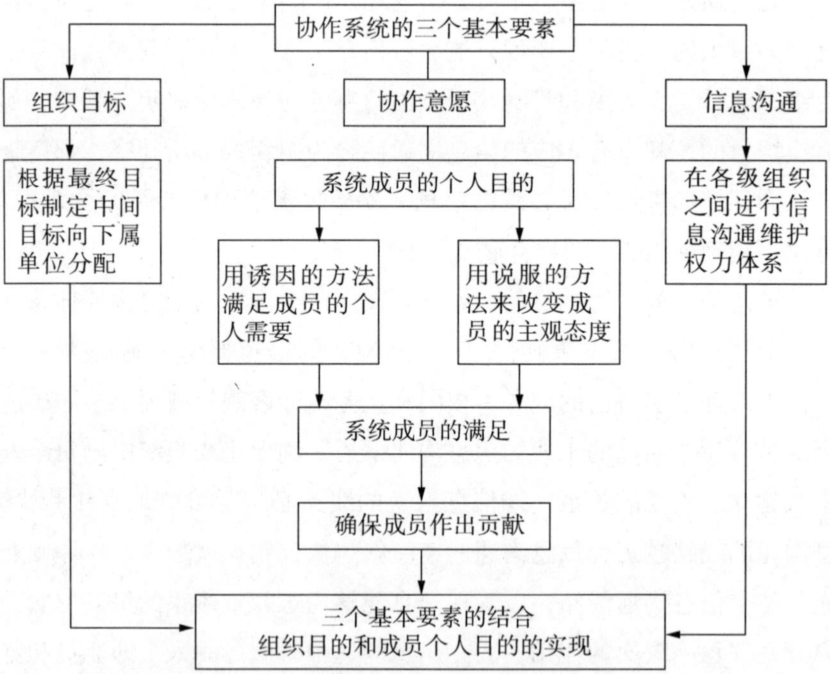

图 2－1　协作系统三个基本要素的相互关系

组织平衡

从组织是协作系统的观点出发，巴纳德进一步把组织管理工作概括为对内平衡和对外适应两个方面。他指出，组织平衡“开始时是组织内部的，是各种要素之间的比例，但最终和基本的是协作系统同其整个外界环境的平衡”。①

组织通过为其成员有效地分配各种诱因，以保持诱因与贡献的平衡过程，称为组织的对内平衡。巴纳德认为，通过诱因的分配，组织使其成员的个人目标得以实现，这样组织成员个人的协作意愿得以维持继续，组织从其成员那里继续取得必要的贡献，从而组织目标就不断得以实现。可见巴纳德所说的组织对内平衡，实质上是组织和个人之间的交换过程，即个人对组织做出的牺牲，组织给予个人一定的报偿。在巴纳德看来，这是协作系统的实质，也是组织对内平衡的实质。它涉及的是组织目的和个人目的之间的关系问题，如果组织不能持续不断地为其成员提供报偿，其成员也就不会持续不断地为组织做出牺牲。只有在牺牲与报偿之间、组织目的与个人目的之间保持平衡，才能实现组织的持续运转。

在巴纳德看来，虽然组织对其成员提供的诱因来源于其成员对组织的贡献，但是，取得组织对内平衡的决定性方面却在于组织为其成员提供诱因方面。组织成员的协作意愿及其贡献取决于组织是否具有足够的适合其成员需要的诱因。只要组织能为成员持续提供足够的诱因，其成员对组织的贡献也就不成为问题。因此，对管理者来说，取得组织的对内平衡，重点要放在发掘和提供组织成员所需要的诱因上。

巴纳德对诱因的认识，综合了古典管理理论和人际关系学说的各种激励因素。他把这些因素概括为两大类，即经济诱因和非经济诱因。所谓经济诱因是指对贡献者提供的报酬，如货币、物品及其他物质条件。巴纳德指出，这类诱因虽然必不可少，但不是唯一的，如果不借助于其他动机的力量，则在超过了生理学上的必要标准时，就会变得软弱无力。非经济诱因是指以非物质的形态出现的其他诱因，主要包括：晋升、权势、威望、荣誉；个人理想的满足；社会结合上的魅力；参与的感觉；思想交流的状

① 巴纳德. 经理人员的职能［M］. 孙耀君等译. 北京：中国社会科学出版社，1997：67.

况等。这些诱因对于改善人际关系、提高组织的凝聚力、提高个人的协作意愿、增进其对组织的贡献、实现组织的目标都有着经济诱因不可替代的重要作用。在如何运用经济诱因与非经济诱因的问题上，巴纳德对唯经济诱因论进行了严厉的批评，他非常严肃地指出，“在组织问题上造成混乱的原因，除了权威问题以外，我要指出过去一个半世纪经济思想的发展过程，以及早期经济理论的形成中过于轻易地夸张了人的行为中的经济的一面。”① 他甚至说：“为了使得人们作出足够的贡献以便协作体系能够长期维持，单纯依靠物质的或金钱的诱因是违反人的本性的。”②

既然取得组织的对内平衡的重点在于为组织成员提供诱因，那么怎样来分配诱因呢？巴纳德提出了三种办法。一是差别分配办法，即根据组织成员贡献的价值和效率之不同，有差别地分配诱因。诱因的分配必须同贡献的价值和效率相一致，必须讲求经济性。二是组织发展的方法，即通过组织的发展来增加诱因。例如，企业的扩大可以为职工提供新的晋升机会；企业的发展可以导致股票上升，从而增加股东的诱因等。巴纳德说，组织的发展就意味着能有更多的提供各种积极诱因的机会。三是说服的办法，即运用说服的方法来改变成员个人的动机标准和态度，使组织靠现有的诱因也能对其成员起到激励作用，从而实现组织的对内平衡。

组织的对外平衡，是指组织通过与外部环境保持动态适应，以提高组织效率的过程。这里的外部环境有两个方面的含义。一是如果把组织看成是协作系统的子系统，那么协作系统中的其他子系统，如物的条件、生物的因素、人的系统、社会系统等，对组织来说就构成为外部环境。二是如果将协作系统本身看成是组织，那么整个社会的政治、经济、文化等环境就成为组织的外部环境。组织的效率取决于有关组织的技术和经济的环境及组织对环境的适应能力。组织的对外环境如能保持，组织的效率就高，组织成员对组织的贡献就大。

① 巴纳德．经理人员的职能［M］．孙耀君等译．北京：中国社会科学出版社，1997：3.
② 巴纳德．经理人员的职能［M］．孙耀君等译．北京：中国社会科学出版社，1997：75.

经理人员的职能

巴纳德认为，在一个组织中，经理人员的作用就是在一个信息沟通系统中保持信息中心的地位，借助信息系统进行指挥，协调组织成员的行动，以达到组织的目的。具体而言，经理人员应履行三项职能。①

第一，建立和维持组织的信息系统，主要包括设计组织结构和配备人员以及充分利用信息沟通的正式手段和非正式手段。设计组织结构包括组织内部在职能上、地理位置上、任务上的分工和各级职位的权责规定。这些内容都以组织图和职务说明书等形式表现出来。配备人员是指经理人员要善于招募和选拔称职的工作人员，并使他们协调有效地工作。在这里，经理人员不仅要注意工作人员的素质和能力，还要注意工作人员士气的维持，组织诱因的保持以及对各类人员的监督、检查、控制和培训等。

巴纳德指出，随着组织机构的发展，人员的选拔、晋升、降职、解雇等日益成为维持信息系统的核心问题。这些问题解决得如何，主要看管理者是否充分发挥了控制或监督作用。如果组织发展的效率很低，就说明信息结构和人员配备不当，说明管理控制和监督不力。他还认为非正式组织具有促进信息流通的功能，可以调节组织成员的协作意愿，维护个人品德和自尊心的感觉。在非正式组织存在的情况下，完全依靠权力结构或信息沟通的正式手段来使下属服从命令的做法是不明智的，管理者应当重视同下属的交往，应用信息沟通的非正式手段。这种交往和非正式联系方式的应用是履行权力的积极补充。

第二，确保组织成员的协作活动。组织的实体是人的协作活动，因而管理者的一项重要职能就是要确保组织成员的协作活动。巴纳德把这一职能分为诱导人们同组织建立协作关系和调动他们积极参与协作活动的两个

① 巴纳德．经理人员的职能［M］．孙耀君等译．北京：中国社会科学出版社，1997：170－171．

部分。前者主要是指管理者通过诱因与说服的办法，在一定范围内行使其影响力，来动员和吸引人们参加组织；后者则是管理者要对组织成员进行教育，提供诱因和行使权力，不断从组织成员那里获得必要的贡献和服务。这项职能执行得如何，决定着组织的存续和未来的发展。

第三，规定组织的目的或目标。巴纳德认为组织目的和组织成员的目的是有区别的。组织目的是不应受个人感情色彩影响的，而应是逻辑分析的结果。他指出确定组织目的实际上是调节目的与环境之间的关系。这一关系有两个方面，一是目的赋予环境一定的意义，只有明确了目的，从目的出发考察环境，才能识别环境中哪些是促进目的实现的因素。因此，在这里，目的或目标就成了管理者识别环境的依据和标准。另一方面，目的又是根据一定的环境决定下来的，如果对环境只有一般的了解，就只能设想一个一般的目的；如果对环境有更具体的了解，一般性的目的就会发展为更具体的特定的目标。

巴纳德指出，组织的目标确定后就要把目标分解为各种工作任务，并分配给管理组织的各个层次直至职工。他指出，最上层的全面管理者确定组织的基本方针、目的和方向；中层的部门管理者确定部门的每月具体目标；基层的管理者确定每日作业目标。因此，这一职能的执行过程实际上也是责任的划分或授权的过程。巴纳德依据上述思想指出，经理人员的重要任务就是在确立组织目标之后，如何使组织的各个层次特别是基层人员都能理解和接受组织的整体目标或共同目的，他由此认为管理者对其人员经常进行目标教育是非常重要的。

权威接受论

巴纳德把权威定义为“正式组织中信息沟通（命令）的一种性质，通过它的被接受，组织的贡献者或‘成员’支配自己所贡献的行为，即支配或决定什么是要对组织做的事，什么是不对组织做的事”。[1] 按照这个定义，权威包括两方面的含义：第一，组织成员主观上承认这种信息沟通是权威性的；第二，信息沟通（命令）是客观的、正式的，具有被接受性。因此，“一个命令之是否有权威决定于接受命令的人，而不决定于‘权威者’或发命令的人。”[2] 这种观点同以往的权威概念是对立的，后者都是建立在某种等级系列或组织地位的权力之上。

巴纳德进一步指出，要使权威对个人发挥作用，就必须同时具备以下四个条件：“①他能够而且的确理解了命令；②在他做决定时，他认为这个命令同组织目的是没有矛盾的；③在他做决定时，他认为这个命令，整个来讲与其个人利益是一致的；④他在精神上和肉体上能够执行这个命令。”[3] 也就是说，一个不能被人理解的命令就不可能获得权威，一个被接受者认为同组织目的相违背的命令只能遭受拒绝的命运，而一个可能给个人利益带来损害的命令很可能被委婉推脱，当然，如果一个人没有执行某一命令的相应能力，他就经常会对命令置之不理。

如果说权威是由下属个人所决定的，那么组织的秩序又怎能得到维持呢？关于这一问题，巴纳德做出了三点重要的解释。①组织中所发出的命令通常是经过慎重考虑的。组织管理中的一个最为确定的原则是，不做出不能或不会被服从的命令，稍有经验的管理者对此原则都心知肚明。②每个人都有一个不考虑其权威性而接受命令的“无关心区”。巴纳德把命令分为三类，即显然是不可能接受的，既可能被接受也可能被拒绝的，毫无疑问是可以被接受的。而无关心区就是指毫无疑问可以被接受的情况。无关心区的大小是由诱因与贡献的比例所决定的，对那些只是勉强被诱去做贡献的人来说，能被接受的命令的范围是相当有限的。③作为一个集团对组织做贡献的人们的利益，会影响到命令的接受者或个人的态度，从而将无关心区维持在相当稳定的程度上。对绝大多数贡献者来说，在任何时

① 巴纳德．经理人员的职能［M］．孙耀君等译．北京：中国社会科学出版社，1997：127.
② 巴纳德．经理人员的职能［M］．孙耀君等译．北京：中国社会科学出版社，1997：129.
③ 巴纳德．经理人员的职能［M］．孙耀君等译．北京：中国社会科学出版社，1997：131.

候，维持所有在他们的无关心区范围以内的命令的权威，都有着积极的个人利益。个人拒绝权威的力量毕竟是渺小的，“一个坚强的个人可以抵挡少数人意见的支配，但是，如果是压倒多数人以剧烈而敌意的方式表示出来的意见，就很难抵挡了。”① 因此，权威是由命令的接受者所决定的并不会破坏组织的秩序和权威。从本质上讲，“贡献者愿意维护命令的权威。因为发命令者注意只发出能被接受的命令。这些命令一般都在‘无关心区’以内，还因为共同体的共同感在绝大部分时间影响到绝大多数贡献者的动机。”② 这个观点给后来领导行为研究中有关下属成熟度的探讨以一定的启发。

但是，要使一个命令能被更有效地接受，还需加强权威的客观制度建设。一是尽可能地将职位权威与领导权威结合起来。职位权威是职位所赋予的权威，它同占有这个职位的人的个人能力无关；领导权威是由领导者个人的出色能力和丰富知识带来的，它与职位无关。要使权威具有高接受性，“就要求高职位的人具有同领导者职位相应的能力。高职位的人如果没有能力来支持，如同能力强的人处于低地位一样，不会具有高权威。”③ 二是加强信息沟通体系的建设。权威这个词可以部分地定义为“正式组织中信息沟通的一种性质”。如果信息沟通体系存在问题，权威就必然遭受打击。巴纳德指出，“如果信息沟通体系传达出不恰当的、矛盾的、愚蠢的命令，使得人们不能了解谁是谁、什么是什么，或者失去了有效协调的感觉，即使是最忠诚的贡献者也会离开组织。”④

组织决策

巴纳德认为，组织理论必须高度重视研究决策行为。组织中人的行为

① 巴纳德．经理人员的职能［M］．孙耀君等译．北京：中国社会科学出版社，1997：144.
② 巴纳德．经理人员的职能［M］．孙耀君等译．北京：中国社会科学出版社，1997：134.
③ 巴纳德．经理人员的职能［M］．孙耀君等译．北京：中国社会科学出版社，1997：138.
④ 巴纳德．经理人员的职能［M］．孙耀君等译．北京：中国社会科学出版社，1997：147.

通常是由两部分组成的，一是作业，另一个是决策。古典组织理论着重探讨的是作业部分，阐明对最大限度作业效率有作用的各种原理和技术。而巴纳德认为，组织理论的重点应是研究组织行为中的决策问题。他强调指出，与个人行为相比，决策是组织行为的特征。①

从根本上讲，组织行为实质上是一种决策行为，这种决策行为大致可以分为两种类型：个人决策与组织决策。个人决策是一种有关个人是否贡献努力的个人选择，组织决策是组织成员为实现组织目的而合理作出的决策。从决策过程的特点来看，组织决策与个人决策主要有以下区别：个人决策通常不委让给别人。如果委让给别人，那就不是个人决策了。而组织决策即使不是始终可以，但也常常可以委托别人来做。对于一些重大的组织决策，其最终形式可能是由一个人决定的，但许多相应的辅助性决策则是由其他人决定的。组织决策通常是由组织结构中的不同职位协同做出的。正因为如此，巴纳德指出："组织决策的责任必须肯定而明确地分派。"②

巴纳德认为，大多数组织决策都是基于以下三类原因而产生的，一是来自于上级的有权威的命令。这是决策的第一个起因。在这种情况下，管理者为使上级的命令适合其所在部门的情况，需要就命令的具体解释和运用做出决策。二是来自于下级作决策的请求。组织中的很多决策都是针对下级的请求、请示、申诉而做出的。巴纳德认为，这种决策多并不是好事，它往往意味着"下级缺乏能力，命令的不确定性，新的情况、责任范围的冲突或命令的矛盾，主观权威的不足"。③ 三是由管理者本人倡导和提出的。这种决策是由管理者本人的创造性引发的，是管理者能力高低的重要表现与衡量尺度。管理者在做出这种决策时，常常要冒一般决策所没有的风险。因为，如果某一决策是由管理者依据自己的创见和智慧做出

① 巴纳德．经理人员的职能［M］．孙耀君等译．北京：中国社会科学出版社，1997：147.

② 巴纳德．经理人员的职能［M］．孙耀君等译．北京：中国社会科学出版社，1997：148－149.

③ 巴纳德．经理人员的职能［M］．孙耀君等译．北京：中国社会科学出版社，1997：150.

的，那么，他的权威就可能受到质疑。人们会问，这一决策是否真的必要，是否真的适合时机，是否在自己的职责范围之内，等等。相反，如果不作决策的话，除了极端的情况以外，通常不会受到攻击。这也常常是遇事推诿、久而不决的重要原因。这种分类方法对格里菲思的决策类型观点有直接影响。

从性质上看，决策存在两种形式，一是肯定的决策，即做某些事，指挥行动，停止行动，防止行动；一是否定的决策，即不作决策的决策。两种决策都是组织工作所需要的。但是，到底什么时候应作决策和什么时候不作决策，这却是因情境和条件变化而定的。在这里，关键的是要把握住影响决策的“战略因素”。[①] 战略因素是指那些牵一发而动全身的因素，它的改变可以导致整个组织的根本变化。战略因素是决策环境的中心，是进行选择的关键所在。能否把握住战略因素，体现着一个管理者的决策水平，用巴纳德的话说就是，“决策的艺术在于：对现在还不适当的问题不作决策，时机不成熟时不作决策，对不能有效地实行的事不作决策，对应该由别人决定的事不作决策。”[②]

决策实际上是一件非常复杂的工作。人们常常以为拥有决策权是很幸福的，以为人人都想参与决策、分享决策、占有决策，可实际的情况并非如此。作决策对人们来说是烦人的事情。“人们为做出了正确和成功的决策而感到兴奋，为结束了做决定的挣扎而感到轻松。但与此相抵消的是作了失败的或错误的决策后的沮丧，由不确定性而带来的困惑。因此，人们除非万不得已，一般避免作决策，而是不太思考地对情况做出反应。”[③]

---

① 任何一个体系、一个集合体，都是由两类因素组成的，一类因素是，如果没有了或改变了它们，而其他因素不改变，目的的实现状况也会改变；另一类是其他的、不会改变的因素。前者称为战略因素或者制约因素，后者称为补充因素。战略因素和补充因素是不断地变化位置的。战略因素一旦得到控制以后就会成为补充因素，于是另一个因素将成为新的战略因素。不论情况如何，组织中战略因素是始终存在的。（详见：巴纳德．经理人员的职能［M］．孙耀君等译．北京：中国社会科学出版社，1997：159－162.）

② 巴纳德．经理人员的职能［M］．孙耀君等译．北京：中国社会科学出版社，1997：152.

③ 巴纳德．经理人员的职能［M］．孙耀君等译．北京：中国社会科学出版社，1997：149.

由于这一原因，一个组织能否建立起必备的和完善的决策分派责任制度就具有重要意义。巴纳德指出："如果组织中没有一种良好的分派责任的惯例来保护他（指组织决策成员——笔者注），而他又不保护自己不去接受过重的作决策的负担的话，其他人由于天生的对作决策的厌恶和对责任的回避、对批评的害怕，就会使他负担过重。"①

对巴纳德组织理论的评价

巴纳德的组织理论在西方管理思想发展史中占有极为重要的地位。梅西（J. L. Massie）在《管理学概要》一书中说："现代管理研究的发展，其根源大多可在彻斯特·巴纳德的理论著作中找到。他是一位有实际经验的总经理。……他所提出的非正式组织、决策、权威和信息沟通等概念，后来均成为管理学界的重要课题。在这些新发展方面，他对管理学界其他领袖人物的思想影响，无论如何强调也不过分。"② 他的管理理论同古典管理理论有许多不同之处。

首先，和古典管理理论把人视为机器不同，巴纳德把人看作具有自由意志和选择能力的独立的个体，他们既可能对组织采取积极合作的态度，又可能采取消极的反对态度，并且随时都会自主地脱离某一组织而加入另一组织。正是由于人所具有的这种特性，才使任何组织都是一个"人的协作系统"，而并非是一个简单的机械的职能分工的结构。也正因为如此，维持组织成员的协作意愿，也就成了维持组织生存和发展的关键所在。巴纳德虽然没有提出决策人的概念，但把组织作为人的协作系统来看待，这里已经包含着对人的自主性、独立性的充分肯定，相比于古典管理理论对人的观念已有巨大的进步。

① 巴纳德．经理人员的职能［M］．孙耀君等译．北京：中国社会科学出版社，1997：149－150.

② 梅西．管理学概要（*Essentials of Management*）［M］．陈语更等译．沈阳：辽宁人民出版社，1985：25－26.

但是，巴纳德关于人的协作意愿的分析，仍然深深打着人是理性的经济动物的烙印。诱因和牺牲之比较的净效果是人是否形成协作意愿的决定性因素，这种认识就使他又和古典管理理论联系了起来，只不过在经济的诱因之外又增加了非经济的诱因。人的自主选择能力只不过是在牺牲和更多的诱因之间进行比较和选择罢了。这就使他对人的理解仍停留在经济人和社会人的水平上。

其次，在对组织的理解上，巴纳德也不同于古典管理理论。泰罗把组织看作是一个“人—机—技术”系统，集中注意于个人的作业效率；法约尔把组织看作一个职能系统，重点分析了管理职能的效率；巴纳德则从构成组织的实体——人出发，指出组织是由共同目的、协作意愿和信息沟通等要素构成的，是人的活动或力量的系统，进而从组织目的和个人目的的区别和联系上，提出了“效率”和“能率”相互依存的概念。这种认识显然不再是停留于组织的表面形式，而是深入到组织的内部和本质方面，揭示了组织深层次的内涵。

再次，古典组织理论关于管理职能的划分，是从对管理的过程和方法的分析中提炼出来的，带有明显的技术方法的特征。巴纳德则以其组织要素的观点为基础，把管理者的职能归结为与组织要素相适应的三项职能，从而把管理者的职能同组织的生存和发展联系起来，更明确地指出了管理者的任务。自然，我们不难看到，巴纳德关于管理者职能的论述，特别是关于维持组织信息系统的论述，就其思想实质而言，仍然没有超出古典组织理论指挥命令系统的范畴。

最后，巴纳德应用系统分析的方法，把组织作为一个由相互联系的各个部分构成的整体，并把这一整体置于同社会这一更大的整体的相互联系之中来把握，这就有力地迈出了克服古典组织理论封闭性的第一步。从这一点出发，他把管理者确定组织目标的过程看作决策过程，而决策过程就是正确地认识环境，使组织的目的同环境的变化相适应的过程。他的这一认识为现代决策理论、系统管理理论以及战略理论提供了生长点。

第三节　西蒙的管理决策理论

关于现代组织理论，“巴纳德只是开了个头，并不是到此结束。他的理论已由西蒙加以修正和发展”[①]。的确如此，继巴纳德之后，西蒙将他的组织理论，特别是决策理论作了淋漓尽致的发展，提出了“管理人”的假设，建立起决策理论，因此被视为巴纳德的“直接继承人”。[②] 非常明显，西蒙大量运用逻辑实证主义观点来构建管理理论。格林菲尔德强调指出：决策科学是通过西蒙的著作进入管理研究的。“他于1945年出版的《管理行为》一书提供了一整套理解和研究管理的新方法。西蒙的思想改变了这一领域，他提出了一种有关管理本质的崭新概念，而且更为重要的是，他提出了一组探究管理现实的新规则。从那时候起，他的视角、他关于管理世界的世界观，就一直统治着这一领域。”[③] 西蒙的决策理论成为当代西方管理学界最有影响的理论。

西蒙其人

西蒙（Herbert A. Simon）是美国著名经济学家和社会科学家，他在管理学、组织行为学、经济学、心理学、政治学、社会学、计算机科学等方面都有高深的造诣。西蒙于1916年生于美国中北部威斯康星州密尔沃基市，1936年从芝加哥大学毕业后留校担任助理研究员。芝加哥大学是美国学术界颇有地位的高等学府，尤其是行为科学的研究最负盛名。1938年到1939年间，西蒙曾任“国际城市管理协会”（International City Man-

① 占部都美．现代管理论［M］．蒋道鼎译．北京：新华出版社，1984：218.

② 杨砾．当代西方管理学［M］．北京：世界知识出版社，1990：105.

③ Greenfield & Ribbins. *Greenfield on Educational Administration*：*Toward a Human Science*［M］. London：Routledge，1993：135.

agers Association）的官员，并兼任《公共管理及市政年鉴》（*Public Management and the Municipal Yearbook*）的助理编辑。1939—1942 年，他服务于加州大学伯克莱校区公共管理部门，担任学校管理研究所研究员，并兼任该所管理测量研究室主任，其成名作《管理行为》就始撰于此。

1942—1945 年，西蒙受聘在芝加哥的伊利诺理工学院担任助理教授，1945 年升任副教授，1946 年兼任该校政治及社会科学系主任，1948 年晋升为教授，同时兼任经济合作总署管理工程处参议及代理主任。在伊利诺理工学院工作期间，西蒙曾获得卓越的学术发展与成就，1943 年获芝加哥大学博士学位，1944 年发表《决策与管理组织》① 一文，刊登在《公共管理评论》月刊中，这是他第一次正式提到“管理决策”的概念。此外，西蒙的经典之作《管理行为》，奠定了他在社会科学界“管理决策理论泰斗”的权威地位。卡伯特森认为，《管理行为》是 20 世纪 40 年代社会科学书籍中最有影响的一部著作，它对所有领域的管理都产生了深远影响。“他的著作在 20 世纪 40 年代为‘管理科学’的潮流注入教育管理之中提供了最直接的通道”。②

1949 年，西蒙调入宾夕法尼亚州匹兹堡市的卡内基理工学院企业管理研究所，兼任企业管理研究所、系主任，讲授管理学、心理学课程。1965 年后脱离所有行政业务，专心致力于讲学及著述，并开始潜心于计算机科学的研究。在此期间，由于西蒙学术研究的成果斐然，也曾被推选担任一些学术团体的行政领导职务。比如，1954 年担任美国管理科学协会（Institute of Management Science）副会长，1958 年起被推选为美国社会科学研究协会指导委员（Social Science Research Council Board of Directors），1961—1965 年被推选为该协会主席。同时，1961—1962 年间受聘担任美国总统科学顾问及行为科学副审查员（President's Scientific Advisory

① Simon. *Decision-making and Administrative Organization* [J]. In *Public Administrative Review*, 1944 (1): 16－30.

② Culbertson. *A Century's Quest for a Knowledge Base*, in Norman. J. Boyan (ed.). *Handbook of Research on Educational Administration* [M]. New York: Longman's Inc., 1988: 14.

Commandant, Behavioral Science Subpanel), 1963 年起任美国国家研究协会行为科学部主席（Division of Behavioral Science, National Research Council）。

1967 年，西蒙被选为美国国家科学院院士（the National Academy of Science)，随后还曾荣获美国心理学会（APA）颁发的“杰出科学贡献奖”（the Distinguished Scientific Contribution Award）和美国计算机学会(ACM)“特灵奖”(the A. M. Turing Award)；并且被美国经济学会（AEA）评选为“杰出人才”（Distinguished Fellow)。由于他“对经济组织内的决策程序所进行的开创性研究”，获瑞典皇家科学院颁发的 1978 年诺贝尔经济学奖。西蒙除了担任卡内基·梅隆大学计算机科学与心理学教授外，同时担任美国社会科学研究学会指导委员会主席，美国总统科学顾问委员会委员。

管理理论重建

西蒙在《管理行为》中开宗明义地提出管理理论重建的问题。他认为，在重建管理理论的过程中，古典组织理论所提出的那些原则充其量只能算作是一些“谚语”。正因为如此，西蒙强调：“本书（指《管理行为》）只致力于管理理论重建的第一步——构造妥当的语汇和分析图式。当我们谈论随后必须采取的其他步骤时，千万注意不要低估这第一步的重要性和必要性。”① 西蒙认为，在原理得以建立之前，必须先建立概念。“管理理论的首要任务，就是要建立一系列概念，而且是能从理论角度描述管理问题的概念。为了使这样的概念科学化，就必须使之具有操作性；也就是说，它们的含义必须对应于在经验上可以观察到的事实或局面。”② 显而易见，西蒙的这一主张受到了逻辑实证主义的影响。

① 西蒙．管理行为［M］．杨砾等译．北京：北京经济学院出版社，1988：43.
② 西蒙．管理行为［M］．杨砾等译．北京：北京经济学院出版社，1988：37.

有限理性说

西蒙认为，以往的管理学过分关注组织的阶层、权力的分配和规章设立的表面工作，却未对组织的真正特性加以了解。这是因为仅看表面的组织结构，不能了解其业务执行的方式是绝对由上往下还是公平分担的，因此，传统的管理理论过分简单。西蒙突出决策过程，也同时要对组织内的沟通方式、权力分配与领导方式加以了解，如此更能深入团体的特性。无怪乎西蒙认为决策理论在当时是一种研究管理学的“新工具”。

西蒙的决策理论基本上有两项假设：①决策本身是具有逻辑条理的理性活动；②在决策中的每个步骤与活动都被有次序地执行，有一定的流程。[①] 因此，西蒙的决策理论又被称作“理性决策理论”（rational decision-making theory）[②]。换言之，西蒙的理论是根植在理性的基础上的。什么是理性呢？西蒙认为完全取决于决策行为与目标之间的关系。如果前者能够配合后者，即可名之为理性（rational），其包含特定的知能与态度，使得所选择的行动能确切地位于达成目标的跑道上。与之相反，如果行动不能配合目标的实现，即可视为是非理性（irrational），应该尽量避免。此外，西蒙还创造出“无理性”（nonrational）的概念，认为行动与目标根本风马牛不相及，完全顾左右而言他的态势，即是无理性的行为。[③]

管理原则

从本质上说，所有的管理理论都包含着某些原则、技术和方法，并阐明如何有效地加以应用。然而，多数现代教育学家对涉及管理原则的谈论

---

① 西蒙．管理行为［M］．杨砾等译．北京：北京经济学院出版社，1988：1－5.

② 西蒙．管理行为［M］．杨砾等译．北京：北京经济学院出版社，1988：1－5.

③ Simon. *Decision-Making：Rational，Nonrational，and Irrational*［J］. In *Educational Administration Quarterly*，1993（3）：393－394.

都觉得不顺耳，因为除了认为有多少管理学家和理论家就有多少管理原则之外，还认为他们所提出的原则大多数是自相矛盾的。正如西蒙所指出的那样，“现代管理原则的一个致命弱点是像许多谚语那样，总是成双成对地出现。几乎每一个原则都可以找到和它相当的、似是而非的、好像可以接受的，但又相互对立的原则。虽然，这两个对立的原则可能把你带到两个恰好相反的方面去，而理论上却没有向你指明应采取哪一个最为合适。”

西蒙对传统管理学所公认的四个管理原则，即专门化，管理幅度，指挥统一性，按目的、过程、用户或地点进行分工的组织等进行了全面批判。第一，是专门化原则，根据他的意见，应包括集体任务的专门化。第二，管理幅度原则指出，管理者或一个头脑所控制的直接下属必须有个限度。一般来说，管理幅度在约 6 人以内能保证管理效果。在西蒙看来，一个管理者能控制的人数没有一定的安排。控制的幅度取决于管理者的能力、工作的性质、下级独立行动的经验和熟练程度、事业单位的物质和技术条件等。第三，指挥统一性原则涉及做决策的机关等级及组织中的职权关系。根据西蒙的意见：“在一个固定的组织中，为了维持指挥的统一性，通过安排该组织的成员，可以提高管理的效果。”指挥的统一性能使每个工作人员知道他向谁汇报，谁向他汇报。在教育中，存在着各种不同的职权范围，上至国家首脑、教育部长、州教育厅长、常务秘书、计划署长，以及财务处、督导处等单位，下至督学、校长、副校长、学科教研室主任、班主任（以及学级主任）和学生等。第四，为了控制方便，根据目的、作用、人员、场所，对工作人员进行分组。西蒙认为，每一个原则易于与其他原则相矛盾。

因此，管理原则是在特定情况下可能有效的一种行为指导。现代明智的管理者就是能根据实际情况善于鉴别和利用这些原则的人，因为没有一条原则可适用于所有的管理场所。

决策准则是对决策过程的判断标准。西蒙提出了两个有影响的决策准则：有限理性准则和令人满意准则。

第一，有限理性准则。西蒙认为，现实生活中很少有具备完全理性的假定前提，人的理性是有限的，决策人很难准确地了解与决策问题相关的情报信息，无法确知有多少可供选择的方案或措施，对决策后果难以准确预料。因此，所有决策都是在有限理性的条件下进行的。

第二，令人满意准则，又称“足够好”准则。西蒙认为，由于受到种种条件的限制，无论是个人决策还是组织决策，大多是发现和选择满意方案的过程，这并非因为决策人头脑糊涂，“头脑清醒的人，如果能够同样顺利地求优的话，谁也不会满足于只要满意即可；如果人们能够得到最好的话，谁也不会安于只得到次好或比较好”，① 原因在于客观世界的极端复杂性和条件的局限性，“对真实世界里的更大规模的优化问题，根本就无法求得准确理解。”②

决策过程

西蒙批评说，传统的管理学只注重“执行”而忽视“决策过程”。许多不同的问题，未在事前周详考虑，就凭借以往经验交付执行，因而造成许多问题，他认为决策与执行两者必须并行，才能使行政过程趋于完整。他把决策过程看成“从前提出发得到结论”的推理过程，这个过程可以是人们自觉进行的精心推理，也可以是通过长期反复实践而习以为常的不自觉的反应。它包含三个要素：决策者的目标或价值观；决策者想到的备择方案；决策者对各个备择方案的结果的认识和估计。

西蒙在《管理决策新科学》中又进一步明确地指出，“决策制定过程包括四个主要阶段：找出制定决策的理由；找到可能的行动方案；在诸行动方案中进行抉择；对已进行的抉择进行评价。”③ 作为管理者，他们“要用大部分时间分值来调查经济、技术、政治和社会形势；判别需要采

① 黄孟藩，王风彬．决策行为与决策心理［M］．北京：机械工业出版社，1995：115.
② 西蒙．管理决策新科学［M］．李柱流等译．北京：中国社会科学出版社，1985：115.
③ 西蒙．管理决策新科学［M］．李柱流等译．北京：中国社会科学出版社，1985：33－34.

取新行动的新情况。他们也许用较大的时间分值独自或者是跟他的同僚们一起去创造、设计和制订可能的行动方案，以应付需要作出决策的形势。而他们用较少的时间来选择他们为解决已确认的问题而制订的而且对其后果也已做过分析的抉择行动。他们还得用适量的时间去估价作为重复循环一部分的、再次导致新决策的过去行动的结果”。[①]

具体而言，一个完整的决策制定过程包括以下四项活动：①情报活动：探查环境，寻找要求决策的条件；②设计活动：创造、制订和分析可能采取的行动方案；③选择活动：从可资利用的方案中选出一条特别的行动方案；④评估活动：对过去的选择进行评价。西蒙还特别指出，“一般来说，‘情报活动’先于‘设计活动’，而‘设计活动’又先于‘抉择活动’。”不仅如此，决策制定的各阶段是相互交织的，而且每个阶段本身就是一个复杂的决策制定过程。例如，设计阶段可能需要新的情报活动；而任何阶段中的问题又会产生出若干次要问题，这些次要问题又有各自的情报、设计和抉择的各个阶段。这三个阶段是和杜威所首倡的解决问题的步骤紧密相关的：问题是什么？备选方案是什么？哪个备选方案最佳？[②]

决策类型

西蒙借用计算机科学“程序”（program）一词，把企业或任何组织机构内部的活动都区分为程序化决策和非程序化决策两种。[③] 西蒙描述说，这两种性质截然不同的决策“像一个光谱一样的连续统一体：其一端为高度程序化的决策，而另一端为高度非程序化的决策。我们沿着这个光谱式的统一体可以找到不同灰色梯度的各种决策”。[④]

不管是个人的、企业的或其他组织机构的日常活动，往往是多次重复

① 西蒙．管理决策新科学［M］．李柱流等译．北京：中国社会科学出版社，1985：34.
② 西蒙．管理决策新科学［M］．李柱流等译．北京：中国社会科学出版社，1985：36－37.
③ 西蒙．管理决策新科学［M］．李柱流等译．北京：中国社会科学出版社，1985：38.
④ 西蒙．管理决策新科学［M］．李柱流等译．北京：中国社会科学出版社，1985：39.

出现的。随着经验的积累，就会寻找到并选择符合要求的措施，发展成为一套程序化的解决办法，遇到重复出现的情况，就按既定的程序和步骤行动。日常的活动不管如何复杂都可以分解为最简单的行动步骤，加以程序化。

西蒙认为，程序化有两个作用：一是作为企业控制系统的一部分。例如企业为了指挥其雇员的活动，详细制订了和奖惩制度联系在一起的标准作业程序。二是作为企业的协调系统的一部分。作为协调工具，程序不是应用于协调成员间的行动方式和活动节拍，就是规定前后工序间传递产品时的产品性质。

区分程序化决策和非程序化决策的主要依据在于它们采用了不同的技术。[①] 决策的技术，可以依情况分为传统的程序化决策技术、现代的程序化决策技术、传统的非程序化决策技术、现代的非程序化决策技术四种（见表 2－1）。

表 2－1　传统式和现代式决策制定技术

决策类型	决策制定技术	
	现代式	传统式
程序化的： 常规性、反复性决策，组织为处理上述决策而研制的特定过程。	1. 习惯。 2. 事物性常规工作：标准操作规程。 3. 组织结构：普通可能性；次目标系统；明确规定的信息通道。	1. 运筹学：数学分析；模型；计算机模拟。 2. 电子数据处理。
非程序化的： 单射式，结构不良，新的政策性决策； 用通用问题解决过程处理的。	1. 判断、直觉和创造。 2. 概测法。 3. 经理的遴选和培训。	探索式问题解决技术适用于： (a) 培训人类决策制定者； (b) 编制探索式计算机程序。

资料来源：西蒙．管理行为［M］．杨砾等译．北京：北京经济学院出版社，1988：41.

① 西蒙．管理决策新科学［M］．李柱流等译．北京：中国社会科学出版社，1985：40.

西蒙认为传统的程序化决策技术是指自早期有记录的历史以来，迄今为止仍被使用的决策技术，主要包括：①习惯；②文书例行性、标准操作规程；③组织结构：包括共同期望、次级目标系统以及明确界定的信息渠道。传统的非程序决策技术包括：①判断、直觉、创造；②经验法则；③执行的训练与选择。现代的程序化决策技术包括为第二次世界大战以来发展起来的运筹学、数学工具和计算机科学。西蒙认为，虽然这些现代决策技术在扩充程序化决策领域上已有显著的贡献，但这些发展依然留下尚未触及的一些主要的管理决策领域——非程序化决策领域。为了处理非程序化决策，现代的非程序化决策技术主要依赖于探索式解决问题的技术，而这些技术是应用在组织活动的两个范畴，也就是训练人性化的决策人员以及建构启发式的电脑方案。①

西蒙认为，管理者的职责不仅包括本人制定决策，也包括负责使他所领导的组织，或组织的某个部门能有效地制定决策。因此，管理者不仅应该具有个人制定决策的技能，而且应具有设计或维护高效决策制定系统的技能。② 高技能的管理者的诞生，既依靠他本人的天赋，包括智慧、精力和某种与人共事的能力；还依靠实践、学识和经验，将其天赋发展为成熟的技能。③ 在西蒙看来，情报、设计和抉择活动所包括的技能，就像打高尔夫球的动作一样是可以学会的，是可以进行训练的。

组织影响的方式

组织对个人的影响是极其明显和巨大的，西蒙认为，这种影响即是组织影响。就其本质而言，即是为了克服个体进行决策上的理性原则，同时将个人的决策统一为一个整体，从而给个人决策以影响的组织功能。个人成为组织成员的过程，实际上就是通过改变个人进行决策的前提条件进而

① 西蒙．管理决策新科学［M］．李柱流等译．北京：中国社会科学出版社，1985：42－60.
② 西蒙．管理决策新科学［M］．李柱流等译．北京：中国社会科学出版社，1985：38.
③ 西蒙．管理决策新科学［M］．李柱流等译．北京：中国社会科学出版社，1985：37－38.

改变个人行动的过程。个人由于成了组织的一员，他的决策就具有统一性，其理性也提高了。西蒙指出："关于组织对个人的影响，我们可以不将其解释为组织对个人决策的直接决定，而是把它看作组织对个人决策所依据的某些前提的决定。"①

西蒙把组织影响分为两类，第一类是培养操作人员的态度、习性和精神状态，以此引导操作者做出有益于组织的决定；第二类是迫使操作人员接受别人的决定。第一类影响强调对员工的诱导，帮助他们确立对组织的忠诚，诱发他们高度关注工作效率。开展培训工作是使这类影响发生作用的主要途径。第二类影响能否生效，主要取决于权威、劝说及信息的进行状况。这些不同的组织影响方式并不是矛盾和冲突的，而是相互支持和联结在一起的。"影响方式绝不是相互排斥的。当一个人决定采取某一具体的行动方案时，其决策所依据的前提当中，有些可以是由组织权威的行使而决定的；有些则可能是对他进行培训的产物；另外有一些则可能出于他对效率的追求；还有一些则出于他对组织的忠诚心，如此等等。"②

根据西蒙的分析，组织影响方式主要有以下四种，即权威、信息沟通、效率准则和组织认同。前两种主要是外部影响，即组织对个人的决策从外部施加的刺激因素；后两种是组织内部影响，即决定个人对刺激因素所做反应的心理定势。

在西蒙看来，权威是一种指导他人行动的决策的制定权。它是"上级人员"和"下级人员"之间的一种关系。上级人员制定并传达决策，同时预料下级人员接受这些决策；下级人员则预料上级下达这种决策，并靠它们决定自己的行动。西蒙认为，权威可以与劝说、建议等影响因素交叉使用。权威常常混有建议和劝说的成分，但权威具有独特性，它并不追求下级信服，而只求下级顺从。因为权威的重要作用在于，即使未能达成一致意见，权威也能使一项决策得以制定和执行。除此之外，西蒙认为，

① 西蒙．管理行为［M］．杨砾等译．北京：北京经济学院出版社，1988：120.

② 西蒙．管理行为［M］．杨砾等译．北京：北京经济学院出版社，1988：120.

下级接受权威有五个方面的因素：一是角色关系和习惯使然；二是社会制约；三是心理的差异；四是意图的影响；五是服从权威有助于保持地位、维持高薪水或者其他利益。① 因此，权威的运用也是有限度的，权威的影响作用大小是以下级人员的“接受范围”为限的。在这个基础上，运用权威具有三个重要功能：“①它加强了行使权威的那些人的个人责任。②它保证了决策制定工作中的专门知识和专门技能的利用。③它有助于活动的协调。”②

管理活动中存在的一个实际的和根本的困难就是，同一个人在同一决策前提上可能收到彼此矛盾的命令。一旦发生这种情况，权威就会受到威胁和破坏。为了避免这种情况，西蒙认为有四种普遍的方法可以解决权威关系中的矛盾和冲突。③ 一是传统的统一指挥，即每个人都从一个上级那里接受命令，而且是从唯一的上级那里接受命令；二是狭义的统一指挥，即一个人可以从若干上级那里接受命令，但当出现矛盾的情况时，他只服从一个上级的指挥；三是职能分解，即指定组织中的每个单位拥有绝对的特定范围，任何人在这个范围内都必须服从相应单位的命令；四是职衔制，即一个人服从拥有一定职衔的所有人的命令。如果他接到矛盾的命令时，他就采用最后接到的命令。不过，西蒙认为，要想根本消除可能导致矛盾和冲突的职权划分的模糊性，那几乎是不可能的。实际上，通过裁定职权上的“边缘”纠纷来维持组织结构，是一项重要的管理任务。

第二种组织影响方式是信息沟通系统。与巴纳德一样，西蒙也极其重视组织的信息沟通系统的建设。他甚至说没有信息沟通，就不可能有组织。他是从决策制定过程的角度来讨论信息沟通问题的，他把信息沟通定义为“一个组织成员向另一成员传递决策前提的过程”。④ 在他看来，信息沟通是一个双向的过程，它既包含向决策中心传递命令、建议和情报，

① 西蒙．管理行为［M］．杨砾等译．北京：北京经济学院出版社，1988：122－130.

② 西蒙．管理行为［M］．杨砾等译．北京：北京经济学院出版社，1988：103.

③ 西蒙．管理行为［M］．杨砾等译．北京：北京经济学院出版社，1988：137－143.

④ 西蒙．管理行为［M］．杨砾等译．北京：北京经济学院出版社，1988：149.

也包含把决策从决策中心传递到组织的其他部分。他指出，在任何一个实际组织中，通过正式权威结构向下传递指令和信息，以及通过这一渠道向上传递情报，都仅仅是该组织整个信息沟通网络的一小部分。

西蒙把信息沟通系统分为正式信息沟通与非正式信息沟通两种类型。正式信息沟通是指经过精心谋划而建立起来的信息沟通渠道和媒介，通常有口头联络、备忘录和信件、文件流传、记录和报告以及手册等。非正式信息沟通是指未经特意安排而形成的信息沟通系统，它是围绕组织成员之间的社会关系而建立起来的，在组织结构图上不是总能得到体现。西蒙认为，无论组织所建立的正式信息沟通系统是多么精致，它总会得到同等重要的非正式信息沟通网络的补充。不过，值得注意的是，组织成员有时会借助非正式信息沟通系统来实现自己的个人目的。这样一来就产生了宗派现象，即一伙人形成一个非正式的信息沟通网，并用以保障这伙人在组织中的权力。宗派之争必然会导致社会关系的普遍不友好，从而破坏非正式信息沟通系统的效益。鉴于此，管理者和领导们的一个重要任务就是，维持组织成员间的友好合作态度，从而发挥非正式信息沟通系统对组织有效运转的积极作用。

第三种组织影响方式是效率准则。西蒙所指的效率准则是“在所用资源一定的情况下，选择能产生最大效益的备选方案”。[①] 这里所说的效率不是绝对效率，而是相对效率。这里所衡量的效率，不是效率的精确数值，而是备选方案在效率上的相对大小。根据对效率的这一规定，西蒙指出，“我们根本没有希望开支较少或较多的任何意思。我们所断言的仅仅是，如果可以用同样一笔开支获得两种可能结局，那么，较大的成果为好。一般而言，数额不等的两笔开支只有在转换成机会成本的条件下，也就是在以替代结果来表示的条件下，才能相互比较。”[②]

西蒙认为，管理者如果只是关注效率准则，那就有可能带来某些不负

① 西蒙．管理行为［M］．杨砾等译．北京：北京经济学院出版社，1988：173.

② 西蒙．管理行为［M］．杨砾等译．北京：北京经济学院出版社，1988：176.

责任的社会问题。这是因为效率准则只是评价决策中的事实判断是否合理，但在实际管理活动中运用效率准则时，各种管理手段既有事实的属性也有价值的属性。因此，对手段的选择和评价既要考虑效率要求也要考虑价值要求。西蒙指出："事实上，把管理活动本身视为评价上的中性活动，是对现实的一种抽象。这在很大程度上是可以的，但若推向极端，便会忽视非常重要的人类价值。这些价值包括进行管理活动的群体成员的报酬和工作条件。"① 具体而言，必须考虑四个方面的价值要素：雇员的工资水平、工人的操作速度、工作环境给工人所带来的社会和心理的影响、工资政策和晋级制度如何确保公正分配的问题。

第四种组织影响方式是组织认同。所谓组织认同"就是个人以组织目标（服务目标或生存目标）去代替个人目的，使前者成为其制定组织决策时所用的价值指南的过程"。② 一般来说，组织目标是组织中对个人决策起主导作用的价值观和目标。它开始往往是通过行使权力强加到个人头上的。但作为价值要素，它在很大程度上逐渐内化到了各个参加者的心理和态度之中。渐渐地，个人养成了对组织的依附感和忠诚心。这就需要外部刺激而自动地保证个人决策与组织目标的一致。西蒙指出："一个人在做决策时对备选方案的评价，如果是以这些方案给群体造成的后果为依据的，我们就说那个人与那个特定群体认同了。"③ 但是，西蒙认为组织认同利弊参半。一方面，认同在促使组织抉择摆脱个人色彩和承担社会职责方面是非常有益的，另一方面，它在影响和歪曲那些高于组织结构本身之上的高层决策方面，也是非常有害的。"个人对组织目标的忠诚心，一般而言是组织行为的一个很有好处的方面，但它在促销、宣传和创造性工作方面，也就是在高级管理者的探索性工作方面，也有相应的害处。"④ 人们应对此保持高度重视。

① 西蒙．管理行为［M］．杨砾等译．北京：北京经济学院出版社，1988：178.
② 西蒙．管理行为［M］．杨砾等译．北京：北京经济学院出版社，1988：211.
③ 西蒙．管理行为［M］．杨砾等译．北京：北京经济学院出版社，1988：199.
④ 西蒙．管理行为［M］．杨砾等译．北京：北京经济学院出版社，1988：212.

西蒙的贡献

西蒙运用逻辑实证主义的研究观点来建构管理理论，代表着一项管理研究的革命。他的管理科学观点，因为持客观的社会世界观，使其能够从事价值中立的研究，并且宣称可以拥有能够控制组织，以及改进组织的知识。① 西蒙提出的是一种全新的管理本质观念，更重要的是他提供了一组对于管理实证加以探究的新法则。② 换言之，他所提供的是一种研究决策与管理理性的中立的研究方法。

确实，西蒙是伟大的，他从决策的视角对组织行为给予一个精彩绝伦的理论阐述。但这样并不意味着西蒙的理论就不存在问题了，更不意味着这一理论解决了组织管理中的所有问题。西蒙将他的主要精力都投入到决策问题上，这既是他理论的优点，也是其理论的缺陷。因为他在高度重视决策的同时，也有可能因为某种过度而来不及研究或忽略其他的重大问题。关于这一点，晚年的西蒙有深刻认识。他认为有关决策行为仍有许多相关问题需要进一步的研究。1991 年，他对参加美国教育管理学会年会的来宾发表演讲，指出电脑已可代替人类担负储存与处理信息的责任，但是专家的养成却非一朝一夕即能成功，西蒙认为至少必须要十年的光阴。因此，他主张除了学理的探讨与实验室中的研究外，决策者必须力求在实际运作中形成“专家判断”，而这也是目前在大学教育中最缺乏的。他强调好的决策必须借由实施来显现其成果，只有这样，才能真正与目标作有意义的结合。

西蒙把决策视为管理的核心，这对大多数教育管理学家产生了深刻的影响。他们均认为决策是管理组织运作的中心功能所在。格里菲思认为传

① Greenfield & Ribbins. *Greenfield on Educational Administration*：*Toward a Human Science* [M]. London：Routledge，1993：134.

② Greenfield & Ribbins. *Greenfield on Educational Administration*：*Toward a Human Science* [M]. London：Routledge，1993：135.

统的教育管理学根本就不是科学，他在逻辑实证主义的指引下，在西蒙决策科学理论的直接推动下，撰写了重要著作《管理理论》，竭尽全力地向教育界引荐逻辑实证主义的新科学观。欧文斯就曾指出："决策是最重要的运作功能，从最广泛的政策事件，到最褊狭的专门技术问题，都将涉及决策的过程。也就是说，所有组织管理行为的中心概念，都与决策有关。"① 麦卡米（James L. McCamy）认为，决策是管理过程的中心所在。② 莱恩（Willard R. Lane）指出，决策过程是任何组织管理运作成败的关键。③ 霍伊和米斯克尔则认为，决策是所有管理人员最主要的责任，决策的过程不仅在达成决策的选择，尤为重要的是，在于决策的执行。④ 以上学者都强调决策在管理组织运作过程中的重要性。

受到西蒙的影响，美国教育管理学者对决策在教育管理组织运作中的功能，也作了较多的研讨。瑟吉万尼（Thomas J. Sergiovanni）和卡弗（Fred D. Carver）认为，决策乃是管理和教育活动的中心，也是了解教育管理效益的主要概念⑤，可见决策也确实是教育管理组织运作的中心功能。格里菲思也指出教育管理的本质，是在控制决策的过程，因此，决策是任何教育管理组织的中心。⑥ 葛雷格（Russell T. Gregg）对决策在教育管理组织中的价值也有深入的分析。他指出：决策是管理过程的真正中心所在。在所有组织中均不能缺乏决策的运作。事实上，所有组织成员和所有管理人员均必须对组织的本质有所决策。在教育管理过程中，学区是整体性的，教育董事会、局长、校长、教师、非事业工作人员，甚至是学

① Owens. *Organizational Behavior in Education* [M]. Preface. Englewood Cliffs, New Jersey: Prentice-Hall, Inc., 1981: 2–3.

② James L. McCamy. *Analysis of the Process of Decision-Making* [J]. In *Public Administration Review*, 1974 (1): 41.

③ Willard R. Lane & Others. *Foundation of Educational Administration* [M]. New York: The MacMillan Co., 1968: 128.

④ Hoy & Miskel. *Educational Administration: Theory, Research, and Practice* [M]. New York: Random House Inc., 1982: 264.

⑤ Thomas J. Sergiovanni & Fred D. Carver. *The New School Executive: A Theory of Administration* [M]. New York: Harper & Row, 1980: 306.

⑥ Griffiths. *Administrative Theory* [M]. New York: Appleton-Century-Crofts, 1959: 74–75.

生，均会个别地或集体地，作出各种对学校系统有重要性的决定。① 米勒（Van Miller）和斯波尔丁（Willard B. Spalding）更进一步指出，“学校管理乃是在达成有关学校的决策并予以执行”，将学校中的决策过程视为学校管理最主要的功能。②

第四节　行为科学的贡献

第二次世界大战后，行为科学开始兴起。所谓“行为科学”，是指一种采取“科学的”方法来系统地研究人类行为的学科，它是学科整合之下所发展起来的新的学术领域。由于巴纳德和西蒙的理论学说与观点均已涉及人与组织的问题，因此有学者认为他们是行为科学的主要代表，认为他们为行为科学的发展提供了许多理论基础。行为科学对管理的研究主要侧重人的组织行为，提出了许多重要的管理理论问题，也推动了美国教育管理理论研究和理论运动。

一、行为科学的产生与发展

行为科学最早可以追溯到 20 世纪 30 年代以后人际关系理论有关组织中人的行为的研究。但是，行为科学作为一个新的研究领域，则产生于 20 世纪 40 年代末 50 年代初的美国，它与福特基金会所资助的“个人行为与人际关系”（Individual Behavior and Human Relations）的研究计划（后更名为“行为科学计划”，Behavior Science Program）密切相关。

1949 年，在美国芝加哥大学举行的一次跨学科的科学会议上，与会

① Russell T. Gregg. *The Administrative Process*, in Roald F. Campbell & Russell T. Gregg (ed.). *Administrative Behavior in Education* [M]. New York: Harper & Row, Publisher, 1957: 275.

② Van Miller & Willard B. Spalding. *The Public Administration of American Schools* [M]. New York: World book Company, 1952: 203.

学者讨论了有无可能利用现成的科学知识，来发展关于行为的一般性理论。会议肯定了这种可能性。当讨论这门综合性学科的名称时，有人主张沿用“社会科学”的名称，由于担心美国国会中的保守派议员和福特基金会人士可能将“社会科学”联想为“社会主义”，最后决定采用“行为科学”这个名称。会后，福特基金会成立了“行为科学部”，1952 年又在斯坦福大学设立了“行为科学高级研究中心”（Center for Advanced Study in the Behavior Science），每年选拔 40 名美国行为科学家和 10 名外国行为科学家参与研究、讨论。1953 年，福特基金会又拨款给哈佛、斯坦福、芝加哥、密歇根及北卡罗来纳等大学，委托他们从事行为科学研究。美国联邦政府和洛克菲勒基金会、卡内基基金会等机构也先后拨款支持行为科学的研究。1956 年，《行为科学》（*Behavioral Sciences*）杂志问世。从此，行为科学形成西方管理学上的一个重要流派。

行为科学的英文名是复数（behavioral sciences），表明它是跨学科的综合性、边缘性学科，但不是一门统一的独立的学科。有的学者认为，列入行为科学的学科起码要符合两个基本标准：①它必须研究人的行为；②它必须使用科学的方法。[①] 美国《管理百科全书》给“行为科学”下的定义是：“行为科学是运用自然科学的实验和观察方法，研究在自然和社会环境中人的行为（以及低级动物的行为）的一切科学。已经确认的学科包括心理学、社会学、社会人类学及其他学科中类似的观点和方法。”[②] 这个定义显然把行为科学看作包括人类学、社会学和心理学等骨干学科在内的学科群。此外，与行为科学关系密切的学科还有政治学、经济学、伦理学、法学、教育学、行政管理学等。

一般来说，行为科学以科学为研究取向。“科学的目的是建立人的行为的普遍原则。这些原则的立足点是人们以各种客观的、不带个人倾向的方法搜集得来的经验证据。……最终目的是，像科学家了解、说明和预测

① 卡斯特，罗森茨韦克．组织与管理［M］．李柱流等译．北京：中国社会科学出版社，1985：93．

② 唐子畏．行为科学概论［M］．长沙：湖南大学出版社，1986：6．

自然力量或生物因素的行为以及经济市场上货物与价格行为那样了解、说明和预测人类行为。”[①] 行为科学家在从事研究工作时的一般态度及研究方法可以包括以下几点：[②] ①对于人类及其他生物的研究，必须以行为（包括动机、认知学习及行动）为对象；②人类行为不是独一无二、杂乱无章的，而是有一定的规律可循的；③上述规律可用客观的、说得明白的，可以重复的学习程序去发现它；④一切缺少行为性资料的支持的论点，都只能当假设，而假设的判定，必须经过严密的实验及统计的程序；⑤尽量从多种学科的角度来分析研究一个问题，也就是采取“跨学科研究法”的取向；⑥尽量用数学及统计学的观念、单位与方法去度量和分析研究对象；⑦极力避免自己在观察分析时，渗入主观及道德判断的因素，也就是要做到“价值中立”。除上述要点外，行为科学研究人员在从事研究时有彼此沟通的专门术语，如变量、自变量、独立变量、中介变量、研究假设、操作性定义。从上述特点看，行为科学大致上接受了逻辑实证主义的主张。

从人际关系的先驱者开始，行为科学方面的许多研究成果和理论概念对组织理论和管理实践做出了贡献。克劳森（R. L. Crowson）和麦克弗森（R. B. McPherson）指出：“行为科学革命让管理研究产生了新的看法：一门包含理论与研究的应用科学与专业实践互相连接，且前者往往决定后者，所以理论知识是位居上层的规定，作为实践的指挥官；社会科学内涵已逐渐被高度接纳并被当成优质课程的指标；从行为科学中借用与引进其研究技术与工具是属于学科之间或科际之间整合的途径。”[③]

行为科学时期，对于管理理论发展有三本著作影响最大。除了上述巴纳德的《经理人员的职能》和西蒙的《管理行为》外，还有罗特利斯伯

① Bernard Berelson. *Modern Behavioral Sciences* [M]. New York: Basic Books, Publishers, 1963: 3.

② 魏镛．科学、人才与现代化 [M]．台北：台湾书局，1980：31 - 32.

③ Crowson & McPherson. *The Legacy of the Theory Movement: Learning from the New Tradition*. In J. Murphy & P. Halliger (eds.). *Approaches to Administrative Training in Education* [M]. Albany: State University of New York Press. 1987: 47.

格（Fritz G. Roethlisberger）与迪克森（W. J. Dickson）两人合著并于1939年出版的《管理与工人》，这两位学者提出了一种创新的观念，即正式组织与非正式组织之间存在动态的交互作用。基于在西方电气公司所作研究而收集的证据，他们对非正式组织的性质与功能作了确切的描述，认为非正式组织的力量不仅对工人施加控制，而且也控制自认为在控制别人的检查人员和管理人员。[①] 其特别注重个人需要、非正式团体及社会关系的价值，对于建立正式组织中人际关系的管理哲学颇有助益。

自此，许多行为科学家开始转而注重研究组织的问题，其中部分学者便以韦伯（Max Weber）的科层体制为基础进行相关问题的研究。艾齐厄尼（Amitai Etzioni）也是从事科层组织研究而颇有成就的学者，他发现科层体制的概念并不完全能够适用于所有复杂的组织，并将组织分成三大类：①强制性组织（coercive organization）：监狱及大部分的精神病医院都属于此类组织；②营利性组织（utilitarian organization）：大部分的工商业机构；③规范性组织（normative organization）：如宗教组织及大学等。[②] 艾齐厄尼利用“顺从”（compliance）作为他的基本概念，并将这一概念与组织的类别融合在一起，发展出三种不同的顺从：强制性顺从（coercive compliance）、计利性顺从（calculative compliance）和规范性顺从（normative compliance）。其基本概念在于强调组织的复杂性，与韦伯的科层体制有不同的作用。

行为科学研究的特点

总的来看，行为科学研究具有以下特点：

第一，行为科学的研究采取跨学科的研究方法，融合政治学、心理

---

① Roethlisberger & Dickson. *Management and the Worker* [M]. Cambridge, Mass.: Harvard University Press, 1939.

② Etzioni. *A Comparative Analysis of Complex Organization* [M]. New York: Free Press of Glencoe, 1961.

学、经济学及工商管理等原理对组织的观察分析，有其较完整的理论基础。

第二，采取社会系统的观点，认为组织即是社会系统。社会系统是由一组相关联的元素构成的，彼此交互作用，共同追求目标的达成。所以，行为科学研究注重动态平衡、沟通参与及协调合作等组织行为的分析。

第三，兼顾组织层面和个体层面。一方面注重组织目标的达成，另一方面重视个人需要的满足。也就是不仅注重组织的效能，而且也重视个人的需要，将科学管理学派仅注重组织的目标及人际关系学派仅讲求个人需要的满足，这两种对立的观点加以调和，可以说是救其失而补其偏，达到高度的统一。

第四，对组织功能的分析。行为科学研究对正式组织与非正式组织都非常重视，并阐述二者如何相互作用与影响。尤其强调欲增进正式组织的效能，必须辅以非正式组织的配合。

第五，管理决策行为的分析是组织行为研究的核心。它所提出的理性行为、决策的合理性、有限理性等重要概念，对管理的理论化有非常大的帮助。

第六，在组织的结构与动态概念方面，行为科学的研究给予了明确的界定。就前者而言，如组织、正式组织、非正式组织、个人、合作系统等都作了清晰的界定；就后者而言，如权威、沟通、决策过程、动态平衡、管理行为等也赋予明确的意义。这为管理学的建立开启了一条崭新的研究道路。

行为科学对教育管理研究的影响

20 世纪 50 年代初，受逻辑实证主义哲学和行为科学的研究方法的影响，教育管理领域中出现了实证研究。但是其研究的范围，则限于当时问题现状的描述，且也有不少的研究只停留在资料的收集阶段，至于从事理论的命题或假定的验证者，则更少。实际上，行为科学家所发展的理论或研究方法，尚未予以系统化。

不过，到了20世纪50年代中期，美国的教育管理研究有新的进展。一种新的组织概念逐渐被接受，肯定组织的结构特征与个人的人格特征两者间具有动态的交互关系。研究者设法从组织结构与组织成员的动态交互关系中，寻求对工作中人们行为的了解。①

根据这种见解，研究者开始对组织加以概念化，把它看作是一种社会系统。把学校系统或学校看作一种社会系统，从教育管理理论化的过程上来看，这确实是一种显著的进展。之后，教育管理的研究便进而注意探讨组织的结构特征、组织成员的个人人格与组织成员的服务行为三者之间的关系。20世纪50年代到60年代所完成的许多领导者行为研究几乎全都同意这一点。那就是：领导者行为方式如要有效，则必须兼顾“倡导”（initiating structure）与“关怀”（consideration for people）这两个层面。②换言之，组织的要求与个人的需要均应顾及。这为此后教育管理研究打开了一条明晰而宽广的道路。

1955—1970年，教育管理领域进行了大量的理论研究，主要探讨如何在公立学校系统或学校中应用社会系统概念。20世纪60年代初期，有14个研究利用社会系统的概念来探讨教育管理的问题，这些研究被认为为教育管理工作者提供了一个系统分析的框架，使管理概念更清楚、更精确。格里菲思于1959年发表的“管理理论”着重探讨了教育管理中的决策问题，引起教育人员对决策重要性的关注，为教育管理的研究树立了一个新的里程碑。再者，盖茨尔斯、利普汉姆和坎贝尔三人于1968年合力完成的《教育管理是一个社会过程》一书，把教育管理看作社会系统中的社会过程，从社会科学及行为科学的观点，认为被期望的管理行为是组织成员交互作用彼此影响，在兼顾机构目的与个人需求的情况下所做出的表现。此书的出版，为教育管理建立了社会系统的理论模式，使教育管理的理论化又向前迈进了一大步。大体而言，从20世纪70年代起，教育管

① Owens. *Organizational Behavior in Education.* 2nd ed. New Jersey：Prentice-Hall，1981：25.

② Hemphill & Coons. *Leader Behavior Description.* Columbia，OH：Ohio State University Press，1950.

理的行为科学研究虽然已放慢了脚步，但仍以其为主流。

除上述主要著作外，在大学里教育管理人员的培养教育课程也鲜明反映了其受社会及行为科学的影响。不少学科采取较新的行为科学观点作为内容，诸如领导、动机、决策、组织气候、冲突管理及组织变革等，多从行为科学的角度来透视管理人员的行为。许多教授在其研究或咨询的活动中也都利用行为科学的新观念以分析实际的问题，并用以设计在职教育的活动。目前在西方教育管理理论界，用一般管理理论（特别是企业管理理论）研究教育管理问题的有影响的专著之一是欧文斯的《教育组织行为学》。这本书运用行为科学理论研究了教育组织中的个体行为、组织行为及领导行为。欧文斯所阐述的教育管理理论，显然也具有管理理论的特点，但同时也具备了教育理论的特性，形成了有自身特色的教育管理理论。如他在研究教育组织的特性时，运用一般管理理论中的“组织中的无政府状态”理论研究教育组织，认为教育组织在其目标、结构、功能上都具有教育组织自身的特点。

澳大利亚著名教育管理学家、墨尔本大学教授卡德威尔（B. J. Caldwell）就此指出：“在20世纪50年代之后的25年中，即大约到70年代中期为止，教育管理发展的特征是努力建立教育管理理论，并在很大程度上模仿行为科学的学科模式。”[①] 欧文斯把这个时期定义为20世纪管理理论发展的第三个时期，即组织行为时期。其重要特点是，“这一时期把古典的以及人际关系的思想特征合并在一起，并加上许多新的行为观点，使之发展为一个完整的思想体系。通过这个思想体系，可以使各种管理知识系统化和一体化。”[②] 总体上说，组织行为研究，主要将各种社会科学和行为学科的研究方法和理论成果应用于教育管理研究，并取得了一系列的拓展性成就。

① 冯大鸣．沟通与分享——中西教育管理领衔学者世纪汇谈［M］．上海：上海教育出版社，2002：100.

② 欧文斯．教育组织行为学（第二版）［M］．孙绵涛等译．武汉：华中师范大学出版社，1987：30.

第三章

教育管理理论

建立一种有用的、适合的教育管理理论，促使它成为一门独立的科学研究领域，指导实践，是理论运动早期倡导者们最大的学术诉求。尽管这些学者对教育管理理论发展心存疑虑，但对教育管理理论这一新领域抱有坚定的信心和信念。1957 年 11 月在芝加哥大学召开的研讨会上，来自俄亥俄州立大学的社会科学家哈尔平指出："传统上，我们的培训（教育管理人员）项目强调实践性，关注培训的技术，而不是培训的理论。然而，在第二次世界大战以后的这段时间，管理者越来越意识到理论的作用，并且开始认识到社会科学家对我们理解教育管理所做出的贡献。从最近的人际关系研究来看，人们已经从新的视角来看待教学、校长和督学的工作。我们这些负责培训管理者的人已经欣然接受有关领导和团体行为研究的成果，而且我们发现自己从其他学科中得出对管理的深刻的见解，但同时我们对教育管理理论的贫乏而感到羞愧，对我们的研究停留在纯粹经验主义而懊恼。基于上述认识，使我们现在努力去发展教育管理理论"。[①]

① Halpin (ed.). *Administrative Theory in Education* [M]. New York: The Macmillan Company, 1967: Preview.

第一节　教育管理理论的贫乏

1957年芝加哥大学研讨会是理论运动发展的一个重要标志。作为首倡者，哈尔平指出，这次研讨会旨在“促进社会科学家与教育管理者之间思想的交流”。[①] 除哈尔平外，参加这个研讨会的著名社会科学家还有帕森斯（Talcott Parsons）、亨普希尔（John K. Hemphill）、格里菲思、盖茨尔斯、坎贝尔等人。哈尔平将这次会议的主题确定为“教育管理理论的作用”，他针对教育管理领域中片面强调“实际”、回避理论的状况，明确地提出要加快教育管理理论的发展，尤其是推动科学的教育管理理论建设，因此在教育管理领域激起了理论研究的热潮。他还把这种强调教育管理理论重要性的趋势称之为“新运动”（New Movement），[②] 以此表明自己的决心和信念。尽管后来有学者评论说，哈尔平主张将社会科学运用于教育管理的影响较为短暂，但是他积极倡导教育管理理论研究，确实为理论运动的发展做出了重大贡献。[③]

新运动：对无理论的补救

在哈尔平看来，教育管理理论运动“不是敌视旧理论或错误理论，而是对无理论状况的一种补救”。他明确指出，直到19世纪末，社会科学才从社会哲学中产生，管理作为一个科学研究的领域是最近开创的，因

① Halpin (ed.). *Administrative Theory in Education* [M]. New York: The Macmillan Company, 1967: Preview.

② Halpin. *Theory and Research in Administration* [M]. New York: The Macmillan Company, 1966: Preface.

③ 墨菲，路易斯．教育行政研究手册［M］．王如哲等译．台北：心理出版社，2004：12.

此，“我们不必因目前理论的荒芜而感到局促不安”。[①] 教育理论运动倡导者们应努力去缩小教育管理实践与有力的科学知识之间的差距，将新的研究工具交到实际管理者的手中，把社会科学家与教育管理学家们联合起来。

哈尔平指出，将教育管理学家和社会科学家们组合到一起，需要解决一些困扰教育管理理论发展的问题，这些问题的来源可分为实质的、沟通的与动机的三个方面。[②] 但他同时指出，对这些问题来源的划分并不是非常明确的，它们往往以细微和错综复杂的方式部分地重叠在一起，在某种意义上说，全部都涉及沟通问题。然而，为了便于描述，可以将三种来源区分开来分析讨论。

首先，实质性问题有三个方面。“一是我们对理论的定义没有明确的界定；二是我们倾向于把注意力过分集中在分类学上面，而且把分类学和理论相混淆；三是我们对所要提出的理论不能明确其范围”。[③] 他指出，理论的建构需要创造性的想象力，并不是所有人都能胜任这项艰巨的任务；同时，理论是以不同形式和不同的程度逐步进化的，立论、假设以及必要条件组成各种理论的要素。在广度上，一个理论可能是广泛的和折中的，也可能是狭窄和特定的。例如，组织管理学家沙特尔（Carroll L. Shartle）在形成其组织行为研究的理论框架时，就慎重地从各种学科中寻找构想（constructs），在一个广阔的空间去构建他的思想。同样，理论的组成要素也会与从假设的模型中提出的可验证的假说不同。这样，盖茨尔斯（Jacob W. Getzels）和古巴（Egon G. Guba）已经实际检验了几个从自己的模型中得出的有关角色冲突的假定。[④] 哈尔平通过举例划定了如何

---

① Halpin (ed.). *Administrative Theory in Education* [M]. New York: The Macmillan Company, 1967: Preview.

② Halpin (ed.). *Administrative Theory in Education* [M]. New York: The Macmillan Company, 1967: 3.

③ Halpin (ed.). *Administrative Theory in Education* [M]. New York: The Macmillan Company, 1967: 3.

④ 本书第五章将系统阐述盖茨尔斯等人的社会系统模式。

给教育管理理论下定义的原则标准。

其次，沟通的问题主要存在于实践工作者和理论学家之间。哈尔平指出，这两个团体必须携起手来发展理论，而且相互之间必须很好地沟通。但是，由于他们的教育背景、工作环境和性质的差异，他们的思维方式、时间观念以及组织思想也都因此存在较大的差异，需要进行必要的调和。否则就会阻碍教育管理理论的发展。

实践工作者和社会学家之间的沟通，问题通常集中于语言障碍方面。哈尔平描述说，当这两个团体相互碰撞时，通常会发生一些有意思的反应。“社会学家很快发现管理者在理解问题时的短处，他尤其指出其操作性定义的缺失及事实和价值判断的混淆。总之，科学家（社会学家）对问题探究的特点能帮助管理者更好地理解自己存在的问题。然而，管理者不太能找到社会学家在解释问题时的短处。他常常对社会学家的专业术语产生深刻印象，而且不愿意提出问题担心会暴露自己的幼稚。”① 他进一步指出，“空话往往充满了社会学家的语言，很容易使实际工作者的语言陷入困境。然而由于科学在我们的文化中是一只神圣的母兽，社会学家的观点也就被神圣化了。利用自己专业术语的晦涩难懂的科学家们并没有改变这种状况。而我们所忘记的是，语言的固定不变可以使一些琐碎的想法变得深奥，有时候我们会把复杂性误认为深奥”。② 为规避这些语言障碍，哈尔平提出社会学家和实践工作者相互之间要耐心、尊重和宽容，在理论和实践之间架起一座桥梁。正如威洛尔后来指出的那样，“对我们现在工作的得失，或蹑手蹑脚……或喋喋不休地争论，都无济于事，而考察一下理论为什么和怎样与实践脱节，考察一下怎样使它们较好地结合起来是更富有成效的。”③

---

① Halpin (ed.). *Administrative Theory in Education* [M]. New York: The Macmillan Company, 1967: 11 - 12.

② Halpin (ed.). *Administrative Theory in Education* [M]. New York: The Macmillan Company, 1967: 11.

③ Willower. *Theory in Educational Administration* [J]. In *Journal of Educational Administration*, 1975 (13): 76.

动机问题是理论贫乏的第三个来源。哈尔平郑重地指出，在教育管理理论的发展过程中，管理者和社会学家都必须警惕个人动机不纯的情况。他分析说，有三种价值观可能导致构建教育管理理论的努力走入歧途。第一种价值观是由于“科学”（science）具有高价值，人们把科学研究作为一种时尚；第二种价值观是“新的东西”（newness）：新的理念和事物总是好于旧的；第三种价值观是“变革”（changes），经常的变革总是比一成不变要好。[①] 虽然科学、新的东西和变革的价值有积极的一面，但同样也可能成为华而不实的东西。因此，对教育管理学来说，我们的努力既不应该被解释为新的花招或新的花样，也不要认为它能开出一副灵丹妙药。

分类学的陷阱

哈尔平指出，谈到分类学或分类的图表不是理论，并不是对分类的贬低。其实在生物学和物理学中，分类学是形成理论的初期形式。问题在于，由于分类学自身的诱惑力，人们常常把它们当作真正的理论。例如，格里菲思提出的有关工作、人和社会背景的三维概念只是一种重要的分类法，而不是严格意义上的理论模型。虽然他已经发现这种方法对概括管理者的工作是有用的，但并没有意识到它的缺陷所在。为此，哈尔平提出，在建立分类学的过程中需要警惕三个相关的陷阱。这已经为教育管理研究者们所逐渐认识。

第一个陷阱是分类数量仅仅受到术语大小的限制。最有说服力的问题是，要么我们假定的文字分类与“真实”世界的事物相符合，要么在分类中我们所指定的事物互相都是唯一的。制定新的分类法有时并不太费事，例如技能和能力的类型，各种各样有关管理过程要素的分类。但是，出于研究的目的，我们还是应当明确，一些分类比其他分类能够更好地帮

① Halpin (ed.). *Administrative Theory in Education* [M]. New York: The Macmillan Company, 1967: 12.

助我们对事物做出预见。我们所做出的说明的价值，不能取决于它们的趋势性评价，而是取决于产生于其中的假设的质量及其在多大程度上能提高我们的预见精确性。

第二个陷阱是混淆的危险。我们很少能保证所做出的说明是在一个同样的序数性（ordinality）的水平上。那么，更深层次的风险就是我们很可能不加区别地把现象型的（phenotypic）分类和基因型的（genotypic）分类混在一起。当然，最主要的障碍是，分类学的方法是以亚里士多德而不是以伽利略的思维模式为基础的。因此，分类学的方法，就不可能像给物理学和生物学带来巨大进步那样，在教育中占有非常重要的地位。

第三个陷阱是推测的谬误。如果我们把两个或两个以上的分类图表并列放在一起，我们无论如何都能产生一种理论。然而，我们也发现，即使我们勉强把两种分类学放在同样的位置，任何事都不会发生：理论的构想需要更多的东西，这远远不是分类学所具有的。为什么呢？这是因为，相象和差异的分类本身并没有要求我们对我们所研究的现象的“秩序”加以分类，也没有要求我们界定它们之间的关系。这必然要由一个不同形式的创造性行为来完成。分类学有其用武之地，但它们并不能自动地生长为理论，而且并非所有的分类学都具有发展成为理论的很好的潜力，而是更多地依赖于我们所分类的事物的形态及其唯一性。但即便是最好的分类学，或者是最好的两种甚至两种以上相互关联的分类学，也不可能产生出一种假设推理的理论。

管理理论的重要性

在理论运动的倡导者看来，虽然教育管理知识浩瀚如海，但仍能通过多种方式来发展理论。例如，通过汇编实践者的观察报告；通过综合研究情况或研究典型；通过借鉴其他学科的理论见解；通过利用演绎推理的逻辑过程。[1] 类似的观点，汤普森（James D. Thompson）早在 1958 年就曾提出过。他指出，教育管理理论是学校管理人员培训课程的一个基本内容，它有四个主要来源：第一是管理实践者完成的评论和报告；第二是教师的调查研究；第三是教师的演绎性推理；第四则是采用其他学科的模式。[2] 前两者老早就存在，较为传统；后两者是教育管理研究的发展结果。

在理论运动的倡导者中，盖茨尔斯最初关注教育管理理论及其运用的问题。他与柯拉达西于 1955 年合著的《理论在教育管理中的运用》[3] 一书即是明证。在他们看来，理论是认识、理解和解释现实的一种系统的推论方法。理论意味着从现象中找出其内在的法则。为了充分说明现实，理论家通过观察进行推论，试图指出一种现象发生的条件、环境或法则。理论家试图获得一些知识，观察现实、找出法则，以便从所发生的现象中弄明白一些道理。

盖茨尔斯阅读了大量有关教育基础研究报告之后认为，基础研究或理论研究具有许多好处：基础研究或理论研究对于学术的运作具有相当大的影响力；对形成人类行为的广泛概念有所贡献；有助于改进教师和管理人员的教育课程；有助于界定教育的问题。

在盖茨尔斯看来，教育管理理论的主要作用包括以下几点。①在教育管理的各个方面提出一个相应的结构。②帮助工作人员认识到管理学是多种复杂因素的复合体，而不是一门一成不变的或狭隘的技术。③为某种特殊的管理情境进行一般的解答、提出建议或研究途径。④帮助工作人员综合利用几个学科的研究成果，为解决管理学的争议问题提供论据。⑤由于理论是有系统的，因此管理理论就能以系统知识武装工作人员，从而有助于对资料、信息及观察结果进行搜集和整理。⑥由于理论是具有说明性

① 欧文斯. 教育组织行为学（第二版）[M]. 孙绵涛等译. 武汉：华中师范大学出版社，1987：54.

② Halpin（ed.）. *Administrative Theory in Education* [M]. New York：The Macmillan Company，1967：24.

③ Coladarci & Getzels. *The Use of Theory in Educational Administration* [M]. Standford University Press. 1955.

的，因此工作人员能就事件的分类、假定结果及其他可变关系提出建议。⑦既然理论是具有探索性的，这就能指出解决问题的关键，并且提出建议以便促进、指导这个领域的研究。⑧教育管理理论最重要的职能之一是帮助人们澄清、理解并阐明表面上看来似乎混乱的形势，帮助管理专家辨别各种因素之间的关系，从而做出有益的决策。如果没有理论指导，是难以办到的。不仅是物理学和生物学需要一种好的理论作为支柱，可以肯定地说，社会科学尤其是管理学也是如此。

然而，教育管理理论的应用并没有提供解决所有教育问题的灵丹妙药。教育管理理论的应用还存在一些不足之处，这主要表现为：①理论往往限制了管理专家们思考问题的灵活性；②由于学派的存在，评论家的观点经常左右摇摆，他们只能提出一些可供选择的课题；③理论有一定难度；④在观察某种现象时，对实际工作者往往抱有成见；⑤存在着某种危险，即管理专家们最后不能稳定地坚持某种观点。[①]

第二节　教育管理理论的实质

什么是"理论"?[②] 尽管在20世纪50年代相当长的一段时间里，理论运动的早期倡导者们对"理论"的定义、内涵进行了广泛的讨论，但其结果众说纷纭、莫衷一是。这种状况不仅在教育管理理论界造成了极大的认识上的混乱，也大大降低了学校管理实践者对教育管理理论的热情，正如欧文斯所指出的："缺乏热情的一个原因就是的确存在着对'什么是

① Getzels & Cuba. *Social Behavior and the Administration Process* [J]. In *School Review*, 1957 (65): 423 - 441.

② 社会科学领域对"理论"有不同的界定：理论提供一个或一组观察问题的方式；理论是由一系列的研究观点所构成；社会科学理论植根于对于什么是被视为有可能的、有相互关联的，或被认为是有价值的一种专业共识所建立形成的系统性观点；社会科学理论具有浓厚的规范性（normative）或指示性（prescriptive）；社会科学理论具有概念的多元主义（conceptual pluralism）性质。王如哲．教育行政学［M］．台北：五南图书出版股份有限公司，2003：108.

理论’的重大误解。”① 因此到后来，许多学者放弃了关于理论定义的无谓争论，转而去描述理论的性质和作用。在这方面有重要建树者首推格里菲思，他在《管理理论》一书中详细阐述了理论的定义、性质、作用以及建构过程，由此确立了自己在理论运动中的领导地位。

“理论是什么”和“理论不是什么”

格里菲思指出，关于“理论是什么”（What theory is?）可以通过说明“理论不是什么”（What theory is not?）来澄清。这其实是一种很好的下定义的方法，通过以一种明确的方式排除某些共同接受的意义，这样就可能把焦点集中在实际认同的意义上。② 例如，①理论不是某种空想或无根据的推测；②理论不是一种涉及各种价值问题的哲学；③理论不是一种关于如何完成工作的个人观念；④理论既不是作为“推测、想象的同义词”，也不是关于“应该是什么”的理想化概念；⑤理论也不是说来动听但“不切实际”的术语，等等。通过“理论不是什么”这种定义方法，格里菲思全面回应了哈尔平所提出的理论问题。

在格里菲思看来，理论首先不是一种个人事务。尽管每个教育管理者经过经验的积累，各自形成了处理问题的方式或模式，但这并不能称之为一种管理理论。他们所积累的充其量只是一套经验法则，这些法则并不具有广度、深度及逻辑推理性等构成一种理论的必备条件。因此，格里菲思特别强调，虽然每个管理者就如何处理每天所面临的各种各样的问题有自己的观点，但他绝对不能自欺欺人地认为他也发展了一种理论。

其次，理论不是一种梦想。这种对理论的误解没有多大的市场。主要来自于那些对理论持极端怀疑态度的人的看法。他们给理论贴上了“狂想”、“白日梦”的标签。甚至还流行一种做法，即将会议公告书标榜为

① 欧文斯．教育组织行为学［M］．孙绵涛等译．武汉：华中师范大学出版社，1987：46.

② Griffiths. *Administrative Theory*［M］. Appleton-Century-Crofts，1959：13.

“理论的”。这种基本态度根本不会对理论起好的作用。

再次，理论不是哲学。[①] 理论与哲学是有分别的，哲学最主要的在于处理“应该”或“不应该”的问题，是属于“价值”或“伦理”的范畴。正如巴特勒（Donald Butler）所指出的，哲学涉及三大问题，即：现实的问题、知识的问题和价值的问题，而以“价值的问题”为其中心。[②] 与这三大问题相对应的哲学分支分别是形而上学、认识论和价值论。除了这三个方面以外，还有另一个与认识论密切相关的哲学分支，通常称之为逻辑学。当一个人在发展其一组价值时，他就必须涉及哲学的其他问题。一组价值具有逻辑的一致性，必然也与现实联系在一起。这种完整的哲学对于教育管理人员相当的重要。可是，它却与理论不同。理论所处理的是“是”或“不是”（is or is not）的问题。也就是，对管理人员来说，理论所启示的是，“如果那么做，将会产生怎样的后果”。因此，不能把理论与哲学混为一谈。

最后，理论不是一种分类。[③] 在此问题上，格里菲思支持哈尔平有关分类的观点。所谓分类，就是依据资料的自然关系或有关原则加以区分。这种分类对所有的科学都是有用的，或者更具体地说，任何科学的研究都是从分类开始的。正如霍曼斯（George C. Homans）所说，理论“以它的最低形式来说，就是一种分类方法，一组文件归类架和一个用以储存积累材料的公文柜，把一切有关的事实资料都在其中积存起来，而把那些不明确的事实丢掉”。[④] 但是，分类只是发展并建立理论的起步阶段，虽然有一定的作用，但实际上并不能称之为理论，理论需有更进一步的条件。分类的最大限制，乃是无法从其本身发展出可验证的假设，而这又是理论最不可或缺的条件。此外，分类受到所适用术语的限制，常有术语穷乏的现象，同时容易因为分类不当而造成观念上的混淆，因此要适当分类。

---

① Griffiths. *Administrative Theory* [M]. Appleton-Century-Crofts, 1959: 14 – 17.

② Butler. *Four Philosophies* [M]. New York: Harper & Bros. 1957: 15.

③ Griffiths. *Administrative Theory* [M]. Appleton-Century-Crofts, 1959: 17 – 19.

④ 孔茨等．管理学 [M]．黄砥石，陶文达译．北京：中国社会科学出版社，1987：22.

格里菲思充分相信，有了以上这四个基本观念，就可以把理论跟分类学或哲学清楚地区分开来，也不至于把理论当作个人的事情。如果能做到这一点，会对理论有更清晰的认识。

教育管理的科学特性

格里菲思指出，教育管理虽然带有艺术的成分，但应设法加以强化其科学特性。换言之，要使教育管理人员成为科学的应用者，尽管不必期望其应如医生或工程师一样利用系统的科学知识，但是，教育管理人员所借以处理问题的知识应具有较高的科学性。

什么是科学呢？一言以蔽之，科学的内容至少应实现三个目的，那就是：描述、解释及预测。也就是，教育管理科学不仅能描述教育管理现象，而且能解释现象形成的原因，进而预测未来的可能后果。对于科学的解释作用，美国管理学界一般来说都持相同的或相似的态度。著名管理学家孔茨非常肯定地指出："科学能解释现象。它以相信自然的合理性为依据，即相信在两组或两组以上的事件之间能够找到它们的相互联系。科学的本质特点是，知识可以因运用科学方法而找到，并使之系统化"。[①] 在此，格里菲思根据费格尔的主张，[②] 认为任何一种学问要成为一门科学，至少应符合以下五个标准。[③]

第一，客观性（objectivity）。科学的内容不但要避免个人的偏见或好恶，而且也应经得起他人审慎研究的考验。以往许多管理的文献未曾经过科学的深究，仅凭个人的直觉、预感或感受而得；难以通过科学的检验，即不能成为教育管理理论的材料。这并非意指这些文献不重要，而是说它们不够科学。

① 孔茨等. 管理学［M］. 黄砥石，陶文达译. 北京：中国社会科学出版社，1987：18.

② Feigl & Brodbeck（eds.）. *Readings in the Philosophy of Science*［M］. New York：Appleton-Century-Crofts，1953：8－18.

③ Griffiths. *Administrative Theory*［M］. Appleton-Century-Crofts，1959：21－24.

第二，可信性（reliability）。科学知识的第二个标准，即是这些知识应具有相当的信度。也就是，任何一种知识必须能通过他人针对同一问题的研究验证，而予以认可确定，才可称为科学的知识。所以，科学知识与意见两者截然有别，科学知识是经过不同的人针对同一主题利用相同的方法，分别从事研究，而最后均得到一致的结论。意见则不然，往往是仁者见仁、智者见智，颇多分歧，而且不能通过检验来肯定其一致性。以往，教育管理上常见到的一大堆原理、原则，大多数是教育管理人员的心得，属于经验范畴，虽然有其价值，但终究不是科学的知识。

第三，操作性定义（operational definitions）。科学中的任何概念必须赋予操作性定义，而这种操作性定义必须能使我们对现象的知觉与认识归结在概念之中。根据操作性定义，可选择或编制调查工具，借以收集资料，并验证概念的真伪。例如，平常所说的“民主式领导”究竟指什么？空泛之词，往往令人意见纷纭，莫衷一是。因此，如果不能界定操作性定义，就没有理由用来收集资料并进而检验这一概念是否成立。教育管理研究者应发展各种概念的操作性定义，才有助于教育管理理论的建立。

第四，连贯或系统的结构（coherence or systematic structure）。科学知识并非是片段零散的信息的堆积，而是有关事实互为关联的系统组织。在叙述的层次上，这些事实是经过分类的系统，用图表加以描述的。在解释的层次上，必须利用科学的法则或理论的假定予以说明，也就是说，科学知识是要在“假设——演绎的程序”（hypothetics-deductive procedure）中得到说明的。因此，科学知识必须经过叙述及说明两个层次，才能成为统整的一致的结构。

第五，广泛的概括性（comprehensiveness）。科学知识之所以不同于常识性的知识，主要在于两点：一是知识概括范围的大小，二是抽象化概念的科学利用。就前者而言，研究借助各种研究工具以调查并获取人们的感官通常所无法直接察觉的事实资料；也就是说，科学知识超越了感官所能及的事实。然而，常识性知识则只限于感官所能感受的范围。就后者而言，利用科学知识中的有限概念，即能概括相当范围内一系列的具体事情。换言之，我们可以利用抽象化的概念来概括并扩大所获知识的范围。但是，有一点必须注意的是，这种抽象的概念并非是封闭的，一旦获得新的知识，即可据其加以修正。

教育管理理论的标准

格里菲思认为，教育管理是一门应用科学，所以，应符合的标准与理论在教育管理上的应用密切相关。因此，教育管理除了应具备上述科学特性外，还必须符合管理理论的四个标准。①

第一，理论是行动的指针。除非一个理论能为管理提供行动的指南，否则，它就不是好的理论。当面临问题而必须处理时，教育管理人员所能得助于理论的，并非“应该做”什么，而是“如果那么做，将会产生什么样的后果”。所以，理论所处理的是行动的后果问题，而非行动的价值问题。除了提供行动的预期后果外，理论还能使管理者注意到他们行动的非预期后果。这是因为理论可以引导管理者注意到问题处理的过程及影响后果的各种因素的相互关系，理论并不告诉管理者有关处理问题的技术。由于管理者认识到过程与因素之间的相互关系，当获得新知识时，便可拓宽其概念的架构。

第二，理论是收集事实的指引。事实是理论构建的基础。要发展一种理论，就要先从收集事实开始。有价值的事实，并非片段，而应彼此关联，如依据理论收集事实，则所收集到的各种事实彼此之间必然构成某种关系。要使理论成为收集事实的指引，可从两个途径进行。一是，在建立最初理论的过程中，可根据概念收集事实，也就是针对已经设计并提出的有关概念加以收集，并促使概念得以澄清或修正；二是，当理论写成之后，即可根据理论的指导进行收集，据以验证理论是否有效。总之，理论应作为收集事实的指引。

① Griffiths. *Administrative Theory* ［M］. Appleton-Century-Crofts，1959：24 –27.

第三，理论是获取新知识的指南。理论的另一个标准，就是它能引导人们获得新的知识。如果理论仅停留在现状的描述，人们就无法从中获得线索或启示，进而发现新知。很显然，这种理论就不能称之为好理论。自然科学的理论如此，教育管理的理论也是如此。最能说明理论可以导致新知识的获得的例子，便是海王星的发现。众所周知，海王星距离地球很远，人们的肉眼无法看到。不过，天文学家在观察天王星的运行轨道时，发觉该星的运行竟然有了定期不规则的情形出现。由于天王星的运行轨道早经确定及验证，而这种不规则的运行可能受到其他外在巨大星体的吸引力的干扰。基于这种理论的推论，天文学家终于发现了海王星。这是天王星运行的理论或规则协助天文学家进一步发现海王星的实例。教育管理的发展，虽然与天文学的理论不尽相同，但同样具有引导教育管理研究发现新知识的作用。

第四，理论能解释管理的实质。理论最有价值的用途之一，就是它能解释接受检验的各种现象的本质。因此，教育管理的某一理论也应能帮助人们了解管理的实质。教育管理学者在理论标准方面的研究已获得了很大的进展。例如，盖茨尔斯发展了“教育管理是一个社会系统”的理论。他宣称：从结构上来说，管理可看作是在社会系统中上级—下属关系的层级；从功能上来说，这种上级—下属关系的层级乃是配置并整合角色与设备的核心，借以达成社会系统的目标。不论这种叙述是否就是管理的本质，它确已清晰地描述了可加验证的管理概念。这便于人们思考管理的本质，并且提供给人们更多的研究基础。再如，“领导”到底是什么？不少的定义已经指出，诸如“领导是影响力的发挥”、“领导是可信赖的权威”、“领导是倡导的行为”，等等。这些都是相当明晰而且可供验证的概念，使人容易掌握领导的本质，人们可以从这些概念进行更多有关的研究，借以验证、澄清或充实既有的理论。

教育管理理论的定义

“理论是什么”，格里菲思认为，这个问题是导致教育管理理论模糊不清和秩序混乱的重要缘由，因此必须梳理清楚。那么，如何界定理论呢？格里菲思接受了哈尔平的建议，赞同采用费格尔有关理论的定义方法。[①] 费格尔指出：“为了提出一个不让我们总是陷入混乱的术语，我把‘理论’定义为：从纯粹的逻辑—数理程序和一大批经验法则中推导出来的一套假设。由此，理论对这些经验法则加以解释，并把那些以经验法则为特征的内容的不同方面统一起来。即使如此，也必须承认，在理论假设和经验法则之间没有严格的界线（绝对任意的除外），至少在渐变的意义上，这种区别是从方法论的视角来阐释的……更加术语化的建议或许有助于：无论我们采用多么特定或多么具有描述性的命题来表达科学的解释，它们都是来自更加普遍的和更加基于假说的假设。”[②] 根据费格尔的定义，格里菲思认为，理论就是经验法则的推论联系系统，理论的所有陈述都是对经验法则和主观事件的归纳总结。这个定义被理论运动的倡导者们普遍接受并广泛运用，也被其他国家的教育管理学者所认同。

格里菲思指出，费格尔关于理论的定义虽然过于狭窄而且有较大的限制性，但对教育管理理论的发展而言是必需的；虽然某个术语无法涵盖学术活动的各个方面，但能够在这个术语的使用上达成基本共识就显得十分重要。鉴于此，格里菲思又对费格尔理论定义中所用的几个关键词作了进一步的说明和解释。第一，“套”（set）的意思是一组假设，包括两个含义：“①在这个组群中，从任何其他假设的组织中都不能推导出别的假

---

① Halpin (ed.). *Administrative Theory in Education* [M]. Chicago: Midwest Administration Center, University of Chicago, 1958: 6.

② Fiegl. *Principles and Problems of Theory Construction in Psychology* [J]. In *Current Trendents in Psychological Theory*. Pittsburgh: University of Pittsburgh Press, 1951: 182.

设；②缺少这个组群中的任何一个假设都不能得到经验法则。”① 第二，推测不是经验的结果，也不是直接从经验结果中推导出来的，而是指导经验结果的方式。选择推测的唯一标准就是看其是否有用，如果推测能够导引出理论建构的假设，就能得以保留；如果不能的话，就会遭到遗弃。推测是假设的基础。第三，假设从推测中产生，它能以最优雅、最经济、最简洁、最深的和最中肯的方式来解释法则。第四，法则是有关现象的经验规律性的陈述，与假设的形式相同，但要经得起更多的检验。

一些学者还将假设、法则这两个术语和其他经常被用到的术语放在一起考察。例如，布罗德贝克（May Brodbeck）指出，事实描述、概念、法则和理论都是各不相同的事物。② 事实是一个特定的事物，如某人的智商。描述一个事实就说明一个概念有一个或多个事例。当一个事实与其他事实联系在一起，就形成一种概论或法则。法则往往是经验的概括，进一步说，理论是一套演绎出来的互相联系的法则。一定的法则是理论的公理或假说，通常被称为假设。它们的真实性并不像人们想当然的那样是不证自明的，因此，其他被称为定理的经验陈述是可以被确定是真实的。格里菲思总结说，布罗德贝克等学者所谈及的事实、概念、推测、假设、理论和法则都是建构教育管理理论所必需的最基本的术语。③

格里菲思还指出，理论并非都需要经过验证。事实上，大量的物理学理论由于提出时缺乏合适的检验工具并未经过经验证明而长期存在，只不过经过必要检验可以使理论表述更为确切。即使没有必要的验证工具，理论只要符合基本的推理即可成立。例如，盖茨尔斯的理论模型其本质是假设——演绎，它把管理描述成一个社会过程，而行为在这个过程中被看作是社会系统的一个维度。因此，就理论是否都需要经过验证而言，格里菲

---

① Griffiths（ed.）. *Behavioral Science and Educational Administration* [M]. Chicago, Illinois: The university of Chicago Press, 1964: 98.

② Brodbeck. *Models, Meanings, and Theories* [J]. In *Symposium on Sociological Theory* (ed. by Llewellyn Gross). Evanston, Illinois: Row, Petersons & Co., 1959: 373-403.

③ Griffiths（ed.）. *Behavioral Science and Educational Administration* [M]. Chicago, Illinois: The university of Chicago Press. 1964: 100.

思与哈尔平意见一致。

格里菲思有关理论的理解主要源自于费格尔的观点，为理论运动追随者们所接受。威洛尔（Donald J. Willower）将理论简洁地定义为“用来解释现象的一组相互关联的、一致性的通则”。[①] 克林格（Fred N. Kerlinger）则将此定义扩展为，理论“是一组互相关联的构想（概念）、定义与描述，它们用来系统地说明变量之间的特定关系，以对现象进行解释”。[②] 霍伊和米斯克尔归纳了以上学者的看法，将教育管理理论综合定义为“是一组相互关联的系统描述和解释教育组织行为规律概念、假设与归纳”。[③] 他们还对这个定义作了特别说明：理论提供的是对现象的一般性解释；是一种连贯的、相互关联的关于事实、事件与所发生的行为的陈述。英国教育学家奥康纳（D. J. O’ Connor）也持同样的看法，他曾明确指出：“一种理论乃是一个确立了的假设，或者，更常见一些，乃是一组逻辑地联系着的假设，这些假设的主要职能在于解释它们的题材。”[④] 在以上学者看来，理论就是用系统方法解释某些现象的陈述（归纳）。理论的包容面很广，可能是一个简单的归纳，也可能是一套复杂的规则，可能是哲学性的，也可能是科学性的。

教育管理理论发展的一般范式

格里菲思认为，教育管理科学是逐步发展起来的，并呈现出许多阶段，后续的研究工作总是在以往各个阶段工作的基础上进行的。

格里菲思指出，任何科学的发展有多种方式，或者说它的发展阶段有

① Willower. *Theory in Educational Administration* [J]. In *Journal of Educational Administration*, 1975 (13): 78.

② Kerlinger. *Foundations of Behavioral Research* (3rd ed.) [M]. New York: Holt, Rinehart & Winston, 1986: 9.

③ 霍伊，米斯克尔. 教育管理学：理论、研究与实践 [M]. 范国睿主译. 北京：教育科学出版社，2007: 3.

④ 奥康纳. 教育哲学引论 [D]. 王承绪译. 华东师范大学教育系、杭州大学教育系. 现代西方资产阶级教育思想流派论. 北京：人民教育出版社，1980: 424.

多种水平。一般可分为明晰概念（sensitizing concepts）、整合概念（integrating concepts）和理论（theory）三种水平。① 每一层次都有其自身的价值。最低水平是“明晰概念”，这一层次虽然非常原始，但其目的在于确定管理中存在的某些细节；中等水平的是“整合概念”，即把较低水平的概念和高水平的概念整合到一起；在科学发展水平的最高级是“理论”。格里菲思明确表示，当时美国教育管理理论发展状况参差不齐，以上三种水平均有表现。

基于对科学发展三种水平的分析，格里菲思提出了教育管理理论发展的一般范式（见图3－1）。② 他指出，理论发展首先始于研究者头脑中的一定的推测，这种推测引导他对管理状况进行观察，其结果是产生了一种或多种描述。然后，研究者试图对其观察加以解释，他可以在明晰概念、整合概念和理论这三个水平中的任何一个水平来进行。如果他要在理论层面解释其观察，他就必须创建一套假设，必须从这些假设中推导出法则，必须能够最大限度地预测管理行为。

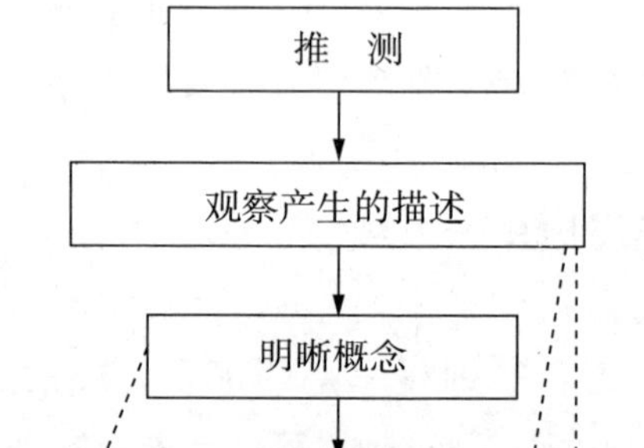

图3－1　教育管理理论发展的一般范式

① Griffiths（ed.）. *Behavioral Science and Educational Administration*［M］. Chicago，Illinois：The University of Chicago Press，1964：103.

② Griffiths（ed.）. *Behavioral Science and Educational Administration*［M］. Chicago，Illinois：The University of Chicago Press，1964：103.

格里菲思由此推定，理论发展都是先从推测开始。有些人会跳过描述的阶段，但如果这么做的话，工作结果通常会比较差。有些人会从明晰概念开始，并直接跳到理论阶段，而其他人则是停留在明晰概念的水平。一些人从推测开始，到观察，然后跳到理论的水平，之后再回到明晰概念和整合概念的阶段，并对理论形成的验证过程做出描述。这样，就形成了理论发展的多种方式。

教育管理理论的基本要素

在格里菲思看来，建构教育管理科学的首要任务是发展一系列赋予特定意义的操作性概念。① 这一观点完全移植了西蒙的看法。西蒙指出，在科学理论建立之前，必须先建立概念，因此“管理理论的首要任务，就是要建立一系列概念，而且是能从理论角度描述管理问题的概念。为了使这样的概念科学化，就必须使之具有操作性；也就是说，它们的含义必须对应于经验上可以观察到的事实或局面”。② 那么，概念又是什么？首先，简单地说，概念就是被赋予了特定意义的术语。一旦被赋予特定的意义，这个术语就必须与特定意义一起使用；反之，当特定意义出现时，就必须使用同样的术语。描述同样的意义并使用同样的概念，是教育管理理论发展的一大进步。其次，正确的概念是可操作的，它与其他操作性概念联系在一起并能被清楚地证明。例如，IQ 是操作性的，因为它是通过分解心理年龄和生理年龄得到的，后两者都是操作性概念。

格里菲思强调，明晰概念是进行科学的管理研究的基本因素。因为清晰的概念可以从不同侧面说明一个组织系统内部是如何运转的。

相比之下，整合概念是一个复杂的过程，因为它要理顺大量的明晰概念之间的关系。格里菲思特别看重概念整合的重要作用，“因为它使我们

① Griffiths (ed.). *Behavioral Science and Educational Administration* [M]. Chicago, Illinois: The University of Chicago Press, 1964: 105.

② 西蒙. 管理行为 [M]. 杨砾等译. 北京: 北京经济学院出版社, 1988: 37.

看清相互之间的关系，而不是仅仅受到明晰概念的牵引；因为它为研究者和理论家们未来的研究指出了一条道路，为管理者的工作提供了指导”。[①] 例如，拉扎斯菲尔德（Paul Lazarsfeld）借用古尔德纳（Alvin W. Gouldner）有关“管理者任务”的概念描述了一个典型的整合概念的过程，他把管理者任务概括为四个方面：①管理者必须完成组织目标；②管理者在完成组织目标的过程中，必须利用组织中的其他成员，不是把他们当成机器，而是要调动他们的主动性和创造精神；③管理者必须关注“士气”，认为在合适的条件下人们才会更好地工作；④管理者必须建立创新、变革和发展的组织文化。[②] 格里菲思对此进一步描述说，“当一个管理者试图实现某个目标，他要事先采取措施以确保组织是朝着将要实现目标的方式运转。这通常叫做‘控制’，进而，管理者总是希望当成员以其规定的方式发挥作用的时候能够有‘好的’感觉，这就叫保持‘低水平的人际关系紧张’（a low level of interpersonal tension），他同样也想保持低的‘权力关系的可见度’（visibility of power relations）。这依赖于‘一般的和非人格化规则的运用’（use of general and impersonal rules），而不是亲自面对下属成员。”[③] 由此可见，整合概念可以清晰地描述管理者的行为及其行为所预期的结果。经过整合概念之后，就形成了理论。

第三节　教育管理理论化的障碍

格里菲思指出，当时针对教育管理理论还存在一股强烈的反理论的偏见，给教育管理理论化（theorizing）造成一些障碍。主要表现在几个方

① Griffiths (ed.). *Behavioral Science and Educational Administration* [M]. Chicago, Illinois: The University of Chicago Press, 1964: 107.

② James G. March & Herbert Simon. *Organization* [M]. New York: John Wiley & Sons, 1958: 45.

③ Griffiths (ed.). *Behavioral Science and Educational Administration* [M]. Chicago, Illinois: The University of Chicago Press, 1964: 108.

面：对理论化缺乏正确理解、偏重事实、盲信权威与法则、畏惧理论化、缺乏足够专业术语、混淆人与事。①

对理论化缺乏正确理解

格里菲思强调区分事实与理论的必要性。他认为，理论作为行动的指南在管理中居于首要地位，并以此为管理理论的作用辩护。他坚持逻辑实证主义的观点，认为价值可以引入教育管理之中，但不能归到理论体系中来；理论作用的唯一局限，在于它不适用于价值领域。他问道，理论能否告诉管理者他们应该做些什么，并且回答说“从表面上看不能”，仿佛还不愿意承认理论的这一缺憾。

格里菲思认为，目前抽象的教育管理理论非常有限，但是却存在相当有用的“理论化”。他就理论化的问题提出一些颇具洞察力的见解：①目前所重视的是理论化，而不是理论的建立。研究在于概念的建立、彼此关系的探讨及实证资料的考验。②理论化乃是以各种不同的方式进行的，管理研究应尽可能地通过许多方法论的途径来进行。③一些主要的教育管理问题，尚未给予理论化。诸如集体协商、整合及一些有效的教育组织方式。④一些重要的研究、理论及理论化，尚未加以追踪。许多研究缺乏持续探讨，而没有更进一步的发现。⑤应放弃追求包容性的理论，而应建立不同层面的管理理论。正如没有所谓的解剖理论，有的只是循环系统理论、神经系统理论。同样的，应有决策理论、人际关系理论、结构理论。每一理论对管理整体性的了解都有帮助。⑥我们已经学到建立理论的适当方法，理论化对管理的基本了解十分有益。

格里菲思在论证了理论在管理中的作用，并承认这种理论不可能包括价值之后，进而谈到“科学的伟大任务”就是将秩序加诸于宇宙之上，从而能够在“统一的概念”中理解和控制相对独立的行动。他接着谈到

① Griffiths. *Administrative Theory* [M]. Appleton-Century-Crofts, 1959: 19 - 20.

开普勒和太阳系中支配行星运行的规律，认为这与理论为我们提供的对人类在组织和管理系统中的行动的理解相类似。他指出，理论“在一套有待于系统化的原则中”，为我们提供了预测个人在组织中的行为的可能性。这些原则将“有可能使决策导致更有效的结果”。由于这样一个美妙的新世界遥遥在望，于是很难提出这样一个问题：在一种无价值观的人类行动理论中，怎么可能将秩序加诸于行动或组织本身而不对行动或组织作出价值判断。

欧文斯认为，“理论完全可以被视为一个思想过程，被视为一个为了更好地理解现实和更准确地描述现实而对现实的思考方法。理论概念化的一个方法就是将它看作构造模型：一个健全的理论就是一个现实的模型。像通常对待模型那样，理论就是现实的一个代表，但不应将它与现实本身混同。对理论的普遍看法是，理论论述的是某种理想状态和某种应该的状态。”① 但是，他非常明确地指出，“现代行为科学的理论家们不赞成这种看法，相反，他们坚决认为理论只帮助解释‘是什么’的问题，而不解释‘应该是什么’的问题”。②

偏重事实

偏重事实是教育管理理论化的一项主要障碍。过去，一般教育管理人员误认为教育管理科学化的唯一任务只是在于汇集资料和建立事实，教育管理的研究与实施离不开经验研究。盖茨尔斯和柯拉达西曾明确表示对这种发展方向的隐忧。他们说：“这种观点，就其发展的历史而言，已经导致教育更趋于纯经验主义的地位，任何经验观察不需要凭借理论工具，并寻求教育管理各种现象之间的关系。这进而影响到，教育管理的研究与实

① 欧文斯．教育组织行为学（第二版）[M]．孙绵涛等译．武汉：华中师范大学出版社，1987：46.

② 欧文斯．教育组织行为学（第二版）[M]．孙绵涛等译．武汉：华中师范大学出版社，1987：46.

践只是注重探究特殊的命题，或者了解经验法则。对这个趋向的若干批评已提醒我们：教育科学绝非仅是事实的百科全书。”①

格里菲思在《管理理论》中，也持类似的见解。他指出：“教育管理改革所要做的事情，就在汇集资料，这是一种广为流行的信念。”他称这种只重视事实资料汇集的现象为“事实论”（factualism）。② 不少教育管理研究为了解教育实施的现状，而收集零星片段、互不关联的事实，根本无法为教育管理人员提供行动的指针。其实，收集事实资料只是教育管理科学研究的起步而已。这一观念的建立颇为重要。

盲信权威与法则

一般教育管理人员或研究者对专家的见解，往往毫无疑问地接受，并给予充分的信赖。这种态度阻碍了教育管理理论的建立。

事实上，许多专家的意见也只是出自个人的直觉与经验，不免主观。不少从心理学、生理学、政治学及经济学等学科研究所得而应用在教育方面的原则，也仅是暂时的结论，并非一成不变的真理，因为这些学科本身随时都处于修正之中。

因此，原理、原则需要经常验证，况且专家的理论或与得自行为科学的原理之间也常有互相矛盾之处。原则不是公理，这是一个亟待确立的观念。盖茨尔斯等在其《作为社会过程的教育管理》一书中再三强调不宜过分依赖权威，认为务必避免以无疑的信赖权威替代由理论的假设所发展而成的批判深究。③

轻信权威或过分尊重权威的态度，与对理论的真诚尊重，这二者处于

① Coladarci & Getzels. *The Use of Theory in Educational Administration* [M]. Stanford University Press, 1955: 10.

② Griffiths. *Administrative Theory* [M]. New York: Appleton-Century-Crofts, 1959: 9.

③ Coladarci & Getzels. *The Use of Theory in Educational Administration* [M]. Stanford: Stanford University Press, 1955: 17.

对立的地位。理论上的研究，应建立在谨慎发展出来的对假设的验证的基础上。盲目地崇拜权威，会阻碍教育管理理论的发展。

畏惧理论化

由于教育管理人员对理论缺乏了解，而导致心存恐慌。所以他们常说："理论太难了"，"理论不切合实际"，"理论变化不定"。这些都表现出他们在心理上对理论的抗拒。①

首先，理论并不很难。一般教育管理人员之所以有这种误解，主要是因为他们未曾对有关理论作过深入的探讨，也未曾接受过系统的理论学习和实践训练。因此，在对教育管理人员进行专业教育或在职教育时，如能使他们多接触理论，进而多了解理论，并指导他们在实践中运用理论来思考和解决问题，那样就可以消除他们对理论的恐惧。

其次，理论应该很实用，而且也很切合实际。我们可以运用理论处理特殊情境下的特殊问题，因为依据理论可推论情境、概括情境，并可将理论的知识予以应用。理论非常具有实用性。杜威（John Dewey）对此也曾有过论述。他说："理论是结果，最为实用。因为它拓宽了注意的范围，使我们能超越现有的目的与欲望，从而产生更广阔的目的，同时也使我们进一步利用这种更广更远的条件与方法。"② 两位教育管理学者莫特（Paul R. Mort）和罗斯（Donald H. Ross）对于理论的实用性也有肯定的见解，他们说："就作者（指他们两人）而言，理论是有机体如何活动的最良好最正确的心理蓝图，它顾及并调和所有已知的事实与现象。好的理论没有不实用的。如果理论类似于真理，由理论所指导的行动自然应该是

① Coladarci & Getzels. *The Use of Theory in Educational Administration* [M]. Stanford: Stanford University Press, 1955: 12.

② John Dewey. *Sources of a Science of Education* [M]. New York: Liveright, 1929: 17.

比较明智的。”①

再次，没有充分的理由排斥理论的稳定性。因为理论并不是建立在永恒不变的基础上的。理论的发展到建立，是在解决当前或将来的问题。况且，当前的理论是建立在过去理论的基础上的，而又能成为将来理论发展的依据。自然科学的进步，可以证明这一点。例如，托勒密（Ptolemy）的天动说，以地球为宇宙的中心，一直维持了14个世纪之久，直到1543年哥白尼（Nicolaus Copemicus）发表太阳中心说的理论，才被推翻。如果没有托勒密的天动说在先，恐怕哥白尼的理论也就难以创立。

由以上的分析可以发现，教育管理理论具有很强的实用性，并非深奥难懂，因此，消除对理论的恐惧，有助于理论的发展。

缺乏专业术语

如同其他行为科学，教育管理亟须发展并确定其专业术语，以利于其理论的发展与建立。如果没有专业术语，就很难有明确的定义，理论的抽象化也就不太可能，不同的人对一种理论自然会有不同的解释。

至今，教育管理还没有统一的名词来明确叙述共同的管理行为，而且一个名词往往表达许多不同的事物。例如，“民主”（democracy）与“适应”（adaptation）两词的含义至今仍因人而异；“民主型领导”是指什么，可能众说纷纭；“信赖权威”是指什么，也可能莫衷一是。有人认为“民主型领导”就是“放任不管”；有的教育管理人员则认为“做出决定后再征询意见”也符合民主的原则。再如，“适应学生的需要”这句话，很可能又有不同的想法。学生到底缺少什么，他们又想要什么，教师又如何来满足他们，类似问题的答案，也可能因人而异。“由此可见，缺乏一致的专业术语，教育专业人员与学生、家长之间交流思想、交换意见、处

① Mort & Ross. *Principles of School Administration* [M]. New York: The Macmillan Company, 1967: 4.

理公事，常会发生因理解不同而产生困扰的问题。应建立明确的教育管理专业术语，使不同的人对同一术语有相同的认知与解释，或避免专业术语不同却指同一的事物。可见，缺乏确切的专业术语，对教育管理理论的发展，确实是不可忽视的阻碍。”①

混淆人与事

个人的好恶与管理理论容易相互混淆，二者没有截然分开。正因为如此，理论常因被个性化，而染上个人的情感色彩，批评某一理论，就等于批评该理论的主张者。这样的批评不但很少产生建设性的效果，而且反而容易引起相互讥讽或指责。这对于教育管理理论的发展有很大的阻碍。②

无论教育管理研究还是教育管理理论的发展，必须采用客观的方法与步骤；所以，经过客观科学方法所获得的结论，尽管与某一理论的观点不同，这仍是对管理研究的一种客观的态度与负责的做法，绝非人身攻击。这种人与事不分开、意气用事的现象，在建立教育管理理论的过程中，应设法予以消除。

综上所述，教育管理理论化，因受事实主义、过分尊重权威、畏惧理论、缺乏专业术语及情感认同等诸多因素的影响，导致其发展步伐缓慢。教育管理理论化工作应设法分别予以克服。

第四节　有关“理论”的后续研究

格里菲思有关教育管理理论发展的主张被欧文斯、西尔弗、霍伊等后辈学者所继承，并有进一步的拓展。

① Griffiths. *Administrative Theory* [M]. New York: Appleton-Century-Crofts, 1959: 12.

② Griffiths. *Administrative Theory* [M]. New York: Appleton-Century-Crofts, 1959: 12 - 13.

“理论”术语

与理论运动的许多学者一样，欧文斯也主张把行为科学的方法应用于教育管理理论研究。在他看来，许多自然科学的理论术语适用于社会科学的研究。1970 年，欧文斯提出了一套系统的、有层次的理论发展体系。这个体系包括事实、概念、假设和理论四个层次的常用术语（见图 3－2）。[①] 与格里菲思的理论发展一般范式相比，欧文斯的理论发展术语体系显得更为简洁明了。

欧文斯指出，一切理论都开始于事实。事实就是我们直接或间接进行观察，用数据表示并加以叙述的事物。虽然自然科学已具有许多种精确地收集和叙述事实资料的技术，但是研究行为科学的技术和手段还不成熟，急待完善，这给确切地观察、描述和测量事实增加了难度。就组织行为研究而言，可以采用两类测量工具，即被观察的行为和某种行为结果，按照“事实”来评价组织中在行为方面所发生的情况。这里特别需要像自然科学那样用描述行为的那些可测量的“硬数据”进行研究。

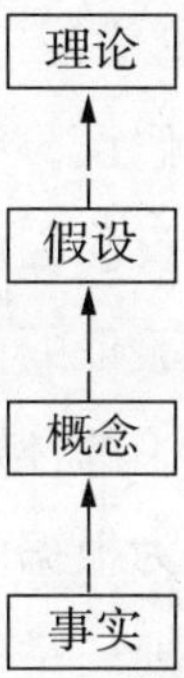

图 3－2　“理论”的术语层次

关于概念，欧文斯指出，它是描述事物所使用的相当准确的术语。他同意格里菲思的说法，即概念具有特殊的意义，“就是我们阐述问题而又不需要加以‘证明’的思想”。[②] 因此，欧文斯主张小心谨慎地发展和使用概念，既要更清晰、更方便地描述事物，又要避免概念含义的混乱和不

① 欧文斯．教育组织行为学（第二版）［M］．孙绵涛等译．武汉：华中师范大学出版社，1987：50.

② 欧文斯．教育组织行为学（第二版）［M］．孙绵涛等译．武汉：华中师范大学出版社，1987：53.

确定。

假设就是为了检验设想而加以推测或假定的看法。欧文斯指出，“无论是研究行为科学还是研究自然科学的科学家，都不满足于收集事实和验证概念，因为目标应该是那些看来彼此相关的事物联系在一起。假设说明那种我们期望发现的关系，我们必须能够验证假设。”[①] 科林格（Fred N. Kerlinger）进一步补充说，“‘好的’假设和假设陈述有两个标准……其一，假设是有关两个变量之间关系的陈述。其二，假设带有检验所陈述的关系的明确含义……假设若缺乏这两个特征，或缺乏其中之一，那就不是按其科学意义来说的假设了。”[②]

“理论就是一组一般假设或假说的系统联系”，欧文斯指出，“作为理论基础的假设，必定是经过很好验证的，因而是对其真实性得到相当普遍承认的假设。因此，假设应反映人们实际的经验和观察。一个理论本身提出能够被验证的假设，反过来，这个过程又足以深化这个理论，或者引起对这个理论的怀疑。最终，经过反复的假设和验证，一个理论可以导致一些以经验为根据的定律和普遍原理。”[③]

欧文斯还举例说明，理论可以通过多种方式得到发展，从而支持了汤普森有关传统理论来源的观点。这些方式包括：①通过汇编实践者的观察报告；②通过综合研究情况或研究典型；③通过借鉴其他学科的理论见解；④通过利用演绎推理的逻辑过程。[④] 巴纳德的《经理人员的职能》是一个实践者通过记录他自己的观察来建立理论的卓越而独特的范例。相反，哥伦比亚大学师范学院莫特（P. R. Mort）和他的同事以及他的学生

① 欧文斯．教育组织行为学（第二版）[M]．孙绵涛等译．武汉：华中师范大学出版社，1987：53.

② Kerlinger. *Foundations of Behavioral Research* [M]. New York：Holt，Rinehart & Winston，1964：20.

③ 欧文斯．教育组织行为学（第二版）[M]．孙绵涛等译．武汉：华中师范大学出版社，1987：53－54.

④ 欧文斯．教育组织行为学（第二版）[M]．孙绵涛等译．武汉：华中师范大学出版社，1987：54；Halpin（ed.）. *Administrative Theory in Education* [M]. New York：The Macmillan Company，1958：24.

多年来所从事的许多调查研究，则提供了一个需要利用逻辑演绎的方式来建立一种教育管理理论的重要研究成果，并提供了注重用行为科学和管理科学的理论以满足教育管理需要的可能性。

教育管理理论的功能

欧文斯认为理论具有特殊的功能，理论完全可以被视为一个思想过程和为了更好地理解现实和更准确地描述现实而对现实的一个思考方法。因此，理论能帮助人们将知识整理成系统的、有条理的体系；理论能帮助研究者在研究未知领域时有条理地阐述各种问题；理论能帮助人们像运用"因果"的思维模式那样去预言行为的可能结果；理论能够帮助解释那些离开理论便难以理解的组织行为现象。① 与欧文斯的观点相近，教育管理学家伦恩伯格（Fred C. Lunenburg）和奥斯坦（Allan C. Ornstein）也指出，理论为理解、预测和控制组织提供了一个引导框架，理论也会对该领域的知识推进起作用。② 他们支持戴伦（Deobold Van Dalen）的观点，认为理论具有六种功能。③

第一，识别相关现象。理论决定了与某一研究有关的现象和种类。理论会让社会学家知晓什么应该观察，什么应该忽略。例如，社会学家可能用开放系统观点来研究学校管理，开放系统方法中的一个要素是影响组织的外部环境。在这个环境中又存在几个子系统，其中最重要的是经济系统、政治系统、生产系统、流通系统和资源系统。社会学家可能从这些方面来研究外部环境。现象的多重性与各个子系统相联系。社会学家只有从理论上建立起对每一领域问题的解决方案，才能准确地知道该观察哪些

① 欧文斯．教育组织行为学［M］．孙绵涛等译．武汉：华中师范大学出版社，1987：46－47.

② 伦恩伯格，奥斯坦．教育管理学：理论与实践［M］．孙志军等译．北京：中国轻工业出版社，2003：3.

③ Deobold B. Van Dalen. *Understanding Educational Research* （4th ed）［M］. New York：McGraw-Hill，1979.

现象。

第二，现象分类。科学家们很难有效地处理一大堆现象，因此，他们构建起用于分类的理论框架。物理学成功地构建了这样的概念系统，地理学家创建了对岩石进行分类的系统，生物学家也已经设计出对植物进行分类的系统。哈尔平和格罗夫特所做的有关组织气候的研究是教育管理中构建分类体系的示例。他们利用因素分析法提出了组织气候的八个维度，并将组织气候分为六类：开放的、自治的、受控制的、友好的、家长式的和封闭的。[①] 另一个例子是明茨伯格（Henry Mintzberg）的分类系统。在对五名管理者（每所学校一名负责人）做了深入的结构性的观察后，他将管理者的行为划分成三类十种角色：挂名首脑、领导者、联络者（人际间的），信息接受者、发言人（信息上的），企业家、故障排除者、资源分配者、谈判者（决策上的）。[②] 伦恩伯格和奥斯坦指出，如果教育管理者不能构建起对现象进行分类的理论框架，他们就会限制该领域知识的进展。

第三，构建结构。通过直接的观察和测量，人们能够获得真实可靠的信息。但行为的许多方面是无法直接观察到的。智力不是一种可观察的实体，而是通过使用一些工具对个体的行为进行抽象调查得出的。诸如态度、兴趣、观点等情感方面的个体倾向无法直接观察到，要通过它们在行为中的表现才能间接得出。因此，社会学家们就提出各种假设的结构来解释特定行为发生的原因。在教育管理理论运动中，构建结构是其重要特色之一。

第四，现象归纳。理论可将各种孤立的数据概括成一个适用性更强、更广泛的概念体系，概括的综合性和精确性程度不高，可能从简单的归纳直到复杂的理论关系。例如，一位督学授予本学区内的杰出教师成就证书这种行为就是一个低水平的概括。这类概括通常不会被称为“理论”，但

① Halpin. *Theory and Research in Administration* [M]. New York: Macmillan Company, 1966.
② 明茨伯格. 经理工作的性质 [M]. 孙耀君，王祖融译. 北京：中国社会科学出版社，1981: 79.

这位督学也可能构建起一个描述现象之间关系的复杂概括。例如，督学在观察到这一现象后，可能会注意到这样的关联：公众的认可是激励教师的一条途径。对现象的概括和解释使人们加深了对数据资料的理解，并把经验性的结果转化为更全面的理论框架。

第五，预测现象。理论允许社会学家去预测符合理论的未观察到的事例的存在。例如，马斯洛（Abraham Maslow）曾做出如下概括：工作着的人总是寻求五种层次的需要，这些需要以不同优先等级排列，依次得到满足。个体最关心的是未被满足的那种需要，并以此决定他的行为。只有当这一需要得到满足，它的上一级更高层次的需求才会被激活，这个人才会进入更高层次的需求，直到达到最高的自我实现需要层次。自我实现需要将随需要的满足而日益增强。有了这一理论基础，人们就可以推测在还没有统计数据的其他各种工作环境中也会发现类似的行为模式。也就是说，在没有具体数据的情况下，理论有助于人们预测可能观察到的现象。

第六，揭示有待研究的领域。理论对现象进行归纳并预测现象，理论也指出大致的调查范围和应解答的问题。社会科学中的理论可能缺乏论据支持，因而需要一个精练的过程。经过修正和扩展的精练过程，对于教育管理知识基础的不断扩展以致成熟来说是必要的。

实证理论的层次

类似于欧文斯，西尔弗认为，采用实证科学的研究方法，可以解决教育管理中的一些理论问题和实际问题。这是因为，逻辑实证主义认为，经实证研究的过程验证后在逻辑上相互关联的一组叙述，才可以算是知识。那么，实证理论是什么？西尔弗作了如下界定：实证理论是“知觉现实的独特方式；个人对自然的某一部分深入地加以洞察，并将之表达出来；是一种思想体系，超越外表的肤浅的经验，而且表现出比一般人通常所知觉到的更深一层的动态关系；对我们居住的世界的某一层面，有新颖而不同的知觉”。①

知觉现实从感受具体的世界开始，产生概念（concept）、构想（construct），到形成命题（proposition）和理论（theory），表现出抽象的层次。

人们从小就在学习概念。在可接受的文化方式下，人们对某些事件的类型赋予某些名词，由此解释具体的现实，就是在学习概念。在西尔弗看来，“概念是一种心理的工具，用以解释我们经验到的一群感觉中的一个单元。概念是思想（idea）的核心；是思考过程中的最小的分析单位；是从具体的、可经验的世界中的元素抽象化而来的。”② 就概念的功能而言，概念能分辨出不同的事件和感受；概念能将过去的事件和与此类似的现在的或将来的事件联系起来。西尔弗认为，任何语言或语言中的任何一个字都能代表一个概念。因此，“概念是一个抽象的名词，是指存在于经验世界中而不能直接感知的元素。”③

构想是由概念融合而成的更高层次的思考单位。人们利用语言来沟通，因为语言基本上是由概念组成的；但人们感知某一构想，却很难将它传递给其他人。这是因为，“概念是指单元之具体经验的心理的表征，而构想是指概念群的心理的表征。概念已离开了原始的经验，因此多少是抽象的，而构想是指不能直接经验的现象，因此更为抽象。构想是一种创造物——以独特的方式把概念融合起来，增加了概念的意义”。④

命题表达各种构想间的相互关系。命题“代表着现实予以概念化的一种独特过程；是由构想统整而成的；是概念融合起来的；代表了真实的经验世界中的事件”。⑤ 西尔弗指出，一个命题中的构想通常是由概念重新结合而成的，而且在命题的脉络中是相互关联的。构想是新的产物，因此要仔细地加以界定和解释，使其他的人也能把握它的意义，因为其他的

① 西尔弗．教育行政原理［M］．黄昆辉主译．台北：三民书局，1985：6.
② 西尔弗．教育行政原理［M］．黄昆辉主译．台北：三民书局，1985：7.
③ 西尔弗．教育行政原理［M］．黄昆辉主译．台北：三民书局，1985：7.
④ 西尔弗．教育行政原理［M］．黄昆辉主译．台北：三民书局，1985：8.
⑤ 西尔弗．教育行政原理［M］．黄昆辉主译．台北：三民书局，1985：8.

人也可能用概念或不同的构想来解释。构想间的相互关系的类型要描述得很完整，以进一步将构想加以澄清，并传达其意义。这样，才能清楚地陈述命题。

理论是一组在逻辑上相互关联的命题的组合。因此，理论要有机地统整命题的陈述，而每一个命题的陈述就是代表人类经验世界中的概念的集合体。理论是高度抽象思考过程的积累，在这个过程中，理念逐渐摆脱了直接经验的世界。但是，由于思考过程的逻辑，以及构想和概念并非直接关联，理论在了解经验的世界上就十分重要。理论一经建立以后，人们就能利用演绎逻辑，认识并叙述构想间的其他关系，假如理论本身是真的，则构想也可能是真的。西尔弗以马斯洛的需要层次理论来说明抽象化阶梯的关系[①]（见图3－3）。

抽象	理　论	行为是个人满足最显著的需要类型以减少不足状态的动力的表现
	命　题	需要的五个类型从最基本的（生理的），发展到最不基本的（自我实现），形成一个阶层。
	构　想	需要的类型（生理的、安全的、友谊的）
具体	概　念	需要（求食、求安全、求与人交往）
	感　觉	经验（饥饿的疼痛，失败的恐惧，谈话的欲望）

图3－3　马斯洛需要层次理论与抽象化阶梯的关系

西尔弗指出：“了解一个理论就要揣摩他人的心灵，并以他人知觉现实的方式去知觉现实。了解一个现实需要努力。我们必须尽力去了解每一个构想的意义，这些构想是新的、独特的思考单位，也是个体一般的思考类型所缺少的一种理念。因为理论是抽象的，因此只记忆它们的名词、定义和相互关系是不够的。我们要把个人的心灵贯通至理论家的意义当中，才能了解理论。例如，在回忆自己的经验，知觉或解释构想的过程中，利

① 西尔弗．教育行政原理［M］．黄昆辉主译．台北：三民书局，1985：11.

用理论家提出的新方式，对构想及其定义和相互关联性细心地加以思索。”① 因此，西尔弗建议教育管理人员到教育组织当中去把握各种管理理论，因为这些组织包含了许多为人们所熟悉的、具体的现实以及各种原始经验的来源。

教育管理理论的建构过程

作为理论运动的第三代学者，霍伊和米斯克尔在总结老一辈教育管理学者的观点的基础上，对教育管理理论的建立过程加以描述（见图3－4）。

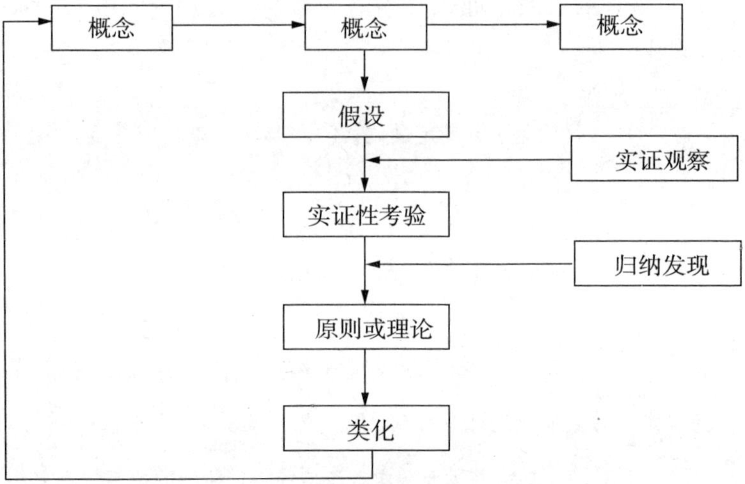

图3－4　教育管理实证理论建构过程

理论与实践的关系

盖茨尔斯指出，很多人不懂得在教育管理中应用理论的重要性。确实，一些重要的教育学家、管理学家和教育管理学家对理论的用途一笑置

① 西尔弗．教育行政原理［M］．黄昆辉主译．台北：三民书局，1985：12.

之。他们认为，“虽然在理论上完全正确，但在实际上根本行不通。”换句话说，这些自称为讲求实际的管理专家们认为理论和实践是水火不相容的。

对此，盖茨尔斯不以为然。他认为，理论与实践之间存在着密切的关系，并且这两者相互影响、相互补充、相得益彰。盖茨尔斯和柯拉达西针锋相对地指出：“就理论化的规定及其普遍性而言，理论和实践都应视为专业人员行为中有内在关联的两个方面。我们可能并不喜欢日常事务，但却无法回避它。理论与实践是能也确实是同存一炉的。它们都是研究过程和理智追求的重要方面，它们在不断地重新定义着对方。”①

盖茨尔斯极力反对那种将理论与实践分家的做法，而主张理论与实践是内在地统一于一身的。他指出，“理论化并不是实验室或者象牙塔中的唯一财产。每个人在进行选择和判断的时候，在某种意义上就意味着有了某种理论，这种理论成为他行为的理由。当管理者能够依据经验使之确信某种行为将导致某种事件或者行为时，那他就是在运用理论”。② 盖茨尔斯的这个观点得到许多学者的支持，教育管理学家墨菲特（E. L. Morphet）就曾指出：“当管理人员从经验中学习时，他便是正在理论化，也许借由这种方式获得的并不是很好的理论，但它仍然是一种理论化的过程。”③

不过，有一点值得我们注意，盖茨尔斯在这里所强调的理论与实践的整合，与我们平时所说的“理论联系实践”是有差别的。当我们在说理论联系实际时，我们的意思更多的时候都是指理论的研究要为实际服务，要从实际出发。而盖茨尔斯所说的理论与实践的整合，则是追求将理论运用到实际中去，强调理论对实际的改造。盖茨尔斯的这一追求，实质上也

---

① Coladarci & Getzels. *The Use of Theory in Educational Administration* [M]. Stanford, CA: Stanford University Press, 1955: 6.

② Coladarci & Getzels. *The Use of Theory in Educational Administration* [M]. Stanford, CA: Stanford University Press, 1955: 6.

③ 墨菲特等. 教育组织与行政 [M]. 蔡保田主译. 台北：五南图书出版股份有限公司，1987: 40.

是西方很多具有实证主义倾向的理论家的追求。在他们看来，如果理论只是处在书本之中，躺在实验室里，那么，尽管这种理论提出来了，无论有多精致，那也只能说是完成了它的一半使命。西方理论家的这种追求和精神，是值得我们思考和学习的。就盖茨尔斯而言，他个人的这种理论旨趣，在其后来的理论研究当中不仅保持了下来，而且历久弥坚。

无独有偶，西尔弗认真分析了理论与实践的关系。西尔弗认为，理论在许多方面和实践是有关的。理论补充了每一个管理人员的习而不察的理论，并提供了共同的语言，使专业人员能互相沟通，相互学习。理论不仅是一组逻辑上相互关联的命题的叙述，也是知觉和解释现实的独特方式。因此，理论若和实践导向的演绎的研究结合起来，就成为一种有效的技术，以解决管理人员遭遇到的真实的问题。①

此外，西尔弗还分析了理论与研究的关系。他指出，在实施演绎的实证研究中，研究者由抽象化阶梯的上端往下进行，其目的在于将抽象的理论和具体的资料联结起来。研究者从一个特定的理论中选择一个命题，将这个命题化为可试验的假设，或变量与变量之间关系的叙述，每一个变量再化为操作性定义，并使用一些工具以搜集资料。资料的分析要配合研究提出的假设，资料分析的结果就是研究的发现，然后利用这些研究发现，往抽象化阶梯的上层推论，以获得与研究者开始时使用的理论有关的结论。

有关理论与实践的关系，霍伊与米斯克尔认为至少在三个方面有直接的关系：理论是实际工作者的参考架构；建立理论的过程就是提供分析实际事件的一般模式；理论引导实际的、合理的决策过程。②

这在英国也成为教育管理学者们争论的焦点。英国教育管理学者托尼·布什（Tony Bush）指出，理论必须有助于成功的实践。“我们应该看到，一方面，理论绝不是什么神秘的东西，理论必须能够对管理实践中的

① 西尔弗．教育行政原理［M］．黄昆辉主译．台北：三民书局，1985：23.

② Hoy & Miskel. *Educational Administration*: *Theory Research and Practice*（3rd）［M］. New York: Random House, 1987.

各种现象和问题作出令人信服的解释。另一方面，我们还应看到，理论与实践是不同的。理论具有跨社会和跨文化的特点，而实践不可能脱离国情和社会文化背景。理论能够跨越文化的屏障，从而为国际比较提供分析框架”。[①] 他还认为，“理论如果能够解释实践并为管理者的行为提供指导，那么理论则是有价值、有意义的”。[②] 他也同意休斯的意见：“当理论能够认识事物的新途径时，理论对于实践的影响是最有实用价值的。理论能够就管理者通常忽视的事物之间的相互关系提出新的观点，并能通过经验性研究进一步探讨和进行验证。如果这个结果能够更好地帮助人们去认识他们所从事的管理实践，（某些人所关注的）理论和实践之间的鸿沟就会显著变小。所以，理论是不能被丢弃的。”[③] 布什的观点很有代表性，它反映了当今教育管理学界对理论与实践关系的基本立场和观点。

此外，由于管理常被看作是一种实践活动，因此，在培养学校管理人员的专业计划中，由于片面强调“实际”，往往就会回避问题，而不知不觉地强调了不切实际的一面。英国学者葛文·哈里斯－詹金斯教授（Gwyn Harries-Jenkins）也怀疑理论对于实践的价值。他认为，“教育管理几乎没有真正的理论。它是一个应用的领域，最终取决于人对在特定社会背景中如何行动的意愿……因此，寻求理论是无益的。”[④]

即使到20世纪80年代，美国教育管理界还一直持续讨论着格里菲思所描述的“理论问题”。1986年，有学者仿效格里菲思的做法，进一步提出了“什么是一种好理论”（What is a good theory?）的问题。据美国得克萨斯A&M大学教授达夫特（Richard L. Daft）的分析，好理论至少有五个标准：①内部的一致性（internal consistency）——理论观念及其相互关系是否能免于矛盾？它们是否具有逻辑？②外部的一致性（external consis-

① 布什．当代西方教育管理模式［M］．强海燕主译．南京：南京师范大学出版社，1998：中译本前言．

② 布什．当代西方教育管理模式［M］．强海燕主译．南京：南京师范大学出版社，1998：25.

③ 布什．当代西方教育管理模式［M］．强海燕主译．南京：南京师范大学出版社，1998：25.

④ 布什．当代西方教育管理模式［M］．强海燕主译．南京：南京师范大学出版社，1998：25.

tency）——理论概念及其相互关系是否与实际生活中的观察相互一致。③科学的吝啬性（scientific parsimony）——是否理论只包含必须用来解释发现或解释关系所需要的概念？简单性是最佳的原则，除非增加的复杂性，可以增进了解或厘清研究发现。④可概括性（generalizability）——为了使每一项理论拥有多元的用途，它必须能应用于一个范围较为广泛的情境或组织。一项只局限应用于某一家公司雇员的动机理论，并无法协助我们了解动机的一般过程，或者可以将这种知识应用到其他的领域。⑤确定性（verification）——一种好的理论必须能够接受检测。没有具备将变量予以操作化的能力，或将一项理论以研究领域或实验性检验视为条件的能力，我们无法确定这一理论的正确性与效用。当一项理论观点满足上述五点规范的要求时，可以增进其对于研究者及管理者的用途。

有人称这段理论运动所盛行的三十年为“理论的狂热时期”。根据这一特点，卡伯特森曾将 1951 年至 1966 年这一时期的教育管理研究称为“向管理科学跃进”阶段[①]，这种认识是十分准确的，同时也表明了逻辑实证主义对教育组织管理理论研究的影响之大而深。

① Culbertson. *A Century's Quest for a Knowledge Base*, in Norman J. Boyan（ed.）. *Handbook of Research on Educational Administration*［M］. New York：Longman's Inc.，1988：14－17.

第四章

学校组织理论

理论运动兴起之初，有关学校正式组织的问题逐渐成为美国教育管理研究的重点内容。著名社会学家、美国结构功能主义的代表人物帕森斯（Talcott Parsons）曾于1967年指出："最近在正式组织领域大多数文献已经趋向于关注组织的内部结构与过程问题，例如，直线权威（line authority）、人员组织和决策过程。"① 综观这一时期及以后的诸多研究，许多学者对学校组织进行了深入的分析，从学校组织结构的角度来解释学校的特性和学校组织运作的状况。

第一节　韦伯的科层理论

自20世纪20年代德国社会学家韦伯（Max Weber）提出科层理论（Bureaucratic Model）后，它一直是组织研究的主要理论渊源。② 尤其是20世纪40年代末兴起的包括学校在内的各种组织研究，大

① Parsons. *Some Ingredients of a General Theory of Formal Organization*. In Halpin (ed.). *Administrative Theory in Education* [M]. New York: Macmillan Company, 1967: 40.

② 坎贝尔等．现代美国教育管理［M］．袁锐锷译．广州：广东高等教育出版社，1991：92.

都深受韦伯科层理论的影响，并把它作为描述和分析组织结构特征的基本的也是最重要的理论框架。著名社会学家、英国伦敦经济学院教授莫泽利斯（Nicos Mouzelis）就此明确指出，韦伯的科层理论标志着“一个新的起点，是许多组织研究者的灵感的主要源泉”。①

韦伯与科层理论

1864 年，韦伯出生于德国一个富裕的律师家庭。由于他的父亲曾担任国会议员，有着广泛的社会和政治关系，他从小就受到资产阶级文化的熏陶。1889 年韦伯取得法律博士学位以后，曾先后在柏林大学和海德堡大学担任经济学教授，从事经济学和史学的研究，以后又致力于社会学研究。韦伯一生对社会学、宗教学、经济学和政治学都有着广泛的兴趣。他在对后世产生巨大影响的主要著作如《新教伦理与资本主义精神》（*The Protestant Ethic and the Spirit of Capitalism*）、《社会学文集》（*Essays in Sociology*）、《组织结构与组织行为》（*Organization Structure and Behavior*）、《社会组织与经济组织理论》（*The Theory of Social and Economic Organization*）、《经济与社会》（*Economy and Society*）等中，对社会、经济、历史等方面的许多问题提出了自己的新思想和新观点，对社会科学领域做出了巨大的思想贡献。韦伯对权力、统治的兴趣以及他对现代合理化趋势的关注，为他进一步研究现代政治和经济领域中大规模现代组织机构的管理活动奠定了思想基础。由于韦伯在描述科层组织性质方面所进行的开拓性工作，他一直是科层组织研究中最为关键的人物。他对管理学的最大贡献就是，提出了为人熟知的“科层理论”，这集中体现在他的代表作《社会组织与经济组织理论》，并被尊称为“组织理论之父”。②

① Mouzelis. *Organization and Bureaucracy* [M]. Chicago: Aldine Publishing, 1968: 38.
② 雷恩．管理思想的演变［M］．赵睿等译．北京：中国社会科学出版社，1986：255.

科层理论产生的背景

韦伯的科层理论有着深刻的社会背景和时代需要。19 世纪末 20 世纪初，随着大工业组织的发展，整个西方社会生活都发生了巨大变化，政府和各种社会组织的发展也呈现出现代趋势。按照欧美一些学者的说法，当时的西方世界正在变成一个“组织化的社会”。① 在城市化、工业化的社会里，前工业时代的那种简单的社会和政治结构，已经远远不能适应现代工业社会发展的要求；新的社会环境导致社会生活充满矛盾和冲突，并时常发生大量社会的、政治的和经济的摩擦。总之，那是个无时无处不在发生变化的工业世界。第一次世界大战前，此起彼伏的工人罢工浪潮、工人运动和共产主义运动的兴起，恰恰反映了那个时代的特征。当时人们越来越感觉到，解决人与人、组织与组织之间的冲突，已经成为人们成功地生存下去的重要课题。在这种社会历史背景下，韦伯的科层理论应运而生，并在管理学上被认为是一种“最有用的、持久的和卓越的成果”。②

除此以外，德国国内政治和经济的发展也为科层理论的产生提供了必要的条件和社会基础。19 世纪末，德国社会政治形势的特点是两种社会势力的斗争，即与大地产相联系的日益退出历史舞台的德国容克集团，同竭力争取政治独立并日益巩固的资产阶级之间的斗争。当时的德国，工业化过程相当迅速，但其发展受到封建制的严重束缚，正处于从旧的、以家族为基础的企业制度向大规模的资本主义企业制度过渡的转折点。韦伯察觉到，当时德国的教会、国家机构、军队、政府、企业和其他各种团体，组织规模不断扩大，大型组织日益增加。这些大型组织迫切需要实行管理合理化，以建立一种“稳定、严密、有效、精确”的管理系统。与此相

① 欧文斯．教育组织行为学（第二版）[M]．孙绵涛等译．武汉：华中师范大学出版社，1987：8.

② 欧文斯．教育组织行为学（第二版）[M]．孙绵涛等译．武汉：华中师范大学出版社，1987：8.

适应，韦伯的科层理论正迎合了当时的政治和经济发展的需要。

然而，由于当时德国经济不够发达，韦伯的思想在当时并没有引起人们足够的注意和重视。在德国之外，知道的人就更少了。在20世纪40年代中期之前，韦伯的理论在美国基本上没有得到承认。[①] 虽然他的部分著作早就被翻译成英文，如弗兰克·奈特（Frank H. Knight）在1927年翻译了韦伯的《经济通史》(*General Economic History*)，帕森斯在1930年翻译了《新教伦理与资本主义精神》；而且在此期间，巴纳德受帕森斯的影响，通读了韦伯的德文原著，并将韦伯的观点作为自己分析正式组织的部分依据，但这些在总体上并没有改变韦伯的科层理论在美国管理学术界遭受冷遇的境地。

这种状况直到20世纪40年代后期才得到改观。1947年，帕森斯编辑并与亨德森（A. M. Henderson）合译了韦伯的《社会组织与经济组织理论》(1947)，格斯（Hans Heinrich Gerth）和米尔斯（C. Wright Mills）合译了韦伯的《社会学文集》(1948)，其他人也陆续翻译并推广韦伯的著作。因此可以说，“人们在探索过程中发现了马克斯·韦伯和他的科层理论”。[②] 20世纪50年代后，由于美国企业的规模日益扩大，组织结构愈加复杂，人们转向对组织理论的探求，韦伯的科层理论逐渐受到人们的重视，关于科层组织及其管理的研究也同时成为管理理论研究的一个重要主题，并且在政治、经济、教育等各个领域迅速得到广泛运用。此后，韦伯的科层组织理论连同他的社会学理论，在西方社会学家和管理理论家中得到了广泛地讨论。围绕他的思想观点，西方学术界进行了长达30年之久的“学术战争”。继在20世纪50年代美国掀起“韦伯热”后，1964年在前联邦德国纪念韦伯诞辰100周年之际又出现了“韦伯复兴”运动，波及整个世界，韦伯成为世界热潮的中心人物，国际影响超过他在世的时候。

---

① 雷恩．管理思想的演变［M］．赵睿等译．北京：中国社会科学出版社，1986：258.

② 雷恩．管理思想的演变［M］．赵睿等译．北京：中国社会科学出版社，1986：258.

科层制的基础

韦伯特别关心社会统治的问题，即是什么让某些人发号施令，而让另一些人听命行事？因此，他首先将权威（authority）与权力（power）作了细致区分。虽然韦伯也承认权力的基础来源很多，包括强制（coercion）和说服（persuasion）在内，但是他最感兴趣的还是权威问题。在韦伯看来，权威意味着人们在接受命令时出于自愿；权力有很大的强制性，而权威是以他人出于自愿的服从为基础的统治形态。据此，韦伯将权威区分为三种理想的形式：①法理的权威（legal-rational authority），它是以正规形式的法律或“升上掌权地位的那些人根据这些条例发布命令的权力”为基础的。②传统的权威（traditional authority），它是以古老、传统的神圣不可侵犯的信念，以及对其下属行使权力的人的地位的合法性为基础的。③魅力型权威（charismatic authority），它是以“对一个人的明确而特殊的尊严、英雄主义或典范品格，以及对这个人所产生的榜样力量或所发布命令的信仰”为基础的。[①]

任何一种组织都是以某种形式的权威为基础的，如果没有某种形式的权威来指导，组织就不能实现目标；权威能消除混乱，带来秩序。韦伯认为，在上述三种纯粹形式的权威中，法理权威是科层组织的基础。这是因为：第一，它为管理的连续性提供了基础；第二，由于担任管理职务的人员是按照他完成工作的能力来挑选的，因此具有其合理性；第三，领导者具有行使权力的法律手段；第四，所有的权力都有明确的规定，而且是按照完成组织任务所必需的职能加以仔细划分的。相比之下，传统形式的正统权威将不那么有效，因为其领导者不是根据能力挑选出来的，而且因为这种组织还将采取行动来维护过去的传统。同样，神授的权威也太感情用

① Max Weber. *The Theory of Social and Economic Organization* [M]. Talcott Parsons (ed.), A. M. Henderson & Talcott Parsons (trans.). New York: The Free Press, 1964: 328.

事和不太合理，因为它回避了规章和程序，而依靠崇敬的神明和神的启示。

但是，韦伯同时指出，在现实生活中，以上三种理想的权威形式中的任何一种都不会以“纯粹”的形态出现。

科层制的特征

通过对权威形式的分析，韦伯认为“科层制”① 是最理想的、最有效的组织模式，它在现代社会中不可避免地要扩大。韦伯指出，在传统的文明中只存在有限的科层组织，如在封建帝国时期的中国，一个科层制的官场负责全部政府的事务；但是到了当代，科层制得到充分发展，影响着从科学到教育再到政府生活的所有方面。为了研究科层组织扩大的起源和本质，韦伯建构了科层制的一种“理想形态”（ideal type）。在这里，“理想的”并不是指最希望的东西，而指的是科层组织的一种“纯粹形态”（pure type）。韦伯之所以想确定一种理想形态是为了便于进行理论分析。

韦伯列举出科层制组织的七个方面的特征：② ①实现劳动分工，明确规定每一个成员的权力和责任，并且把这些权力和责任作为正式职责而使之合法化；②各种职位按权力等级组织起来，形成一个指挥链或者等级原

① Bureaucracy，译为科层制，又译“官僚制”或“科层组织”。韦伯用的德语原词为 Bürokrate，英语为 Bureaucracy。由古尔耐（Monsieur de Gournay）在 1745 年首先使用，他把既指办公室又指写字桌的“bureau”和一个来自希腊语的动词“to rule”连接在一起。因此，该词最初意指“官员的统治”，后来逐渐用来指像政府机构那样层次分明、制度严格、责权明确的组织模式。人们从一开始就以贬义的方式使用科层制这一概念。古尔耐把官员手中日益发展的权力称为“官僚病”（bureaumania），法国小说家巴尔扎克（Honoré de Balzac）把科层制看作“由侏儒行使巨人的权力”。这种观点一直延续到今天，科层制经常同红图章、低效率以及浪费联系在一起。然而，也有其他学者把它看作是一种认真、精确而有效的行政管理的典范，是由人类设计出的最有效的组织形式。韦伯的看法介于这两种极端的观点之间。科层制以往通译为“官僚制”、“官僚政治”等（目前在我国台湾地区仍沿用此译法）。为了符合韦伯原意，不少人曾把此词改译为“行政制”、“行政组织体系”、“集权制”。因此，本书中统一译为“科层制”，并根据行文的需要，有时又译为“科层组织”。

② Max Weber. *The Theory of Social and Economic Organization* [M]. Talcott Parsons (ed.), A. M. Henderson & Talcott Parsons (trans.). New York: The Free Press, 1947: 329 - 333.

则；③根据通过正式考试或者训练和教育而获得的技术资格来挑选组织中的所有成员；④所有担任职位的人都是任命的，而不是选出来的。在某些情况下整个组织的负责人除外，如选举产生的公共关系负责人；⑤管理人员领取固定的薪金，他们是专职人员；⑥管理者不是他所管辖的那个企业的所有者；⑦管理者要遵守有关他的官方职责的严格规则、纪律和制约。这些规则和制约将不受个人情感的影响，而且毫无例外地普遍适用于各种情况。后来，美国教育管理学家西尔弗（Paula F. Silver）将以上7个特征概括为：职位等级（hierarchy of offices）、法规条例（rules and regulations）、专业分工（specialization of tasks）、不讲人情（impersonality）、书面档案（written records）、支薪用人（salaried personnel）、资源控制（control of resources），并绘制成图（见图4－1）。[①]

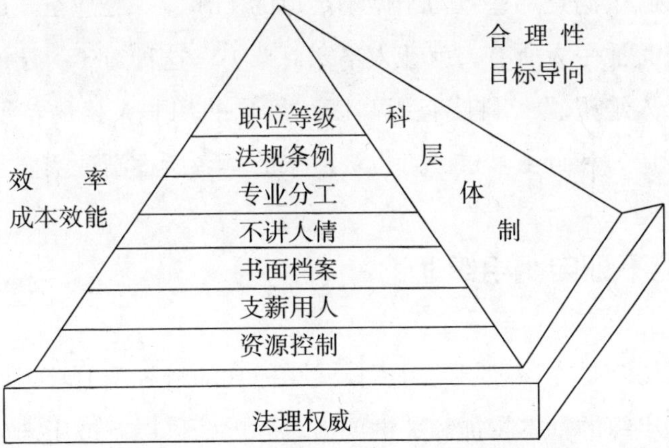

图4－1　韦伯的理想形态的科层制

韦伯对科层制推崇有加，因为在他看来科层制是最符合合理性原则、效率最高的。他说："从纯技术的观点来看，纯粹的科层制组织是能够取得最大程度的效率的，从这种意义上说，这种组织是对人进行绝对必要的控

① Silver. *Educational Administration*: *Theoretical Perspectives on Practice and Research* [M]. New York: Happer & Row Publishers, 1983: 75－77; Hoy & Miskel. *Educational Administration*: *Theory*, *Research and Practice* [M]. New York: Random House, 1982: 81－83.

制的最最合理的手段。在精确性、稳定性、严格的纪律性和可靠性等方面，它比任何其他形式都要优越。因此，使得组织的负责人以及同组织有关的人能够对其结果做出十分准确的估计。归根结底，这种组织在效率和活动范围上都比较优越，而且能够正式地应用于各种管理任务。”① 这里的效率就企业而言，是指花最少的成本，赚最多的钱；就学校而言，则是在一定预算内，使教师的满足感与学生的学习结果达到极大值。在韦伯看来，一个组织越接近科层制，就越能有效地完成所设立的目标。这种科层组织比那些听凭个别掌权人物任意摆布的组织更公正、更没有偏见、更可预测和更加合理，具有更多的“技术上的优越性”。

韦伯在认识到科层组织优点的同时，也注意到了极端的科层组织将会给社会造成威胁和危险。他对此显露出极大的疑惑和担忧：“一想到有一天这个世界除了满是那些致力于微不足道的工作、一心想奋斗成为大人物的小人物，其他一无所有，就让人不寒而栗……这种对于科层的情绪……足以让一个人绝望。”② 科层组织高度正规化的和非人格的特征有可能窒息人们的创造力和自由。这一点也被后来的学者所逐渐证实。

哈葛的不证自明组织理论

虽然科层制是一种理想的组织模式，但它却较客观、较全面地概括和强调了实际组织的基本特征和关键要素。因此，科层制被用来分析社会组织的复杂现象，有其独特的用处。古尔德纳（Alvin Gouldner）指出：“理想形式也可作为帮助我们决定一个正式组织如何科层化的指导原则。”③ 有些组织会比其他组织更富有科层化的结构；某一个组织在某一项特征上比其他组织更为科层化，可是在其他的特征上却比较逊色。韦伯的科层制

① Max Weber. *The Theory of Social and Economic Organization* [M]. Talcott Parsons (ed.), A. M. Henderson & Talcott Parsons (trans.). New York: The Free Press, 1947: 337.

② 雷恩．管理思想的演变［M］．赵睿等译．北京：中国社会科学出版社，1986：258.

③ 黄昆辉．教育行政学［M］．台北：东华书局，1987：172－173.

虽然是一种概念架构，但提出了一个重要的问题，即如何将各种不同的科层体制加以有效的组织。因此，科层理论实质上是一种方法论，它对于分析组织，特别是正式组织提供了很好的指导原则。

按照韦伯的科层理论，学校组织只要具有科层结构，其效率必然能达到最大。然而事实证明并非如此。哈葛（Jerald Hage）于 1965 年提出“一种不证自明的组织理论”（An Axiomatic Theory of Organizations）。① 哈葛曾就读于哥伦比亚大学，1963 年获博士学位。他继承传统组织管理学的观点，将学校视为正式组织，并从功能与结构两个要素来将组织加以描述与界定，其理论融合抽象研究和具体化概念，以一种系统化和综合性的架构来探讨组织结构和组织目标两者之间的关系。

哈葛认为，要了解或分析组织必须从组织的结构（手段）层面与组织的结果（目的）层面两个因素着手，并且对组织结构与组织结果两者之间的关系加以探究。所谓组织的结构层面是指组织的结构特征，其表现在组织内部人与人的关系层面，被认为是达成组织目标的手段；而组织的结果层面则指组织的目标或活动的结果，是组织功能的发挥，也是组织的目的。因此，“不证自明理论”从手段与结果两个层面将组织加以概念化。该理论的目的主要在于探讨一个复杂组织的结构，认为经过四种组织手段，会产生四种组织结果。这就是所谓运用不同的手段会导致不同的组织结果。

这四种组织手段是：①复杂化（complexity）是指组织中专业性工作数目与各项工作所需要训练的水平。学校需要各种专业人才教授不同科目，而加工厂所需要的各种专业人才则较少，因此，一个组织的复杂化程度可由所聘用的专家种类及所需要专业训练水平决定。②集中化（centralization）是指权力的分配。如果一个组织的主管凡事皆自我决定，而不让下属参与，则其集中化程度就高。如果实行分权而治的形式，下属就可

① Hage. *An Axiomatic Theory of Organizations* [J]. In *Administrative Science Quarterly*, 1965 (10): 289 -320.

在某种范围内做决策，其集中化的程度就较低。③正式化（formalization）是指团体内标准化的程度。如果所有的工作细节与程序都已在法规中明确，执行者必须切实遵守，则其正式化的程度就较高；反之，组织若只是规定重点原则，部属可在其中因情况的不同而改变做法，则其正式化的程度就较低。④阶层化（stratification）是指组织中上级与下级间的阶层数与薪水差异。如果最高与最低阶层之间不过只是数级而成扁平的状态，则其阶层化的程度就较低；反之，如果上下阶层之间级数很多且薪水差异极大，则其阶层化的程度就较高。

哈葛认为，运用以上四种手段，可以产生以下四种组织结果：①适应性是指一个组织每年为适应时代的变化，所能引进新科技与新方法的能力。如果因组织的结构而未能及时应变，则其适应性就较差。②生产力是指生产的结果为多少，其中有两个指标，一为单位产量，一为每年的总产量。基本上是反映组织的效能，探讨其在一定时期中的生产量。③效率是指单位成本与闲置的资源数量的关系。如果一个组织在坚持一定的产量下，而能用最低的成本完成任务，其效率就高。此外，如果所有资源皆被适时应用，也会产生高的效率。例如一个学校购买大量实验器材，却怕学生弄坏而闲置，则其效率就大打折扣。④工作满意度是指员工工作的士气。这可由其对工作的满意度与每年流动率看出。一个团体如果能提供良好的工作环境，则其员工离职的概率就会减少。对工作的感受，常常会影响一个团体的安定与生产。

哈葛的理论跟布劳（Peter M. Blau）和斯科特（W. Richard Scott）在1962年提出的“组织两难”理论（Organizational dilemma）基本接近。组织两难理论指一组组织变量增加，另一组即随之减少的情况；彼此之间互为消长，绝无两全之计。[①] 哈葛也认为某些组织手段变量增长，就会造成组织目的变量的下降。在上述八个变量所形成的理论架构下，哈葛从韦

① Blau & Scott: *Formal Organizations*: *A Comparative Approach* [M]. San Francisco: Chandler, 1962: 61.

伯、巴纳德、汤普森（V. A. Thompson）的研究中归纳出七个主要命题，即命题1、2、3来自于韦伯，命题4、5、6来自于巴纳德，命题7则取自于汤普森，形成“不证自明理论”的理论核心。根据以上七个命题，哈葛进一步推出21个推论。

表4－1　哈葛的7个命题和21个推论

命　题	推　论	
1. 集中化越高，生产力越高；	1. 正式化越高，生产力越高；	11. 集中化越高，满意度越低；
2. 正式化越高，效率性越高；	2. 集中化越高，效率性越高；	12. 集中化越高，适应性越低；
3. 集中化越高，正式化越高；	3. 满意度越低，生产力越高；	13. 阶层化越高，复杂化越低；
4. 阶层化越高，满意度越低；	4. 满意度越低，适应性越低；	14. 复杂化越高，满意度越高；
5. 阶层化越高，生产力越高；	5. 生产力越高，适应性越低；	15. 复杂化越低，适应性越低；
6. 阶层化越高，适应性越低；	6. 复杂化越高，生产力越低；	16. 阶层化越高，效率性越高；
7. 复杂化越高，集中化越低。	7. 复杂化越高，正式化越低。	17. 效率性越高，满意度越低；
	8. 生产力越高，效率性越高；	18. 效率性越高，适应性越低；
	9. 正式化越高，效率性越高；	19. 集中化越高，阶层化越高；
	10. 效率性越高，复杂化越低；	20. 正式化越高，满意度越低；
		21. 正式化越高，适应性越低。

资料来源： Hage. *An Axiomatic Theory of Organizations* [M]. In *Administrative Science Quarterly*, 1965 (10): 297－299.

以上7个命题和21个推论形成了哈葛不证自明理论的一套假设，这套假设为许多组织研究提供了重要的理论参考。

哈葛的不证自明理论一出，立即受到各方面的重视，多种有关研究倾巢而出。然而结果是毁誉参半。

第一，哈葛的理论与韦伯的相同，并无量化实证的基础。推论 1、2、3 简直是韦伯的翻版。因此，哈葛选择四个特性来代表组织结构，其他学者如安德森（B. D. Anderson，1974）和梅耶（R. W. Meyers，1972）却表示不赞同，认为必须要有更多特性才能涵盖。此外，对于特性的定义许多人也与哈葛不同。[①] 例如，哈尔（R. H. Hall，1972）将复杂化定义为平行分化（专门化）加上垂直化（阶层化）的总和，[②] 与哈葛的只有专门化一项不同。

第二，哈葛的理论推展到因果关系，例如阶层化愈高，生产力愈高，此种推论与以往的只论“相关程度”不同。哈葛认为阶层化高是导致生产力高的原因；反之，一个公司也可能因为生产力高而加深其阶层化。以往学者论及两者的相关而不愿定其因果关系。哈葛的理论常令许多相关研究者感到困惑。

第三，哈葛的理论在测量技术上有很多缺失。哈葛自己并未制定一套特为其理论使用的问卷。与之最接近的乃是毕晓普（L. K. Bishop）与乔治（J. R. George）1973 年所发展的“结构特性问卷”（SPQ）。通过教师的作答并对统计因素的分析结果来看，这一问卷虽不与哈葛的架构完全相同，但却提供了进一步研究的工具。[③]

第四，关于哈葛的推论与有关研究结果并不一致。例如布劳发现在小的结构中，复杂化与集中化成反向，基本上支持哈葛的理论。然而伊凡切维奇（J. M. Ivancevich）与唐纳利（J. H. Donnelly）于 1975 年发现，在美

① Anderson. *An Application of the Bureaucratic Model to the Study of Administration*, in *Journal of Educational Administration*, 1974 (12): 63 – 75. Meyers. *Bureaucratic Theory and Schools*, *Administrator's Notebook*, 1972 (20): 1 – 4.

② Hall. *Organizations: Structure and Process*. Englewood Cliffs, N. J.: Prentice-Hall, 1972.

③ Bishop & George. *Organizational Structure: A Factor Analysis of Structural Characteristics of Public Elementary and Secondary Schools*, *Educational Administration Quarterly*, 1973 (9): 66 – 80.

国阶层化愈高，员工工作满意度愈低；[1] 但在日本却情形相反。此种结果显示受到另一中间变量如文化传统的影响。此外如组织类别、大小、成员乃至所处政府之形态都会影响结论。哈葛的理论并不能放之四海皆为准。但这是社会科学理论的通病，并不足为奇。哈葛如果对其理论测量技术予以改进，并多做实证研究，也许其理论会更加严密，而不至于显得太空泛。

从以上对哈葛理论的批评当中，可以看出哈葛的推论并未得到广泛支持。但是如果从较广的层面来看，哈葛理论也有其价值。例如，哈葛利用组织的 8 个变量，进一步勾画出两种组织类型的极端：有机组织（organic organization）和机械组织（mechanistic organization）。有机组织强调组织的适应力，而机械组织则强调组织的生产力，两者的特性比较如表 4－2。这样两种完全相反的组织都是理想的形式，大部分组织都介于这两个极端之间，而且在实际运作中，无论组织采取哪种模式，都会发生一些问题。因此，一所学校应将所追求的目标整合起来。

表 4－2　不证自明理论推衍出两种典型的组织类型

有机组织（强调适应力）	机械组织（强调生产力）
高复杂化	低复杂化
低集中化	高集中化
低正式化	高正式化
低阶层化	高阶层化
高适应力	低适应力
低生产力	高生产力
低效率	高效率
高工作满意度	低工作满意度

资料来源：Hage. *An Axiomatic Theory of Organization*, In *Administrative Science Quarterly*, 1965（10）：293.

从以上的特性描述中可以发现，一个机械型学校必定与官僚式的科层

① Ivancevich & Donnelly. *Relation of Organizational Structure to Job Satisfaction*, *Anxiety-stress*, and *Performance*, *Administrative Science Quarterly*, 1975（20）：272－280.

体制相似。学校管理者强调角色的权力、义务及法令规章（正式化）；并对各种事件的处理定有细规，且重要决定皆由上而下（阶层化）做出。学校的目标在于用最低的单位成本来教育最多的学生（高生产力，效率）。有机型学校与之刚好相反，重视学校的适应力与教师工作满足感，对于生产力与效率并不强求（但并非不重视，只是比起机械式组织重视程度较低）。有机型学校教师工作的动机，要比机械型学校的高。乔治与毕晓普在 1973 年也发现教师的焦虑与学校的集中化程度呈负相关。

就教育思潮的趋势来说，未来的学校似乎会朝有机型学校发展。随着学科的增加与学生种类的复杂化，各种具有专门知识的教师被招聘入校，而使学校组织复杂化的程度加深。教师不再只是沉默的一群，而要求对重要决定有参与的机会，并反对过分严苛与僵化的教学法规，认为自己有能力因情境而做不同的调整。教师的薪水已日趋与学校管理者接近。凡此种种，都使其集中化、正式化、阶层化的程度降低。与有机式组织不同的是未来学校也将在生产力与效率上有所要求，以向社会大众作出交代。但达成途径并不是牺牲教师的工作满足度，而是以民主的方式来使学校管理者与教师共治学校，以对时代变迁有更大的适应力。

哈葛的理论用在学校中，可使校长明了组织变化的后果。校长在施政之前，可预测可能发生的后果与冲突，如此早做准备，可减少许多不必要的麻烦。校长先看清楚团体内个人的行为，再对症下药，成功概率就较高。

艾齐尼尼的顺从理论

1975 年，德裔美国社会学家、时任哥伦比亚大学社会学教授的艾齐尼尼（Amitai Etzioni）采用分类学方法对组织进行了深入研究，他以第一个核心概念“顺从”（compliance）作为其组织分类的基础，逐步发展了一种新的组织理论，被称为“顺从理论”。顺从理论在形式上是一种分类学，而在实质上它是一种探讨组织性质及运作过程的理论。该理论旨在分析组织中权力运用的类型与参与成员对权力运用的心理意向或态度，以便有效引导甚至掌握组织的运作。

艾齐厄尼首先将“顺从”定义为：在组织中行使权力者使用各种“权力”支配下属接受权力并参与行动。顺从的本质其实是一种关系，它不单指权力的拥有者如何行使权力或权力的接受者如何面对权力，还指两者交互影响。在艾齐厄尼看来，“顺从”与服从（obedience）、遵从（conformity）、驯服（docility）的不同之处就在于，“顺从”强调的是一种交互关系，是权力行使与下属参与之间的相互作用，因此建构顺从理论的两个基本概念即为权力和参与。权力与参与相互作用并形成多种关系形态，这些关系形态就是所谓组织的顺从形态。

顺从理论的第二个核心概念是“权力”。在艾齐厄尼看来，“权力”是指：“一个行动者诱导或影响另一个行动者，履行其指令或其所拥护的规范的能力。”① 简言之，权力是指某一个人影响其他人的能力。使用权力，即是控制各种发挥影响力的工具，对于下属给予各种奖励，使其接受影响。如此看来，所使用的影响他人行为的工具不同导致了不同的权力类型。艾齐厄尼把权力分为三种类型：①强制型权力（coercive power）。这类权力运用生理压力作为控制的工具。通常所采用的方式可能是生理上的惩罚，如威吓、鞭笞、禁闭或中断食物等，使其痛苦而接受其影响；也可能是生理上的奖赏，如给予食物、饮水及活动的自由，使其满足而顺从。监狱及战俘营就是运用强制型权力的典型代表。②利酬型权力（remunerative power）。这类权力以物质资源的赠与或消减作为控制的工具。通常所采用的方式可能是物质上的惩罚（如减工资、扣福利或扣奖金等），也可能是物质上的奖励（如加工资、赠礼或升迁等）。社会上各种营利性组织就是这类组织的典型代表。③规范型权力（normative power）。这类权力以象征性工具的奖赠或保留来达到控制的目的。规范型权力的使用可能

① Etzioni. *A Comparative Analysis of Complex Organization* （rev. ed.）［M］. New York：Macmillan, Free Press，1975：4.

是规范性惩罚，如责难、劣评等，也可能是规范性奖励，如赞美、表扬、评优等。运用规范型权力的组织有教会、志愿服务组织等。

顺从理论的第三个核心概念是“参与”。参与是指下属对于组织目标的投入与评价，可通过“强度”加以表现。参与可以说是下属对权力运用所持的心态，此心态包含了情感与认知两个方面。所谓下属，是指接受拥有权力者运用权力而受其影响的人，例如：员工、学生、病人等。参与就其性质而言，是一个连续体，有强弱（高与低）的差异以及方向（积极与消极）的差异。参与的类型可根据涉入的强度及方向分成以下三种：①疏离型参与（alienative involvement）。这种参与在艾齐厄尼的“参与连续体”上居于高度疏离的地带，显示下属怀有非常消极或敌意的情感，而且有非自愿性参与心态。例如，战俘、奴隶、政治犯会在其从属的组织里，表现出对组织疏离，有些学生对于学校怀有强烈敌意，去学校上学是被迫的，则也属于此种参与心态。②计利型参与（calculative involvement）。这种参与在艾齐厄尼的“参与连续体”上居于中间地带，或积极或消极，但都不强烈。计利型参与的下属对组织的参与时而积极时而消极，下属心态趋于中立。其参与及服从的目的在于获得物质利益或金钱财货，例如作业员或家庭保姆就是此类参与心态，如果学生入学就读是由于想获高薪职业，则其参与心态也属于计利型参与。③道德型参与（moral involvement）。这种参与在艾齐厄尼的“参与连续体”中居于高度投入的一端，是一种强烈的积极取向。下属参与的心态积极，其参与的动机是崇尚组织所追求的价值，基于服务人群，自愿贡献力量。例如，教会的信徒、政党的忠诚支持者、艺术奉献者等都属于此类参与；如果学生就学读书单纯是因为要启迪心智，也属于此类参与。

艾齐厄尼认为权力与参与两者之间具有相对应的关系，结合上述三种权力类型与三种下属参与类型，进一步推演出九种不同的组织顺从类型（compliance pattern），如表 4－3 所示。

表 4-3　组织的九种顺从类型

权力类型＼参与类型	疏离型	计利型	道德型
规范型	规范—疏离型	规范—计利型	规范—道德型（规范型）
利酬型	利酬—疏离型	利酬—计利型（功利型）	利酬—道德型
强制型	强制—疏离型（强制型）	强制—计利型	强制—道德型

在上表所列出的九种顺从组织形态中，有三种较为常见，这三种被艾齐厄尼称为"调和的顺从类型"（congruent compliance types），而其他六种则被称为"不调和的顺从类型"（incongruent compliance types）。调和类型的组织往往较不调和类型的组织更能稳定运作。调和类型的组织的主要特征就是，权力运用的类型与下属的参与心态相互契合。调和类型组织包括：①强制型组织（coercive organization）。此类型组织运用强制型权力，以强迫或威吓的力量，作为控制基层人员活动的手段；而下属对此种权力运用的集体反应，即是高度的疏离，也就是他们参与的心态以疏离（敌对）为主，例如，监狱就是此种类型组织。②功利型组织（utilitarian organization）。此类组织运用利酬型权力，以利酬的方式实现对基层人员的控制，下属所回应的则为计利型（唯物性）参与，例如，蓝领的工商业机构就属于此类型组织。③规范型组织（normative organization）。此类组织主要使用规范型权力，以获得对基层人员的控制，而下属的心态则主要为道德型参与，例如，教会就属于此类型组织。以上根据顺从类型所作的组织分类，可以为组织的比较分析提供一种有效的架构。但必须注意的是，这九种分类都是理想的类型。实际上，许多组织只是近似于上述的类型，而不是任何一种类型丝毫不差的翻版。

除了对"顺从"、"权力"与"参与"核心概念的说明，艾齐厄尼还从组织目的、精英、沟通、社会化等四个方面深入探讨了顺从理论。

组织目的就是组织所欲达成的未来事务的情况。艾齐厄尼认为组织具有下列三种不同类型的目的。①秩序目的。旨在控制成员的活动以维持组织的秩序，通常采取隔离、惩罚或防止成员参加有偏差的活动。强制型组织通常具有秩序目的。②经济目的。以经济利益为其主导性目的，通过物品的生产及服务的提供以达成其目的。功利型组织通常具有经济目的。③文化目的。以文化的保存、创造与发扬为主旨。规范型组织通常具有文化目的。

艾齐厄尼认为，组织类型与组织目的之间有三种基本关系：①具有类似顺从类型结构的组织，具有类似的组织目的；②具有类似目的的组织，具有类似的顺从类型结构；③目的与顺从之间存在着三种有效能的组合，可得到三种有效能的组织。由表 4 -4 可知，如果强制型组织追求秩序目的，就较具有效能；功利型组织追求经济目的，就较具有效能；规范型组织追求文化目的，就较具有效能。

表 4 -4　艾齐厄尼的顺从—目的理论

		目　的		
		秩序	经济	文化
顺从	强制型组织	有效能		
	功利型组织		有效能	
	规范型组织			有效能

在组织中，精英往往就是领导者，因此，要了解顺从理论与组织领导的关系，就要分析艾齐厄尼所提出的精英分子模式，并特别注意精英分子的类型、组织活动的种类以及精英之间的关系。艾齐厄尼按权力来源的不同把精英分子分为三种类型：①官员（officers）：权力全部来自官方职位，仅具有公务上的权力；②非正式领导者（informal leaders）：仅有个人的影响力而无职位上的权力；③正式领导者（formal leaders）：兼具职位上的权力及个人的权力，有公务上的权力及个人的影响力。这三类精英分子之间存在两种关系：相互对立和相互合作。

组织精英所从事的活动可分为工具性活动（instrumental）与表意性活动（expressive）两类。前者旨在实现组织目的，后者则在于团体的维持。艾齐厄尼认为，所有组织均倾向于发展两组不同的精英分子，以分别控制“工具性活动”和“表意性活动”，其中官员最可能控制工具性活动，而非正式领导者则最可能控制表意性活动。

艾齐厄尼从内容与方向两个层面，来界定组织内的沟通。从内容上看，可分工具式沟通和表意式沟通。前者是指影响一个人认知方面的信息；后者是指有关影响个人态度、价值及规范方面的信息与知识。从方向上看，可分为垂直沟通和水平沟通两种。前者是指组织层级中由上往下或由下往上的沟通；后者是指组织阶层中同一阶层成员彼此之间的沟通。结合这两个层面之后形成了四种沟通的形态：垂直工具式、垂直表意式、水平工具式、水平表意式。在强制型组织中，其主要沟通形态为垂直工具式，其方向都是向下的，少有垂直表意式的沟通。规范型组织中，垂直表意式相当普遍，并且沟通障碍较为少见。

组织的运作可视为一种社会化的过程。艾齐厄尼从内容和来源两个方面来分析组织的社会化，并将组织的社会化加以分类。从内容上可分为工具性社会化和表意性社会化。前者的目的在于训练个人胜任技术性工作的技能，后者的目的则在于灌输组织成员善于尽任务所需要的价值和规范。从来源上，可分为正式社会化和非正式社会化。前者是指通过正式组织的运作而由各个主管所实施的社会化，后者是指由非主管人员或由下属所实施的社会化。

结合上述两个层面的社会化，便可构成四种不同形态的社会化：正式工具型，非正式工具型，正式表意型和非正式表意型。一般来说小学最注重“表意性社会化”，由中学到大学，“表意性社会化”逐渐减少，到了研究生阶段，“工具性社会化”就占绝大多数了。事实上，在高中阶段，“表意性社会化”通常变成以非正式的为主，而且是受到同伴团体的作用，而不是老师。同样地，在中学阶段，强制性顺从的使用增加，可以预料的是将会造成较少正式（教师）或较多非正式（学生）的表意式社会化。依赖强制型顺从的学校，对于学生的价值观规范和正向态度不可能有太大影响，因此如果学校同样关心表意式社会化和工具式社会化，就必须寻求规范性的顺从。

艾齐厄尼的顺从理论在教育管理上的应用相当普遍。例如，在教育组织的各类人事上，是否应该用相同的方式来达成顺从的目的呢？应用在教师、管理人员、秘书、学生方面的权力形态，是否有所差异？假定整个学校系统的目标是文化性的，那么每一个子系统的目标，是否也应是文化性的呢？如果一位新校长，在第一次教职工大会上，采用规范型的权力方式，在第二次会议时采用强制型，第三次仍用规范型，那么他能预期到在第三次会议时，教职工可能表现出哪种参与类型吗？

明茨伯格的组织设计论

加拿大管理学家明茨伯格（Henry Mintzberg）将一个组织的机构描述为：这个组织是如何根据任务分配劳动的，然后又是如何协调这些任务的。他认为，组织结构最基本的要素包括五个协调机制：① ①互相调适（mutual adjustment），是指通过非正式的沟通来协调。②直接监督（direct supervision），是指通过细致的监控和个人命令来协调。当执行工作过程、产品或技术标准化后，协调也就完成了。③工作过程的标准化（standardization of work process），是通过规定或将工作内容程序化来达到。④产品的标准化（standardization of outputs），是通过计划工作内容或将其具体化来实现的。⑤工人技能的标准化（standardization of worker skills），是一种间接控制工作的协调机制，这里具体规定了为开展工作所需要进行的培训，以便使技能与知识标准化。这些机制是将组织连接在一起的黏合剂。

明茨伯格认为组织由五个基本部分构成，即战略层（strategic apex）、

① Henry Mintzberg. *The Structuring of Organizations* [M]. Englewood Cliffs, N. J.: Prentice-Hall, 1970: 3 - 15.

中层（middle line）、操作层（operating core）、专家团（technostructure）和辅助人员（support staff），如图 4-2 所示。战略层是指处于组织最高层，掌握组织大政方针的专职管理人员。企业的战略层包括董事、总经理及其参谋人员、董事会的执行委员会成员等人。中层是直线制指挥链的中间一段，是联结战略层与基层的纽带。企业中层包括负责生产和营销业务的副总经理、厂长、车间主任、营销管理者等。组织的基层是作业活动的主要场所。那里集中了执行生产任务和业务工作的员工，如企业的工人、商店的售货员、旅馆服务员等。建立标准程序和规章以及如何改善它们是专家团的职责，他们不仅从事作业研究，而且从事战略规划和人员培训等工作。辅助人员则是向组织本身提供日常服务的那些人，如收发人员、法律咨询人员、职工食堂服务人员、财会人员、公共关系人员等。

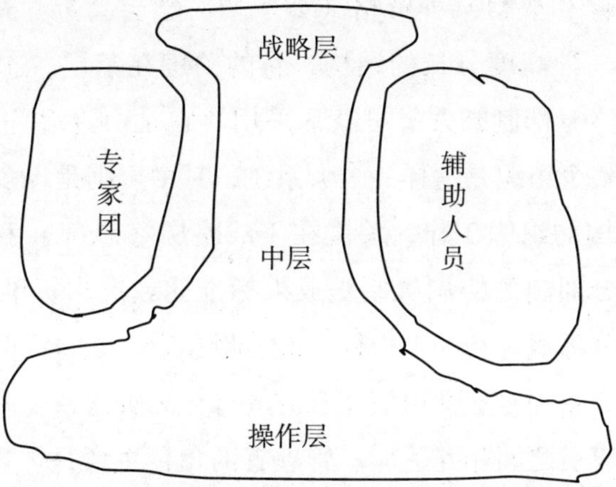

图 4-2　明茨伯格组织构形的五个基本部分

按照上述五个组织层面，明茨伯格提出了五种“理想的”或“纯粹的”组织构形（configuration）。[①] ①简单制或称简单结构（sample structure）。此类组织仅有战略层和基层，没有中层和专家团，只有很少的辅助人员。不采用职能分工，也不实行分权，其基本协调机制是直接监督。

① 组织构形是指直观的和形象化的组织结构。通常多以“金字塔”来形容，明茨伯格对此持有不同看法。参见：杨砾．当代西方管理学［M］．北京：世界知识出版社，1990：277-286.

组织工作的关键在于战略层，也就是管理者本人。②机械科层制（machine bureaucracy）。这是指具有明确分工、标准工作程序和严格规章制度的等级制组织，相当于韦伯所说的科层制组织。这种构形中的基层进行高度专业化的重复性工作，有非常公式化的作业程序，基层各单位较大。整个组织中有一套明确的规章制度和正式的信息沟通规则，决策权限很集中，其直线制与参谋制之间界线分明。③专业科层制（professional bureaucracy）。典型包括大学、医院、会计事务所等。在这些组织中，工作任务一般比较稳定，可以制订标准程序，但工作任务也较为复杂，需要由掌握专门技能和知识的人自行管理自己的工作。专业科层制同机械科层制一样，是靠预定的标准和规则来进行协调的；所不同的是，后者是由专家团制订好标准，交给基层管理者及其基层人员去执行，而前者则是基层人员自己通过进修和取得某种资格（如学历、学会会员）来达到标准的。专业科层制是一种高度分权的结构，它的关键在基层。④分部制（divisionlized form）。分部制被大公司经常采用。它是由许多完整构形嵌套组合而成的，如整个组织是这样一个大系统，其中层则是许多小的系统——分部。这种结构的组织工作，关键在于战略层（总部）和中层（分部）的相互联系。分部制的协调机制是成果标准化或产出标准化；对企业来说，就是给各分部规定利润等指标。⑤专题组制（adhocracy）。专题组制要求具有不同背景和专业知识的专家们进行交叉研究和攻关。主要的协调机制就是组织成员之间相互适应。管理者的角色主要是“同事”，而不是“监工”；他们对他人的影响主要是靠实际经验和待人接物的本事，而不是靠他们的正式职权。明茨伯格指出，这种组织构形最有利于创新活动。

我们可以把明茨伯格提出的以上五种组织构形及其决定因素，归纳为表4-5。[①] 利用这张表，我们在进行组织设计时就可以根据实际情况，先选出一种大体合适的构形，然后进行详细评价和进一步设计。

---

① 杨砾．当代西方管理学［M］．北京：世界知识出版社，1990：286.

表 4－5　明茨伯格的五种基本组织构形

	简单制	机械官僚制	专业官僚制	分部制	专题组制
形状	仅有战略层和基层	主体明确，两翼发达	中层细小，左翼退化，基层宽厚，右翼发达	机械官僚制的嵌套结构	灵活多变（如矩阵结构）
条件	活动简单，环境多变	活动简单，环境稳定	活动复杂，环境稳定	活动简单，环境较稳，但用户面宽	活动复杂，环境多变
主要协调机制	直接监督	作业程序标准化	技能标准化	成果标准化	组织成员相互适应
组织工作的关键	管理者本人	中层管理	基层	战略层与中层的联系	基层

有的管理学家沿循韦伯的研究思路，进一步提出了“合理的科层组织体系”所必须遵循的原则。例如，海恩斯（W. Warren Haynes）和梅西（Joseph L Massie）就提出了以下一些原则：①统一指挥原则，组织中的任何一个成员都不应该向两个以上的上级报告；②控制幅度原则，个人所能监督的人数不能超过 5－8 人；③例外原则，重复发生的决策应予以程序化并授权给下级去做；④等级原则，每项事业都应有某种等级系列，其中包括上下级的关系等。[①] 这些研究都可视为对科层组织理论的一种补充与完善。

第二节　对科层理论的评论

20 世纪 40 年代中后期对韦伯的科层理论所引发的重视、关注和研

① Haynes. *Management*: *analysis*, *concepts*, *and cases*. Prentice-Hall, 1969.

究，是美国组织管理研究的一个重要转折点。坎贝尔指出，韦伯的科层理论不仅为组织研究提供了一个新的注意中心，而且它作为一支强大的理论力量，对从20世纪30年代中期以来一直占美国管理思想主导地位强调非正式组织的人际关系学说产生了一种强有力的抵制作用；不仅如此，科层组织概念与模式为组织研究者们理解正发生在美国生活中巨大的组织结构变化，提供了一条广阔的社会学研究途径。[①] 就此而言，科层组织绝对是管理研究的理想主题。正如美国社会学家、芝加哥大学教授布劳（Peter M. Blau）和梅耶（Marshall Meyer）所指出的，科层组织就其本身而言就是社会研究的天然实验室。[②]

也正是从那时起，受韦伯科层理论的影响，美国管理学界积极开展各种研究来验证韦伯的思想观点。著名管理学家马奇（J. G. March）和西蒙（H. A. Simon）后来指出，韦伯的科层理论解决了四个方面问题：鉴定了“科层制”的实体特征；描述其发展和发展的原因；分离出随之而来的社会变化；发现科层组织对于实现科层制目标（主要是政治权力的目标）的后果。[③] 后来逐步开展起来的一部分有关科层组织的研究所要搞清的问题，按莫泽利斯（Nicos P. Mouzelis）所描述的就是发现和描述“科层组织中固有的特点和矛盾”。[④] 与此同时，第二次世界大战后美国各种社会组织迅速增加并发展起来，上述研究常常将注意力集中于医院管理、福利机构、军事部门和教育机构的科层结构特征。

总的来说，这些研究产生了一系列的理论成果，它们在若干方面证明了韦伯对科层组织所作的概括。特别值得注意的是，第二次世界大战后的研究还修正了一些韦伯的思想观点，例如关于统治和权力的基础、科层体制的合理性和效率、规则的意义及其后果、作为管理正式组织的基础的社会关系网，等等。特别是布劳、默顿（Robert K. Merton）、塞尔兹尼克

① 坎贝尔等．现代美国教育管理［M］．袁锐锷译．广州：广东高等教育出版社，1990：97.

② Blau & Meyer. *Bureaucracy in Modern Society*［M］. New York：Random House，1971：15.

③ March & Simon. *Organizations*［M］. New York：John Wiley & Sons，1958：36－47.

④ Mouzelis. *Organization and Bureaucracy*［M］. Chicago：Aldine Publishing，1968：59.

(Phillip Selznick）和古尔德纳（Alvin Gouldner）等人对韦伯的科层组织理论所做的深入研究重点分析了科层理论的负面效应，这对于我们正确借鉴韦伯的科层理论的合理思想也有重要启迪。

布劳和梅耶：科层制内部的正式与非正式关系

布劳和梅耶在《现代社会中的科层制》[①] 一书中指出，韦伯只是通过社会组织机构各个组成要素的职能来分析组织机构，而没有对各种要素在组织机构内部造成的“动乱”进行彻底的考察。“其结果是，他对社会组织机构运转情况的描述比实际情况要顺利得多，因为他忽略了事实上存在的各种分裂。我们要防止这种得到不确切描述的危险，重要的一点是要像默顿所指出的那样，分析不只限于考虑其发挥职能。为了不至于得出组织机构稳定的错误印象和说明社会变动的情况，更重要的是要研究机能障碍，研究那些影响调节和在组织中造成问题的因素。”[②]

布劳和梅耶指出，韦伯不可能没有看到，有些因素一方面能提高组织效率，另一方面也可能阻碍效率的提高，它们可能既起积极的作用，又起消极的作用。即使就韦伯所考察的理想的行政组织体系的原则来看，也包含着矛盾。韦伯认为其效率之所以较高，主要由于两项原则，即不受个人情感影响的理性原则和团结原则。但是，这两条原则本身是互相矛盾的，如果职工相互之间不受个人感情影响，就很难团结起来。同样地，上下级之间的等级系列关系，必然会促使下级向上级报喜不报忧，从而阻碍由下到上信息传递的畅通，这就会阻碍效率的提高。此外，行政组织体系的升迁制度也有问题。因为下级是否升迁完全由上级确定，而上级的看法不一定与下级的工作能力和成绩相符合，有时甚至会发生矛盾，这又会影响效率的提高。所以，布劳指出，韦伯的这种理论存在着某些缺陷，它所忽视

① Blau & Meyer. *Bureaucracy in Modern Society* ［M］. New York：Random House. 1971.

② 孙耀君．西方管理思想史［M］．太原：山西人民出版社，1987：184.

的某些“功能失调”因素，在当代社会中的重要性却日益增加了。

还有学者指出，韦伯的分析以正式组织为限，认为任何偏离正式组织的现象，都会降低组织的效率。但事实上，非正式组织和非官方的活动在当代的组织中起着日益重要的作用，并且常常能补充正式组织的不足。如巴纳德在其《经理人员的职能》一书中指出，对于正式组织的运转来讲，非正式组织是必需的。布劳同时指出，非正式关系和非官方活动常常有助于有效的运转；这些非官方模式对运转的意义，不能事先从理论分析上来确定，而只能在调查事实的基础上来确定。因此，韦伯对非正式组织的忽视，也成为科层组织理论的一种病垢。

默顿：科层制的功能失调

美国社会学家、功能主义倡导者默顿较系统地考察了韦伯的科层制理想形态并且得出结论：科层制的几个因素对其自身的平稳运转产生有害的影响，并称此为“科层制的功能失调”（dysfunctions of bureaucracy）。[①] 默顿认为，科层组织的功能失调或负面影响来源于组织成员的个性的变化。他们对同一情况的反应，有时是适当的和可预见的，有时又是组织预见不到的。默顿所说的个性，是指“一定的刺激与对这些刺激特有的反应之间的任何可靠的联系。当一种反应样式不会轻易或迅速地变化时，这种反应样式即被称为‘个性’”。[②]

默顿的研究始于对“控制需要”（demand for control）的论述。他指出，组织的高层领导者要想施行控制，就会日益强调组织内行为的可靠性，强调制定规则和标准操作程序，并通过检查来确保组织成员切切实实遵循这些规则和程序。由于控制需要产生的这些形式或特点，组织体系都是以人的行为的“机械”模式为基础的。他说由此带来三个结果：①人

① Merton. *Social Theory and Social Structure* [M]. Glencoe, Illinois: Free Press, 1957: 387 - 436.
② 皮尤. 组织理论精粹 [M]. 彭和平，杨小工译. 北京：中国人民大学出版社，1990: 19.

与人的关系让位于职位与职位的关系。人们各有职位，各有权责，作为职位的代表来活动，使竞争受到限制。②组织规则约束人们的行为，按规章办事成为行动的目标，而组织的目标反而被忽视，产生“目标移位”现象，也就是说严格的规则会导致组织成员为自己的利益而死板地固守制度和规章，这可能会产生转移组织目标的后果，如为制度而制度。③越来越多地把分类作为一种决策，把所运用的类别限定在一个相对狭小的范围内，执行第一个可正式运用的决策方案，不再寻求别的更多的备选方案供选择。①

默顿指出，上述结果使得组织成员的行为可以高度精确地加以预见，即增加了组织“行为硬化”的风险。但同时它们弱化了个人与个人的关系，减少组织内的竞争，有利于促进集体精神的发展，强化每个组织成员的目标责任感，增强了组织成员相互抵御外部压力的倾向，从而使行为硬化的趋势更加坚固。

行为硬化产生了三个主要结果：①满足了最初的对可靠性以及维护系统的重要需要，加强组织成员对组织目标、利益和特性的共同性的认同；②它增强了组织成员行动的防御性，即使出问题也是出在规则上，而且只由上级负责和提出；③行为硬化增加了接待客户的难度，使客户满意的组织目标难以实现。采用规则和程序来维护系统，肯定会带来维护这些规则、程序的愈来愈大的压力。这就不难解释，有些组织在面临客户抱怨时依然无动于衷，组织成员根本不按具体情况行事。成员行动防御性的增强，还使得客户的抱怨本身促进行为硬化，因为下级人员受到客户的压力总是会使他们更加感觉防御的必要性，而客户要求上级人员采取补救办法可能不符合原来的规则。总之，行为的可靠性与它的硬化相伴而生，这也就从另一侧面反映了科层制的主要弱点之一，就是难于应付需要特殊对待和考虑的情况。

① 皮尤．组织理论精粹［M］．彭和平，杨小工译．北京：中国人民大学出版社，1990：19－20.

塞尔兹尼克：授权的功能与反功能

与默顿强调把规则作为对控制需求的一种反应不同，美国加利福尼亚大学伯克利分校教授、社会学家塞尔兹尼克则强调通过授权作为控制需要的反应而带来一系列不可预见的结果。① 与默顿一样，他也证明了这些结果是如何从高度维持相互关联的人际关系的问题中产生的。

塞尔兹尼克的研究也是从高层领导人“控制需要”开始的。他认为这种需要引起更多的授权。授权产生若干直接的结果，可预见的结果是增强了专业能力的训练，各部门、职位处理的问题较少，雇员所在小范围内的经验增多，能力提高较快。但与此同时，授权会导致部门细分，增加了组织内部子单位之间的利益分歧。要维护子单位，就会把各自的目标凌驾于对组织整体计划的贡献之上，许多成员的需要有赖于子单位的持续成功和平稳发展，其结果就出现各自为政。授权有意识地带来的专业训练也刺激了利益分歧，由于训练提高了雇员的专业能力，因此增加了人事变化的费用，导致子单位目标的进一步分散化。

塞尔兹尼克进一步指出，组织内部的利益分歧使各子单位之间的冲突增多，其结果是，组织所作决策的内容愈来愈取决于战略的考虑，特别是难以将组织目标在内部分解落实，组织目标与实际之间的差距也将扩大，而要克服这一难题，又要求更多的授权。

塞尔兹尼克提出通过两种机制来影响决策。一是增强子单位内参与者子目标的内在化，使子单位的子目标、政策符合组织整体的正式规章制度并合法化。二是提高组织目标的业务有效性。组织目标的业务有效性是指有可能观察和测试目标完成效果的程度。组织目标业务有效性方面的变化程度影响日常决策的内容，并因此影响子目标内在化的程度。

① 皮尤．组织理论精粹［M］．彭和平，杨小工译．北京：中国人民大学出版社，1990：21－24.

由此可见，授权对组织目标的实现具有功能协调和功能失调两种结果。它既能促进组织目标的实现，又会造成目标偏离。但无论是促进或阻碍，总要求有更多的授权，因而必须考虑简化授权的其他方案。

古尔德纳：规则的功能与反功能

美国社会学家、华盛顿大学社会学教授古尔德纳早期研究现代社会组织问题，主要探讨科层制的规则对于维护组织结构的结果。20 世纪 60—70 年代受马克思主义的影响，古尔德纳的思想趋向激进，开始转向批判结构功能主义的均衡模式，进而主张发展一种所谓的“反省的社会学”。在 1970 年出版的《西方社会学面临的危机》（*The Coming Crisis of Western Sociology*）一书中，他力主将社会科学研究与社会现实、理论与实践紧密结合起来。他针对结构功能主义的偏见和错误进行了尖锐批判，认为结构功能主义的危机深深地根植于美国的社会结构和历史文化之中，在某种意义上这也是美国社会历史和文化的危机。他还认为，社会学家必须抛弃有关价值中立的幻想，把社会“事实”、“实在”看作与个人所持的社会立场相关联的东西。真正的社会学认识必须以反体制化的创造力为标准，对一切体制化持批判态度，甚至社会学自身也要反省。不仅他的观点被视为“新马克思主义”的一种，而且他还被后人称为“批评理论家”。①

古尔德纳的研究旨在证明维持子系统平衡的控制手段如何干扰母系统平衡的问题。② 他认为，利用一般的和非人格化的规则调整工作程序是对来自高层的“控制需要”所做出的部分反应。这些规则的结果之一是降低了群体内部的权力关系的可见度，工作群体内部权力差别的可见度与平

① Nazneen Kane. Alvin Gouldner：Critical Theorist *Paper presented at the annual meeting of the American Sociological Association*, *Marriott Hotel*, *Loews Philadelphia Hotel*, *Philadelphia*, *PA*, Aug 12, 2005 *Online* <PDF>. 2006 - 10 - 05 http：//www. allacademic. com/meta/p18805_ index. html.

② 皮尤．组织理论精粹［M］．彭和平，杨小工译．北京：中国人民大学出版社，1990：24 - 26.

等规范的有效程度相互作用而影响管理角色的合法性。反过来，这又影响到工作群体中人际关系紧张的程度，在美国文化的平等规范中，降低权力的可见度增加了管理职位的合法性，从而降低了群体内部的紧张感。古尔德纳认为，规则的制定确实带来了这些预期的结果，大大增强了群体作为一个活动单位的生存力，反过来又促进了这些规则的运用。

但是，古尔德纳同时指出，规则又会给组织成员提供组织权力范围之外的一定的暗示。特别是规则规定了可接受的行为，这就告诉组织成员所允许做的行为的最低限度，从而会增大组织目标与其绩效之间的不一致。这样，本身应起稳定内部作用的规则却带来了组织的不平衡。因此，对这种不平衡所做出的反应，就是增强对工作群体的严格监督。因为按照行为的“机械”模式，低绩效正表明需要对“机械”的运转实行更精细的检查和控制。然而，严格监督又会提高组织内部“权力关系的可见度”，增强工作群体中的紧张程度，从而抵消制定规则最初带来的平衡。

古尔德纳的研究给后人留下了许多需要探讨的问题。例如，为什么对低效率的管理反应是加强监督？有学者认为，做出这种反应的趋势不仅受到角色观念的影响，而且受到组织系统中第三种平衡过程（监督人的个人需要）的影响。因此，监督强度是监督人的权力主义和监督人的角色观念的惩罚性函数。[①]

伯恩斯和斯托克：机械型组织和有机型组织

科层制的程序能否被有效地应用于所有类型的工作？一些学者认为科层制给处理日常工作带来了一种逻辑感。但如果工作出现不可预见的变化时，这种制度是有问题的。英国学者伯恩斯（Thomas Burns）和斯托克（G. M. Stalker）在他们关于电子公司内的革新和变化的研究中发现，科层

① 皮尤．组织理论精粹［M］．彭和平，杨小工译．北京：中国人民大学出版社，1990：26.

制在强调灵活性和处于"前沿"的工作中只能起有限的作用。①

伯恩斯和斯托克在《革新的管理》(*The Management of Innovation*)一书中区分了两种类型的组织：机械型组织（Mechanistic Organization）和有机型组织（Organic Organization）。机械型组织是带有等级制、命令链的科层组织。在这里，信息通过明确的渠道垂直传递。员工负责不同的工作。一旦工作完成，责任就转交给下一位。在这一系统里工作是匿名的，"顶层人"和"下层人"之间很少沟通。相反，有机型组织则以松散的结构为特征，其中组织的整体目标优先于狭隘的责任，信息流和"指示"更具发散性，沿着垂直渠道外的许多渠道传递。组织中的每个人都被认为具有法律知识和解决问题的能力。决策并非"顶层"的专有领域。

依照伯恩斯和斯托克的观点，有机型组织更适合处理电讯、计算机软件或生物技术等创新性市场的不断变化的需求。内部结构更大的流动性意味着它们可以对市场的变化做出快速而恰当的反应，并更富创新性、更迅速地提出解决办法。机械型组织更适合于不易受市场波动影响的、传统的、稳定的生产形式。他们的研究虽然发表在三十多年前，但仍然与目前的关于组织变革的讨论密切相关。

第三节　把学校当作科层组织来研究

1945 年以后，对韦伯科层组织理论感兴趣的研究者并不局限于社会学家和一般管理的研究者。从 20 世纪 60 年代起，美国教育管理学教授和其他研究学校组织的学者，如同过去几十年教育家们应用科学管理、民主的人际关系学说那样，开始尝试运用科层组织的概念和框架来说明学校组织的问题，同时尝试运用行为科学的方法进行组织研究，并且这种兴趣越来越浓。对美国《教育索引》(*Educational Index*) 的分析表明，从

① Burns & Stalker. *The Management of Innovation* [M]. London: Tavistock, 1966.

1929—1969 年 40 年间有关科层组织的著作仅列出 10 项，并且这些著作只是一般性论述，很少把科层组织作为一个管理概念加以研究；而从 1969 年到 1979 年 10 年间则列出 133 项著作，其中一些著作专门将韦伯的科层组织理论运用于学校组织的研究。①

对 1945 年以来曾经被广泛使用的教育管理学著作进行考察后表明，直到 20 世纪 60 年代末和 70 年代初，韦伯的科层组织理论才被写进有关管理思想的发展过程。即使坎贝尔、布里奇斯（Edwin Bridges）、科鲍利（John E. Corbally）、奈斯特兰德（Raphael O. Nystrand）和拉姆齐尔（John A. Ramseyer）的《教育管理导论》1971 年第四版还没有提到韦伯对管理研究所作的贡献。但是，从那时起，教育管理学著作对韦伯的科层组织理论和教育组织的科层特征越来越关注。②

论述科层组织的教育管理学著作，尤其是期刊文献越来越多，这主要受惠于 1945 年以后社会学方面对于韦伯著作的讨论。然而，教育研究者比社会学研究者更加典型地将探究限定在一定的范围之中。他们所关切的是如何在教育中具体地将韦伯的科层管理思想应用到学校里去，而不是深究有关科层组织在民主社会中的意义的根本的意识形态问题，也不是向韦伯对于理想的科层组织的特点所作的概括提出挑战。从总体上看，关于学校科层组织的研究性质较为单调，并且一直围绕三个主要问题或难点：第一，学校符合韦伯提出的科层组织的概念吗？如果符合，那么符合到什么程度？第二，哪些方面或特点是学校科层组织的表现，它们能被测量吗？第三，按照科层方式组织教育机构，会导致什么结果？会功能失调吗？

① 坎贝尔等．现代美国教育管理［M］．袁锐锷译．广州：广东高等教育出版社，1990：103－104.

② 这方面的著作有：Miller，Madden & Kincheloe. *The Public Administration of American School Systems*［M］. New York：Macmillan，1972；Morphet，Johns & Reller. *Educational Organization and Administration*［M］. Englewood Cliffs，N.J.：Prentice-Hall，1967；Milstein & Belasco. *Educational Administration and the Behavioral Science*［M］. Boston：Allyn and Bacon，1973.

学校的科层制特征及特殊性

最早提出韦伯的科层理论适用于学校组织的学者是美国教育组织学家、教育管理学教授阿博特（Max G. Abbott）。1965 年他与另一位著名教育管理学者洛威尔（John T. Lowell）合著《教育管理的变革观》（*Change Perspectives in Educational Administration*），畅论美国教育管理变革的诸种观念。1969 年他发表的《教育组织革新在等级制度上的障碍》一文提出，学校"可以确切地被描述为高度发展的科层组织"，并且概括分析了其中的原因。[①] 他认为，第一，学校组织已经很明显地受到了专业化和任务具体的影响。将学校划分为初等的、中等的教育机构；在学校中设立科学、数学、音乐以及其他各部；引进指导系统和心理方面的服务；还有管理的功能和教学的功能相分离，所有这些都是对这种需要所做出的反应。第二，学校组织已经建立起明确规定的和严格的权力等级。尽管在教育管理人员的词汇中极少使用"等级"一词，但它所指的实际情况却是普遍存在的。第三，学校组织现在已经在很大程度上靠规章制度来控制组织成员的行为，并借此建立起了一定的准则以确保在执行任务时遵循必要的统一性。第四，尽管时常强调合作和民主，但这是基于理性方面的考虑而不是领袖人物感人的超凡魅力或传统的责任，学校组织广泛地应用了韦伯的非人格原则。第五，在教育组织中就业取决于雇员的技术能力，根据资历和工作成就来晋升，有固定的工资报酬和退休福利制度。

与阿博特的大胆推论相比，社会学家、芝加哥大学教授比德威尔（Charles E. Bidwell）对学校科层组织问题的看法则显得非常谨慎。他曾担任《美国社会学杂志》（American Journal of Sociology）主编，早年主要从事学校正式组织和非正式组织的研究。按照他的意见，学校"至少以初

① Abbott. *Hierarchical Impediments to Innovation in Educational Organizations* . In F. D. Caver & T. J. Sergiovanni（eds.）. *Organizational and Human Behavior* [M]. New York：McGraw-Hill，1969：42－50.

步的形式”表现出科层组织的一些特征，其中包括按功能对劳动进行分工、明确教职员工的作用和职责、排定职务的等级次序、操作行为根据程序的规则按例行方式进行，等等。[①] 但他同时指出，学校组织并非纯粹的科层组织，其特点是：结构上松散，它是以特殊形式与科层组织相联系的，学校在若干方面又不同于典型的科层组织。例如，学校之间乃至学校所属的更大的组织系统之间的管理实践有着相当大的差别。他认为，学校组织也是“去科层化的”（de-bureaucratized），因为学校协调其下属单位的方式表现出某种“松散性”。况且，学校系统与严格的科层组织不同，它们并不完全受规章制度约束。例如，与科层组织中的官员不同，教师在处理有关他们的工作和学生问题上有较大的自由和权力。事实上，师生关系有情感性而不完全受非人格的制度所束缚，这就不是科层的。因此，比德威尔断言，“教学的根本性质是与学校组织的科层原则背道而驰的”。[②]

众多教育管理学者认为，各种教育组织具有异于其他组织的特征。要分析这一点，可先从以下四个问题来寻找答案。第一，教育组织到底提供什么服务？第二，教育组织为了提供服务，究竟从事哪些活动，其活动的性质又如何？第三，教育组织中的人员具有哪些特征？第四，教育组织的活动成效能否有效评价？坎贝尔等人提出，与其他管理教育相区别，教育管理组织具有六个指标，[③] 分别是：①对社会的重要性（cruciality to society）；②公众的关注与敏感度（public visitivity and sensitivity）；③功能的复杂性（complexity）；④关系的密切性（intimacy）；⑤专业化（professionalization）。专业化应具备以下条件：提供独特的服务；接受较长时间的养成教育；不断接受在职教育；享有相当的自主权；遵守伦理信条。⑥评价有难度（difficulty of appraisal）；等等。第二项指标是用来回答前

① Bidwell. *The School as a Formal Organization* in J. G. March（ed.）. *Handbook of Organizations* [M]. Chicago：Rand McNally，1965：974.

② Bidwell. *The School as a Formal Organization* in J. G. March（ed.）. *Handbook of Organizations* [M]. Chicago：Rand McNally，1965：979.

③ Campbell elt. . *Introduction to Educational Administration* [M]. Boston：Allyn and Bacon，Inc.，1971：126 - 130.

述的第一个问题；第三、四项是用来研讨前述第二个问题；第三个问题可从第五项指标的衡量得到答案；第四个问题则可从第六项指标的比较中明白真相。在教育组织中，尽管每个人所扮演的角色与他们的需要不同，但由于他们有了共同的工作目标与价值观念，使得他们的行为更趋向于组织的目标。这些指标特征充分表明教育组织的特殊性。

学校组织的二元性

与帕森斯和古尔德纳的权力二分法观点相近，俄亥俄州立大学教授科文（Ronald G. Corwin）在1965年发表的《公共组织中的专业人员》一文中提出，在教育组织中科层管理并不是唯一的源泉。[①] 科文曾任美国教育研究会副会长和美国教育社会学联合会理事，出版过十多本著作，发表了数十篇论文。与一些学者强调科层管理不同，科文更注重教育组织的专业性问题。

科文指出，专业的出现以及强调专业发展使得专业成为学校组织中新的权力来源，它代表着“向那种由校外人员及其外行管理者控制的传统思想提出的挑战”。因此，学校组织的权力存在二元的特征，即除了科层管理的权力外，还存在着专业人员——教师的权力。科文明确指出：“在雇员专业化的部门中，根本的紧张关系不在于个人和系统之间，而在于系统的部分之间——组织的专业和科层原则之间。”[②] 他断言，在教育组织中这种紧张关系最明显地表现在教师和管理人员之间无休止的冲突之中，这种冲突涉及工作的管理问题，特别是那些与教师应当拥有多大程度的自主权有关的问题，如选定教材、决定教学方法和规定课程等。

根据二元权力结构观点，科文曾制作了一个五分量表（见表4－6）

---

① Corwin. *Professional Persons in Public Organizations.* In Carver & Sergiovnni（eds.）. *Organizations and Human Behavior*［M］. New York：McGraw-Hill，1969：212－227.

② Corwin. *Professional Persons in Public Organizations.* In Carver & Sergiovnni（eds.）. *Organizations and Human Behavior*［M］. New York：McGraw-Hill，1969：222.

来测量一所学校的科层与专业取向。受试者对于题目叙述表示意见（从“完全同意”到“完全不同意”）。问卷分为两部分，第一部分测量科层取向的程度，分六个方面；第二部分测量专业取向的程度，分四个方面。科文研究发现，学校中的冲突，有半数是由于管理者与专家集团的对立。学校教师专业化的程度越高，冲突次数即会增加。造成这种情形的原因之一是学校管理者与教师对于“专业”一词的定义不同。教师认为自己不能凡事听命于学校管理者，课程的安排与教材教法的选择应由教师决定。

表 4-6　学校科层—专业测量问卷

	项　目	完全同意	同意	不确定	不同意	完全不同意
科层取向	（1）对行政者的忠诚					
	（2）对组织的忠诚					
	（3）教学能力取决于经验的多少					
	（4）人员的沟通					
	（5）对标准化的重视					
	（6）对大众的忠诚					
专业取向	（1）学生取向					
	（2）专业同伴取向					
	（3）教学能力取决于知识的高低					
	（4）教师应有决策能力					

自 1965 年科文发表有关专业人员权力的论文后，许多学者撰文强调教育组织中权力的二元性质，其中有伊舍伍德（G. B. Isherwood）和霍伊（W. K. Hoy）合写的《科层制、无权与教师的价值》(1972)、马丁（Wilfred B. W. Martin）的《学校组织：竞技场与社会权力》（1975）、莱文（D. U. Levine）的《学校变革与教师的工作》（1976）和汉寿特（Elisabeth Hansot）的《现代教育科层制与变革过程》（1975）等。[1] 然而，遗憾的是，教育学者没有进一步深入地说明当科层权力的形式与专业能力的形式相冲突时学校实际发生了什么，或者这种冲突对教育组织及其为之服务的学生来说究竟意味着什么。

学校科层化程度的测量

20 世纪 60 年代后，有关学校科层组织研究的兴趣主要集中于对学校科层化程度的测量、定义及其方法论方面。1964 年，密苏里州圣路易斯督学、时为华盛顿大学博士生的莫勒（Gerald H. Moeller）完成学位论文《科层制与教师的权力感》；时隔两年，他又与导师华盛顿大学教授查特斯（W. W. Charters）合作发表新作，通过对圣路易斯市区 20 所学校 662 名教师进行测查，发现与科层化程度较低的学校相对照，科层化程度较高的学校的教师权力感更为强烈；经过进一步的分析，他们还发现学校组织结构对教师的权力感有重大影响，并建议学校在甄选教师时应考虑其权力感的差异。[2]

1968 年，马里兰州巴尔的摩市督学安德森博士（James G. Anderson）出版《教育中的科层制》一书，试图描述该市初级中学科层化的程度。他采用更为直接的方法来判别学校的科层化程度，即先确定五个独立的测量科层组织的标准，包括规则（rules）、权威（authority）、冲突（conflict）、非人格性（impersonality）和目标置换（goal displacement），然后

① Isherwood & Hoy. *Bureaucracy, powerlessness, and teacher work values* [J]. In *Journal of Educational Administration*, 1973 (11): 124 - 138; Martin: W. B. W. *The school organization. Arenas and social power.* In *Canadian Journal of Education / Revue canadienne de l'éducation* [J]. 1978 (4): 15 - 30; Martin. *The school organization. Arenas and social, power* (Administrator's) [M]. Notebook, 1975; Hansot. *The Modern Educational Bureaucracy and the Process of Change* [J]. In *Educational Administration Quarterly*, 1975 (3): 21 - 36.

② Moeller. *Bureaucracy and Teachers' Sense of Power* [J]. In *The School Review*, 1964 (2): 137 - 157; Moeller & Charters. *Relation of Bureaucratization to Sense of Power Among Teachers.* In *Administrative Science Quarterly*, 1966 (4): 444 - 465.

测量学校的科层化程度。安德森最后得出结论，科层化的程度同学校内各部门的规模和所雇用的女教师的比例呈正相关；科层规则的数量和学校所在社区的社会经济水平、目标的专一性、教师的能力和地位、部门的例行公事等呈负相关；某些部门（最明显的是英语部和科学部）比其他部门更多地依赖于规则。[①] 他最后分析说，规则可以缓和权威冲突，使得专业人员更能容忍等级权威制度的强迫推行。但是，“对于教育来说，规则也许是更加必不可少的。因为在教育中缺少评定成绩的公认标准，难于对教学进行有效的监督，受过不同专业训练的教师之间专业能力的程度不同。”[②]

两年后，加拿大学者庞奇（Keith F. Punch）在研究安大略省 48 所小学校长的情况后，发现学校科层化的程度与学校领导人的管理行为有密切联系。按他的说法：“在改变实际的科层化程度方面的关键因素是校长的管理作风。”[③] 与庞奇的结论正好相反，1973 年，澳大利亚新英格兰大学的布伦南（Barrie Brennan）研究了 20 名新南威尔士州的中学校长后撰文指出，这些校长“拒绝接受那种被定义的相当清晰的角色，他们的实际角色表明他们根据担任某种领导者的情况来界定自己的角色”。[④]

庞奇等学者还十分关注科层组织的测量方法问题。他于 1969 年发表论文，对有关科层组织的研究和理论进行了分析，并得出这样的结论：“如果对权威的等级（hierarchy of authority）、员工的职责规定（rules for incumbents）、程序规范（procedural specifications）和非人格性（impersonality）等维度加以限定的话，那么学校中的科层组织结构实际上可概括为

① Anderson. *Bureaucracy in Education* [M]. Baltimore, Maryland: Johns Hopkins University Press, 1968: 159 – 173.

② Anderson. *Bureaucracy in Education* [M]. Baltimore, Maryland: Johns Hopkins University Press, 1968: xi.

③ Punch. *Interschool Variation in Bureaucratization* [J]. In *The Journal of Educational Administration*, 1970 (8): 133.

④ Brennan. *Principals as Bureaucrats* [J]. In *The Journal of Educational Administration*, 1973 (11): 176.

一种一元的（unitary）、同质的（homogeneous）变量。"① 他据此方法对加拿大安大略省多伦多市及其周边地区学校将近900名教师进行了一次实证调查，他发现那里的学校都呈现出明显的科层组织特征，并且这些学校的教师能够清楚地识别出这些特征。② 此后，美国新泽西州西俄勒冈市督学苏泽（David A. Sousa）和鲁特哥斯大学教育研究院霍伊教授于1981年发表《学校中的科层结构：关于测量的改进和综合》一文，进一步探讨了关于确定学校中科层组织范围的方法论问题，他们采用了霍尔组织调查法（Hall's organizational inventory approach）和阿斯顿大学研究法（the University of Aston approach）两种方法，对新泽西州55所公立高中进行了实证调查，并作相互比较，确认学校科层结构存在四个维度：组织控制（organizational control）、理性专业化（rational specialization）、系统集中化（system centralization）和例行公事形式化（formalization of routine）。③ 采用这些测量研究方法，既可描画学校组织的科层特征，又能突出反映学校组织的专业性特点，大大推进了学校组织研究。

学校科层组织的功能失调

由于20世纪60年代的教育研究者们专心于应用统计技术来测量学校组织的科层化程度，因此，这就转移了人们对于研究科层组织功能失调后果的兴趣。后者曾是1945年后组织行为科学家最感兴趣的一个主题。

论述教育中科层组织功能失调状态的著作一般可分为两大类，一类是与学校实施科层管理造成的一般组织问题有关；另一类是研究科层组织结构对于教育组织内部的个体，尤其是教育的具体影响。令人遗憾的是，教

① Punch. *Bureaucratic Structure in School*: *Towards Redefinition and Measurement* [J]. In *Educational Administration Quarterly*, 1969 (1): 53-54.

② Punch. *Bureaucratic Structure in School*: *Towards Redefinition and Measurement* [J]. In *Educational Administration Quarterly*, 1969 (1): 43-57.

③ Sousa & Hoy. *Bureaucratic Structure in School*: *A Refinement and Synthesis in Measurement* [J]. In *Educational Administration Quarterly*, 1981 (3): 21-39.

育管理学界既没有努力对科层组织的功能失调作出全面深入的描述，也没有出现像古尔德纳和布劳有效地应用案例研究描述工业和政府中科层组织功能失调那样的成果。

首先对教育管理中科层组织的消极效果提出批评的是科文和阿博特。科文指出，当组织中科层标准和专业标准的表现明显不同时，当管理者有责任评价那些在执行某些任务方面比自己更内行的下属时，困难必然就会产生。① 阿博特则从另一个角度指出科层组织如何阻碍变化的过程和妨碍创新；他还批评科层组织窒息了专业的发展和创造性，并且影响了组织中人的交往。②

然而，并不是人人都认为科层组织给在其中工作的人们带来了问题。1964 年，时为华盛顿大学博士生的莫勒在学位论文中认为，科层制作为一种理性的还可预测的组织形式，没有使教师感到他们与系统有隔阂或者缺乏权力，相反，在教师本身、他的过去、他的社会群体、他与上级的关系、他的学校组织结构中，有许多不同的变量在影响着教师对权力的感觉。③ 与此相似，加拿大艾尔伯特大学埃迪（W. P. Eddy）在 1970 年分析教师角色定向与学校组织的相互关系时发现，“教师更满意的是他们认为更科层化的学校，而不是他们认为不那么科层化的学校”。④ 这些研究试图肯定科层组织对教师的积极方面。

与莫勒和埃迪的发现形成对照，此后的研究详细罗列的是科层组织对教师的不利影响，而不是有益的影响。伊舍伍德和霍伊于 1973 年发表的《科层制、无权和教师的劳动价值》提出的观点之一，就是“独裁主义

---

① Corwin. *Professional Persons in Public Organizations.* In Carver & Sergiovnni（eds.）. *Organizations and Human Behavior*［M］. New York：McGraw-Hill，1969：215 – 216.

② Abbott. *Hierarchical Impediments to Innovation in Educational Organizations* . In F. D. Caver & T. J. Sergiovanni（eds.）. *Organizational and Human Behavior*［M］. New York：McGraw-Hill，1969：46 – 49.

③ Moeller. *Bureaucracy and Teachers' Sense of Power*［J］. In *School Review*，1964（72）：155 – 156.

④ Eddy. *The Relationship of Role Orientation of Teachers to Organization of Schools*［J］. In *Alberta Journal of Educational Research*，1970（16）：20.

的"学校中"专业导向的教师"在很大程度上是无权的，所谓独裁主义大致上也可以看作科层的。① 米斯克尔和杰哈德（E. Gerhardt）也于1974年发表论文，指出科层组织存在消极影响，更重要的是它还论证了"强化等级差别增加了教师的冲突，随之而来的是教师工作满意度降低"。②

与此相似，加拿大艾尔伯特大学两位年轻学者高辛（M. Gosine）和凯思（M. V. Keith）发表于1970年的论文《科层组织，教师个性需要和教师的满意度》发现，教师明显地对那种科层化程度较低的学校，而不是那种科层化更高的学校更加满意。③ 关于异化导致的软弱性这个课题，考克斯（H. Cox）和伍德（J. R. Wood）发表于1980年的《组织结构和同行的异化：公立学校教师的情况》一文中提出，教师中的异化现象越来越严重，究其原因有两个方面，"教学更加专业化，以及伴随而来的大多数学校系统在组织结构上的僵化"。④ 因此，要对科层制的消极影响予以高度重视。

尽管人们有各种不同的看法，但科层理论确实对教育管理产生了实实在在的影响。西方许多国家在教育系统中建立了上下衔接又有分工明确的管理体系；国家通过法律、法规、政策，赋予各级教育组织以明确的职责和权力；在学校内部建立和完善了行政管理组织网络，各职能部门层次分明，分工明确，有标准的工作程序；各级领导要经常考核下属的工作效率，并按他们的能力和成绩决定其升迁，等等。

坎贝尔认为，韦伯的科层组织模式被纳入到教育管理领域，对教育管

① Isherwood & Hoy. *Bureaucracy*, *Powerlessness and Teacher Work Values* [J]. In *The Journal of Educational Administration*, 1973 (11): 135.

② Miskel & Gerhardt. *Perceived Bureaucracy*, *Teacher Conflict Central Life Interests*, *Voluntarism*, *and Job Satisfaction* [J]. In *The Journal of Educational Administration*, 1974 (12): 95.

③ Gosine & Keith. *Bureaucracy*, *Teacher Personality Needs and Teacher Satisfaction* [J]. In *The Canadian Administrator*, 1960 (10): 1-5.

④ Cox & Wood. *Organization Structure and Professional Alienation*: *The Case of Public School Teachers* [J]. In *Peabody Journal of Education*. 1980 (10): 6.

理研究产生了极其重要的思维路线上的影响。引进韦伯的思想以及后来一些社会学家的思想，这就大大开阔了教育中经典的管理理论的眼界，同时也扩大了它的思维框架，使它在指导教育方面将学校作为复杂组织加以研究。

20 世纪 60 年代以后，美国教育界对科层组织产生了越来越浓厚的兴趣，进一步促使教育研究人员同社会学家发生更直接的联系，同时也引导教育家们更接近一般管理的研究轨道。研究科层组织还使教育管理思想不再将注意力放在人际关系和非正式组织方面，而反复强调了理解学校正规组织性质的重要性。在这个过程中，它使教育管理研究者们更加意识到权力的问题，更加体会到一般规则的问题，更加认识到组织功能失调的问题。①

毋庸置疑，科层理论也有明显的缺陷和局限性，其使用的研究方法依然主要是内省的思辨方法，其研究是在静态中进行的，忽视了组织环境的复杂性和动态性，以及组织中人的问题。韦伯的科层制毕竟只是一种理想型的组织结构，它过分强调组织形式、成文的法律和规章制度等，甚至颠倒了法规制度与组织目标的关系，使组织僵化。因此，科层理论不可能解决教育管理的全部问题，也不能帮助美国教育管理工作者应付西方社会出现的新的社会和教育问题，但关于科层组织的研究确实给教育管理思想家们提供了用以理解学校这样的正规组织内部的结构关系和权力关系的新策略和新思想。

第四节　学校组织的松散结合理论

按照韦伯科层理论的观点，学校组织只要具有科层结构，其产出效率

① 坎贝尔等．现代美国教育管理［M］．袁锐锷译．广州：广东高等教育出版社，1989：114－115．

必然很大。然而，许多事实证明并非如此。从 20 世纪 60 年代中后期开始，一些学者进行了一系列的研究与讨论，试图找到学校的产出与期望不符的原因。结果发现，学校组织并非完全具有科层组织的特征，而是存在着“松散结合”（Loosely Coupling）的情况。Loosely Coupling 一词最早出现在格拉斯曼（L. R. Glasman）所写的《生活系统中的持续与松散结合》（*Persistence and Loose Coupling in Living Systems*，1973）及马奇与奥尔森（J. G. March & M. E. Olsen）的《松散结合中的选择情况》（*Choice Situations in Loosely Coupled Worlds*，1975）等论文中。其中，较重要的研究成果有汤普森（James D. Thompson）的联营式结合理论（Pooled Coupling）、威克（Karl E. Weick）的松散结合理论（Loosely Coupling）。这些理论观点成为 20 世纪 70 年代以后学校组织理论发展的基础。

汤普森的联营式结合理论

汤普森是美国著名的社会学家和组织理论学者，曾先后任教于康奈尔大学工商与公共行政学院、匹兹堡大学、印第安纳大学等，是国际顶级学术刊物《行政科学季刊》（*Administrative Science Quarterly*）的创始人之一，也是组织研究领域的大师级人物，其影响遍及社会学、行政管理、心理学等学科。他于 1967 年发表的《行动中的组织——行政理论的社会科学基础》[①] 一书，对社会学、管理学、经济学和心理学在组织理论领域的发展进行了总结、整合和拓展，是继巴纳德《经理人员的职能》和西蒙《行政行为》之后组织理论发展的一个重要里程碑。

汤普森一生关注组织研究，阐述了许多有关组织的新思想。他的《行动中的组织》以对不确定性和理性的探讨为基础，探讨组织如何针对任务环境要素、技术、目标、组织内外的相互依赖等，建立适应性的组织结构、组织设计和组织行为模式。他明确指出，组织中最大的问题在于其

① Thompson. *Organization in Action* [M]. New York: McGraw-Hill Book Company, 1967.

不确定性。由于组织存在这种不确定性，可能造成人们在制订计划时困难重重，即使一切准备妥当，也有可能因为临时发生某些不确定因素而导致计划难以执行或者半途而废。为了克服这种缺失，管理人员可根据科层理论加强上级的决策能力，或者给予下属适度的自由来处理问题。这两种管理方法各有缺失，无一完美。这在确定性不大的团体中令管理人员更加难以抉择，学校组织即是一例。后经一些学者的补充完善，组织的“不确定性”成为权变理论的核心概念。

汤普森在研究中发现由于团体中各成员之间有相互依存性，并形成了三种结合关系。①互惠式结合（Reciprocal Coupling），即各成员轮流完成工作。例如去医院看病，先由护士作基本检查，再请医生做手术，最后让护士完成术后处理，成员之间必须紧密配合才能成功完成任务。②循序式结合（Sequential Coupling），指成员之间一个一个逐步来完成工作。例如在一贯作业式的工厂，先由电子工装置内部线路，再由装配工安放外壳。③联营式结合（Pooled Coupling），指成员之间在工作时共同使用团体的资源，但相互之间却保持独立的型态。例如，学校中校长与教师之间的关系即是如此。两者共用校方资源，但教师在教学时却保持独立的形态，与学校管理者很少接触。这种情况使得只要有一定的资源，即便教师或学校管理者任何一方不胜其职，学校仍有一定的产出。这与在交互式和循序式团体中的成员，必须要紧密结合才能有成功的产品情况不同。

按照汤普森的意见，联营式结合表明员工或团队之间具有相互依存的关系，虽然相对独立，但有着共同的目标；它们分享同一组织的资源，但互不相干。联营式团体可以有四种形态。①命令群体（Command Group）：一种传统的、基础性的工作群体。它是由正式的权力关系所决定的，而且可以用组织结构图来描述。典型的命令群体由一位管理者及直接向它汇报工作的下属组成。②交叉功能团队（Cross-functional Team）：是由来自不同工作领域、具有专门知识和技能的人员组成的群体。其目的是解决工作中出现的共同问题。接受过专门训练、能够互替工作的人员所组成的群体，即属于此类团队。③自我管理团队（Self-management Team）：这基本上是一种独立的群体。除了完成规定的职责外，还承担着一些管理职责，如雇用、计划与任务安排、绩效评估等。④任务小组（Task Force）：一种为完成特定任务而组建的临时性团队。一旦任务完成，群体随之解散。

威克的松散结合理论

尽管许多教育学者把学校看成典型的科层结构，如学校呈由上至下的金字塔运作形态，存在各种法令规章等，但事实上学校成员相互之间具有相当的自主性，与理论中的科层结构有所不同。威克针对这种情况，在 1976 年提出“学校是一个松散结合系统”（Loosely Coupled Systems）的观点。[①] 威克 1962 年毕业于美国俄亥俄州立大学，并获博士学位，现供职于利克特卓越大学，是著名的组织行为心理学家。

威克的松散结合系统理论与汤普森的结合理论十分相似。威克指出，学校与一般商业机构不同，即使某些成员玩忽职守、教师或学校管理者不胜其职，只要有一定的资源，学校仍有一定的产出（虽然在品质上不能保证）。他说：“在实行不同计划的情况下，教育的成果却呈现常数的形态。经常我们采用一种新的教育计划，并视之为灵丹妙药，但却发现学术研究并没有显著的进步，与在研究室中的看法大大不同。这个发现指出，若将学校的运作比之为建造房屋或经营工厂则是一大错误。因为后者的进步常与其付出的努力成正比。如果我们非要为学校的运作打一个比喻，则农业的运作远比工厂更恰当些。因为农业的运作并非无中生有，而须按播种、耕种、除虫等步骤循序渐进。只要耕种了，其后即使农人弃之不顾，最后多少也有谷物产生。学校也是如此，只要老师与学生在一起，虽然教育局长跑到大西洋去玩乐，某些教育的行动依旧继续进行而不受影响。”

① Weick. *Educational Organization as Loosely Coupled Systems* [J]. In *Administrative Quarterly*, 1978 (23): 541 - 542.

威克认为，造成这种情形的原因，是由于学校是一个松散结合系统，即学校是一种目标不具体、没有明确技术、参与者不稳定、活动不能相互配合的组织。在这个系统中，各成员之间彼此相关，但却保持一定的身份与独立性。[①] 例如，校长与咨询人员虽然在管理体系中有着某种程度的接触，但仍具有某些分离性；教师在班级上教学，并不受到管理者或同事的监督，对学生事务的处理保持有某种程度的自主性。

根据上述观点，威克松散结合理论的特性包括：①松散结合的制度容易允许新的组织成员加入或旧有成员从组织中移出，因此较少造成组织成员或组织的混乱；②松散结合制度虽然具有弹性，但却不容易管理；③松散结合制度下的改革是连续性的而非插入式的，小型的改变胜过大型的改革，即兴式胜过计划性，适应式胜过强迫性，地区性胜过世界性；④学校组织中的每一部门并非一成不变，可针对环境的需要，进行最佳的调适；⑤学校管理过程的不确定性越高，学校管理的对话活动越多，这样，学校管理者必须花较多的时间与相关人员进行沟通协调，以使双方达成共识；⑥学校组织中如果某一部门发生问题的话，该问题只会影响该部门，而不会波及其他部门；⑦学校管理对话可以减少学校管理过程的不确定性，如通过会议、座谈等形式；⑧虽然学校组织成员之间彼此联系松散，但相对有较大的自主空间，法令往往没有明确规定，且上级没有明文要求，所以受牵制性较小；⑨因组织中各部门是松散结合的关系，所以组织不必在各部门的协调上花费过多的资源。

威克的学校松散结合理论发表后，由于它与传统的学校组织模式迥异，因此受到教育管理学界的广泛关注，相关的研究也不断被提出来。科恩、马奇和奥尔森则把这类组织的存在称为“有组织的无序状态”。1990年，威克与奥顿（J. Douglas Orton）还提出，造成学校松散结合情况的原因有三类：①因果不确定性（causal indeterminacy）：指目的与手段之间连

① Weick. *Educational Organization as Loosely Coupled Systems* [J]. In *Administrative Quarterly*, 1978 (23): 543.

接不明确；②外在环境不完整（fragmented external environment）；③内在环境不完整（fragmental internal environment）。[①] 这些研究的涌现与深化使得学校松散结合理论得到进一步完善。

梅耶和罗安的双重系统理论

20 世纪 80 年代中期，学校组织研究又有进一步的发展，许多研究者发现仅以“松散结合”来描述和解释学校组织的特征不够全面。在学校组织中，教学系统与学生组织方面确实具有松散结合的特性，但在非教学的行政事务上却是高度科层结构化的。换句话说，学校中的各部门因功能不同而呈现出各不相同的结合形态，所以，梅耶（John Meyer）和罗安（Brian Rowan）的“双重系统理论”（Dual System Theory）应运而生。[②] 欧文斯后来则进一步认为，学校不仅具有松散结合的特征，而且有一些科层或经典组织的特征。[③]

早在 1983 年，梅耶和罗安通过对旧金山市 188 所小学的调查后发现，学校组织中确实同时存在两种不同的结构，即教学部门呈现松散结合的形式，非教学部门则为紧密结合的情况。例如，85% 的校长指出其与教师并未做每日的接触；而 83% 的教师指出他们彼此之间也有相同的情形；三分之二的教师认为其他教师极少观察或关心自己的教学。梅耶和罗安因此得出结论，学校中虽然有视导活动，即校长与教师在教学上的沟通，但实际上却很少真正实施过。

如果就学校的规章制度而论，校长确实可利用其组织权限来影响教

---

① Orton & Weick. *Loosely Coupled Ssystems: A Reconceptualization* [J]. In *Academy of Management Review*, 1990 (2): 203 – 223.

② Meyer & Rowan. *The Structure of Educational Organizations*. In *Organizational Environments: Ritual and Rationality* [M]. by John W. Meyer and W. Richard Scott. Beverly Hills, CA: Sage Publications, 1983: 74.

③ 欧文斯. 教育组织行为学（第七版）[M]. 窦卫霖等译. 上海：华东师范大学出版社，2001: 158.

学。其中包括：①时间的控制——对课程表的安排；②学生分班——校长可按照自己的看法来决定班级分配的原则，甚至指定教师教授某个班级，从而对教学产生重大影响；③教学形式——校长可决定是否要在一个平均分班的班级中，根据学生在不同科目的水平实行分层教学，例如英语成绩好的学生，到上英语课时，与其他各班英语好的学生一起上课；或者，要教师应付大锅饭式教学，但会忽视学生的程度差异；④对资源的控制——对教学用品、仪器、甚至活动经费的控制，以影响教师的教学，例如一位不相信多媒体教学功能的校长，就可对使用仪器的教师加以限制（如使用规定非常复杂），而使其知难而退，转而应用传统方法进行教学。

以上四种校长权限，对教学产生局部的和间接的影响。究其原因，主要是社会对教师教学权威的认定。一个数学教师，往往被认为有权决定如何教数学。因此，校长虽然有某些权限，但会受到教师的抵制而削弱其效力。以排课为例，许多教师常常就在教务会议上争取自己的权益，要求大家轮调各个班级，以体现公平原则。所以，梅耶与罗安在研究中发现，只有12%的校长认为自己对教师的教学有影响力，而3%的人指出校长是教师教学方法与教材的最后决策者。凡此种种都证明校长（或是组织本身）对于教师教学的影响极为有限。

学校的教学部门是松散结合的形式，但是非教学部门则恰好相反，呈现紧密结合的情况。例如，工资发放、校车接送、学生出勤管理以及校园的维护打扫，校长与行政人员都进行严密的与系统化的控制，校长对其有绝对的影响力。梅耶和罗安发现，88%的校长有绝对权力安排学校人事与财务支出，82%的校长可以决定学校活动的日程表，对其有直接的控制权。

总结梅耶与罗安的研究可以发现，学校组织中确实同时存在两种不同的结构：教学部门呈现松散结合的形式，非教学部门则为紧密结合的情况。这种双重系统理论在以往并无任何人提出，而学校大多被看作一个科层结构的官僚系统。因而，许多学者主张改善教学必须从严格的视导做起，这种想法就是从典型的韦伯理论中推衍出来的。认为只要使其结构紧密而加强权威的督导，教师就必定被迫改变教学。此种做法推行之后，效果并不理想，常常造成教师应付的情况。推行者并不了解教学部门的松散结合形式，自然不能对症下药。从理论上说，教学部门不应该过分地被行政人员控制，而失去应享的创造力与自由。

面对一个松散结合的部门，运用正式组织中的权威力量往往事倍功半，而且易于招致教师的反抗。有的研究指出运用间接的方法，去激励团体中的组织气候是一种好方法。激励法则会使教师主动地研究发展，创造出适合学生的教学法，这种来自内心深处的趋势，比外界的压力要有效得多，而且会免除强迫统一的弊病。

从威克的松散结合理论到梅耶和罗安的双重系统理论，基本上让我们了解了学校组织中松散结合的一面。它多少说明了为什么在一定人力、财力的投入下，达不到预期成果的情况。如何来平衡两种不同结合的型态，应是教育管理学者努力研究的课题。

1981 年，针对各种关于组织的概念、类型学和理论的大量涌现，并且越来越频繁地被应用到教育中来的情况，美国社会学家斯科特（Richard Scott）试图将各种关于组织的系统思想归纳为三大理论观点：理性系统、自然系统和开放系统，尤其是他对开放系统提出了自己独到的见解。他说："现代大多数理论家都在高谈阔论开放系统观点，这种观点强调的是组织与其环境的关系的极端重要性，但是却很少有人去探讨这些关系对于组织的内部结构和过程会有什么影响。"① 这些见解对于学校组织研究的进一步发展有着重要的指导作用。

第五节　学校中的非正式组织

对韦伯科层理论的批评，其中的主要方面之一是批评它忽视非正式组

① Scott. *Organizations, Rational, Natural, and Open System* [M]. Englewood Cliffs, N.J.: prentice-Hall, 1981: xvi.

织。相对于正式组织，非正式组织是组织成员在共同工作的过程中，由于持有相同的理念和社会感情而形成的非正式团体。行为科学家梅奥（George E. Mayo）早在20世纪30年代的“霍桑试验”中已对非正式组织作了系统的研究。罗特利斯伯格（F. J. Roethlisberger）和迪克森（W. J. Dickson）则对非正式组织问题进行了深入的探讨。[①] 管理学家巴纳德则从现代组织理论的角度，探讨了非正式组织问题，使非正式组织概念愈来愈引人注目。此外，还有众多社会学家、管理学家探讨非正式组织的问题。

霍桑试验：非正式组织的发现

非正式组织及其机制的发现不应全归功于“霍桑试验”。其实，在梅奥之前，就有人察觉工人中除有正式组织之外，还有非正式组织存在。例如，科学管理之父泰罗（Frederick W. Taylor）就强烈地感觉到存在着有系统的磨洋工的团体压力。工业社会学先驱惠廷·威廉斯（Whiting Williams）也描述过他自己在对待有关非正式组织关系上的经验。他曾是俄亥俄州克利夫兰水压钢公司的副总经理兼人事部主任，在霍桑实验之前曾经给西部电气公司当过管理顾问，为了解工人的实际情况，他乔装改扮成工人，以亲身经历来真实地感受工人中的非正式关系。但是，对于非正式组织问题从事系统的较深入的研究，还是从梅奥等人的霍桑试验开始的。

所谓正式组织，就是传统管理理论所指出的，为了有效实现企业的目标，规定企业成员之间相互关系和职责范围的一定组织体系，其中包括组织形式、方针政策、规章制度及工作程序等。传统管理的组织理论所注意的也只是组织的这一方面。但是梅奥指出，人是社会动物，在企业内共同工作的过程中，人们之间必然发生相互间的关系，由于某些共同的需求和

① Roethlisberger & Dickson. *Management and the Worker*: *An account of a research program conducted by the Western Electric Company*, *Chicago* [M]. Cambridge: Harvard University Press, 1939.

情感，就自然形成了一定的准则或惯例制约的“非正式组织”。梅奥等人在霍桑试验最后阶段的重点是对非正式组织的研究。

梅奥对此做了“电话线圈装配工试验”。这个试验只是对工人的工作情况进行观察和分析，不去改变计划条件和施加任何控制。他们挑选了14名工人在一间单独的观察室中进行试验。这14人分成三组，相互之间的工作有高度联系。如图4-3所示，绕线工9人（W_1-W_9），焊工3人（S_1-S_3），检验工2人（I_1-I_2）；工资报酬以小组刺激计算，即以小组的总产量为基础付酬给每个工人，强调他们要合作。

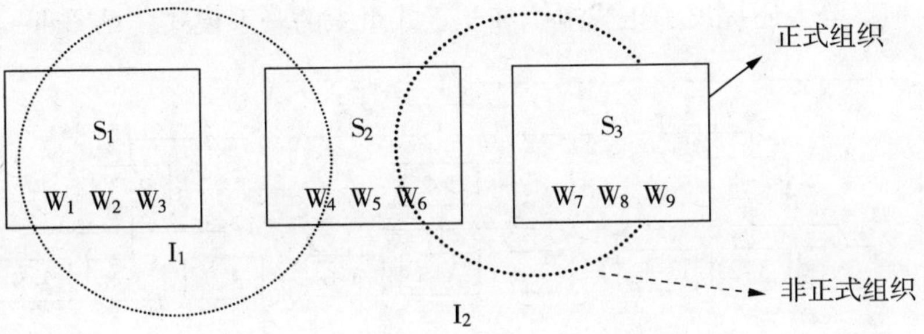

图4-3　正式组织与非正式组织的构成

通过试验，梅奥等人首先注意到工人们对于“合理的日工作量”有明确的概念，而这个合理的日工作量低于管理当局拟订的产量标准。原因在于工人们知道，如果产量超过那个非正式标准，工资率就会降低，或作为计酬基础的产量标准就会提高；而生产太少，又会引起监工不满。所以他们就制定了这个非正式标准，并运用团体的压力使每个工人遵守这个标准。他们所运用的团体压力的形式有讥讽、嘲笑以及用力打手臂等。工人都避免挫伤感情，并采取各种手段来维持自己在这个非正式团体中的地位。例如，一位工人某一天生产多了，他就会上报符合非正式团体产量的标准部分，而把多余产品藏起来。

这说明非正式组织是存在的。他们的构造如何？经研究发现，上述3个小组中有两个小团体。研究分析他们形成的因素：地理位置是一个因素，但不是决定因素；职位、工种也不是决定因素。其中W_2，W_5，S_2，I_2被排斥在小团体之外是因为：W_2过于自信，与别人合不来；W_5爱向工头打小报告；S_2在语言上有困难；I_2则在检验工作中过于认真。梅奥等人认为，小团体形成的原因，不完全取决于经济发展，而同更大的社会组织有联系。

梅奥等人认为，非正式组织对工人起两种作用：一是它保护工人免受内部成员的疏忽而造成损失；二是它保护工人免受外部管理人员的干涉而造成损失。同时也指出，它能满足一系列工作在正式组织中难以表达和实现的需求，如它使个人有表达思想的机会，可以成为正式组织压抑个性的一种个人补偿形式，可以提供人与人之间的温暖以及减少厌烦感等。

梅奥等人还提出了正式组织和非正式组织的联系模式，见图 4－4。

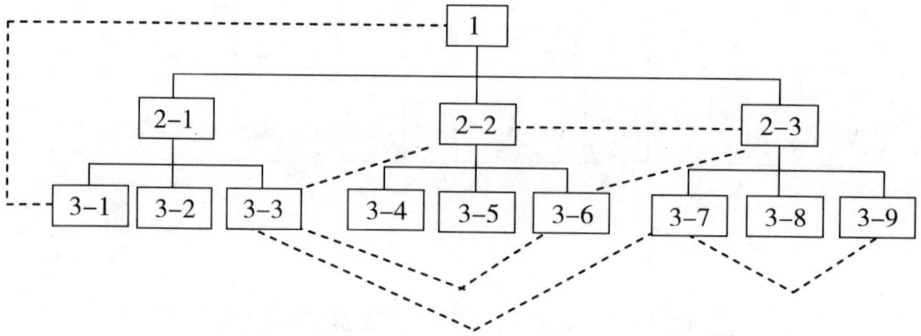

说明：上图正式组织分三个层次，而非正式组织不受正式组织中层次和部门的限制，有非正式组织路线。(——正式组织联系路线；……非正式组织联系路线)

图 4－4　正式组织与非正式组织的联系模式

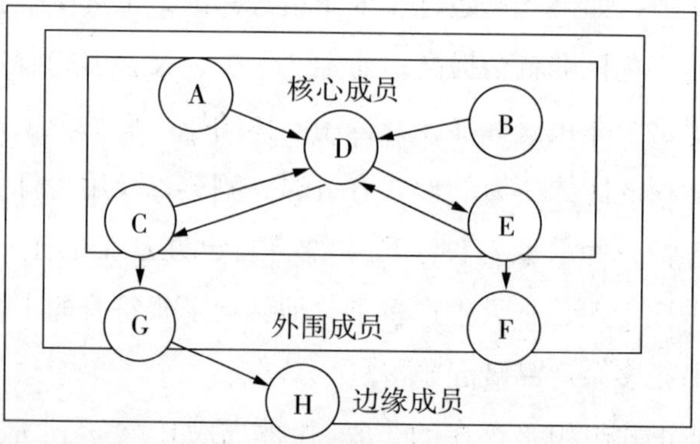

说明：在非正式组织中，由于其成员之间直接联系的数目不同，又有核心成员、外围成员和边缘成员之分。

图 4－5　非正式组织成员之间的关系

梅奥等人认为，不能把非正式组织简单地看作坏事，它们的存在是必需的，它和正式组织相互依存，并对生产率有很大影响。要处理好二者的关系，还有必要认识二者的重大差别。梅奥指出，正式组织是以效率逻辑为准则的，即为了提高效率，企业内部各成员必须保持形式上的协作；非正式组织是以感情的逻辑为准则的，即它要求其成员遵守非正式组织的行为标准，并对非正式组织保持忠诚。

梅奥还指出，企业中的正式组织涉及每一个成员，非正式组织也涉及每一个成员，即不仅工人中有非正式组织，管理人员中、技术人员中也有非正式组织。他认为，效率逻辑在管理人员和技术人员中占更重要的地位。所以效率逻辑可以认为是管理人员的逻辑，感情逻辑可以认为是工人的逻辑。他说，假如管理人员和技术人员是根据效率逻辑来管理，而忽视工人的感情逻辑，就会使两种逻辑发生冲突，从而影响生产率的提高和企业目标的实现。他指出，在采用传统管理理论进行管理时，这种冲突是经常发生的。梅奥还进一步指出，这种冲突不仅在个别企业中有，在高度工业化的整个现代社会也存在。他认为解决冲突的办法是：管理当局必须充分重视非正式组织的作用，注意在两种逻辑之间保持平衡，以便使之能相互协作，充分发挥各人的作用，提高效率。

在梅奥之后，罗特利斯伯格和迪克森则对霍桑试验的结论进行了深入分析。他们发现，按照古典管理学派的理念，工资增加会诱导工人更加拼命工作，然而实际结果却大出意料之外。无视于上级的奖励措施，每个成员的工作成效近乎一致（每天平均完成 2 个配电盘），甚至出现做得快的工人会因接近目标而停下来的情况。究其原因：员工害怕如果持续提高产量，上级会提出更高水平的要求。基于此，整个团体就形成一个非正式团体，进而设定大家合理的工作量（2 个配电盘）。由于团体的压力，每个成员放弃加薪，以换取成员之间的认同。换句话说，整个团体有其不成文的规定，成员若不遵守，则被冠上破坏者、骗子、告密者等恶名。此外，团体成员还被鼓动不要锋芒毕露，尽量做个泛泛之辈，否则就会受到其他人的排斥，而成为一个异己分子。①

有趣的是，试验过程也显示了正式组织领袖的大权旁落。这位上级所指定的监工，不但对成员的影响力极微，甚至有时不得不屈服于非正式团体所形成的压力。相比之下，两位无组织职权的特殊成员却享有盛誉，进而可以约束其他人的行为。研究发现，这两位特殊成员其中一位人缘极好，与工程师、检验师、监工都有往来。正式组织的领袖如果想知道什么，就必须经其渠道。另一位专业素质极佳，不但教导其他成员操作技术，并且态度良好。这两位俨然成为团体中的龙头，其权威并不来自上级，而在于各成员的共识，因此被称为是组织中非正式团体的领袖。

从霍桑试验开始，员工情感和非理性行为正式进入了管理学的研究殿堂。

巴纳德：正式组织与非正式组织的融合

无独有偶，巴纳德对非正式组织也给予很多关注。他曾在《经理人的职能》一书中指出，无论在什么地方都存在着与正式组织有关的非正式组织。他把非正式组织定义为：不属于正式组织的一部分，且不与它管辖的个人以及有关的人们、集团接触和相互作用。非正式组织没有正式的结构，而是通过同工作有关的接触而产生的，并且确立了一定的态度、习惯和规范。非正式组织常常为正式组织创造条件，反之亦然。巴纳德还发现，非正式组织在正式组织中起三种作用：第一，信息交流；第二，通过调节人们的协作意愿和稳定客观的权威，维持正式组织的凝聚力；第三，维持人们的个人人格、自尊心和独立选择力。② 这些职能普遍存在，并使非正式组织成为正式组织不可缺少的部分。

有人认为，巴纳德的思想来自于霍桑实验。为此，专门研究巴纳德的

---

① Roethlisberger & Dickson. *Management and the Work* [M]. Cambridge, MA: Harvard University Press, 1939: 522.

② 巴纳德. 经理人员的职能 [M]. 孙耀君等译. 北京：中国社会科学出版社，1997：97－98.

日本学者饭野春树曾询问巴纳德本人。巴纳德在给饭野春树的回信中说："我知道从事霍桑实验的埃尔顿·梅奥、罗特利斯伯格和哈佛团队的其他人，尽管事实上从事霍桑试验的西方电气公司是我所在的贝尔电话公司的分公司，但是我对霍桑试验一无所知，也根本不认识与梅奥研究团队直接相关的任何西方电气的职员"。"霍桑试验对我的书没有丝毫影响。我的书几乎都是我以往工作经历的产物，也在相当大的程度上受到经济学、社会学、社会心理学、法学等学科的影响。然而，任何合理的组织理论都必然与某种合理的人际关系理论相一致。正是这个原因，我的这本书得到梅奥团队的首肯和极为广泛的应用，几乎在梅奥此后的所有著作中，都借鉴和参考了这本书，并对此书给予了高度的评价。"①

很明显，巴纳德同梅奥相比，在重视人际关系和非正式组织上是一致的。但是，巴纳德显然有着梅奥所没有的重大突破，这就是把正式组织与非正式组织融为一体。巴纳德认为，正式组织必然创造非正式组织，而且非正式组织里个体间的信任感能够起到非常积极的作用。它有助于克服正式信息渠道"报喜不报忧"的倾向；使各种妥协成为可能，因而那些易产生争议的问题在非正式组织里较少产生矛盾；更为重要的是，这类信息传递以情感交流为基础，更易引起信息接收者的重视。实践中，经理人员确实颇为青睐这些小道消息，大多数优秀的经理人员在组织内都有自己的私人信息网，并且经常依靠这种私人信息网去发现问题。与之相应地，这些小道消息往往也会成为事实。

正是在这个意义上，巴纳德认为非正式组织是正式组织不可缺少的部分，非正式组织使组织更有效率并有助于使组织更有效力。除信息沟通外，非正式组织在组织的习惯养成、风气时尚、性格磨炼、价值观念以及忠诚心理等方面，都有重要的积极作用。

在一定意义上可以说，巴纳德是组织文化研究的创始人。巴纳德的思

① 饭野春树．巴纳德组织理论研究［M］．王利平等译．北京：生活·读书·新知三联书店，2004：19 注 2.

想反过来又影响了梅奥。正是巴纳德的研究，使梅奥的研究产生了转变。起初，梅奥是从生物的、生理的和心理的角度来探讨管理问题的，而在巴纳德的影响下，梅奥接受并发挥了协作系统观点，转为从合作的、社会的和有机的角度来研究管理问题。这对于矫正梅奥的批判倾向而更多地带有建设倾向，有着极大意义。

在巴纳德之前，组织理论基本上只关注正式组织的结构和效率。虽然梅奥通过霍桑实验提出了“非正式组织”的概念，并开始关注人的社会性和心理感受，但也仍然囿于解决组织效率的问题。这意味着巴纳德以前的组织管理理论和实践，即便是重视人，也是为了利用人，人被异化成了实现组织意图的工具。如果说巴纳德的组织理论实现了对人性观、组织观的划时代转换，那是因为巴纳德开创性地把组织看作是一个协作系统，实现了组织目的与个人动机、正式组织与非正式组织的两个融合。他不但阐明了非正式组织的独特职能、作用机制以及与正式组织之间的相互依存关系，而且首次强调人是最基本、最原初的起点，组织应该为人实现自己的意愿服务，并特别指出组织“单纯依靠物质的或金钱的诱因，是违反人的本性的”。可以说，正是巴纳德在正式组织与非正式组织论述中的这些独到见解，奠定了当今人本管理思想的基础。

行为科学中的非正式组织研究

在梅奥、巴纳德之后，又有大批人类学家、心理学家、管理学家及社会学家积极投入到非正式组织的研究中。例如，组织心理学家、麻省理工大学斯隆商学院教授沙因（Edgar H. Schein）对非正式组织在组织与管理中的意义作了一些分析。他认为，非正式组织是：①复杂社会系统的一个普遍存在而又不可避免的要素；②在人格的发展与锻炼中起着重要作用；③在社会化和控制的过程中是一个重要因素；④作为一个社会系统，与大规模的社会系统具有许多相似性；⑤能够作为一个强大的推动力量予以调动。社会学家道尔顿（Melville Dalton）则把非正式组织分为三大类：[1] ①垂直型非正式组织。由同一部门中层级地位不同的人员组成。它包括两种形式，一种是共栖性的，成员之间具有高度的依赖性，上司与下属之间互相维护利益；另一种是寄生性的，下属得到上司的协助较多，对上司却没有相应的贡献，只享受权利不尽义务。②水平型非正式组织。由不同部门中层级地位相同的人员因某些需要和关系而形成。它也包括两种形式，一种是防守性的，是当自己的权益受到威胁或侵害时，为谋求联合防御和维护利益而联合形成的；另一种是进攻性的，是为谋求利益，改变现行的组织结构而形成的。③混合型非正式组织。由不同层级地位、不同工作地点的人员组成，大多数是因为共同兴趣、友谊与社会满足感或为完成与机关无直接关系的功能而形成。

20 世纪 70 年代后期，社会学理论中的互动过程理论开始关注情感是如何卷入人际关系之中以及社会相遇是如何构成的，由此形成了诸多有关人际交往中情感研究的社会学理论。社会学家柯林斯（Randall Collins）指出，非正式组织可以提供成员间彼此了解和密切联系的机会，满足归属感和友情需求，同时组织成员在非正式组织中的才能展示和杰出表现弥补了在正式组织中产生的自卑感，增强了自信心，重新找到个人的尊严与价值。[2] 马克夫斯基（Barry Markovsky）、劳勒（Edward Lawler）以情感为核心主题提出情感网络理论，[3] 认为非正式组织是以满足其成员情感需要为标准的，人与人之间是直接的、面对面的、融入强烈情感的、自由的互动，成员之间的关系由其特定的行为规范来调节。非正式组织一般都有自己的“群体领袖”，他具有较强的权威性和感召力；其特点是没有强制性，对成员的影响具有自然性，这与那些由规章制度形成的、带有强制力

① Dalton. *Men Who Manage* [M]. New York: John Wiley, 1964.

② Collins. *Conflict Sociology: Toward an Explanatory Social Science* [M]. New York: Academic, 1975: 21 - 34.

③ Markosky & Lawler. *A New Theory of Group Solidarity* [J]. Advances in Group Processes, 1994 (11): 113 - 138.

的权力性影响力是不一样的，相对来说前者更具有说服力，使成员在行为上、心理上更易于服从，因而使得员工对非正式组织有强烈的认同感。肯帕（Theodore D. Kemper）提出了地位和权力的情感互动理论，[①] 认为通过与相关的权力和地位紧密相联的情感驱动，非正式组织可以把一些人生观与价值观带给成员，成员在非正式组织的群体影响中也能很快接受；非正式组织具有的实际影响力和号召力远比强制性的权力影响力要大得多，它可以解决一些正式组织无法解决的困难和问题；当一个人的行为与正式组织或目标发生矛盾时，非正式组织可以发挥一定的整合作用，将个人的行为引导到正式组织的行为或目标上来。

此外，还出现了非正式组织结构理论、人际吸引理论、意见沟通理论、团队合作理论等，从不同的侧面对非正式组织的成因及分类、运行基础、功能等进行了广泛深入的研究和探索。

非正式组织的特点

各种研究表明，非正式组织是个人在人际交往中自发产生的社会关系网络。非正式组织的产生还有年龄、地位、能力、工作地点、志趣、嗜好以及利害相关等其他因素。管理学家发现其中有一个定则：即人们有互相结合的需要，倘若不能从正式组织或领导措施上获得需要的满足，则非正式的结合就会增多。非正式组织关注的是人及其关系，而正式组织强调以权力、责任体现的正式地位。因此非正式的权力，属于个人，而正式权威则依附于职位。非正式权力带有个人色彩，而正式权力则带有官方色彩。

非正式组织的作用在于维护其成员的共同利益，使之免受其内部个别成员的疏忽或外部人员的干涉所造成的损失。为此非正式组织中有自己的核心人物和领袖，有大家共同遵循的观念、价值标准、行为准则和道德规范等。非正式组织有其自身鲜明的特点，主要表现在：①有很强的凝聚

① Kemper. *A Social Interactional Theory of Emotions* [M]. New York: Wiley, 1979: 10－42.

力。在非正式组织里，共同的情感是维系群体的纽带，人们彼此的情感较密切，互相依赖，互相信任，有时甚至出现不讲原则的现象。非正式组织的凝聚力往往超过正式组织。②心理的协调性。由于有自愿结合的基础，非正式组织成员对某些问题的看法基本是一致的，因而情绪共振，感情融洽，行为协调，行动一致，归属感强。③信息沟通顺畅。非正式组织成员之间感情密切、交往频繁、知无不言，信息传播迅速，成员对信息反应往往具有很大的相似性。④自然形成的“领导”人物。非正式组织不是由于组织的决定而成立的，它虽然没有上级任命的领导，但实际上每个非正式组织都有自己的“领导”。非正式组织内“领导”的形成，是在发展过程中自然涌现出来的，成员的拥护程度比正式组织高，号召力强。

非正式组织的积极作用具体表现在这样几个方面：①能够缓解管理负担。如果正式组织领导者知道非正式组织正与其协同工作，他们就不需要检查每个人的工作，他们会乐于下放并分散权力。②可以激励正式组织领导者更加周详地计划和行事。由于非正式组织可能破坏一项盈利项目，领导者们不敢滥用职权，必须谋定而后动。③可以满足成员的心理需要。正式组织人员之间的交往局限于职权、职位所构成的教条式的工作关系，而在非正式组织开展活动时能产生友谊，消除孤独感，也可以满足他们归属和寻求保护等心理上的需要，从而带来工作上的热情。④能增强正式组织内部的合作与协调。非正式组织的成员一般来自组织中不同的部门，他们通过交往易于产生合作精神。⑤信息传递的重要渠道。非正式组织可以传递某些不便由正式渠道来传递的意见和信息，从而使其成员了解正式组织的意图。

在大多数非正式组织里，通常存在以下缺陷：①不愿变革。非正式组织的一个重大缺陷是过于维持现状，成为变革的拦路石，这是造成员工保守性的一个重要原因。②角色矛盾。在社会中生活、工作的个人，都是有各种不同角色的综合体。组织成员可能既希望满足非正式组织又想满足正式组织对他的要求，这两类要求经常在一定程度上相互冲突。③不直接受控于管理者。非正式组织的领袖所依赖的“权威”是领导者的个人权威，而非管理层。非正式组织会造成员工之间、群体之间的矛盾，降低工作激情和满意度。④可能造成目标冲突。如果非正式组织与正式组织的目标大相径庭，甚至是针锋相对，那么其成员可能会为了维护非正式组织的利益而放弃正式组织的利益，成为正式组织实现其目标的重大障碍和异己力量。⑤散布谣言、传播小道消息。非正式组织作为一种信息传递的重要渠道，成为滋生各种“小道消息”、“独家新闻”等的温床和传播渠道，这对正式组织中人心的安定和正常工作的开展是不利的。

总之，非正式组织犹如一把双刃剑，既会对正式组织产生积极作用，也会产生消极作用。关键在于如何运用。管理者若能充分认识到其影响，设法找寻那些具有影响力的非正式领袖，努力创造条件，使非正式组织与正式组织的目标相结合，就会产生良好的效用。

应该看到，各种组织理论在教育管理研究中的广泛应用对教育管理理论运动的发展起到了积极的推动作用。关于组织理论和管理理论的关系，英国教育管理学学者霍尔（E. Hoyle）认为，教育管理理论都是从组织理论和管理理论中派生出来的，“组织理论是解决理解和认识的理论。这样，我们就可以对组织理论和管理理论作一个大致的区分，管理理论是一个应用的理论，因此比较具体。然而，不应过分强调两者的区别。由于管理理论是以组织理论为基础的，管理理论的研究也对组织理论有贡献……组织理论能够增强我们对管理有关方面的理解，并能对各种有关学校管理的研究提供一个比较有序的框架”。[①]

但有的学者评价过于悲观，霍尔姆斯（Mark Holmes）和温恩（Edward Wynne）曾就组织理论对教育管理的价值提出了一个批判性的观点：“不幸的是，关于学校的组织理论尚缺乏经验性研究的证据，所以，教育管理的教科书只能是一些零星研究的汇集而已，所阐述的观点是不能令人信服的。”[②] 加拿大教育管理学家格林菲尔德对组织理论的批评更为尖锐，“绝

① Hoyle. The Politics of School Management [M]. Sevenoaks: Hodder and Stoughton. 1986: 20.

② Holmes & Wynne. *Making the School an Effective Community* [M]. New York: Falmer Press, 1989: 29.

大多数的组织理论都草率地简化了组织的现实及其性质。这些理论把组织当作有其自身生命的一个统一体，而抛开了其中个体的思想和信仰，使我们看不到组织内部的复杂性和多样性”。[①]

① Greenfield. *Organizations as Social Inventions*: *Rethinking Assumptions about Change* [J]. In *Journal of Applied Behavioral Science*, 1973 (5): 571.

第五章

社会系统理论

最早运用社会系统的观点来研究管理问题的人是巴纳德。他在1938年写成的《经理人员的职能》一书中，把组织看作由物质要素、生物要素、个人要素和社会要素等组成的一个协作社会系统，形成了最初的社会系统观。① 因此，美国管理学家孔茨等人把他称为社会系统论"精神上的创始人"。② 20世纪50年代，社会系统论逐渐被学术界接受。而到了20世纪60年代，则被广泛应用于各个社会领域。受这些理论观点的影响，理论运动早期倡导者们将学校看作一种社会系统，逐渐形成了各种学校社会系统论，成为理论运动中的一个重要的理论流派和研究领域。

第一节　早期的社会系统观

系统是什么？一般来说，系统是由相互联系、

① 参见本书第二章第二节。我国学者认为，巴纳德的系统观是从社会学移植到组织理论中的，但比一般系统理论和系统工程的兴起要早好几年。杨砾．当代西方管理学［M］．北京：世界知识出版社，1990：107.

② 孔茨等．管理学［M］．黄砥石，陶文达译．北京：中国社会科学出版社，1987：85.

相互作用的要素或部分组成的具有一定结构和功能的有机整体。[①] 英语“系统”（system）一词来源于古代希腊文（systεmα），意为部分组成的整体。《牛津英语词典》对“系统”一词下的定义很简单，认为它“是一批或一组相互有关或彼此依存的事物，从而形成一个复杂的统一体；一个按照某种体系或计划有条理地安排的、由各个部分组成的整体”。[②] 对这个定义，《兰顿社英语词典》又补充了一点，即“在知识或思想的某一具体领域内，一组事实、原理或学说等的有条理的、综合性的集合”。[③] 虽然人类早就有关于系统的认识，但大都偏重于哲学上的探讨。

社会有机体论

人类社会是一个系统，而且是一个有机体。这种把人类社会比喻为“有机体”的社会系统观自古就有，但是比较专门而有价值的探讨则始于法国圣西门（Comte de Saint - Simon）、孔德（A. Auguste Comte），特别是英国的斯宾塞（Herbert Spencer）。

法国哲学家、空想社会主义者圣西门初步提出了社会有机体（social organism）的思想，他的弟子们则明确提到“社会是一个有机的整体”，并要求分析“社会这个统一整体的各个器官”。作为圣西门秘书的孔德把社会与生物学中的“个体有机论”作比较，认为家庭是社会的细胞，种族或阶级是社会的组织，社区或城市是社会的器官。

英国社会学家、教育家斯宾塞继承圣西门和孔德的社会有机体思想。他在根据生物进化论写成的《社会静力学》（*Social Statics*，1850）、《社会学原理》（*Principles of Sociology*，1876 - 1896）三卷本等著作中，把社会看成是一种有机体，从生物进化论的观点研究社会的进化及其营养的持续分配等功能。尤其是在《社会学原理》一书中将社会与生物有机体进

① 孔茨等．管理学［M］．黄砥石，陶文达译．北京：中国社会科学出版社，1987：29.
② 孔茨等．管理学［M］．黄砥石，陶文达译．北京：中国社会科学出版社，1987：29.
③ 孔茨等．管理学［M］．黄砥石，陶文达译．北京：中国社会科学出版社，1987：29.

行了分析比较，得出三个结论：第一，社会是一个体系，一个由相互联系的各部分构成的紧密整体；第二，这个体系只能从其结构运转的意义上去理解；第三，体系要存在下去，它的需求就必须得到满足。斯宾塞依照生物有机体的三个器官系统，把社会划分为三大系统：一是由产业组织体现的保持系统，相对于生物体的营养系统；二是由商业、银行、运输业组织体现的分配循环系统，相当于生物体的分配、循环系统；三是由管理机构和政府体现的调节系统，相当于生物体的神经系统。相应地，担任生产营养职能的是工人阶级，担任分配与交换职能的是商业阶级，担任调节生产的是工业资本家。他同时指出，社会有机体不同于生物有机体，而是一种“超有机体”。生物有机体的各个部分紧密相连并完全从属于整体，而社会超有机体的各部分的活动比较分散与自由，因而是一个比较松散的整体，同时又是一个可自我调节的系统。他提出了社会静力学的命题，并用静止状态的观点来解释社会有机体，认为其间的完善调节与平衡状态是社会的理想状况。

斯宾塞之后，社会有机体论的代表有德国的谢弗勒（A. Albert Schfule）和菲尔肖（Rudolf Virchow）。他们在斯宾塞的基础上还作了具体的设想。谢弗勒将社会中的军队、警察、文教、技术等各种性质不同的社会团体比拟为人体的不同器官，认为这些“器官”是社会有机体不可缺少的，体现了不可分割的有机联系。菲尔肖是德国著名的医学家、政治家和细胞病理学的奠基人，他提出了“细胞国家”的观点，把国家比拟为由细胞组成的生物体，国家和社会的各个集团、部分都是一些“细胞”。

此后，社会有机体论在20世纪70年代以后被德国学者利林费尔德（Paul von Lilienfeld）、美国学者威尔逊（Edward O. Wilson）等发展成为社会生物学（Sociobiology），其基本特征是综合社会个体生态学、环境生态学和群落遗传学的理论观点与方法，试图解释人类社会行为的各个方面。利林费尔德直接运用细胞理论，把人类社会看作一个生物有机体，认为社会机体中“细胞间的物质”的聚合同人体中的“资源形成”（遗传素质、能量等）是一致的。他认为如果没有有机体的原理，要想建立任何一种科学的社会学都是不可能的。但是，我们应当清醒地认识到，作为社会的人，不仅有自然属性，还有社会属性，因此，社会系统与自然系统存在比拟性，但二者也存在巨大的差异，或者是本质的差异。完全用生物本能解释复杂的社会现象及意识形态具有片面性和危险性，但这不排除社会生物学的积极意义，尤其不能排除社会系统的发展平衡与生物系统的发展平衡。

马克思的社会有机体理论与上述斯宾塞等人的社会有机体理论有相似之点，但又有其重大的本质的区别。马克思最初是在《哲学的贫困》中提出“社会有机体”这个概念的，他在批判蒲鲁东时指出：“谁用政治经济学的范畴构筑某种思想体系的大厦，谁就是把社会体系的各个环节割裂开来，就是把社会的各个环节变成同等数量的依次出现的单个社会。其实，单凭运动、顺序和时间的唯一逻辑公式，怎能向我们说明一切关系在其中同时存在而又互相依存的社会机体呢?”[①] 马克思在为《资本论》第一版写的序言中又指出：“社会不是坚实的结晶体，而是一个能够变化并且经常处于变化过程中的有机体。”[②] 马克思关于社会有机体的这两处论述十分清晰地告诉我们，社会有机体包括“社会体系的各个环节”和“同时存在而又互相依存”的“一切关系”，因而社会有机体是一个囊括全部社会生活领域的跨层次性的、整体性的范畴。概而言之，所谓社会有机体是指由人和全部社会生活条件、要素构成并相互依存与相互作用的活动和发展着的有机整体。

亨德森的系统观

在美国，较早接受社会有机体观点的学者当属著名生物化学家、心理学家、社会学家亨德森（Lawrence J. Henderson）。[③] 他 1878 年出生于马萨

① 马克思恩格斯选集（第 1 卷）[M]. 北京：人民出版社，1995：143.
② 马克思恩格斯选集（第 2 卷）[M]. 北京：人民出版社，1995：102.
③ 孙耀君 . 西方管理思想史 [M]. 太原：山西人民出版社，1987：542.

诸塞州，1902 年毕业于美国哈佛大学医学系并取得硕士学位，后到斯特拉斯堡大学（University of Strassburg）从事研究工作。亨德森的学术兴趣十分广泛，在医学、生物化学、生理学、社会学等许多方面表现出极大的天赋。1919 年，他晋升为哈佛大学教授，并成为美国国家科学院院士。1920 年，他创办了哈佛大学医学院物理化学实验室。1924—1925 年期间创办美国科学史学会（History of Science Society）并担任首任会长。1927 年创办哈佛大学疲劳实验室。1933 年在哈佛大学建立院士学会（Society of Fellows）。此外，他还担任耶鲁大学、柏林大学的兼职教授，被剑桥大学等授予荣誉博士。亨德森著有《环境的调适》（*The Fitness of the Environment*，1913）、《自然的次序》（*The Order of Nature*，1917）、《帕累托的一般社会学》（*Pareto' General Sociology*：*A Physiologist's Interpretation*，1935）。

亨德森比较完整地提出了"社会系统"概念，并进行了深入细致的研究，其成果集中反映在《帕累托的一般社会学》一书中。他主张把帕累托有关社会系统的概念用来分析各种各样的具体的社会系统。他说："一个社会系统可以由两个或更多的人组成……在很多时候，一个家庭可被认作是一个社会系统，一个乡镇、一个州也可以是一个社会系统；进一步说，把整个世界都看作一个独立的社会系统，也并非不可能。"① 显然，亨德森认为社会系统概念可以用来描述两个或更多人之间互动的状况。他将社会（国家）、医患关系、企业内部非正式组织等都描述成社会系统。值得注意的是，亨德森强调社会是一个工作着的系统，而平衡的概念对研究社会过程是不可缺少的。在他看来，所谓的平衡，不是机械的平衡，而是有机的平衡，具有自我调节的机能。如果由于环境的变化而使得系统出现不平衡，有机体会立即发生要恢复到没有发生变化时的平衡状态的反应，这样有机体才能继续生存。这种有机平衡正是社会系统的重要

① Bernard Barber. *Lawrence J. Henderson on the Social System* [J]. In *The British Journal of Sociology*, 1971 (4): 462-463.

特征。

亨德森的社会系统思想对社会学家帕森斯（Talcott Parsons）、人际关系学说的创始人梅奥（Elton Mayo）和罗特利斯伯格（F. J. Roethlisberger）、巴纳德和默顿（Robert K. Merton）等人都有较大的影响。帕森斯称赞亨德森是一位“严格的科学家”，一位“具有良好背景的生理学家”。[①]他在《社会行动的结构》中有关一般意义上的理论的重要性和特殊意义上体系概念的重要性观点，直接来自亨德森的影响。巴纳德同亨德森交往甚密，他在《经理人员的职能》中特别提到，正是亨德森等人的鼓励和支持，才使得他完成该书。他从亨德森的系统思想中得到启发，提出了“协作系统”概念，进而影响其他社会学家。此外，亨德森关于系统和有机平衡的思想后来发展成为贝塔朗菲的一般系统理论。

巴纳德的协作系统观

巴纳德将社会学概念应用于分析经理人员的职能和工作过程，并把研究重点放在组织结构的逻辑分析上，提出了一套协作系统理论。他认为，社会的各级组织包括军事的、宗教的、学术的、企业的等多种类型的组织都是一个协作的系统。这些协作系统是正式组织，都包含有三个要素：协作的意愿、共同的目标、信息的联系。所有的正式组织中都存在非正式组织，两者是协作系统中相互作用、相互依存的两个方面。一个协作系统是由相互协作的许多人组成的。对于个人目标和组织目标的不一致，巴纳德提出了“有效性”和“能率”两条原则。当一个组织系统协作得很成功，能够实现组织目标时，这个系统就是“有效性”的，它是系统存在的必要条件。系统的“能率”是指系统成员个人目标的满足程度，协作能率是个人能率综合作用的结果。这样就把正式组织的要求同个人的需要结合起来了，这在管理思想上是一个重大突破。至于组织中经理人员的作用，

① 帕森斯．社会行动的结构［M］．张明德等译．南京：译林出版社，2003：平装本序言．

就是在协作系统中作为相互联系的中心，并对协作的努力进行协调，以便组织能够维持运转。根据巴纳德的协作系统论，西蒙把组织解释为“由相互依存的活动构成的系统，它至少拥有几个主要的集体，并常常具有这样的特点，即在这些集体成员的自觉基础上，以高度的理性行为去实现他们的功用目标”。① 巴纳德协作系统论为社会系统学派的理论奠定了基础。

第二节　帕森斯的社会系统论

严格地说，把社会系统作为学术范畴而给予系统、科学的论述，是从美国社会学家、结构功能分析学派的创始人帕森斯（Talcott Parsons）开始的。帕森斯 1902 年出生于美国科罗拉多州，1920 年毕业于纽约霍雷斯门中学，后进入麻省阿默斯特学院主修生物学。而后赴欧洲，先在英国伦敦经济学院学习，一年后转往德国海德堡大学研究经济学和社会学，1927 年获得社会学博士。回国后在哈佛大学教授经济学，1931 年开始在社会学系讲授社会学，1944 年升任正教授，并接任系主任。1949 年任美国社会学会会长。帕森斯在其处女作《社会行动的结构》（*The Structure of Social Action*，1937）中初步阐述了“社会行动”理论，并声称他主要受马歇尔（A. Masel）、涂尔干（Emile Durkheim）和韦伯的影响。此后，他在《社会系统》（*The Social System*，1951）中详细论述了“社会系统”的一般理论。他还在《现代社会的结构与过程》（*Structure and Process in Modern Societies*，1960）、《社会：进化与比较的观点》（*Societies, Evolutionary And Comparative Perspectives*，1966）、《社会系统与行动理论的进化》（*Social Systems and the Evolution of Action Theory*，1977）等著作中，进一步论述了社会系统论。

① 孔茨等．管理学［M］．黄砥石，陶文达译．北京：中国社会科学出版社，1987：85.

社会行动系统

跟巴纳德的思想一致，帕森斯也把组织看成是一个系统，一个“被组织起来实现特殊类型目标的社会系统”，“这个系统具有任何一个社会系统都有的基本性质”；同时他认为组织又是“更大社会系统中的功能分化的子系统”，“组织所在的更大的系统在大多数场合，可被假定为社会”，而“组织的特征由决定组织在其中运行的某种情境来界定，这种情境将构成一种关系，这种关系是在组织与它所在的更大系统的其他专门化的子系统之间达成的”。在帕森斯看来，社会系统就是一种行动者之间互动过程的体系，它是涉入互动的行动者之间的关系结构。他根据分析单元的不同，把社会系统分为四个层次：一是按角色组织起来的个人；二是集体，包括对角色和集体性存在施以秩序和加以控制；三是据此进行控制的规范；四是规定合理的关系以及体现的价值。由此，帕森斯的社会系统是由价值、规范、集体、角色四个结构范畴组成。

帕森斯的社会系统论是由“社会行动”入手的，因此，他所讲的社会系统实质上就是社会行动系统。这里的行动取自韦伯的经典定义：“行动遍及于一切人类的行为，只要行动者赋予它以主观的意义。”[①] 即行动是行为的一种类型，是具主观目的的行为。帕森斯把行动看成是由多种因素制约和影响而成的综合体，并认为行动应包括行动者、目的、手段、情境、规范、价值观；有着行动目的、行动手段，受一定情境、规范制约，被某种价值观影响的行动者的互动体系，则构成了社会行动系统。

从总体上看，社会行动系统是由文化系统（cultural system）、社会系统（social system）、人格系统（personality system）和行为有机体系统（behavioral organism）四大子系统构成的。文化系统是价值观、信仰、规范及其他观念的总和；社会系统是一定情境中的行动者的互动形式；人格

① 韦伯．社会科学方法论［M］．韩水法译．北京：中央编译出版社，1999：3.

系统由人的动机、需要和态度等心理因素构成；行为有机体系统是人的有机体及其生存的自然环境。帕森斯认为，这些子系统相互牵制并制约人类的行动，社会系统有其自身存在和发展的必要条件：①社会系统必须组织得能与其他系统相容；②为了生存，社会系统必须得到其他系统的支持；③系统必须满足其他行动者的各种需要，并达到一种有意义的调适；④系统必须吸引其成员充分参与系统的运作；⑤系统必须对潜在的分离行为具有最低限度的控制；⑥如果冲突可能导致系统瓦解，冲突必须得到控制。

社会系统的功能

帕森斯把“功能”作为社会系统的核心概念。他认为，功能是维持社会均衡的有用的适应活动，是控制系统内结构与过程之运行的条件。在他看来，任何社会或社会组织均需要满足四项基本的功能[①]：①适应（Adaptation）；②目标实现（Goal attainment）；③整合（Integration）；④模式维持（Latent pattern maintenance）。分别取其首字母便构成“AGIL架构”（AGIL scheme）分析模型（见图5－1）。

L　　　　　　　　　　I

文化 系统	社会 系统
行为有机体 系统	人格 系统

A　　　　　　　　　　G

图5－1　一般行动系统的结构

适应功能是指系统一方面必须适应它的环境，另一方面必须调整环境以符合系统本身的需要。更详细地说就是，系统必须能处理外在情境的危

① Talcott Parsons. *The Social System* [M]. Glencoe, Ill.: Free Press, 1951: 19.

险以及突发事件。同时，系统也需要改变环境，让环境适合系统的需要。

目标实现是指系统必须规定并达成它的主要目标。每个系统的最终目标不仅是在未来能继续存在的，而且要能成长、壮大。每个特定的社会系统都有这种共同目标，但也有各自的特定的目标。

整合功能是指系统寻求规律化以组成元素之间的相互关系。例如，在大学里，行政人员必须确保研究和教学不会变得互不相干。因此，教授做出的研究成果要能整合到课堂教学上，而学生在可能的情况下也能参与研究计划。这种相互关系可协助避免出现教学和研究发生冲突的情况；它使得两者能整合在一起。此外，整合也必须要能管理其他三种必要功能（适应、目标达成和模式维持）之间的关系。

第四个功能称为潜在功能和模式维持功能。潜在功能指的是系统必须能供给、维持并更新个人的动机。模式维持指的是创造并维持个人动机的文化模式必须得到供给、维持并更新。

在社会系统中，这四种功能分别由经济组织、政治制度、法律制度和家庭与教育制度来执行。帕森斯强调，一个系统的运行状态是否稳定，不仅取决于它是否具有满足一般功能需求的子系统，而且还取决于这些系统之间是否存在着跨越边界的对流式交换关系。对于一个社会系统来说，维持其内部各个子系统之间边界关系的最低限度的平衡是至关重要的。若能维持它们之间的平衡，就可以达到社会运行的良性状态，就能发挥社会系统的正功能，若失去了这种平衡，社会就会出现冲突，出现病态，使社会运行呈失调状态，这是社会系统所具有的负功能。

组织的功能与层次

1957 年，帕森斯在《关于正规组织一般理论的若干组成部分》一文中把组织功能分解为三个层次。[1] 第一个层次是技术功能或技术系统。这是指组织中负责操作性工作的层次或子组织，如学校中负责教学任务的教师、政府的税务部门、公司的负责实物生产过程的部门，都属于组织等级结构中的最低层次。第二个层次是管理功能或管理系统。相当于组织中的各级管理部门，它不仅对内进行管理和一定范围的决策，而且负责处理组织与外部的日常关系，如企业界的公司，政府方面制定政策的较高行政部门等。第三个层次是制度系统或社会化系统，其主要任务是解决组织适应社会环境的问题。

帕森斯认为，以上三个层次是逐级递进的关系，它们相互依赖、相互作用，但又不是完全独立的，这是因为在管理的系统之上还存在着三种类型的社会控制。第一种是在整个社区有效的"普遍承认的准则"，它们或者是已经具有法律的形式，或者是约定俗成，被共同认为是好的做法。第二种类型的控制是在管理的结构和社会大众的兴趣之间创建某种形式的中介组织，在教育中这种中介性的安排有可能表现在教育委员会的工作之中。第三种类型的控制是建立一定的行政结构来监督组织的管理系统和技术系统，在教育中这种行政结构就表现为负责对学校实行全面监督的州教育机关。之所以如此，是因为组织的管理必然依靠社会的系统才能取得合法性和强有力的支持，从而实现管理的目标。帕森斯的观点很快被教育管理学家所接受。

帕森斯针对正式的学校组织，提出一个有用的概念化的观念。他认为学校的组织层次，可依功能或权责加以划分。利用这个概念，帕森斯依据功能或责任，把学校系统区分为技术系统、管理系统、社区或机构系统等层次。教学功能属于技术系统，管理系统控制着技术系统，而社区系统也通过其组成的委员会来管理学校，而使得学校的管理系统能正常运作。

总的来看，帕森斯的社会行动理论和结构功能主义是其社会系统论的

① Talcott Parsons. *Some Ingredients of a General Theory of Formal Organizations*. In Andrew W. Halpin. *Administrative Theory in Education* [M]. The Macmillan Company, 1958.

重要基石，为分析教育领域里的正式组织提供了理论框架，并在理论运动中发挥了积极的理论建构作用。

第三节　盖茨尔斯模式

20世纪50年代初期，盖茨尔斯在《哈佛教育评论》上发表了《教育管理研究中的一种心理社会架构》一文，正式提出教育管理研究的“心理社会架构”（*Psychosociological Framework*）。到50年代中期，盖茨尔斯在心理社会架构的基础上，又进一步提出了著名的“管理过程的盖茨尔斯—古巴模式”（The Getzels – Guba Model）。60年代初期，盖茨尔斯与塞轮（H. A. Thelen）一起讨论课堂是一个独特的社会系统时，又增补了团体气氛、生物学和人类学三个分析维度，从而形成了影响广泛的“课堂作为社会系统的盖茨尔斯—塞轮模式”（The Getzels – Thelen Model）。后来，盖茨尔斯、利法姆（J. M. Lipham）和坎贝尔三人在合著的《教育管理是一个社会过程》（*Educational Administration as a Social Process*，*1968*）一书中，结合教育管理的有关情况再一次阐发了这一模式，并明确指出学校是一个社会系统的复合模式。为了更深入和更明确地阐明学校作为一个社会系统的文化价值维度及其个体价值维度，揭示个体与机构规范和价值的持续作用，20世纪70年代末80年代初，盖茨尔斯又提出了“教育共同体模式”（Model of the Communities of Education）。正是这些有所同又有所不同的模式组合在一起，就构成了人们所说的盖茨尔斯的社会系统理论。

心理社会架构

盖茨尔斯指出，“管理关系表现为两种相互联系的不同情境。一种情境是由上级按照他的需要与目标而知觉和组织起来的关系，另一种是由下属按其需要与目标而知觉和组织起来的关系。两种情境的交互作用是通过现实的目标和符号而联系起来的。从某种程度上看，这种交互关系在这两种情境中还是相互竞争的。”①

受韦伯和帕森斯的影响，盖茨尔斯在分析管理关系时，确定了三个主要的维度，即权威维度、关系范围维度和情感维度。权威维度是指上级成员支配的资源与下属对支配的接受；关系范围维度是指角色的有效程度与由关系所覆盖的资源；情感维度是指参与者个人交互作用的本质。具体而言，这些维度可定义如下：

关于权威，教育管理关系更多的是建立在理性基础上的，而不是建立在传统的或个人魅力的基础上的。因此，管理者在管理关系中，为了实现双方的机构性目标，必须具备分派和整合角色、资源的技术性知识和能力。由于机构双方的成员都具有专业地位，因此，理性管理关系的本质特征是它的相互依存性（reciprocality）。在这种管理关系中，双方成员都对对方具有功能性要求。因而在学校这一特定的情境中，研究权威运行如何影响领导—下属关系，就既恰当也必要了。

管理角色的范围可以规定为两种类型的人际互动：机能弥散型（functionally diffuse）与机能专有型（functionally specific）。在机能弥散型互动中，成员双方都对对方负有义务，这是不言而喻的，而且从某种意义上说，这种义务是无限的。在机能专有型互动中，义务是受这样一些关系要素所限制的，即参与者的能力与参与者的机构身份（institutional status）规定着他们的义务。但是，在教育环境中，所存在的需要又决定着管理关系中的机能弥散型与机能专有型的范围与效果。

关于情感，管理关系的一个重要变量是个人交互作用的特性。情感可以是中立的（非个人的），也可以是负载了个体意义的。当交互作用被期望对所有参与者具有同样特性，并被建立在恒定的行为规范之上时，它们就是非个人性的，因而也是普遍化的。当交互作用被期望对不同参与者具

① Getzels. *A Psycho-socialogical Framework for the Study of Educational Administration* [J]. *Harvard Educational Review*, 1952 (22): 246.

有不同特性，并被建立在不同的行为规范之上时，它们就是个人性的，因而也是个别化的。在普遍化关系中，重要的问题是什么被卷入了其中；在个别化关系中，重要的问题是谁被卷入了其中。考虑到人格及其情境因素使得学校管理关系愈加普遍化或者个别化，并影响着管理过程中参与者的互动效果，因此，盖茨尔斯建议对这些因素应加以认真的思考。

盖茨尔斯—古巴模式

基于心理社会架构，盖茨尔斯—古巴模式主要从管理过程来分析探讨社会系统中的可观察行为。社会系统的范围很广，像共同体、学校、课堂及团体等都是其中的类型。图 5－2 所展示的这一模式，包含了社会系统中的两类主要现象。这两类现象在概念上是独立的而在现实中却是交互作用的。首先是机构，它具有特定的角色和期望，其作用是实现系统的目标。其次是生活在系统之中的个体，它具有特定的人格和需要倾向，个体间的交互作用通常就构成了所谓的“社会行为”。社会行为可以理解为是下列要素的一种功能：机构（institutions）、角色（roles）和角色期望（role expectations）共同构成了社会系统中活动的规范/机构层面；而个体（individual）、人格（personality）和需要倾向（need－disposition）共同构成了社会系统中活动的个人/个体层面。

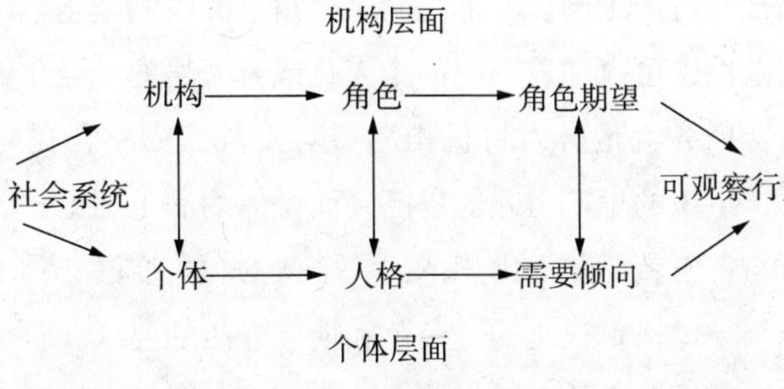

图 5－2　关于社会行为维度的盖茨尔斯—古巴模式

关于制度层面，学校作为一种机构是有目的的，是由人构成的，并被结构化为角色。而这些角色又是相互补充的和内在地联结在一起的，是由规则所支配的。角色，即角色承载者的规范性权力和责任，是由期望规定的。而角色期望则在要求的与禁止的、机能专有的与机能弥散的、非个人的与个人的范围中变化。关于个体层面，学校中的每个个体都有特定的人格，而人格又是由个人的需要倾向规定的，需要倾向决定了一个人与环境的独特的交互作用。因此，社会系统中的行为，即是给定的机构角色与特定的角色承载者的人格之间的交互作用的结果。其中，给定的机构角色是由依附于它的期望所规定的，而人格是由一个人的需要倾向所规定的。社会行为一般可用这样一个公式来表达，即：

$$B = f\ (R \times P)$$

这里的 B 代表行为（behavior），R 和 P 分别代表角色（role）和人格（personality）。

根据这一公式，角色与人格因素的比例决定着行为，但这一比例又是随着特定行为、角色和相关的人格而变化的。行为受角色期望所支配的程度可能是很大的。例如，军队里的绝大多数行为都是受命令支配的。相反，如果行为大部分是受人格支配的，那这一比例就要颠倒过来。例如，艺术界的大多数行为就都留给个人选择。学校中角色与人格的比例大都是处在这样两个极端之间。当角色的比例增大时，行为仍然保留着某些个人因素。这是因为，没有一个角色能完全清除掉个人的所有态度。当人格的比例增大时，社会行为也同样不能完全逃避角色的限制。角色维度与人格维度之间的和谐性，可以随着角色的个人化或者人格的社会化而增加。因此，管理的独特任务就是努力将机构需要与人员需要整合在同一条道路上。只有这样，组织的生产力才能提高，而个体的满足感也才能增强。

盖茨尔斯与古巴就此还提出规范的、个体的和权变的三种不同的领导风格。规范的领导风格重视机构、角色和期望方面的要求。它强调的是明确地规定角色，遵循合适的程序，减少角色冲突，通过人格社会化实现整合，用组织效果的标准评判领导的表现。与前者相反，个体的领导风格重视个体、人格和需要倾向方面的要求。它强调的是角色中所提供的自由，鼓励个体的积极性和创造性，减少人格冲突，通过角色社会化实现整合，并以个体效率评判领导的效果。权变的领导风格既看重角色期望，也看重人格；既强调树立机构的作用，又强调个人能力是有限的；强调减少角色冲突、角色—人格冲突和人格冲突；重视通过人格的社会化或者角色的个人化来实现整合；既用组织效果又用个体效率的标准来评判领导的优劣。

盖茨尔斯—古巴模式还阐明了发生于教育背景中的主要冲突类型，即角色—人格冲突、角色冲突和人格冲突。当隶属于给定角色的期望类型与该角色承载者的需要倾向特点出现脱节时，就会发生角色—人格冲突。而当一个角色承载者需要且遵守若干相互排斥、矛盾或者不一致的期望时，就会发生角色冲突。在他们看来，引发角色冲突的原因主要有：参照团体内部在规定角色时出现了分歧；几个参照团体间产生了分歧，而每个团体都有权力对同一个角色做出规定；同一个体在同一时刻扮演着两个以上的角色，而对这些角色的期望却又相互矛盾。人格冲突通常被看成是角色承载者的人格内部存在的对立的需要与性情的一种功能。人格冲突既可以发生于人群之间，也可以发生于个体内部。除了这些主要的类型以外，冲突也可能是由实际表现出的真实行为（一个人做了什么）与所希望的理想行为（一个人应该做什么）之间的不一致所造成的。甚至对自我角色、他人角色、人格及价值要素的错误知觉，也可能引发社会系统中的冲突。

盖茨尔斯—古巴模式还明确地规定了士气这一主要维度。在该模式看来，效果是行为与角色期望和谐性的功能，而效率则是行为与需要倾向和谐性的功能，至于满足则是机构角色期望和个体需要倾向和谐性的结果。当考虑社会系统的目标时，从逻辑上讲，理性是指角色期望要有助于机构目标的实现；认同是指个体能将目标和行为与他本人的需要和价值结构整合起来；归属感代表的是这样一种期望，即一个人能在机构之中获得个人的满足。因此，效果、效率、满足与理性、认同和归属感的交互作用，有利于理解和提高社会系统中的士气。

盖茨尔斯—塞轮模式

盖茨尔斯和塞轮把课堂看成是一个独特的社会系统，他们整合了先前的模式框架，并补充了另外三个新的维度。这些维度是：①学校及其课堂的气氛代表着一种生活方式，这种生活方式就是所要达到的组织目的、个体目的及团体目的；②学习者和其他人的生物学状态，作为有生命的人类有机体，制约和影响着目标行为；③学校是在具有某种传统、规则及象征的文化中运行的，这种文化构成了族性，而族性又是那些普遍存在的隐性的和显性的价值取向所决定的。上述三个维度与作为基础的盖茨尔斯—古巴模式被融合到盖茨尔斯—塞轮模式（见图5－3）中。

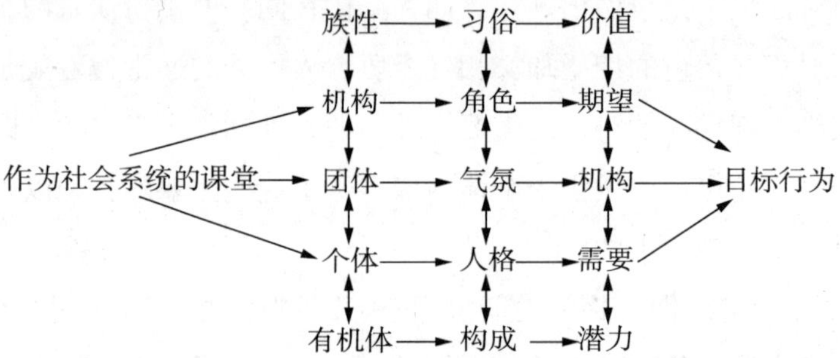

图5－3　课堂作为社会系统的盖茨尔斯—塞轮模式

盖茨尔斯和塞轮强调，学校是一个开放系统，它植根于历史的、物理的和社会的环境之中。他们指出：“在课堂中所发生的事情，最终没有什么不是社会规则的结果；而社会规则所带来的种种后果，也没有什么能够不在课堂中表现出来。”① 在他们看来，课堂作为一个系统，其某一部分的变化，也必然要在该系统的其他部分反映出来，并最终会在其他的社会系统中体现出来，尽管这种体现可能是微弱的。

① Getzels & Thelen. *The Classroom Group as a Unique Social System*. In Henry, N. B. (ed.). *The Dynamics of Instructional Groups. The* 59th *Yearbook of the National Society for the Study of Education* [M]. Chicago: University of Chicago Press, 1968: 60－61.

图 5 - 3 所展示的这一模式的中间部分是“团体气氛”维度。该维度大都与课堂的组织气候和学校的组织气候的研究有关。而图中下部分的“生物学”维度，很多时候都是围绕教学中学生所偏爱的学习风格进行探讨的。学习风格中的偏爱变量有温度、光线、声音、持续性、流动性以及其他的一些有关学生的物理的和情感的状态特征等。在教育管理方面，很多研究者探讨了男女性别差异与有效领导和管理角色绩效之间的关系。还有一些教育管理研究将年龄作为一个重要的分析变量。之所以如此，主要原因在于选拔各种教学及管理职位的候选人时，年龄在某种程度上已成了一个带有偏见的值得注意的因素。还有一些研究者，如吉尔伯特（K. M. Gilbert）不仅关照了性别和年龄因素，而且还进一步讨论了影响管理者和教师有效角色表现所需要的能力、潜能及其身体状态。①

图 5 - 4 所显示的价值或者“人种学”维度，表明学校作为一个机构是植根于某种习俗（mores）和价值文化中的，它们影响着目标、角色和社会行为。通常，价值冲突既可在较大环境的团体间发生，也可在课堂外部的文化价值和课堂内部的机构期望之间发生。而且，对学校而言，价值并不只是外在地存在着，更是内在地融化在个体身上的。这样一来，学校作为一个社会系统的复合模式的理念就被构建起来。关于这一点参见图 5 - 4。该模式底线强调的是，学校中的个体所秉持的价值，解释和预示着绝大多数目标取向的社会行为。这一复合模式还清楚地表明，任何系统，不论是团体、课堂、学校，还是学区，都必须在更大的环境中运行并成为其中的一个有机整体。

盖茨尔斯把美国文化价值区分为神圣价值和传统世俗价值两类。前者是构成美国文化的相对稳定的观念和信念，后者处于学校操作层次，能较好地适应外界变化，更符合社会实际。盖茨尔斯认为，美国精神的核心主要是由四种神圣价值所构成的，它们分别是民主、个人主义、平等和追求

① Gilber, K. M. *Candidate Experience and Administrative Orientation in Selecting Secondary School Principals* [M]. Dissertation Abstracts International. 1985.

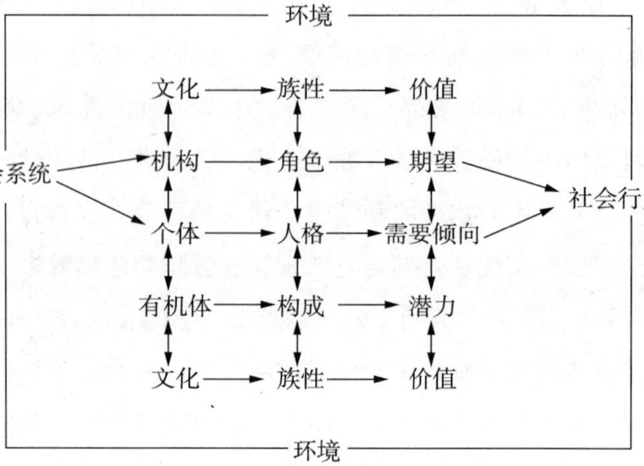

图 5－4　社会系统中的行为一般模式

人类完美。当我们希望展开一些重大的国家行动时，我们就迫切地呼唤这些价值。而传统世俗价值是一种支配人们有关工作、时间、他人关系以及个人品德的现实信念，它是一种工作成功的道德，是一种未来取向的、独立的和清教徒式的道德。

尽管神圣价值是稳定的，我们仍然要为民主而战。而世俗价值却处在变化之中。譬如，20 世纪 50 年代的美国强调的主导价值是群居性、现时取向、一致性和道德相对主义。到 20 世纪 60 年代，这种主导价值有所改变，发展成为一套过渡性价值，主要包括社会良心、中肯、可靠性和道德义务。到 20 世纪 70 年代，这些价值又让位于那些众所周知的自恋的和"我的"价值，包括自我关心、职业取向、安全和道德解脱。到 20 世纪 80 年代，这种世俗价值持续变革，人们对传统价值的回忆开始变得强烈和亲切起来。盖茨尔斯强调，人们必须高度关注价值是不断变化的这一社会事实，而且必须看到，人们对价值的表达也是极其不同的。盖茨尔斯认为，正是这种价值属性，不仅影响着我们的教育管理工作，也对教育管理者提出了很多需要思考的问题。

教育共同体模式

盖茨尔斯研究并区分出各种教育共同体的差异。在他看来，共同体特指那种能意识到共同身份，具有相同的认知和情感标准的人群。共同体分以下几种类型：

1. 地方共同体——共同身份建立在一个特定的邻里或者区域之上，如地方邻里或者学校共同体。

2. 管理共同体——共同身份建立在一个由政治所决定的特定身份之上，如城市共同体、乡村共同体或者学区共同体。

3. 社会共同体——共同身份建立在一组特定的人际关系之上，而不受地方界限或者管理界限的局限。

4. 工具共同体——共同身份建立在与他人的直接或间接约定之上。这种约定使他们产生一种相互关心的特定功能，如教育共同体之中的专业团体、联盟共同体、慈善事业共同体等。

5. 种族的、特权集团的或者阶级的共同体——共同身份建立在特定民族的、种族的或者文化团体的亲密关系之上，如黑人共同体或者上层阶级共同体。

6. 意识形态共同体——共同身份建立在一个特定历史的、概念的或者社会政治的共同体之上。这种共同体的范围扩展到了地方共同体、管理共同体、社会共同体、工具共同体或者种族共同体，如基督徒共同体、学者共同体，等等。

正如图 5－5 所表明的那样，教育共同体分类学既阐明了学校作为一个社会系统的文化价值维度，也阐明了它的个体价值维度。该模式也表明，个体与机构规范和价值的持续作用，影响着教育机构中的人格倾向、角色期望和行为结果。

盖茨尔斯的教育共同体模式唤起了人们对这样一个事实的关注，即在各种交错的共同体当中，很多断裂是由一个人同时具有的多个成员身份导

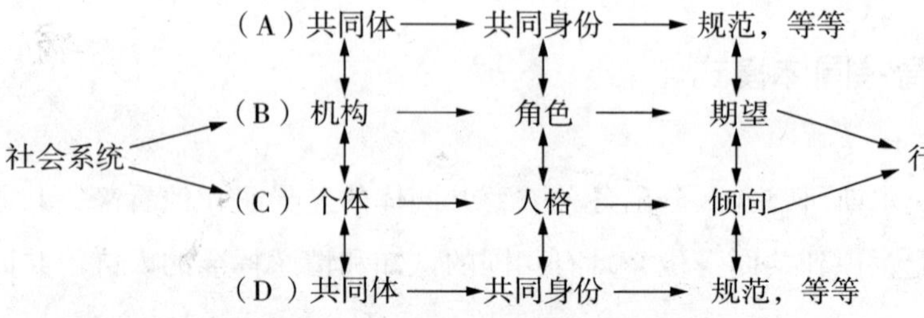

图 5-5　盖茨尔斯的教育共同体模式

致的。而这种一致性的缺损，既影响了个体关系及其后果，也影响了组织关系及其结果。这些断裂还有助于解释教育机构的变革或者一致性的缺损。

教育变革模式

盖茨尔斯从变革的来源及其反应的角度，对教育变革进行了分类。盖茨尔斯认为，教育变革存在四种类型，即强制性变革（enforced change）、权宜性变革（expedient change）、实质性变革（essential change）和挤压性变革（extruded change）。

当变革的力量是源自组织之外的文化维度时，其变革类型就是强迫的，如果没有外部压力，变革就不会发生。一般来说，调和是这种组织变革的机制。而学校中的强制性变革是指绝大多数变革类型都是来源于学校外部而非其本身的变革类型。

权宜性变革是强制性变革的必然结果。当系统外部的变革给系统内部的变动带来压力时，为了维持现存系统，系统就可能进行权宜性变革。一般而言，权宜性变革的机制就是作出反应。正因如此，权宜性变革本质上并不是一种真正的变革。

实质性变革既不是对外部压力的一种调和，也不是对内部压力的一种反应，而是基于生活在组织中个人的自愿、能力、兴趣和见识而进行的。变革的结果既不是对强制性变革的盲从，也不是对权宜性变革的屈服，而是基于义务和原则而开展的一种创造性变革。

在挤压性变革中，实质性变革开始向较大范围的工具共同体和其他共同体扩散、扩张，并进而对它们产生影响。挤压性变革使我们再一次面临着应怎样看待和回答“学校能否建立新的社会秩序”等问题。

盖茨尔斯社会系统论的贡献

社会系统论对诸如课堂、学校、学区，乃至更为广泛的适合的各个层次的教育实践及其研究都产生了影响，也为教育管理理论的创新与发展提供了一种极其有力的视角。例如，社会系统理论强调教育管理者是教育组织的仲裁者，介于机构层面与个人层面之间，随时视情况的需要而加以调适和仲裁；执著于制度型的领导方式或牢守个人型的领导方式，均不适宜，应采取复合型的领导方式才较容易提高管理的效能；教育管理者在决策或执行过程中，只有了解、掌握并运用组织内部的全盘关系，管理运作才能顺利；在管理运作中，应特别注重成员的交互反应，重视建立成员对目标与价值的共识，使成员的凝聚力得以增强。西尔弗（Paula F. Silver）指出：“社会系统理论可以说是应用于人类环境的一般系统理论。”又说：“盖茨尔斯和古巴是阐述社会系统理论的首席学者。”[①] 西尔弗的评价应该说是准确的。因为盖茨尔斯的社会系统理论构成了今天西方教育管理学中主流理论的基础，同时也成为西方教育管理学中现象学范式和批判理论范式所批判的对象。

值得一提的是，盖茨尔斯的社会系统论在其提出、形成、扩展及其成熟的过程中，不断以新的模式来展现、充实和完善有关社会系统的理论认识。格里菲思曾指出：“盖茨尔斯的社会系统理论就像一个大筐似的，将当时所有公开发表的和未公开发表的理论都囊括其中，成为一个极具整合力的模式。”[②] 麦克弗森（R. B. Mcpherson）也指出：“以该模式的现状

---

① 西尔弗．教育行政原理［M］．黄昆辉主译．台北：三民书局，1983：321－323.

② Griffiths. *Administrative Theory*. In Boyan, N. J. (ed.). *Handbooks of Research on Educational Administration* [M]. New York: Logman, 1988: 30.

看，它是综合的，包括了关于组织生活和组织行为的封闭观点和开放观点……就盖茨尔斯的理论贡献而言，我们认为他把教育管理领域的过去和现在联合起来，很可能还塑造了一种未来的形式。”① 以盖茨尔斯的研究为基础，霍伊和米斯克尔进一步总结说，盖茨尔斯的社会系统模式很好地说明了学校的社会系统特征，即“规定组织行为的是至少四种关键因素的相互作用——科层组织的期望、非正规的准则、个人的需要和动机以及组织的目标。还有，当组织在解决适应、实现目标、整体化以及其他潜在问题时，上述所有因素和系统内部、外部的反馈机制强化了适当的组织行为”。②

卡伯特森认为，盖茨尔斯在1952年提出的心理社会架构是教育管理研究中最早发表的一种理论。20世纪50年代初期，美国社会中作为科学的教育管理学尚处在刚刚起步的阶段。当时，教育管理研究中大量充斥的都是一些水平低下的调查报告，教育管理中为大家所信奉、遵循的大量原则也大都未经科学的验证。正是在这种背景下，盖茨尔斯的研究真可谓是在黑暗中投下了一缕阳光，从而给教育管理研究带来了光明，指明了方向。③ 对于这一点，盖茨尔斯本人也说，该理论“看起来为极富意义的教育管理问题和过程的研究与分析，提供了颇有成效的向度和概念”。④

从总体上看，盖茨尔斯的社会系统论犹如一场风潮，带给欧美教育管理界极大的刺激。各种研究倾巢而出，进而带动了在领导行为、决策理论上的探索，为教育管理的持续研究作出了实质性的贡献。

① Mcpherson. *The Evolution of the Getzel's Model* [M]. Unpublished paper, 1983: 13 – 14.

② Hoy & Miskel. *Educational Administration: Theory, Research and Practice* (3rd. ed.) [M]. New York: Random House, 1987: 82 – 83.

③ Culbertson. *Perspective: Antecedents of the Theory Movement* [J]. In *Educational Administrative Quarterly*, 1981 (1): 25 – 47.

④ Getzels. *A Psycho-sociological Framework for the Study of Educational Administration* [J]. In *Harvard Educational Review*, 1952 (22): 246.

第六章

教育领导理论

尽管许多有关领导的理论研究可以追溯到第二次世界大战前后，[①] 但在20世纪50—60年代，随着行为科学的影响日增，无论管理理论界，还是教育实践界，都给领导研究以前所未有的关注。理论运动的早期倡导者之一利普汉姆（James M. Liphame）指出，包括人类学、商业管理、教育管理、企业关系、心理学、公共管理和社会学等相关领域的大批学者，围绕着领导和领导行为进行了广泛深入的调查研究。[②] 这些研究采用各种不同的方法，取得了许多重要的成就。这一时期的领导研究主要是从心理学、社会学和行为科学角度进行的，侧重于领导行为的研究。20世纪70年代以后，领导研究转向领导环境方面，开辟了新的研究领域。总之，有关领导的研究是美国教育管理理论运动最重要的内容。时至今天，领导仍是教育管理行为中被研究的最多的方面。

① 根据斯托格迪尔的统计，有关领导的理论研究工作从1930年到1939年，每年平均有21项；从1940年到1944年，每年平均有31项；从1945年到1949年，每年平均有55项；从1950年到1953年，每年平均有152项。孔茨等．管理学［M］．黄砥石，陶文达译．北京：中国社会科学出版社，1987：740.

② Liphame. *Leadership and Administration*. in Daniel E. Griffiths（ed.）. *Behavior Science and Educational Administration*［M］. Chicago：The University of Chicago Press，1964：119.

第一节　20 世纪 50 年代以前的领导研究

“领导者”（leader）一词最早出现在 14 世纪，而“领导”（leadership）一词迟至 1834 年才产生，其意思是指领导者的领导能力。[①]《新韦氏国际英语辞典》将“领导”解释为：获得他人信仰、尊敬、忠诚及合作的行为。[②] 在各个时期的领导研究中，尽管由于研究者探讨的角度、强调的重点及重视程度不尽一致，对领导的界定众说纷纭，但总是离不开人、过程、系统这三个基本要素。美国管理学者斯托格迪尔（Ralph Stogdill）查阅了 20 世纪 50 年代前大约 3000 项有关的领导研究，列出各种有关领导的定义，最后罗列出 10 种主要观点：①领导是团体过程的核心；②领导是个性及其影响的结合；③领导是一门引导服从的艺术；④领导即施加影响；⑤领导是一种行动或行为；⑥领导是一种说服的形式；⑦领导是达成目标的手段；⑧领导是相互作用的结果；⑨领导是特别的角色；⑩领导是结构的创新。[③] 从领导研究的发展过程看，20 世纪初至 1950 年前，美国的领导研究主要是在探求领导的人格特质（trait），并可分为两个主要阶段，即伟人领导理论和领导特质研究。

伟人领导理论

“伟人领导理论”（Great Man Theory of Leadership）又称“伟人论”或“大人物理论”。传统观念认为，领导者都是天生的而不是后天造就

① 张银富．学校行政：理论与应用［M］．台北：五南图书出版股份有限公司，2002：199.

② Neilson，W. A.，Knott，T. A. &Carhart，P. W.. *Webster's New International Dictionary of the English Language*（2nd ed.）［M］. Springfield，Mass.：G. & C. Merriam Company，Publishers，1959.

③ 马克·汉森．教育管理与组织行为（第五版）［M］．冯大鸣译．上海：上海教育出版社，2005：213.

的。例如，早在1869年，著名遗传学家、英国医生高尔顿（Sir. Francis Galton）就认为领导者的特质是天生的。“伟人领导理论”认为领导者生来就有优于被领导者的某些特质，换句话说，伟人天生就集成功领导者所必备的全部特质于一身，一般人则全无这些特质；伟人因为具有独特的特质，使他们能够指引、指挥、领导大多数人。

伟人领导理论的基本假设是：国家的主要事情都是由居于领导地位的人所左右的。这一基本假定意指领导者必须具有特殊的领袖气质或才能，或具有一套独特的人格特质，以使他们能达成目标，甚至在遭遇重大阻碍时也是如此；这一假设也明显表明了历史是伟人们所创造出来的，社会的组成及变迁都是由这些少数人的先见所致。而这一假设还促成了后来“领导特质理论”（the trait theories of leadership）的研究。所以，伟人领导理论实际上可被称为古典的领导特质理论。①

由于伟人领导理论主要是从历史的角度，对领导者的人格特质进行研究，因此，这种理论不具有科学实证研究的性质。它只是认为领导者天生就具有某些成功的领导特质，但是，成功的领导者究竟具备哪些特质，各人所见不一。美国领导学研究者伯林盖姆（Martin Burlingame）在对伟人理论进行广泛的研究后下结论说：“伟人理论的支持者对于造成伟人的是什么既未加解释，也未予以正确的描述；他们并未提出选择伟人的严格标准。……如果必须是用在寻求预测和解释上，那么似乎没有伟人理论的存在。”② 这种伟人领导理论随着行为科学影响的日益扩展，已经不大被人们所接受。

领导特质研究

20世纪初，由于心理学家和社会学家对领导产生了浓厚的研究兴趣，

① 张银富．学校行政：理论与应用［M］．台北：五南图书出版股份有限公司，2002：207.

② 张银富．学校行政：理论与应用［M］．台北：五南图书出版股份有限公司，2002：207.

而投入到领导研究；同时也由于心理测验的蓬勃发展，使得研究者满怀信心，使用人格测验来发觉领导者的领导特质，领导的科学实证研究开始发轫。斯托格迪尔认为，这一时期领导方法论的发展，主要是与军事领导研究有关，即在第一次世界大战期间，美国陆军委托专家学者进行领导特质的选择及分类测验，作为军队中选择领导者的依据。① 从这点来看，领导特质的研究方向虽然没有发生根本的改变，但其研究方法却从历史的方法，转而运用科学实证的方法。

领导特质研究主要由两个问题而引发：第一，什么样的人能成为领导者；第二，怎样选拔最富有领导效能者来担任领导者。因此，领导特质研究的基本假设是：某些人生来就具有领导者的人格特质或特征，这些人格特质或特征不仅使其与一般人不同，而且能够使具有这些特殊人格特质或特征者获得一般人的追随；也就是，领导才能实际上是个人人格特质的特殊结合。领导特质研究的目的就是认定或找出领导者或成功领导者的人格特质或特征，并以此来鉴别领导者与非领导者，或鉴别较成功的领导者与较不成功的领导者。换句话说，领导特质研究的目的在于探究领导与个人人格特质或特征的关系。

从 20 世纪初开始，从事领导特质研究的学者不计其数，所使用的方法与工具也不相同，根据归纳结果，一般用来认定领导人格特质或特征的方法共有以下五种：①观察在团体情境中的行为；②采用标准化测验测量人格与智力；③由伙伴以提名、问卷、评定量表、投票、社会测量及排等级等方式来做选择；④由合适的观察人员提名；⑤从已居于领导职位者中予以选拔、评定或考察。

一般来说，领导特质研究可分为三类：

1. 一般特质的研究

早期的理论家相信领导效能与领导者的人格特性或特质有关，因此，早期从事领导特质研究的学者，多属于一般特质的探讨，认为领导者是一

① Stogdill. *Handbook of Leadership* ［M］. New York：The Free Press，1974.

个具有某些特质的实体。如著名管理学家巴纳德在《经理人员的职能》一书中指出，领导者的特质主要包括：体力、决断力、处理人际关系的能力、高度的责任心、高度的智力。[①] 管理学者吉赛利（Edwin E. Ghiselli）在《管理天才》一文和《管理天才探索》一书中[②]提出领导者具有 8 种个性特征（才智、首创精神、督察能力、自信心、决断力、适应性、性别、成熟程度）和 5 种激励特征（对工作稳定的需求、对金钱奖励的需求、对指挥别人权力的需求、对自我实现的需求、对事业成就的需求）。1969 年，吉布（Jack R. Gibb）研究认为天才领导者应该具有 7 种特质：善于言辞、外表英俊、高超智力、充满自信、心理健康、支配趋向、外向敏感等。斯托格迪尔对 1904—1947 年间开展的 124 项领导特质研究作了回顾性研究，认为领导者拥有一些在非领导者身上看不到的特质和技能，主要包括六大类（见表 6－1）。

表 6－1　斯托格迪尔对领导特质的概括

特质和技能	特质内容
能力	理解力、机敏性、表达能力、独创性、判断力
成就	学养、知识、体育方面的才艺
责任心	可靠性、首创精神、毅力、进取心、自信、好胜心
参与性	活跃性、社交能力、合作性、适应性、幽默感
地位	社会经济地位、知名度
情境	心智水平、事态、技能、被领导者的需要与兴趣、所达成的目标，等等

资料来源：Stogdill. *Personal Factors Associated with Leadership*：*A Survey of the Literature*［J］. In *Journal of Psychology*，1948（25）：64.

① 巴纳德．经理人员的职能［M］．孙耀君等译．北京：中国社会科学出版社，1987：译者的话．

② Ghiselli. *Management Talent*［J］. In *American Psychologist*，Vol. 18（October 1963）：631－641. and *Explorations in managerial talent*［M］. Pacific Palisades，Calif.，Goodyear Pub. Co. 1971.

领导者一般特质研究不胜枚举，但所针对的研究对象不尽相同，而且使用方法与工具也彼此不同，因此，其结论也大相径庭。正如心理学家詹宁斯（W. O. Jenkins）所说的："研究工作给我们提供了这么一张据说能说明领导特质的五花八门的特质清单，但它对实际工作什么也说明不了。五十年的研究工作，都未能提出一种或一套个人特质用来区分领导者与非领导者。"① 霍伊和米斯克尔也持同样的看法："早期用来区分领导者与下属的人格特质研究并未成功；在某种情境中，领导者的一组特质是成功有效的，而在另一种情境下则不然。"② 所以，许多特质在某一研究中被认为非常重要，但在另一个研究中却被指为无关宏旨，实在难以探究出放之四海皆为准的领导者特质。因此，这种研究失势，代之而起的是领导者共同特性的研究。

2. 共同特性分析

鉴于诸多研究者在探讨领导者一般特质时，均各自为政，且在研究方法、研究工具、话语体系、组织或团体类型、研究结果等方面均不一致，部分学者认为这种研究方式如果长久进行下去，其研究结果仍将莫衷一是，对领导的实际贡献也必定是相当有限的。于是，学者们进一步探究各组织或团体中不同领导者是否具有共同特性。因此，从各种不同研究中，可以厘清某些出现频率较高的领导特质，并且也可以从不同研究中加以归纳，得出较受重视的共同特质，这种文献的探讨又称为共同特性分析（common characteristics）。

1970 年，斯托格迪尔对 1947—1970 年间进行的另外 163 项新的领导特质研究进行分析并提出结论。他认为领导者具有下列特质：有强烈的责任感和有完成任务的强大能力；追求目标时有活力和毅力；解决问题时有胆识与创新性；有主动参与社会情境的动力；有自信心与人格的一贯性；有接受决策与行为结果的愿望；有缓解人际压力的准备；有承受挫折与失

① 孔茨等．管理学［M］．黄砥石，陶文达译．北京：中国社会科学出版社，1987：741.

② Hoy & Miskel（eds.）. *Educational Administration*［M］. New York：Random House，1987.

败的能力；有影响他人行为的能力；有使整个系统结构化以合乎某种目的的能力。①

3. 相关属性的探讨

人们希望通过对上述一般特质的探讨，发现一组足以鉴别成功领导者的人格特质，但未能如愿。之后，学者们采用文献分析法，希望从各种领导特质的研究中，归纳出领导者，尤其是成功领导者所共同具备的特性，虽然所得结论相近，但彼此仍有一定的距离。这两种方式的分析，并未能建立领导特质与领导效能两者之间的关系，因此，无法从领导者所应具备的特质来预测领导的效能。也有一些学者认为，并非所有的领导特质或共同特性都适合于所有的领导情境，领导者在各种不同情境中需要不同的人格特质。这种观点逐渐广为接受，因而研究的方向转到情境对人格特质的需求，以发挥领导效能。这种研究方式叫做属性的探讨，或称为相关属性的分析。

斯托格迪尔认为，领导是存在于某一种社会情境中人与人之间的一种关系。因此，领导者的特质取决于情境的特性，不同领导角色所需求的领导特质也随之而异，领导者只有在相似的情境中才能继续维持其领导的地位。所以，在某一情境中是领导者，但在另一个不同的情境中却未必仍是领导者，每一个情境都有较为相宜的领导属性。由于这些研究结果的提出，使得将领导特质与领导情境联系起来的研究格外受到重视，因而也促进了领导风格理论和领导权变理论的发展。

校长领导品质和领导技能研究

20 世纪 80 年代后半期盛行的领导品质和领导技能研究发生重要转向，即摆脱单纯的理论研究，更加注重实践。实践工作者、学者、各种委

① Stogdill. *Traits of Leadership*: *A Follow-up to* 1970. In Bass, B. M. (ed.). *Stogdill's Handbook of Leadership* [M]. New York: The Free Press, 1981: 73 -97.

员会委员、专业协会和立法组织等成为这一转向的重要动力。其中最有影响的当属格里菲思在1987年向美国教育研究会（AERA）所作的《美国学校领导者》报告，综合分析了美国学校领导者必需的各种品质。同时，赫西（Paul Hersey）领导的全国中学校长协会（NASSP）提出了中学校长的12种领导技能，用来选拔和培养校长。美国学校管理人员协会（AASA）1983年出版的《管理者指南》，于1993年成为美国中小学校长选拔的参照标准。此外，还有一些专业协会也研究有效的学校领导技能。

1988年，大学教育管理委员会建立了全国教育管理政策委员会（NPBEA），由印第安纳大学教育管理学教授克拉克（David L. Clark）负责。在克拉克的领导下，这个政策委员会建立了一个由10个团体组成的联盟，开展教育管理研究。1993年，在霍伊领导的合作团队支持下，政策委员会及其新任执行主任汤普森（Scoot E. Thompson）完成了《变革中的校长：知识和技能基础》一书，提出四大领域共计21项校长必备的基础知识与基本技能。①

进入20世纪90年代，诸多学者提出了多达15种版本的领导技能研究。1990年，斯托格迪尔与他的合作者巴斯（Berard Bass）在早期研究的基础上，概述了1949—1990年间发表的300多项领导特质研究结果。②著名组织领导学者、纽约州立大学阿尔巴尼分校管理学教授尤尔克（Gary Yulk）则对他们的研究结果重新进行了整理和评估，提出了成功领导者应具备的各项特质和技能（见表6-2）。③

① Thompson. *Principals for Our Changing School: Knowledge and Skill Base* [M]. Lancaster, PA: Technomic Publishing Company, 1993.

② Bass & Stogdill. *Bass and Stogdill's Handbook of Leadership* (3rd ed.) [M]. New York: The Free Press, 1990.

③ 伦恩伯格，奥斯坦. 教育管理学：理论与实践 [M]. 孙志军等译. 北京：中国轻工业出版社，2003：105.

表 6 – 2　尤尔克有关成功领导者的特质与技能

特　质	技　能
适应情境 对社会环境警觉 野心和成就定向 果断 合作性强 决断 可靠 支配性强（影响他人的愿望） 精力好（较高的活动水平） 耐力好 自信 能忍耐压力 有承担责任的意愿	才智 概括能力 创造性 老练、机智 善于演说 知识渊博（与工作任务有关的） 组织性 善于说服人 社交技能

不但如此，伦恩伯格（Fred C. Lunenburg）和奥斯坦（Allan Ornstein）也根据巴斯和斯托格迪尔的研究结果，设立出五种个性结构模型，用来分析有关领导特质。他们把领导特质描述为五个维度（见表 6 – 3）。①

表 6 – 3　伦恩伯格有关领导特质的五个维度

- 应急能力。应急能力考察一个人的社交能力、群体倾向、果断和领导倾向的程度，相对应的是从容、保守、礼貌和畏缩。与这一维度有关的更为普遍的个性特征包括支配性、情境的处理能力、权力需要、善于交际、应急能力或果断。
- 适宜性。适宜性考察一个人的同情心、合作性、性情和热情的程度，相对应的是脾气暴躁、令人厌烦、不愉悦和冷漠。与这一维度相关的个性特质包括令人喜爱、友善、亲和性和关爱。
- 责任感。责任感描述一个人的不辞辛劳、坚韧、组织性和责任，与此相对的是冲动、反应冷淡、不可靠和懒散。与这一维度相关的个性特质有审慎与雄心、成就愿望、成就需要、可靠、自制和工作倾向。
- 情绪稳定性。这一维度考察一个人的镇静、稳重、冷静和自信的程度，相对应的是焦虑、无安全感、担忧和情绪化。与这一维度相关的个性特质包括神经质、情绪稳定性、情绪消沉和受外界的影响性。
- 智能。这一维度涉及一个人的想象力、教养、思维广度和好奇心，相对应的是具体思维、操作性和兴趣狭窄。与这一维度相关的个性特质有知识面和对经历的开放度。

① 伦恩伯格，奥斯坦. 教育管理学：理论与实践［M］. 孙志军等译. 北京：中国轻工业出版社，2003：105.

1994 年，迈色斯（Joseph Matthews）博士与全国教育管理政策委员会合作，综合分析有关教育领导的七种框架，提出了 21 条原则。

此外，有关教育领导的重要研究成果还有：博扬（Norman J. Boyan）于 1988 年编撰的《教育管理研究手册》；墨菲（J. Murphy）和刘易斯（K. Seashore-Lewis）于 1999 年共同主编的《教育管理研究手册》；坎宁安（Luvern L. Cunningham）和米切尔（Brad Mitchell）于 1992 年合作出版的《教育领导与变化的家庭、社区和学校环境》①；海林格等人（P. Hallinger，K. Leithwood & J. Murphy）于 1994 年出版的《教育领导认知观》②。这些著作大量借鉴其他学科的理论研究成果，发展了教育管理学基础知识，有助于更好地理解教育领导的复杂性。

第二节　领导行为研究

由于领导特质研究有其局限性，随着 20 世纪 40 年代以后行为主义心理学的崛起，领导行为研究应运而生。领导行为研究侧重于分析领导者的领导行为，通常以领导方式（leadership pattern）或领导风格（leadership styles）来表示；此外，部分研究者则进一步探究各种不同领导者行为或领导方式与组织效能的关系。这一研究方法是在 20 世纪 40 年代由美国依阿华大学和俄亥俄州立大学首倡并发展起来的，之后密歇根大学等也相继投入到领导行为研究的行列当中。

① Mitchell & Cunningham. *Educational Leadership and Changing Contexts of Families, Communities, and Schools* [M]. Chicago, Illinois, U. S. A. University of Chicago Press. 1992.

② Kenneth, Leithwood & Hallinger. *Cognitive perspectives on educational leadership* [M]. Columbia University Press, 1993.

依阿华大学的领导研究

依阿华大学是较早对不同类型的领导行为进行分类和研究的机构。在一系列实验的基础上，依阿华大学的研究者们使用了三种不同的领导行为模式，这三种行为模式对下属的态度和工作效率有明显不同的影响。根据实验中领导者进行决策模式的不同，领导行为被分为三种不同的类型：①权威型领导（authoritarian leadership）。这种领导者是支配型的，在决策中不允许下属参与。他们为下属完全安排好了工作，并且把权力和责任统统揽于一身；②民主型领导（democratic leadership）。这种领导者在决策中鼓励下属进行讨论，他们会提醒下属注意一些影响工作的情况，并鼓励下属发表自己的意见和建议；③放任型领导（laissez－faire leadership）。这种领导者给下属完全的自由，让下属自己做决定。实质上，这种领导者并没有实施领导。表6－4对三种领导方式进行了全面描述，从不同维度对这三种领导方式的典型行为特征进行了总结。

表6－4　依阿华大学领导方式比较

行为	权威型	民主型	放任型
制定政策	由领导者一人做出	集体进行决策	没有政策，给群体或个人完全自由
制订工作标准和活动	由领导者一人做出	领导者建议，集体选择	由个人决定
制订计划	由领导者一人做出	全体接受充足的信息来获得制订计划所需要的观点	没有系统的计划
进行劳动分配和工作安排	由领导者命令	集体进行决策	领导者不参与
评估	奖惩都由领导者一人做出	客观地进行评价	不进行评估，其他群体的成员进行自发的评估

依阿华大学领导方式研究最后得出的结论是：①在以上三种领导方式中，下属最喜欢民主型领导，因为这种类型的领导者往往能够使下属的积极性得到发挥。②权威型领导与放任型领导相比，下属更喜欢后者。对下属来说，混乱和压制相比，他们更喜欢混乱。③权威型领导容易导致下属好胜的或冷漠的行为。这些行为被认为是对权威型领导所导致的挫败感的反应。④随着领导方式从权威型向放任型转变，下属的行为也由冷漠转向好胜。放任型领导会产生最大限度的好胜行为。⑤权威型领导的生产率略高于民主型领导，放任型领导的生产率是最低的。

行为科学研究者对依阿华大学的领导行为研究提出了很多批评意见，主要是对其研究所采用的方法提出了质疑。因为在这项研究中，很多变量都没有受到控制。虽然有这样或那样的批评，但是依阿华大学的领导行为研究具有里程碑的意义，因为他们试图鉴别出领导行为对群体态度和生产率的影响作用。与早期的领导特质研究一样，依阿华大学的领导行为研究很快就被淘汰了，因为他们的研究从实验的角度来说还不够精细。总之，依阿华的研究工作对领导行为研究来说还是很重要的，他们不仅引起了人们对领导行为的关注，而且为以后的研究者描述和分析领导行为奠定了基础。

领导行为描述问卷

早在 1945 年，社会心理学家沙特尔（Carroll L. Shartle）已在俄亥俄州立大学开始领导行为研究。1956 年，他与几位同事组织起人事研究委员会（Personnel Research Board，PRB），并开始了长达十几年的关于领导问题的研究。他们最初关注的是那些被正式任命为军事、工商业、教育等正式组织领导者的领导行为，但是由于事实上人们已不再一般地考虑领导问题，而是将它置于一定的组织背景，这就使得这些研究同教育组织中的行为挂上了钩。后来，马里兰大学教授亨普希尔（John K. Hemphill）也倡导领导行为研究，并加入了俄亥俄州立大学的研究行列。

亨普希尔及其同事最先提出用约1800个项目来描述不同的领导行为，并由研究小组予以挑选，经过负责挑选的所有成员一致同意的有150个项目。此前，亨普希尔和孔斯（Alvin E. Coons）已于1950年以这些项目为基础编制出一种“领导行为描述问卷”（Leader Behavior Description Questionnaire，LBDQ），用来测量领导者行为。1952年，犹他大学的哈尔平与威纳（B. J. Winer）对此量表加以修订，并用于空军指挥员的测量。1957年，哈尔平、斯托格迪尔等人再次修订，“领导行为描述问卷”被更广泛地应用于各种组织的领导行为调查之中。

根据若干研究的结果，哈尔平将领导行为逐步归纳为两大方面，即：倡导结构（initiating structure）与体贴关怀（consideration）。“倡导结构是指领导者在创造他本人与工作群体成员之间的关系方面的行为，在努力建立明确良好的组织模式、沟通渠道和程序方法方面的行为。体贴关怀是指领导者在同下属的关系中表现出友好、相互信任、相互尊重和给人温暖的行为”。[①] 哈尔平发现，这两大方面同社会心理学家卡特赖特（Dorwin Cartwright）和赞德（Alvin Zander）在1953年团体动力学研究中概括出来的特点，即实现目标和维持团体两大方面[②]之间存在某些相似之处。

1956年，哈尔平对PRB的主要研究成果进行了总结，他指出：“这一证据表明倡导结构和体贴关怀是领导者行为的基本方面，同时也表明以领导行为描述问卷为依据的确为从这两个方面测量领导行为提供了有用的和切实可行的方法。不过，似乎存在这样一种倾向，即领导和下属是从完全不同的角度来权衡领导行为这两个方面对领导的有效性发挥什么作用的。领导者都比较关心领导行为中倡导结构方面的问题，而被领导者则比较关心（或感兴趣）上司是否把他当作团体成员而给予其体贴关怀。在领导者认为他们这样做就是行为得当和被领导者认为他们的上司应该那样

① Halpin. *The Behavior of Leaders* [J]. In *Educational Leadership*, 1956 (14): 4.

② Cartwright & Zander. *Group Dynamics: Research and Theory* [M]. Evanston, Ⅲ: Row Peterson and Co., 1953.

做才是行为得当之间只有一点点的正相关。”①

以上述发现为基础，哈尔平着手进行一项关于督学的领导行为研究。他使用领导行为描述问卷，并对它略作修改，试图从督学本身、从他们的众多工作人员、从他们的教育委员会成员那里取得信息，并对俄亥俄州的50名督学的实际领导行为做出描述。这些描述被称为“实际的LBDQ”。此外，每个回答问卷的人都被要求在LBDQ上就“你认为督学应该如何工作”一项做出选择。这些回答被称为“理想的LBDQ”。然后，从12个方面对50名督学分别进行了分析。

LBDQ问题根据以上两个方面因素分为两个部分（见表6－5）。例如，在“倡导结构”部分，被试被问到其主管“对下属表明态度或立场”的程度。在“体贴关怀”部分则问其“对下属进行个人或私下帮助”的次数。每个问题都采用五分量表，被试可根据自己的感受给予回答。值得注意的是，LBDQ问卷为防范被试胡乱圈选，部分问题采用反向问答法，所以在最后计分上必须特别注意与小心。②

表6－5　LBDQ问卷内容

	总是	经常	有时	很少	从不
1. 校长以私人名义帮助教职员。	□	□	□	□	□
2. 校长能体谅教职员，使教职员乐于成为学校的一分子。	□	□	□	□	□
3. 校长的想法是容易让教职员了解的。	□	□	□	□	□
4. 校长会抽空听取教职员的意见和感受。	□	□	□	□	□
5. *校长和教职员保持距离。	□	□	□	□	□
6. 校长重视教职员的福利。	□	□	□	□	□
7. *校长不解释他（她）的做法和想法。	□	□	□	□	□
8. *校长做事不和教职员商量。	□	□	□	□	□

① Halpin. *The Behavior of Leaders* [J]. In *Educational Leadership*, 1956 (14): 23－24.

② Halpin. *Theory and Research in Administration* [M]. New York: Macmillan, 1966: 86－90.

续表

	总是	经常	有时	很少	从不
9. 校长支持教职员业务上的行动。	□	□	□	□	□
10. 校长对所有教职员一视同仁。	□	□	□	□	□
11. 校长愿意顺应潮流，作适当的改变，不墨守成规。	□	□	□	□	□
12. 校长待人友善且容易亲近。	□	□	□	□	□
13. 校长和教职员谈话时，让人觉得轻松自在。	□	□	□	□	□
14. 校长能采纳教职员的建议。	□	□	□	□	□
15. 校长在实施重要措施以前，先征得教职员的赞同。	□	□	□	□	□
16. 校长向教职员表明他（她）的态度。	□	□	□	□	□
17. 校长要求教职员一同推行他（她）的新观念。	□	□	□	□	□
18. 校长以铁腕作风来管理学校。	□	□	□	□	□
19. 校长说话的态度肯定又明确。	□	□	□	□	□
20. 校长鼓励教职员相互合作，采取一致的步调。	□	□	□	□	□
21. * 校长会批评工作做得不好的教职员。	□	□	□	□	□
22. 校长会分配教职员去做特定的工作。	□	□	□	□	□
23. 校长要做的事，之前先要排定工作计划。	□	□	□	□	□
24. 校长要求教职员在工作上保持一定的水准。	□	□	□	□	□
25. 校长强调工作要如期完成。	□	□	□	□	□
26. 校长让所有教职员了解他（她）的职责。	□	□	□	□	□
27. 校长要求教职员遵守法律和规章。	□	□	□	□	□
28. 校长让教职员了解他（她）对教职员的期望。	□	□	□	□	□
29. 校长尽力促使教职员竭尽所能地工作。	□	□	□	□	□
30. 校长留意教职员间的彼此协调。	□	□	□	□	□

* 为反向题。

进一步的研究表明，上述两类领导行为在领导者个体身上并不仅仅表现为关心组织不关心人或关心人不关心组织，有些领导者往往在关心人和关心组织这两个维度上都得高分或都得低分。据此，研究人员设计了用于描述领导风格的“领导行为四分图”（见图6－1）。

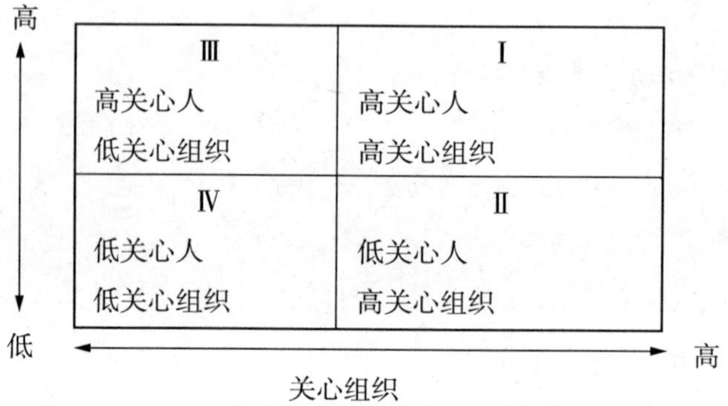

图6－1　领导行为四分图模型

研究者认为，一个领导者的行为是关心人和关心组织这两类行为的程度不同的组合。第一种组合的领导行为效能最佳，是对人、对组织都比较关心的类型；第四种组合的领导行为对人、对组织的关心都较低，领导效果较差；第二种组合是关心组织的任务型领导；第三种组合是关心人的人际关系型领导。

领导行为四分图可以准确地判定四种可能的领导风格。哈尔平分析了俄亥俄州立大学“领导行为描述调查表”所作研究的结果，并对领导行为四分图理论作了概述：①关心组织和关心人是领导行为的两个基本方面；②有效的领导行为往往与这两方面的突出表现密切相关；③在评定领导者时，上级和下属对领导行为在这两方面的评价往往相反。上级往往强调关心组织，而下属更注重关心人。因此，领导者常常会陷入某种程度的角色冲突；④象限Ⅰ的领导风格在两个方面都很突出，这种领导风格同某些团体特征有关，例如，融洽一致，亲密无间，办事程序明确，领导者对团体态度的改变起促进作用；⑤领导者对他们应该怎样做事的描述与下属对领导者做事情况的描述，经常不一致；⑥不同的机构环境往往培养出不同的领导风格。

LBDQ的结果显示了领导者在倡导与关怀上的不同类别。如果把两者以高低区分，基本上可构成四个象限（见图6－2）：高倡导高关怀，高倡导低关怀，低倡导低关怀，与低倡导高关怀。哈尔平发现有效率的空军军官多属于高倡导高关怀。[①] 亨姆希尔调查文理学院行政者的领导行为后，所得结果与哈尔平的发现非常接近。[②]

在此之后，哈尔平在 1959 年曾利用 LBDQ，对中西部学校教育局长的领导行为做过一项调查。研究过程中采用两种 LBDQ 的问卷：实际领导行为的问卷与理想领导行为的问卷。前者请受试者回答领导者的实际行为，后者则要求其描述理想中的领导行为（基本上后者只是对前者问卷上的主词稍做改变而已）。哈尔平的调查除包括教育局长外，还扩大到教育局长的下属与地方教育委员会的委员。每位受试者都被要求对两种问卷予以回答。其结果如下：

倡导 \ 关怀	低	高
高	高倡导 低关怀	高倡导 高关怀
低	低倡导 低关怀	低倡导 高关怀

图 6－2　LBDQ 研究的四个象限

1. 对于教育局长的领导行为，委员们相互之间所描述的大致相同，而且与教育局长的看法相差不多。然而如果比较下属与委员两组之间的回答，则发现其中差异极大。这证明教育局长在面对下属与委员间，经常产生不同的领导行为，也就是所谓的“见机行事”的情况极为普遍。

2. 在不同的因素上，委员们希望教育局长能在倡导因素上多下工夫；而教育局长与下属则希望能留些空间给办事的人见机发挥。在关怀因素

① Halpin. *The Leader Behavior and Effectiveness of Aircraft Commanders*, in *Leader Behavior: Its Description and Measurement* [M]. Ralph Stogdill and Alvin Coons (eds.). Columbus: College of Education, Ohio State University, 1957.

② Hemphill. *Patterns of Leadership Behavior Associated with Administrative Reputation in the Department of a College* [J]. *Journal of Educational Psychology*, 1955 (46): 385－401.

上，教育局长对自己的要求远较委员们的希望要严格。证明了高高在上的委员会希望教育局长能有好的教育成绩与结果，在过程中偏重效能的控制，而对于办事人员的感受较为忽视。下属们则对关怀层面较为重视。由此可以看出，上级与下级人员因地位不同，因而所要求的也不同。

3. 实际与理想行为之间的相关度极低。这说明理想是一回事，实际又是另一回事。不同的情境中，教育局长有时必须牺牲理想去迁就现实。

4. 根据调查，最有效率的校长大多属于高倡导高关怀。这种领导行为的结果不仅工作效能高，而且可促成团体内气氛的和谐与亲密。①

哈尔平研究的最大贡献在于他指出了领导行为的两个因素。虽然他发现高倡导高关怀的领导行为最能导致最佳的成果，但未提出两者中哪一个影响较大。其实，在现实生活中很难两全其美。如果只能注重其中之一，应当选择哪一个？为解答这个问题，孔兹与霍伊在 1976 年以美国新泽西州的样本为对象，研究所谓的“接受区域”（zone of acceptance）问题。②接受区域是指下属对于上级所做的决定，无条件而不会有异议的范围。接受区域的内容可能包括行政有关规定、私人问题、如何教学等项目。以一个中学教师为例，当其接受教职时，即了解到校长对其授课时数与课程分配已有所决定，自己并不反对而达成协议。这种对于授课时数或课程的安排就是属于这位老师的接受区域之内，其大小随着环境与文化的不同而有所差异。此外，由于校长的领导行为差异，学校教师之间接受区域也有所不同。

密歇根大学的领导行为研究

在俄亥俄州立大学进行领导行为研究的同时，美国密歇根大学社会研

① Halpin. *The Leadership Behavior of School Superintendents* [M]. Chicago: Midwest Administration Center, University of Chicago, 1959.

② Kunz & Hoy. *Leader Behavior of Principals and the Professional Zone of Acceptance of Teacher* [J]. In *Educational Administration Quarterly*, 1976 (12): 49 - 64.

究中心（SRC）以心理学家、行为科学家利克特（Rensis Likert）为首也对领导行为进行了一系列研究。利克特早年就读于密歇根大学，获文学学士学位，后又从哥伦比亚大学获理学博士学位。他作为密歇根大学社会研究中心的创始人和首任领导者，毕生从事组织领导的研究。他提出的用来衡量态度与价值的利克特测定标准在组织研究中得到了广泛应用，成为在领导学和组织行为学领域卓有影响的著名学者。其代表作有：《新管理模式》（*New Patterns of Management*，1961）、《人的组织：管理与价值》（*The Human Organization*：*Its Management and Value*，1967）以及《管理冲突的新途径》（*New Ways of Managing Conflict*，1976）等。

密歇根大学的研究主要涉及企业组织，也可用于政府机构和公用事业等部门。密歇根大学进行了多领域的调查研究，主要包括三个方面：第一，比较得力的领导者同下属的关系往往是一种相互支持的关系，这种关系能提高下属的自我尊重感；第二，在监督管理和决策方面，比较得力的领导者往往采取集体的而不是个人对个人的办法；第三，比较得力的领导者往往提出很高的行动目标。这些调查研究的目的是要找出那些相互之间密切关联的有效领导的行为特点。他们首先识别出两种不同的领导风格，即以生产定向的领导和以雇员为中心的领导。前者强调任务或工作的完成以及工作中的技术性方面，强调通过制订计划和步骤来完成任务；后者则让雇员代表参与决策，并创造一种相互支持的工作环境，满足下属的需要，关心他们的成长、提升和取得的成绩。这一理论同俄亥俄州立大学的观点不谋而合，互为补充，为利克特提出管理系统理论提供了依据。

利克特认为，在所有的管理任务中，领导者的因素是核心，而且是最为重要的，因为其余因素都取决于如何进行领导。在密歇根大学社会研究中心工作期间，利克特以数百个组织机构为对象进行了大量实验研究，并在《新管理模式》一书中将领导行为分为四类基本类型，其中以倡导参与式民主领导影响最为巨大。

系统一（system 1）是极端专制式领导，领导效果最差。在系统一中，部下绝不过问决策的程序，领导者从不信任自己的部下，对部下缺乏信心，决策都由领导者自己来做，然后将决策结果告知部下，并在必要时以强制的方式要求部下执行。领导者与部下的接触是在一种互不信任的气氛中进行的。机构中存在非正式组织，这些非正式组织一般都反对正式组织的目标。

系统二（system 2）是慈善式权威领导，领导者对部下态度谦和，部下能参与一些较低层次的决策，但这类决策很有限。领导者对部下有奖有惩。在领导者与部下的关系上，领导者虽显得比较谦和，但部下仍小心翼翼，对领导者敬而远之。机构中的非正式组织有时也会反对正式组织的目标。

系统三（system 3）是协商式民主领导，领导者比较信任部下，虽然决策大权仍掌握在领导者手中，但部下也能做较低层次的决策。领导者与部下之间的双向沟通渠道畅通，并相互信任。机构中的非正式组织有时支持正式组织的目标，但偶尔也有轻微的反抗。

系统四（system 4）是参与式民主领导，领导者完全信任部下，决策时完全采用分权的方式。领导者与部下之间的沟通渠道非常畅通，有自上而下的沟通，也有自下而上的沟通，还有平行的沟通。领导者与部下之间相互信任，充满友情。正式组织与非正式组织合为一体。

利克特指出，参与式民主领导包含三个基本概念：①支持关系规律；②小组决策制定与小组监督方式的应用；③为组织确定更高业绩的目标。第一个概念的意思是，领导者必须确保每一个成员都认为这一经历是支持其建立与维持个人价值与重要性的。第二个概念涉及小组决策制定及重叠的小组结构形式，因为每一工作小组都是以人为手段与组织的其余部分相联结的，而人不见得只是一个小组的成员。第三个概念即高业绩目标。因此，系统四组织中的监督者应是高业绩表现的渴求者，就像其每一个小组的成员一样，因此，他是让员工制订高业绩目标，以满足其自身需求的人。

利克特还通过测定组织中的多种变量，诸如领导、激励、沟通、决策、目标的设定以及控制，来描绘领导行为。从利克特设计的管理系统测定表（见表6－6），它可以清楚地说明利克特的观点。

表6－6　利克特的管理系统测定表

组织变量	系统1	系统2	系统3	系统4
	极端专制式领导	慈善式专制领导	协商式民主领导	参与式民主领导
领导的程序：领导者对部下的信任程度	对部下无信心。	对部下稍有信心，领导者与部下处于主仆关系。	对部下比较有信心，但自己仍控制决策。	对部下非常信任。
激励的性质：运用激励的方式。	身体安全、经济需要，以及某种程度的升迁欲望。	经济需要，以及适当的自我需要，如升迁欲望、归属感、成就感等。	经济需要，并重视自我需要，如获取新经验的欲望等。	对经济的需要、自我需要及其他激励均充分运用，例如群体目标的达成等。
沟通的程序：达成组织目标的感情交流与沟通。	极少沟通。	少沟通。	甚多沟通。	与个人及群体均有充分感情交流与沟通。
感情交流及影响的程序：感情交流的程序及性质。	极少有感情交流，交流时常有恐慌和不信任感。	极少有感情交流，交流时领导态度谦和，但部下仍有恐惧感，且态度谨慎。	有适度的感情交流，并有一定程度的信任。	极为友好的感情交流，有高度的信任。
决策的程序：决策在什么阶层制定。	大部分决策均由组织的上层掌握。	上层领导掌握政策，较低层次人员能在一定限度内决策，但仍受上层限制。	上层只作大决策，较具体和低层次的决策由部下制定。	组织各层次均可作决策，相互间密切连接，故能统合。
目标制订或命令：通常采取的方式	要达到的目标以命令形式发布。	要达到的目标以命令形式发布，部下偶尔有发表意见的机会。	与部下讨论及进行计划后，开始制订目标或发布命令。	除非在紧急情况下，通常均以群体参与方式制订目标。

1976 年，利克特在与妻子珍妮（Jane Gibson Likert）合著的《管理冲突的新途径》一书中，还提出了“一个更为专业、复杂，也更为有效的系统”，即“管理系统五”（system 5），将会随着社会科学的进步而出现。[①] 尽管他在世时未能进一步加深关于管理系统五的思想，但他的妻子与其他研究者继续了其未尽的工作。在管理系统五中，组织中的权威等级被一种参与和影响的反馈式系统所代替。为了避免冲突，各个小组应以成员交叉（“连接轴”）的方式共同工作，直至形成一种共识。由于工作单位与部门之间出现的相互联结，组织结构图应该像一张渔网，而不是金字塔。权威取决于具有创造力的领导者的人际关系技巧，他有能力让其他人对组织的目标做出承诺，并朝这一目标努力；员工应被称为“合伙人”，他们在组织中没有其他头衔；领导职能则是形成“共享目的感”及组织中的“同一感”。

第三节　领导方式研究

领导方式或称领导风格是指领导行为的类型和模式。有关领导方式的研究是在领导行为研究的基础上开展起来的。

勒温的领导风格研究

20 世纪 30 年代，美国依阿华大学研究者、著名心理学家勒温（Kurt Lewin）及其同事进行了关于团体气氛和领导风格的研究。他们发现，团体的任务领导并不是以相同的方式表现他们的领导角色，领导者通常使用不同的领导风格，这些不同的领导风格对团体成员的工作绩效和工作满意

① Likert & Likert, J. G.. *New Ways of Managing Conflict* [M]. New York: McGraw-Hill, 1976: 41.

度有着不同的影响。这些研究力图科学地识别出最有效的领导行为，并就此提出了专制型、民主型和放任型三种领导风格。

勒温等人认为，这三种领导风格会造成不同的团体氛围和工作效率。专制型的领导者只注重工作的目标，仅仅关心工作的任务和工作的效率。但他们对团队的成员不够关心，被领导者与领导者之间的社会心理距离比较大，领导者对被领导者缺乏敏感性，被领导者对领导者存有戒心和敌意，容易使群体成员产生挫折感和机械化的行为倾向。民主型的领导者注重对团体成员的工作加以鼓励和协助，关心并满足团体成员的需要，营造一种民主与平等的氛围，领导者与被领导者之间的社会心理距离比较近。在民主型的领导风格下，团体成员有较强的工作动机，责任心也比较强，团体成员自己决定工作的方式和进度，工作效率比较高。放任型的领导者采取的是无政府主义的领导方式，对工作和团体成员的需要都不重视，无规章、无要求、无评估，工作效率低，人际关系淡薄。

勒温等人试图通过实验发现哪种领导风格是最有效的领导风格。他们分别将不同的成年人训练成为具有不同领导风格的领导者，然后让这些人充当青少年课外兴趣活动小组的领导，让他们主管不同的青少年群体。进行实验的青少年群体在年龄、人格特征、智商、生理条件和家庭社会经济地位等方面进行了匹配，也就是说，几个不同的实验组仅仅在领导者的领导风格上有所区别。这些青少年兴趣小组进行的是手工制作的活动，主要是制作面具。结果表明，放任型领导者所领导的群体的绩效低于专制型和民主型领导者所领导的群体；专制型领导者所领导的群体与民主型领导者所领导的群体工作数量大体相当；民主型领导者所领导的群体的工作质量与工作满意度更高。

基于这个结果，勒温等人最初认为民主型的领导风格似乎会带来良好的工作质量和数量，同时群体成员的工作满意度也较高，因此，民主型的领导风格可能是最有效的领导风格。但研究者们后来发现了更为复杂的结果。民主型的领导风格在有些情况下会比专制型的领导风格产生更好的工作绩效，而在另外一些情况下，民主型领导风格所带来的工作绩效可能比专制型领导风格所带来的工作绩效低或者仅仅与专制型领导风格所产生的工作绩效相当。而关于群体成员工作满意度的研究结果则与以前的研究结果相一致，即通常在民主型的领导风格下，成员的工作满意度会比在专制型领导风格下的工作满意度高。

在实际的组织与企业管理中，很少有极端型的领导，大多数领导者都是介于专制型、民主型和放任型之间的混合型。

勒温注意到领导者的风格对组织氛围和工作绩效的影响，区分出领导者的不同风格和特性并以实验的方式加以验证，这对实际管理工作和有关研究非常有意义。许多后续的理论都是从勒温的理论发展而来的。但是，勒温的理论也存在一定的局限性。这一理论仅仅注重了领导者本身的风格，没有充分考虑到领导者实际所处的情境因素，因为领导者的行为是否有效不仅仅取决于其自身的领导风格，还受到被领导者和周边的环境因素影响。

“不成熟—成熟连续体”理论

1957 年 6 月，美国行为科学家阿吉里斯（Chris Argyris）发表《个性与组织：互相协调的几个问题》一文，提出了一个在某些方面与利克特的管理方法相似的“不成熟—成熟连续体”（immaturity - maturity continuum）理论。[1] 阿吉里斯出生于 1923 年，曾在耶鲁大学就读并获博士学位，后在哈佛大学担任教育学和组织行为学的教学工作。他是美国许多举足轻重的大型企业的高级顾问，同时受聘于许多欧洲国家的政府，担任经理人员培训和教育培训的顾问，在国际上有广泛的影响。阿吉里斯勤于著述，先后出版 21 部著作，发表 40 多篇论文。除《个性与组织》外，其著作还有：《理解组织行为》（*Understanding organizational behavior*，1960）、《个性与组织的结合》（*Integrating the individual and the organization*，

① Argyris. *Personality and Organization*: *The Conflict Between System and the Individual* [M]. New York: Harper Torchbooks, 1970.

1964)、《增进领导效能》(*Increasing leadership effectiveness*, 1970) 等。他的研究主要集中在个人需要与组织需要同时并存的问题上。

阿吉里斯同意其他一些行为科学家的看法，即人们有着强烈的自我实现的需要。他指出，组织的控制使职工有一种服从和依赖感。他断言大型企业所使用的经营方法往往忽视了职工们的社会需要和自我发展的需要，这是“成熟—不成熟连续体”理论的第一个假设。与之相应的第二个假设认为，人们之间不可能相互激励。由于下属都具有阿吉里斯所说的“心理活力”(psychological energy)，所以特别看重满足自己的需要。个人需要和公司需要的差距越大，职工就越可能反映出不满、冷漠、矛盾、紧张或反抗等倾向。根据这种看法，要达到激励的目的，就应该为那些为了适应环境的变化而可能需要进行培训的职工提供挑战性的工作和必要的机会。

基于这种观点，阿吉里斯主张，一个有效的领导者或主管人员应该能帮助下属从一种不成熟的或依赖的状态转变到成熟的状态。如果一个组织不为人们提供使他们成熟起来的机会，或不提供他们作为已经成熟的个人的机会，那么人们就会感到窘迫不安，并且将会以与组织目标不符的方式行事。阿吉里斯的“不成熟—成熟的连续体”主要表现为七个方面的变化（见表 6 -7）。

表 6 -7　阿吉里斯的“不成熟—成熟连续体”

不成熟的特征		成熟的特征
被动消极	→	主动积极
依赖性	→	独立性
办事的方法极少	→	办事的方法很多
兴趣狭隘	→	兴趣广泛
眼光短浅	→	眼光长远
安于从属地位	→	追求领导地位
缺乏自知之明	→	有自知之明，能自我控制

由此可见，成长的过程中，个体的自我世界扩大了，这样一个连续发

展的过程也是一个从被动到主动，从依赖到独立，从缺乏自觉到自制的过程。个体经历了这样一个成长过程之后，其进取心和迎接挑战的能力都会逐渐提高，而且随着这种自我意识的觉醒，个体会将自己的目标与自我所处的环境作对比。因此，个体在组织中所处位置在一定意义上代表个体自我实现的程度。

领导行为连续统一体模型

领导行为连续统一体模型是由美国管理学家坦南鲍姆（Robert Tannenbaum）和施米特（Warren Schmidt）共同提出的。坦南鲍姆毕业于美国芝加哥大学，获博士学位，长期在洛杉矶加利福尼亚大学工商管理学院执教。施米特与坦南鲍母在洛杉矶加利福尼亚大学共事 20 多年，后来转到南加州大学任行政管理学教授。他们在 1958 年第 3—4 月号的《哈佛商业评论》（*Harvard Business Review*）上合作发表了《如何选择一种领导模式》一文，在关于领导者行为理论方面作出了重大贡献。他们认为，企业领导常常在决定采用何种行为去最适合地处理某一问题时产生困难，他们不知道是应该自己做出决定还是授权给下属做决策。为了使人们从决策的角度深刻认识领导风格的意义，他们提出了“连续统一体模型（Continuum of Styles）”（见图 6－3）。

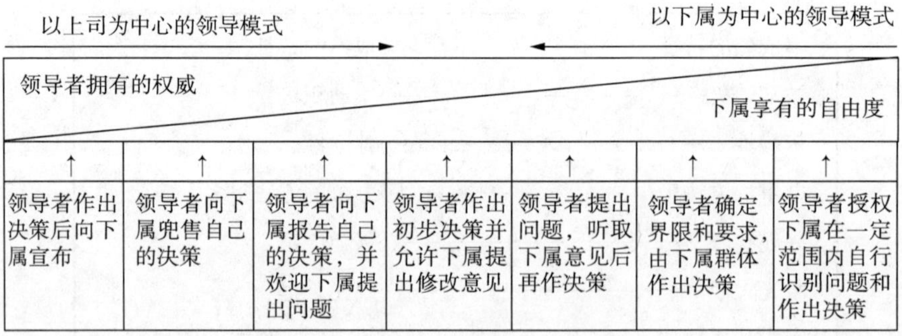

图 6－3　领导行为连续统一体模型

资料来源：Tannenbaum & Schmidt. *How to Choose a Leadership Pattern* [J]. In *Harvard Business Review*, 1958 (3－4): 95－101.

图 6－4 表明，领导风格与领导者运用权威的程度和下属在做决策时享有的自由度有关。在连续体的最左端，表示的领导行为是专制型领导；在连续体的最右端表示的是将决策权授予下属的民主型领导。在实际管理工作中，领导者行使权力的范围与下属享有的自由活动的范围，便构成了一方得益、另一方受损的此消彼长的复杂关系。在专制型领导和民主型领导之间，存在各种水平的领导风格，其中有代表性的有七种：

1. 领导做出决策并宣布实施。在这种模式中，领导者确定一个问题，并考虑各种可供选择的方案，从中选择一种，然后向下属宣布执行，不给下属直接参与决策的机会。

2. 领导者说服下属执行决策。在这种模式中，同前一种模式一样，领导者承担确认问题和做出决策的责任。但他不是简单地宣布实施这个决策，而是认识到下属中可能会存在反对意见，于是试图通过阐明这个决策可能给下属带来的利益来说服下属接受这个决策，消除下属的反对。

3. 领导者提出计划并征求下属的意见。在这种模式中，领导者提出了一个决策，并希望下属接受这个决策，他向下属提出一个有关自己计划的详细说明，并允许下属提出问题。这样，下属就能更好地理解领导者的计划和意图，领导者和下属能够共同讨论决策的意义和作用。

4. 领导者提出可修改的计划。在这种模式中，下属可以对决策发挥某些影响作用，但确认和分析问题的主动权仍在领导者手中。领导者先对问题进行思考，提出一个暂时的可修改的计划，并把这个暂定的计划交给有关人员去征求意见。

5. 领导者提出问题，征求意见做决策。在以上几种模式中，领导者在征求下属意见之前就提出了自己的解决方案，而在这个模式中，下属有机会在决策做出以前就提出自己的建议。领导者的主动作用在于确定问题，下属的作用在于提出解决的方案，最后，领导者从他们自己和下属所提出的解决方案中选择一种他认为最好的解决方案。

6. 领导者界定问题范围，下属集体做出决策。在这种模式中，领导者已经将决策权交给了下属的群体。领导者的工作是弄清所要解决的问题，并为下属提出做决策的条件和要求，下属按照领导者界定的问题范围进行决策。

7. 领导者允许下属在上司规定的范围内发挥作用。这种模式体现了极度的团体自由。如果领导者参加了决策的过程，他应力图使自己与团队中的其他成员处于平等的地位，并事先声明遵守团体所做出的任何决策。

在上述各种领导风格中，坦南鲍姆和施米特认为，不能抽象地认为哪一种风格一定是好的，哪一种一定是差的。成功的领导者应该是在一定的具体条件下，善于考虑各种因素的影响，采取最恰当行动的人。当需要果断指挥时，他应善于指挥；当需要员工参与决策时，他能适当放权。领导者应根据具体的情况，如领导者自身的能力、下属及环境状况、工作性质、工作时间等，适当选择连续统一体中的某种领导风格，才能达到领导行为的有效性。通常，管理者在决定采用哪种领导风格时要考虑以下几个方面的因素：①管理者的特征：包括管理者的背景、教育、知识、经验、价值观、目标和期望等；②员工的特征：包括员工的背景、教育、知识、经验、价值观、目标和期望等；③环境的要求：环境的大小、复杂程度、目标、结构和组织氛围、技术、时间压力和工作的性质等。根据以上这些因素，如果下属有独立做出决定并承担责任的愿望和要求，并且他们已经做好了这样的准备，能理解所规定的目标和任务，并有能力承担这些任务，领导者就应给下级较大的自主权。如果这些条件不具备，领导者就不会把权力授予下级。

坦南鲍姆和施米特的领导风格研究摆脱了“两极化”的倾向。他们不是将成功的领导者简单地归结为专制型、民主型或放任型的领导者，而是指出成功的领导者应该是在多数情况下能够评估各种影响环境的因素和条件，并根据这些条件和因素来确定自己的领导方式和采取相应的行动，这非常切合实际。所以，他们的理论受到普遍重视，成为领导研究的经典之一，在管理思想的发展史上占有极重要的地位。但他们的理论也存在一定的不足，他们将影响领导方式的因素即领导者、下属和环境看成是既定的和不变的，而实际上这些因素是相互影响、相互作用的，他们对影响因素的动力特征没有给予足够的重视，同时在考虑环境因素时主要考虑的是组织内部的环境，而对组织外部的环境以及组织与社会环境的关系缺乏重视。

1973 年，坦南鲍姆和施米特又对先前的理论作进一步的补充和修改，突出了领导者与被领导者之间、组织与环境之间各种力量和因素的相互作用，使自己的理论更具动态性和活力，反映了领导实践的权变观念。

管理方格理论

以形象化方式表示不同领导方式的各种办法中，人们最熟悉的就是行为科学家、得克萨斯大学教授布莱克（Robert R. Blake）和穆顿（Jane S. Mouton）提出的管理方格理论。他们在 1964 年出版的《管理方格》（*Managerial Grid*）一书，长期畅销，印数近 100 万册，在管理学界产生了很大的影响，也因此巩固了他们在管理学界的崇高学术地位。该书于 1978 年经修订再版，改名为《新管理方格》（*New Managerial Grid*）。

管理方格理论认为，当好一个领导者既要“关心生产”也要“关心人”，二者是相辅相成的。根据领导者在“关心生产”和“关心人”这两个方面的相互关系，布莱克和穆顿设计了一张横竖各九等分的方格图，以此反映 81 种领导方式。他们强调指出，他们运用“对……的关心”（concern for）这个术语是要表明领导者是“怎样（how）”关心生产和关心人的，而不是关心诸如从一个团体中能得到“多少”（how much）产量之类的事情。在此，“关心生产”是指领导者对以下许多不同事物所持的态度，例如政策决定的质量、程序和过程，研究工作的创造性，职能人员的服务质量、工作的效率以及产量等。“关心人”一词的含义也很广，包括的内容有：个人对实现目标所承担的责任，保持工人的自尊，基于信任而非基于服从的职责，保持良好的工作环境以及满意的人际关系等。

布莱克和穆顿并没有详细描绘出所有的 81 种领导方式，而只是选取了其中五种有代表性的领导方式（见图 6－4）来作说明。

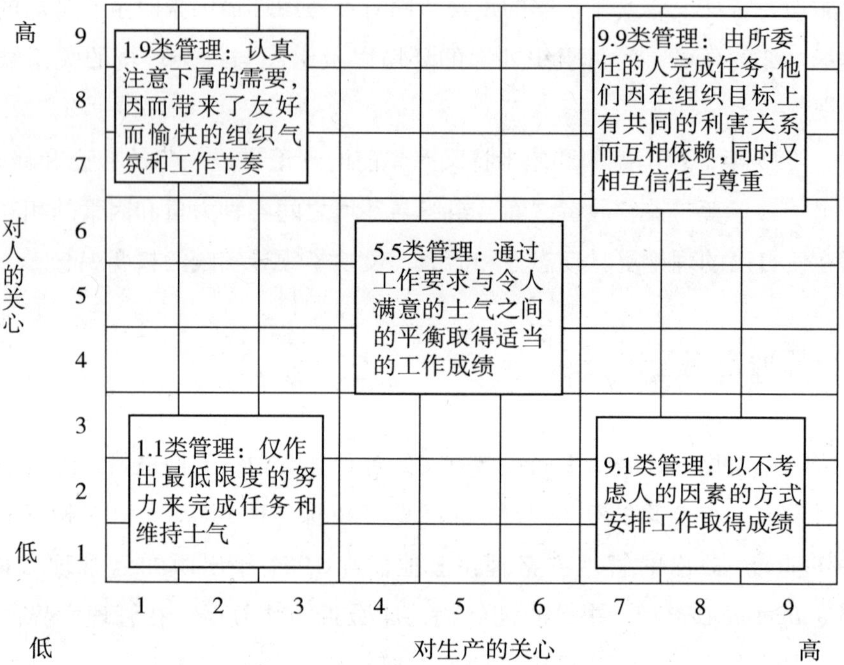

图 6-4　管理方格

1. 1 类方式，称为“疲沓式管理”（impoverished management），领导者既不关心人也不关心生产，对自己的工作很少过问。实际上他已经放弃了职守，只是在虚度时日或只干一些将上级信息转达给下属的信使工作。处于另一极端的是 9. 9 类方式的领导，他们在行动上无论对人还是对生产都表现出最大可能的献身精神。他们是真正的“集体的主管者”（team manager），他们能够把企业的生产需要和个人需要完美地交融起来。

另外一种方式是 1. 9 类管理，可以称之为“乡村俱乐部式管理”（country club management）。在这种管理方式中，领导者极少或甚至完全不关心生产而只关心人。他们尽量促成一种人人都感到轻松、友爱、快乐的环境，但却没有人去考虑如何协同努力去达到企业的目标。这一类型的另一极端则是 9. 1 类管理，这一类型的领导可以称为“专制独裁、只关心任务完成的主管”（autocratic task manager）。他们关心的只是促成一种高效率的经营活动，很少关心或完全不关心人，领导方式则是非常专制的。

以这四类极端的领导方式为基准，就可以把任何一种管理技术、方法或方式放置在方格图的某个位置。显然，5.5 类型的领导对人和对生产的关心都属于中庸程度。他们得到的士气和生产都能符合要求，但绝非出类拔萃。他们不把目标定得太高，对人则很可能是近乎开明专制的态度。

布莱克和穆顿指出，9.9 协作型管理是最理想的领导风格，而现实中最典型的领导风格是 5.5 中庸之道型管理，以下依次是 9.9、9.1、1.9 和 1.1 型的领导风格。同时，布莱克和穆顿运用可靠的资料得出如下结论：一个人的事业成就越大，他的风格就越可能是 9.9 或 9.1 型，而越不可能是 5.5 或 1.9 型。据此，布莱克和穆顿认为，要训练一名管理人员从其他领导风格转变到最理想的 9.9 型的管理风格，至少应从五个方面着手。一是理论学习，要认识各种领导风格的共同性和差异性，从理论上了解并认同最佳的领导方法。二是确立价值观，即客观地评价到底哪种风格最佳。三是克服自欺心理，没有学过管理方格理论的人都倾向于把自己的领导风格描述为协作型的，而实际上这是一种自欺与虚夸。四是缩小差距，要成为一名真正优秀的管理人员，就要逐步缩小现实的管理方式与理想的管理方式之间的差距。五是取得社会支持，管理人员在由过去的管理习惯方式向协作型管理方式转变时，必须获得同事们积极、明确的支持，形成社会支持系统。

总体上看，管理方格图在识别领导方式和归类上是一个很有用的工具，但它没有告诉我们为什么一个领导者会处于方格图中的此处或彼处。为了找到这方面的答案，正如布莱克和穆顿所早已认识到的那样，必须寻找其根本原因。这些原因可能会在以下事项中找到，例如领导者或被领导者的个性、主管人员的才能和所接受的训练、企业的环境以及其他能影响领导者和被领导者双方行为的因情况而异的因素等。

雷定的三维领导模型

布莱克和穆顿之后，著名管理学家雷定（William J. Reddin），于1970年出版《管理的效率》一书，提出了“三维领导模型”(3D theory of management)。他认为，除了关系导向和任务导向两个因素外，还要加上效率这个因素，这是对布莱克和穆顿的管理思想的超越和进一步发展。雷定断言，在任何既定的情境下，管理行为可以是积极的，也可以是消极的。这一理论的突破点在于，它认为只是在某些情境下才适合进行授权，其本质是一种放权。①

雷定用一组方格，即三维方格（见图6－5），阐述了他的基本思想。三维包括：①任务：管理者指导下属完成目标的程度，行为上表现为计划、组织和控制。这一维度指的是希望工作成果达到的质量。②相关性：管理者保持工作中与下属之间关系的程度，行为上表现为相互信赖、对他人观点的尊重、对他人情感的关注。这一维度指的是人际关系的融洽程度。③有效性：管理者达到其岗位所要求的目标成果的程度。这一维度指的是保持高产的能力。

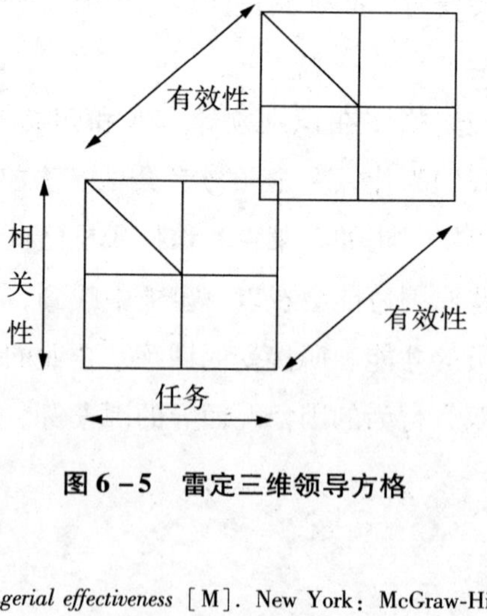

图6－5　雷定三维领导方格

① William J. Reddin. *Managerial effectiveness* [M]. New York: McGraw-Hill, 1970.

管理者在以上三个维度上倾向的程度，决定了八种类型的领导风格：①背弃者：他在这三个维度上的倾向都很少或几乎没有；②官僚主义者：他只注重成效；③传教士：他只有关系倾向；④开发者：他在注重成效的同时也注重关系；⑤独裁者：他只有任务导向；⑥仁慈的独裁者：成效与任务并重；⑦折中主义者：他在关注任务的同时也注重关系；⑧经理人：三种倾向都有表现。

表 6－8　八种领导风格的主要特征

相对无效			
背弃者	传教士	独裁者	折中主义者
不参与	随和	强硬	随风倒
挫伤士气	支持性的	独裁的	犹豫不决
无影无踪	弱势	顽固	短期导向
相对有效			
官僚主义者	开发者	仁慈的独裁者	经理人（执行者）
遵循规则	创新	平衡顺利	高标准
组织中的人	很好的授权	组织者	很好的激励
不关心 伪装	信任	自我承诺	长期导向

雷定的三维模型是一个概念性的理论框架，它提出了三个关键的管理技巧：①诊断技巧：即对情境作出判断的能力；②灵活性：即对既定情境匹配不同的管理方式的能力；③情境管理：即在必要时改变情境的能力。为了表明每一种不同风格的管理行为在某一情境下可能有效，而在另一情境下可能无效，雷定围绕有效性的定义发展出 8 种截然不同的管理风格，如图 6－6 所示：

基本类型	⇨	相对有效的类型	⇨	相对无效的类型
整合的 奉献的 人际的 孤立的		执行者、经理人 仁慈的独裁者 开发者 官僚主义者		折中主义者 独裁者 传教士 背弃者

图 6－6　8 种领导风格的关系

由于雷定认为一种领导方式有效或无效，主要取决于情境，用对了便是有效的领导方式，用错了就成为无效的领导方式。因此，三维模型实质上是一种领导权变理论。

第四节　领导权变理论

20 世纪 60 年代中期，许多研究人员开始认识到，并不存在一种绝对最好的领导方式，在一种情境中有效的领导方式在另一种情境下却未必有效；领导的效率如何并不取决于领导者的个人品质和能力，而是取决于领导所处的具体情境。构成领导情境的因素包括领导人的个性、团体目标的明确性、任务的复杂程度、团体成员的成熟程度、团体的内聚力等。这种试图分析预测在不同的环境下何种类型的领导才是有效的研究视角，被称为领导权变理论。这方面影响较大的理论有：菲德勒（Fred E. Fiedler）的权变模型（theory of contingency model）、赫西（Paul Hersey）和布兰查德（Kenneth Blanchard）的情境领导理论（situational leadership theory）、豪斯（Robert House）的领导路径—目标理论（Path - goal Theory of Leadership）等。到 20 世纪 70 年代，基本形成了领导权变理论一统天下的局面。

菲德勒的权变模型

菲德勒是美国当代著名心理学家和管理专家，在芝加哥大学获得博士学位，曾任美国华盛顿大学心理学与管理学教授。他从 1951 年起就从管理心理学和实证环境分析两方面研究领导问题，提出了权变理论模型，开创了领导理论研究的一个新阶段，对西方管理思想发展产生了重要影响。教育管理学家汉森（Mark Hanson）认为，推动研究转向权变理论的力量来自于菲德勒（Fred E. Fiedler）。[1] 菲德勒也自称：在超过 14 年的这段时期内，有将近 300 项理论性和经验性研究是由他的权变模型引起的。作为一位对自己的工作坚信不疑的人，他进一步指出："大多数做得充分的研究支持了这种理论。"[2] 菲德勒的代表作主要有：《让工作适应管理者》（*Engineer the Job to Fit the Manager*，1965）、《领导效能理论》（*A Theory of Leadership Effectiveness*，1967）、《权变模型——领导效用的新方向》（*The Contingency Model-New Directions for Leadership Utilization*，1974）以及《提高领导效能：领导者匹配概念》（*Improving leadership effectiveness* ：*the leader match concept*，1984）等。

菲德勒首先从领导风格的研究入手，把领导行为与领导风格区分开来。菲德勒认为，领导行为是指一名领导者指导和协调团体成员工作的具体行动，而领导风格是指在各种领导环境下，促使领导者采取某种行为的领导者的基本需要结构。从领导风格上看，领导者管理下属的方式可以简单地分为两类：一是挥舞权力的大棒驱使下属去工作，明确指令下属做什么和怎样去做；二是以友善的态度，用"胡萝卜"诱使下属与自己合作，共同分担领导工作和责任，一起来规划并实现组织目标。前者是传统的以工作任务为中心的专制独裁的领导风格；后者是人情味十足的以群体为中心的领导风格。菲德勒的研究结果表明，这两种领导风格分别适用于不同的情境条件。要使领导风格与工作情境相吻合，领导者有两种办法可循：一是先确定在某种具体工作情境中，哪种风格的领导者工作起来更有效，然后选择具有这种风格的管理者担任领导工作，或是通过培训使之具备工作情境所要求的领导风格；二是先确定某领导者采用什么样的领导风格最为自然，然后使新的工作情境去适应领导者的风格。

为了对不同的领导风格加以分类，菲德勒编制了一个称为"最不喜

① 马克·汉森．教育管理与组织行为（第五版）［M］．冯大鸣译．上海：上海教育出版社，2005：228．

② Fiedler. *Recent Developments in Research on the Contingency Model*. In Leonard Berkowitz（ed.）. *Group Processes*［M］. New York：Academic Press，1978：215．

欢的工作伙伴”（Least Preferred Co-worker Questionnaire，LPC）的量表，以此评价领导风格与下属的效能（见表6－9）。

表6－9 “最不喜欢的工作伙伴”量表（LPC）（部分）

友善	8	7	6	5	4	3	2	1	不友善
有益	8	7	6	5	4	3	2	1	无益
拒绝	1	2	3	4	5	6	7	8	接受
疏远	1	2	3	4	5	6	7	8	亲密
紧张	1	2	3	4	5	6	7	8	轻松
坦率	8	7	6	5	4	3	2	1	谨慎
低沉	1	2	3	4	5	6	7	8	振奋

（表中的数字为权重分数，由调查对象选择）

菲德勒的LPC问卷包括16～20个项目，LPC得分最高的人具有人际关系驱动（relationship-motivated）的领导风格（LPC得分高>64分），LPC得分低的人具有任务驱动（task-motivated）的领导风格（LPC得分低<57分）。当然，还有许多人处于两者之间，很难说出他们的领导风格。菲德勒由此认为，适用于任何情境的独一无二的最佳领导方式是不存在的，某种领导风格只是在一定的情境下才可能获得最高效能。

经过长达15年的调查研究，菲德勒指出，影响领导效能的情境变量有三个方面：①领导者与下属的关系。指领导者被下属所接受的程度，即信任、喜爱、尊重、忠诚和愿意追随的程度，以及领导者对下属的吸引力。②任务结构。工作任务是否明确，即成员对组织任务的理解程度（结构化或非结构化）。③职位权力。领导者拥有的权力变量（如雇用、解雇、晋升和加薪）的影响程度。[①] 将这三个情境变量与领导行为恰当匹配，菲德勒把领导者所处的情境从最有利到最不利，共分为八种不同的情境类型（见表6－10）。他认为，三项因素齐备是领导最有利的情境，三者

① Fiedler. *Engineer the Job to Fit the Manager* [J]. In *Harvard Business Review*, 1965 (9－10).

有一项或两项具备是领导的一般情境，三者都缺的是最不利的情境。

表 6－10　菲德勒领导类型与情境变量之间的关系

对领导者的有利性	情境类型	领导—下属的关系	任务结构	职位权力	有效领导类型
有利	1	良好	有结构	强	任务驱动型
	2	良好	有结构	弱	任务驱动型
	3	良好	无结构	强	任务驱动型
中间状态	4	良好	无结构	弱	人际关系型
	5	不良	有结构	强	人际关系型
	6	不良	有结构	弱	人际关系型
	7	不良	无结构	强	任务驱动型
不利	8	不良	无结构	弱	任务驱动型

菲德勒通过对1200个团体进行调查分析后写道：“权变模型的基本结论是，以任务为驱动的领导者一般在非常‘有利的’情境中工作得最好，即不论是在他们的权力、控制力和影响力都非常高的条件下（或者相反，在不确定因素非常少的情况下），还是在他们的权力、控制力和影响力都非常低的不利情境下，他们的工作都是最佳的。以人际关系为驱动的领导者一般在拥有中等程度权力、控制力和影响力的情境下效能最差。”① 总之，当领导者的LPC分数与三项情境变量的评估分数相匹配时，将达到最佳的领导效能。

但是，权变模型也存在一些缺点。罗宾斯（Stephen P. Robbins）总结概括如下：“第一，权变变量非常复杂，难以估计。在实践中，常常很难确定领导者与员工的关系好到什么程度，任务结构化到什么水平以及领导者拥有的地位权力有多大。第二，权变模型很少关注下属的特征。第三，并没有注意到领导者或下属不同的技术上的胜任能力，而假定领导和下属

① Fiedler. *The Contingency Model—New Directions for Leadership Utilization* [J]. In *Journal of Contemporary Business*, 1974 (Autumn).

拥有充分的技术胜任力。第四，菲德勒用以维护该模型的相关性常常是很低的，在统计学上属非显著相关。最后，LPC 的测量工具存在问题，LPC 的逻辑性不易理解，一些研究已表明，被试的 LPC 得分不稳定。”① 菲德勒的合作者切默斯（Martin M. Chemers）和赖斯（Robert W. Rice）指出了领导权变理论的另一个不足之处，他们认为，除三个基本变量之外，还有其他情境变量决定着领导情境有利性方面起着重要作用，如压力、语言或文化的异质性、组织气氛和培训水平。② 汉森也强调指出，权变理论将其分析集中于组织的内部环境，而在内外环境之间没有建立起至关重要的联系。据此，该模式中存在着一种封闭系统的倾向。③

情境领导理论

1969 年，美国行为科学家赫西（Paul Hersey）和布兰查德（Ken Blanchard）合著《组织行为学》一书，提出情境领导理论（Situational leadership theory）④。目前，该书已经出到第八版，被翻译成 14 种语言在全球广泛传播。赫西同期推出的《情境领导者》一书也畅销不衰，成为全球经理人的案头必备教材。1975 年，赫西创办了美国领导力研究中心（CLS），不断深入研究并完善该理论。情境领导理论一经提出即受到企业界的大力追捧，热度一直持续到今天。在四十年的发展过程中，布兰查德提出了升级版的情境领导Ⅱ，使这一领导模式更适合现代企业的运用。

赫西和布兰查德认为，在领导和管理公司或团队时，不能用一成不变

① Robbins. *Organizational Behavior: Concepts, Controversies, and Applications* (2nd ed.) [M]. Englewood Cliffs, N. J.: Prentice-Hall, 1983: 226.

② Chemers & Rice. *A Theoretical and Empirical Examination of Fiedler's contingency model of leadership effectiveness* [M]. In Hunt, J. G. & Larson, L. L. (eds.). *Contingency approaches to leadership*. Carbondale: Southern Illinois, 1974: 107.

③ 马克·汉森. 教育管理与组织行为（第五版）[M]. 冯大鸣译. 上海：上海教育出版社，2005：234.

④ Hersey& Blanchard. *Management of Organizational Behavior: Utilizing Human Resources* [M]. Prentice-Hall. 1982.

的方法，而要随着情况和环境的改变及被领导者的不同，改变领导和管理的方式。其中，被领导者的成熟度（maturity）是确定领导风格的一个重要因素。当被领导者成熟度较低，缺乏确定目标的能力时，领导者应注意对他们工作的指导和监督，而当被领导者的成熟度提高时，领导者就应当更加注意发展与下属的良好关系。

赫西和布兰查德将"成熟度"定义为：个体对自己的直接行为负责任的能力和意愿。它包括两项要素：工作成熟度与心理成熟度。前者包括下属的知识和技能，工作成熟度高的下属拥有足够的知识、能力和经验来完成他们的工作任务，而不需要他人的指导。后者指的是下属做某事的意愿和动机，心理成熟度高的下属不需要太多的外部鼓励，他们靠内部动机激励。领导者对下属采取什么领导方式，在行动之前必须考虑下属的这两项成熟度要素。赫西和布兰查德将下属的成熟度划分为由低到高的四个阶段：

第一阶段 R1：下属缺乏执行某项任务的技能和能力，不胜任工作。而且，他们又不情愿去执行任务，缺乏自信心和积极性。

第二阶段 R2：下属虽然缺乏完成工作任务所需的技能和能力，但他们愿意执行必要的工作任务，具有积极性。

第三阶段 R3：下属有较高的工作技能和较强的工作能力，但他们却不愿意干领导希望他们做的工作。

第四阶段 R4：下属既有能力又有很高的工作意愿。

这四个连续的阶段实际上反映了下属从不成熟到成熟的成长过程。当下属刚刚接手一项陌生的工作时，出现第一种情况是很普遍的：他往往感觉自己处于一种无所适从的状态，处于一种消极被动的尴尬地位。当他对工作的性质和基本内容获得比较全面的了解之后，他接着就会产生一种很快适应和胜任工作的愿望——在这个阶段，他虽然还缺乏必要的能力，但会积极主动地去提高自己。在第三个阶段，一个人在长期的工作中获得了能力与经验，他因此也拥有了一定的资本。这时，他可能会提出一些有利于自己职业发展的要求，寻求广泛的参与机会，试图在参与中体现自己的价值并得到组织或上级的肯定。如果这些愿望得不到满足，他会深深地陷入一种挫折感之中。当然，如果这些愿望得到满足，他会更加努力和主动地工作。不过，这时他可能产生更高的要求（按马斯洛的需求层次理论，这属于一种自我实现的需求），试图控制局面，试图获得独立决策和行动的机会。

与菲德勒的分析方法基本相同，赫西和布兰查德在分析领导风格时也从两个维度来进行考察：任务导向和关系导向。不同的是，赫西和布兰查德认为，每一维度可以有高低之分，并可以组合成四种具体的领导风格（见图6－7）：

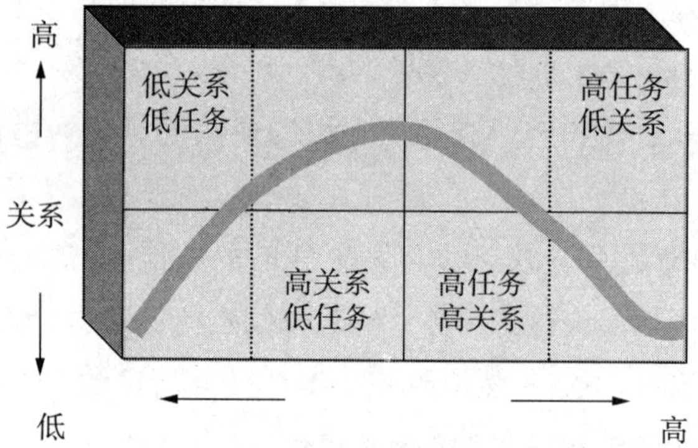

图6－7　领导者的类型

1. 告知式（Telling，高任务—低关系）。领导者制定所有决策，为下属确定角色，告诉下属应该干什么、怎么干以及何时何地去干。

2. 推销式（Selling，高任务—高关系）。领导者既作为一个指导者（权威型风格，或以任务为中心）出现又作为一个支持者出现（支持型风格，或以员工为中心）。作为指导者，领导者制定所有决策，为下属确定角色，指导下属的行为；作为支持者，领导者对下属的要求不超过其力所能及的范围，愿意向下属解释自己的决策，公平、友好地对待下属，并帮助下属解决个人问题，在下属很好地完成任务时给予赞赏和表扬。

3. 参与式（Participating，民主式或参与式风格，低任务—高关系）。领导者允许下属讨论组织的政策，并且鼓励他们参与重要决策；不仅允许他们讨论现在的工作，而且允许他们讨论将来的工作；鼓励下属参与群体活动。在上述活动中，领导者的主要任务是提供便利条件和沟通。一般认为，有效的员工参与可以减少人际之间的敌意、挫折、攻击和悲哀，创造良好的群体感觉，提高工作满意度和士气。

4. 授权式（Delegating，低任务—低关系）。领导者为下属设立挑战性的目标，并显示对他们的信任，允许他们在一定范围内独立地进行决策甚至确定自己的工作内容；领导者提供极少的指导或支持。

赫西和布兰查德认为，究竟选择哪种类领导风格，要视具体的情境而定。随着下属成熟水平的不断提高，领导者可以减少对下属活动的控制，而且还可以减少关系行为。例如，在员工成长的第一阶段，下属需要得到明确而具体的指导。在第二阶段，领导者需要采取"高任务—高关系"行为。高任务行为能够弥补下属的能力欠缺，高关系行为能够使下属在心理上领会领导者的意图，或者说能够激励下属提高自己的技能和能力。在第三阶段，领导者运用支持性、非指导性的参与风格，能够有效地满足下属的参与欲望，消除其现实的挫折感，从而向下属提供更强的内在激励。在第四阶段，领导者无须做太多的事情，因为下属既愿意又有能力完成工作任务。

赫西和布兰查德还分析了领导行为与下属成熟度之间的关系。他们指出：首先，领导者包办一切造成了被领导者的不成熟。例如，当校长需要培养时，教育局长不培养他们，也不给他们主动行动的机会，校长永远也不会成熟。其次，下属由不成熟到成熟是一个渐进的过程。如果在下属不成熟时将任务强加给他们，而下属又没有接受任务的准备，那么最终的结果不是下属的成熟，而是工作的失败。[①] 多年之后，赫西指出："一个最好的企业领导不应当只是一个命令者，在领导和管理公司团队时，不能用一成不变的方法，而要随着情况和环境的改变及员工的不同，改变自己的

① 欧文斯．教育组织行为学（第二版）［M］．孙绵涛等译．武汉：华中师范大学出版社，1987：195.

领导和管理方式。"[①] 这道出了情境领导理论的精髓所在。

路径—目标理论

豪斯的领导路径—目标理论认为，如果人们相信他们的工作会导致很有价值的结果，他们便会对工作感到满意，并将努力地工作。例如，如果我工作成绩好，我的薪金就会提高。在此，领导的含义就是领导者对职工的期望施以积极的影响，并在某种程度上以有利于职工达到目标的行为去激励职工。豪斯和米切尔（Terence Mitchill）写道："根据以前的动机期望理论研究，可以推断领导者的策略功能包括：①在某种程度的控制下，领导者意识到或唤起下属对成果的需要；②因达到工作目标而增加下属的个人收入；③通过训练和指导，使取得奖酬的途径变得容易；④帮助下属明确期望；⑤减少形成挫折的障碍；⑥根据有效的工作表现来增加个人满足的机会。"[②] 基于这种信念，路径—目标理论有两条路径：明确指明下属的工作目标，指明实现工作目标的路径，为下属清理各种障碍和危险；通过奖酬提高下属完成任务的内在激励，有效地实现组织目标，从而提高领导的效能（见图 6－8）。

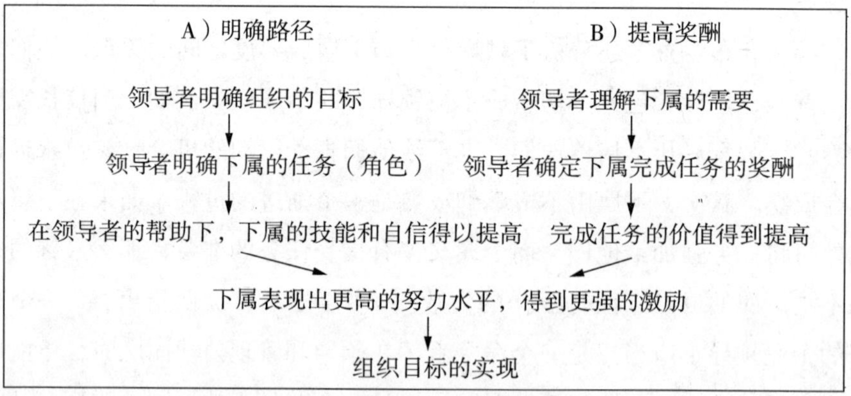

图 6－8　路径—目标领导理论

---

① 情境领导 怎样发挥领导力？http：//www. people. com. cn/.

② House & Mitchill. *Path-Goal Theory of Leadership* [J]. In *Journal of Contemporary Business*, Autumn 1974：84.

明确路径意味着领导者通过接近下属，以帮助他们认识和掌握圆满完成工作任务和获得奖酬所必须采取的正确的行动。提高奖酬则意味着领导者通过接近下属，以了解对下属来说哪些奖酬是最有价值的——他们是渴望从工作中获得奖酬，还是渴望得到诸如晋升、提薪之类的奖酬。领导者的责任就是提高下属渴望得到的奖酬的价值，并使下属得到这些奖酬的路径清晰和易于达到。

与菲德勒的权变领导理论相反，路径—目标理论认为，个人的领导风格因变化着的组织情境而异。换句话说，领导者根据所面对的组织中的不同问题和情况来调整他/她的领导风格。豪斯和德斯勒（Gary Dessler）把路径—目标理论推进到如表 6－11 所示的水平。这一理论模型的权变性在于它包括了三种权变因素：领导风格、工作情境以及满足下属需要的奖酬的运用。

表 6－11　路径—目标领导权变理论

领导风格或类型	权变因素	原　因		下属的态度与行为	
1. 指导型 2. 支持型	1. 下属特征： • 权力主义 • 控制的线索 • 能力	影响	个人的感知	1. 对工作感到满足 2. 被领导者接受	来自工作的奖赏 来自领导的奖赏
3. 成就导向型 4. 参与型	2. 环境因素： • 任务结构 • 正式权力系统 • 工作群体特征	影响	激励因素 限制因素 奖赏	3. 激励行为的努力	绩效奖赏

资料来源： House & Mitchill. *Path－Goal Theory of Leadership*［J］. In *Journal of Contemporary Business*. Autumn 1974：89.

1. 领导风格。豪斯把领导风格分为四种类型：①指导型领导（directive leadership）：领导者非常精确详细地告诉下属他希望下属做什么。其领导行为包括制订计划、指定工作进度表、建立绩效目标和作业标准以及严肃规章制度。②支持型领导（supportive leadership）。领导者对员工福利和个人需求极为关心。其领导行为是开放的、友善的和平易近人的，能够创造一种团队氛围，对下属平等相待。③成就导向型领导（achievement-oriented leadership）。领导者能够为下属确立清晰明确的、具有挑战性的目标。其领导行为的特点是强调超越目前水平的、高质量的绩效和成就。这种类型的领导者同样也对下属充满信任，并帮助他们了解如何去实现目标。④参与型领导（participative leadership）。领导者能够与下属一起进行决策。其领导行为包括向下属征询意见和建议，鼓励下属参与决策，鼓励集体决策和书面建议。在路径—目标理论中，以上类型的领导风格并不具有根深蒂固的个性性质。它们只是行为类型的反映，领导者可以根据具体的情境来选择合适的领导风格。

2. 环境因素。在路径—目标理论中，有两个重要的环境变量：一是下属的特征，包括下属的能力、技能、需要等因素。这个变量与赫西—布兰查德情境领导理论中的成熟水平相类似。二是工作环境，包括三个维度：①任务结构的优良程度，包括任务的确定性程度和复杂性程度；②正式权力系统的特征，包括领导者拥有的合法权力的大小，以及对下属行为的政治和法律约束（制度化）程度；③工作群体的特征，包括下属的受教育程度，以及人际关系质量。

3. 奖酬的运用。领导者的责任就是明确下属获得奖酬的路径或提高奖酬，来增加下属的满意度和提高工作绩效。在一些情况下，领导者需要接近下属，以帮助他们掌握完成任务和获得奖酬所必要的技能。而在其他一些情况下，领导者需要提供新的奖酬，以满足下属特有的需求。

与动机期望理论相比，路径—目标理论的优缺点在于发展了前者所有的长处和弱点。当代美国组织领导学家尤克尔（Gary Yukl）指出，方法论方面的局限性增加了这些研究结果的疑点，因为几乎所有的研究都仅使用下属问卷来测量领导者的行为，而且每次只考虑该模型的几个方面，该理论尚未经受充分的检验。[1] 此外，该模型还暗示，领导者已经控制了员工所期望的报酬。事实上，那些报酬常常是由教育董事会、工会合同或州法律控制的。

路径—目标理论还聚焦于领导行为是如何激励下属行为的。但是，管理学家伯拉克（Elmer Burack）提出疑问，该理论是否过分强调了想象中的领导对雇员期望和行动路径的正面影响？他写道："如果领导忙于自己的'金字塔攀登'，那么他用什么来支持他的工作小组成员？如果评价被认为是具有威胁性的，而不是对目标的建设性讨论或反馈，那么他又以什么来指导将来的活动呢？"[2] 不仅如此，虽然路径—目标理论中有环境权变因素，但这实际上仅仅是指内部环境。因此，该理论具有封闭系统的倾向。

第五节　教育领导者的行为研究

按照坎贝尔等人的看法，教育管理者所表现的行为大概可以分为两个大类：一是将教育管理者看作行动的倡导者，另一是将教育管理者看作行动的接受者。前者的行为是在影响他人，而后者则是在接受他人的影响。作为一个教育管理者往往表现出兼具这两种行为。[3]

影响他人的行为

教育领导者的一言一行主要在设法影响下属，试图修正或建立他们的

---

① Yukl. *Leadership in Organizations* (6th) [M]. Paramus: Prentice-Hall, 2006: 103.

② Burack. *Organizational Analysis: Theory and Applications* [M]. Hinsdale, I. L.: Dryden Press, 1975: 230.

③ Campbell & Others: *Introduction to Educational Administration* (4th ed.) [M]. Boston: Allyn and Bacon, Inc., 1971: 211 -212.

态度、价值、思想或行为方式，以实现组织的目标。这种行为称之为影响他人的行为，又称为行动倡导者的行为。领导者影响下属常用的行动策略有以下八种。

1. 训练：当下属愿意革新业务而缺乏必需的知能时，管理者往往给予其训练，以增强其改进的能力。

2. 告知：当下属缺乏对当前情境的了解，而致使未能往正确的方向改变时，管理者则明告其缺失，使其迈入正确的道路以改进业务。

3. 支持：当下属愿意去改变也有能力加以改变但缺乏信心时，管理者宜及时予以必要的支持，设法消除由改变结果的不确定所产生的焦虑，以增强其执行力。

4. 指导：当下属没有能力作改变，或者是无法鉴别困难问题的关键时，管理者则应设法提供建议，使之了解关键，突破困境。

5. 介入：当下属对目标尚未产生共识，或者抱怨管理者独断专行，未能尊重其意见时，则采取介入策略，使其参与决策过程，产生认同，并贡献智慧。

6. 激励：当下属有了良好的表现时，则给予适当的激励，以增强执行力。

7. 命令：当下属能够改变但却不愿意去改变时，有时管理者则宜使用权威下达命令，使之依令执行，改变现状。

8. 设计：当下属安于现状，不图改进，尚且抗拒主管的直接影响时，则应设法改变其环境，使之在不知不觉中随之改变。

受他人影响的行为

管理者接受他人影响的行为，也称行动接受者的行为。根据布里奇斯

(Edwin M. Bridges) 的看法，分为以下三种：[①]

1. “自我选择的行动接受者”的行为

教育管理者为了维护自己的权威，有时必须设法满足他人的目标、期望，以获得他人的合作，这是以退为进的做法。这种行为方式完全出于自愿。也就是自己愿意利用他人的目标，作为选择自己所想采取的行动的主要基础，因为教育管理者的权威，往往取决于他人是否愿意接受其命令、指挥和建议。这种自我选择的行动接受者的行为在教育管理机关或学校行政组织中屡见不鲜。

2. “违反意志的行动接受者”的行为

教育管理者有时为情势所逼，不得不违背自己的意志，听从他人的意思，平时在教育管理事务的处理上，也常有之。这种管理行为通常在两种情境中发生：其一，在教育管理者尚未作决定之前，即受到压力而接受别人的主张；其二，在作了决定之后，因承受了不堪重负的压力而改变了自己原来所作的决定。此类情形，往往弊多利少。

3. “无知的行动接受者”的行为

教育管理者有时完全不懂得他人的意图，在全然无知的情况下，未能依照个人的意志行事。这种情况的发生是由于教育管理者对于问题的情境缺乏敏感，认为别人总是支持他的见解。事实上，别人则利用各种方法来影响他、改变他，可是他却一无所知。别人设法影响他却不留痕迹，主要是为了避免不快或当面顶撞的冲突。这种无知的行动接受者的行为有时是相当危险的。

从以上管理者的行为表现来看，教育管理就是教育管理者施予影响或是接受影响的行为。

整个理论运动时期，尽管研究者们对领导问题予以最大的关注，进行了大量的研究，但并没有取得影响深远的研究成果。美国著名管理思想学

① Bridges. *Administration Man: Origin or Pawn in Decision Making?* In *Educational Administration Quarterly*, 1970 (1): 7－25.

者雷恩（Daniel A. Wren）描述说："有关领导学的著作堆积如山，但几乎没有一本是广为人知的。"① 最能说明这种状况的是，1974 年，斯托克迪对大约 3000 项领导研究进行了一项回顾性研究后总结说："40 年来关于领导学的研究产生了大量令人疑惑的成果……经验材料无穷无尽的堆砌并没有形成对领导科学的完善和理解。"② 然而，令人遗憾的是，迄今为止，这种状况仍然未得到改善，最近的领导手册超过了 1100 页，关于领导学著作的最近的一项评论这样写道："在超过 5000 项的研究之后……这一领域的窘境被归咎于出版著作过多，方法不一致，令人困惑的术语泛滥，大部分研究相关性不高、执迷于细枝末节，以及缺乏完整的概念框架。"③

① 雷恩．管理思想的演变［M］．赵睿等译．北京：中国社会科学出版社，2000：499.

② Stogdill. *Handbook of Leadership*［M］. New York：The Free Press，1974：152.

③ Yukl，Gary A.. *Leadership in Organizations*（2nd ed.）［M］. Englewood Cliffs，NJ：Prentice-Hall，1989：267－268.

第七章

教育管理决策论

西蒙提出，管理的主要职能就是决策，与管理有关的全部问题，都可以通过适当的决策程序来解决。由于这一观点使人们把决策作为一个过程或一整套有内在联系的步骤来进行考察，迅速被理论运动早期倡导者们所接受，其中格里菲思是最主要的推崇者，他将西蒙的决策概念加以扩展并运用到教育管理中。早在20世纪50年代，格里菲思就已接受美国埃索教育基金会（the Esso Educational Foundation）的资助，着手开展有关决策的研究工作。其研究成果曾经在1957年6月在哥伦比亚大学举行的"连续决策（Sequential Decision-making）专题研讨会"上首次发表，后列入其专著《管理理论》中；1958年，又被收入哈尔平主编的《教育管理理论》一书。有学者认为，格里菲思完全移植了西蒙的观点。除格里菲思外，坎贝尔等学者不仅同意决策是教育管理过程的核心，还都认为决策支配着整个教育管理过程。

第一节　教育管理的核心

格里菲思指出："教育管理的实质就在于控制

决策的过程；决策是任何教育管理的核心。”之所以这样，是因为“决策过程能对管理的所有其他功能做出最好的说明”。按格里菲思的说法：“决策，是指凭借对事情的判断，来解决或终结一项争议，也是经过思考而得出一个结论。”他还进一步把决策的概念定义为：“所有影响行动路线的判断。所以，决策过程这一概念不仅包含做出决定的意思，而且包括使决定付诸实现所必须具备的行动。因此，它实际上也影响着一个企业的行动路线。”①

管理过程的性质

什么是管理？格里菲思根据以下四个假设形成了他的管理决策论。②第一，管理是一种所有人类组织都具备的普遍化行为（a generalized type of behavior）。管理这一术语常用来描述社会组织生活的某个方面。由于人们的生活无不与社会组织相关，因此管理是人们生活的一个内在部分。这个假设的逻辑推理是各种管理类型的相似性远远大于差异性。第二，管理是指挥和控制社会组织生活的过程。第三，管理的特殊功能是尽可能用最有效的方式来发展和制定决策的过程。第四，管理者不论在群体或个人共事时，均须把群体而非个人作为考虑因素。

格里菲思认为管理决策是连续的、复杂的过程。他指出：管理过程具有四种性质，即一是连续而相互关联的，二是审慎判断的，三是实证的，四是费时的。他指出，每个决策均以先前的一个或若干决策作基础。每个决策是一系列中的一个，每个决策与前面的决策是相关的。这首先表明管理决策具有前后连续，彼此关联的性质。管理决策也是一种审慎判断的程序，一件事情的处理并非单纯对事情本身作一个判断而已，还应考虑到所作的决策会影响应采取的行动，行动本身已包含在决策之中。所以，决策

① Griffiths. *Administrative Theory* [M]. Appleton-Century-Crofts, 1959: 74 - 75.
② Griffiths. *Administrative Theory* [M]. Appleton-Century-Crofts, 1959: 91.

与行动具有密切的关系。再者，决策的本质也是实证的，决策的价值必须视行动是否能成功而得到实证肯定。此外，决定也是耗费时间的，如果是较复杂的问题，则更需经过一段时间的深思熟虑，才能做出决策。

决策的作用

格里菲思认为，第一，组织决策过程决定了一个组织的结构；第二，在一个组织中，某人的地位与他对决策程序的影响力直接相关；第三，管理人员的效力与他必须亲自做出的决策的数量成反比。[①] 他还发现，校长如果只是去设计决策的过程，而非坚持己见，则较易为下属所接受。为了使校长能做出更有效率的决策，在对校长进行培训时应多提供模拟训练或真正的个案研究。

多年来，格里菲思提出的教育决策理论在教育管理界有着巨大的影响，这个理论侧重于两个观点：①管理者的任务是注意确保恰当的决策程序在组织中处于适合的地位；②因为决策程序在组织中有着适合的地位，一个高效的管理者就会相对较少地亲自做出决策，尽管这些决策也许对组织的影响巨大。这样看来，管理者的影响力更多地在于制定和监督决策程序，使组织做出决策，而不是在一个繁忙、复杂的组织中，亲自做出大量必须做出的决策。[②]

第二节　教育管理决策的类型

管理决策有着不同的类型。最初，巴纳德依据决策的主体，将决策分

---

① Griffiths. *Administrative Theory* [M]. Appleton-Century-Crofts, 1959: 89.

② 欧文斯. 教育组织行为学（第七版）[M]. 窦卫霖等译. 上海：华东师范大学出版社，2001：352.

为组织决策和个人决策两类。[①] 管理者从其本身职位的立场，并有赖于组织的授权和支持，而共同致力于目标达成的决策称之为“组织决策”。这类决策较偏重于政策性或原则性的问题。与此相反的决策就是个人决策。在巴纳德之后，各家因分法不一而有多种说法。例如，1955 年，卡茨（Robert L. Katz）曾依据决策的内容将之分为技术性决策、人事性决策与概念性决策三种类型。[②] 对管理决策类型研究最多的学者还是格里菲思。

格里菲思的决策分类

格里菲思有关教育管理决策类型的主张主要受巴纳德的影响。巴纳德指出，经理人员“决策的艺术在于：对现在还不适当的问题不做决策，时机不成熟时不做决策，对不能有效地实行的事不做决策，对应该由别人决定的事不做决策”。他进一步解释说：“对目前不适当的事不做决策是非常明智的，而提出问题可能是非常敏锐的。不在时机不成熟时做决策是避免受到既定看法的束缚或形成偏见。对不能有效地实行的事不做决策是为了防止影响权威。不对应该由别人决定的事做决策是为了保持士气，使别人能够提高能力、明确责任以及保持权威。”[③] 在他看来，决策的时机来自三个方面：第一，来自上级权威的命令或一般要求；第二，来自下级的申诉或请求；第三，经理人员自己主动提出做决策的时机。[④]

格里菲思认为，巴纳德有关决策时机的论述说明了做决策的部门层次，据此可区分出三种类型的决策：中介决策（intermediary decisions）、上诉决策（appellate decisions）和创新性决策（creative decisions）。[⑤] 格里菲思还特别指出，这种分类方法只是便于分析这三种决策类型，并非强调

---

① 巴纳德．经理人员的职能［M］．孙耀君译．北京：中国社会科学出版社，1997：148.

② Katz. *Skill of an Effective Administrator*［J］. In *Harvard Business Review*, 1955 (33): 933－942.

③ 巴纳德．经理人员的职能［M］．孙耀君译．北京：中国社会科学出版社，1997：152.

④ 巴纳德．经理人员的职能［M］．孙耀君译．北京：中国社会科学出版社，1997：150.

⑤ Griffiths. *Administrative Theory*［M］. Appleton-Century-Crofts, 1959: 98－101.

孰重孰轻。

在格里菲思看来，中介决策在任何类型的组织中都相当普遍。当上级教育行政部门或主管下达命令或政策要求执行时，学校校长就需要做出中介决策，交付有关教师执行，以完成任务。这类决策特别强调“执行”，而不是真正由学校主管自己来做决策。不过，为做好这类决策，决策者一方面必须完成上级交给的任务，另一方面又应使组织成员能够接纳，愿意在必要时改变其行为，以资配合。因此，决策者有时会感到处于两难境地。学校管理者在此需要特别注重人际关系的建设与维持，才容易使人接纳上级的有关决定。

上诉决策是由下属的请求而发起的。学校管理人员要求校长做上诉决策，大概出于四种情况：第一，由于下属能力有限，虽然获得授权做决策，但却因没有能力做决策，不得不推给上级主管负责决策；第二由于问题陌生，下属毫无经验，既无成规可循，也无往例可援，以致无法在组织现行架构中寻找出解决的方法，因而请求上级主管做决策；第三，由于上级主管的指示不明确，情况与往常不同，致使下属不明实际情况，难以掌握问题的性质与关键。第四，由于下属的争端或命令的矛盾，因此需要上级主管给予裁决。当这四种情况发生时，学校主管就应作上诉决策。

一位学校主管被要求做此类决策如果很多，则表示这个机构本身不够健全。次数越多，就越不健全；次数越少，就表示决策的运作是依照权责划分进行的，组织比较健全。据此，上诉决策显然是评价组织运作是否健全的一项重要指标。

中介决策是应上级的指示做出的，上诉决策来自下属的请求，而创新性决策则是出自管理者本身。这种决策之所以发生，主要是管理者对于组织业务的现状不满意，希望能够采取新的策略和新的做法，要求下属能够改变原有的思想行动；最常见的是要求组织本身的改变。这种由管理者本身的创意而作的决策，就是创新性决策。创新性决策的能力与欲望，可以作为评价管理者才识、能力的依据。因为这种决策事关改变现状，尤其多涉及组织内部事务。人本来就有惰性，组织本身更有惰性，如果想要对其加以改变，实在是一件困难的事。因此要在管理者提出要求或构想时，通过团体过程的沟通，以使下属欣然接受并认真执行，这需要管理者的看法高人一等，建立共识的能力强，说服能力佳，才能做到。更重要的是，管理者本身要敢于负责，才会做出此类的决策。

综上所述，在性质上，中介决策具有“承上启下”的作用，应设法有效执行。上诉决策往往因“平息争端”、“组织运作不够健全”而起，自然较为麻烦。至于创新性决策，则属于“无中生有”的性质，要管理者敢于承担责任、有见识，且能对内说得通，才能办到，也较为不易。根据格里菲思的观点，明尼苏达大学学者布莱恩（Robert G. Blaine）于1969年所进行的一项验证研究发现，美国中学校长处理上诉决策较多，而小学校长则遇到较多的中介决策与创新性决策，他同时指出在社会经济地位较高的地区，创新性决策的发生比率比社会经济地位低的地区要高。①

谁来制定决策，这个问题与决策的类型紧密相关。决策的类型通常可以表明什么样的决策由什么人来制定。格里菲思按照一定等级确定决策类型的理论在学校组织中不一定很理想，这意味着把教职员工分为三六九等。因为学校的很多决策都是以职能为基础，而不是以机构为基础的。

利普汉姆的决策分类

与格里菲思的分类不同，利普汉姆依据决策的行为区分出三种不同的决策行为：例行性决策（routine decision）、启发性决策（heuristic decision）与和解性决策（compromise decision）。②

例行性决策在学校中最常见，它所需要解决的问题大多数在以前发生过，学校已建立一套应付办法。例如，对学生行为的奖惩，基于以往的经

① Blaine. *Problem Situations Encountered by Principals in Junior High Schools Located in High and Low Socioconomic Communities* [M]. Doctoral dissertation, University of Minnesota, 1969.

② Lipham. *Effective principal, effective school* [M]. Reston, Va.: National Association of Secondary School Principals, 1981.

验，学校管理者很快做出决定。这种例行性决策虽然可以在短时间内解决，却不代表其重要性较低。管理者在处理问题时仍需要按部就班地分析情境，以往的决定可以作为参考，但必须考虑到情况的变化，绝不能照搬照抄。

利普汉姆的启发性决策与格里菲思的创新性决策极为相近，它所要解决的问题大多比较开放、范围较广。例如，学校课程发展的方向，在计划之初校长应广纳众议，让教师多发表意见，甚至鼓励教师进行研讨并提出创新性建议。因此，与例行性决策不同，启发性决策基本上是在一种开放的氛围中进行的。然而，许多校长却未谙其意，扭曲启发性决策的真正精神。在会议上他会说："今天我需要你们的帮助与意见，请尽量发言，不过我先告诉你们我的想法。"表面上是在推行启发性决策，骨子里却是例行性决策，不能实现启发性决策的目的。

和解性决策多半发生在尖锐的问题上，例如对教师的评价。校长面对的往往是意见不同甚至对立的两派。由于社会的不断进步，教师与学生对于应享权力有更大的要求，因此产生各种团体的冲突，如何化解这些冲突成为校长的严重的负担，因而必须面临许多和解性决策。一般说来，校长应扮演中立的角色，让两派人士表达意见，并引领其达成共识。如果无法达成，就用表决方式做成决议。在决策过程中如发生争吵，则应以理性的态度安抚双方，使他们心平气和地讨论问题。

三种不同的决策情境造成不同的行为，而教师参与的比率也有差异。学校管理研究者戈弗雷（Margaret P. Godfrey）以546所小学为样本所进行的研究发现，美国教师有90%以上有中度或高度参与学校决策的经验，然而多半是属于例行性决策，其中包括制订工作日程、订购学校午餐、做学生的思想工作等，教师很少有对学校发展等重大问题发言的机会。[①]

① Godfrey. *Staff Participation in Decision-Making Procedures in Elementary Schools*［M］. Doctoral dissertation，University of Connecticut，1968.

墨菲特的决策分类

墨菲特将决策分为例行事件的决策（routine decisions）、调整现有政策的适应性决策（adaptive decisions），以及建立新政策和新目标的创新性决策（innovative decisions）三类。①

例行性决策在组织中十分常见。墨菲特指出，所有组织成员都有权做出这类决策。例行性决策通常是从上层开始的，受到一般政策的支配；当上层做出决策后，下层的例行性决策就须受到上层决策的支配。但例行性决策往往是由执行人去完成的。例如，教师认为自己具有专业资格，或者在某些情况下比校长或教育局长更具有专业资格，他们是教室里的管理人员，有正当的权威去做许多日常例行的决策，这些决策不受一般政策的支配。与巴纳德一样，墨菲特也特别强调要把握好例行性决策的时机，如果拖延例行性决策的时机，将会阻碍组织目标的获得，并且使组织决策的执行人感受挫折。如果一个管理者无法在组织需做决策时及时做出决策，那么他的领导能力就值得怀疑。

与例行性决策不同的是，学校系统里有时需要在没有成规可循的情况下来做决策。这时管理人员就要选择不做任何决策或是对既有政策作一下调整，以适合新的情境，科尔把这类决策称为适应性决策。如果是因为没有既有的政策可循，而无法做成任何决策，这和迟做例行性决策的管理人员一样，将会遇到相同的困难。如果情况紧迫，领导人应该立即做决策；如果并不紧急，则应在付诸行动之前先对现有的政策做一下调整。

创新性决策包括制定新政策、新目标及新方案，或者在现有的政策、目标及方案下做出一项重大的改革。这种决策要做得明智，是不可能在很短时间内或靠直觉去做的。电影中所见到的公司总裁，总是在接到电话之

① 墨菲特等．教育组织与行政［M］．蔡保田主译．台北：五南图书出版股份有限公司，1987：142－145.

后，不需要向任何顾问咨询，而立即做出非常适当的决策，这不是教育管理的决策方式。这种方法在现实的企业中无疑是一种幻象。

汉森的决策分类

后来还有学者根据不同的分类标准对教育管理决策作了深入研究与细致分析。20 世纪 80 年代初，汉森曾根据学校管理事务的情况，将学校管理决策区分为五种类型：①分配决策（allocation decision）：分配学校中的人力与物质资源；②安全决策（security decision）：保护师生的生理和心理安全、身心安全；③界限决策（boundary decision）：决定由谁控制物质和信息的流通以及校内、校际、社区间的人员调动；④评价决策（evaluation decision）：鉴定教师或学生的绩效质量；⑤教学决策（instructional decision）：确定课堂上教与学的进程及其内容。①

汉森发现，上述某些类型的决策属于管理者的范围，另一些属于教师的范围，还有一些属于他所称之为“争夺的区域”（见表 7 – 1）的重叠区。

表 7 – 1 决策类型

管理者的范围	争夺的范围	教师的范围
	分 配 决 策	
预算：		
全校性预算的职责	专项资金使用（例如，是购买电炉还是橄榄球装备）	具体部门的开支（例如，书籍、野外实习）
安排：		
学校设备的使用	主要议事日程的编排	安排学生进优等生班级
人员：		
机要人员或行政人员	有证书的雇员	科主任的选择

① 马克·汉森．教育管理与组织行为（第五版）［M］．冯大鸣译．上海：上海教育出版社，2005：120．

续表

管理者的范围	争夺的范围	教师的范围
	安全决策	
保安：		
雇用校警	校园监督	课内安全
出勤：		
法定的出勤政策	校园出勤控制	班内考勤程序
纪律：		
校园纪律	有关纪律问题的个案	班内纪律尺度
	界限决策	
在社区活动中代表学校	在学校内应付家长	教师与工会活动的联系
	评价决策	
试用教师的表现	聘任期内教师的表现	学生的表现
	教学决策	
教与学：		
在某些有争议的学科中突然出现的危机	大规模的革新	课堂教学
课程决策：		
指定的学科	专门的科目（例如，双语课、速成课等）	课程内容

资料来源： Samuel B. Bacharach（ed.）. *Organizational Behavior in School and School Districts* [M]. Praeger Publishers, 1981.

第三节　教育管理决策的过程

如果学校管理者深思熟虑地做决策，就一定要有一些原则来指导做决策的过程。格里菲思主张将做决策与组织解决问题的办法结合起来。在这方面，杜威已对解决问题的步骤作了详细说明，即：①把问题陈述清楚；②列举可供选择的事物；③选出最佳的事物。格里菲思据此进一步提出了教育管理决策过程的六个步骤，即：①认识问题，明确问题，界定问题；②分析并评价问题；③确立据以评价解决方案的准则或标准；④收集有关资料；⑤发展并选择备选方案；⑥将所选定的方案付诸实施，其中还可细分为：规划解决方案、控制方案中的各种活动、评价实施的结果与过程。[1]后来有学者分析研究认为，这六个步骤是与杜威的解决问题的步骤是一致的。[2] 格里菲思十分自信地认为，作为一种科学的结论，六步骤决策过程是普遍适用和有效的。

传统的决策模式

第一个步骤是认识和界定问题。认识问题是做决策的第一步。认识问题并非易事，它包括：感觉困难或不满意；发掘困难或问题；界定困难或问题。当教育的实施与预定达成的目标、理想存在若干距离时，即表示有了问题；当管理组织内发生不和谐的事情时，即意味着管理组织的运作有了困难。这就是认识问题的开始。其次就要发掘困难或问题。格里菲思指出："一个好的管理者能够确切而完整地洞察问题的所在。"[3] 但是，一个教育机构所面临的问题，并不是所有成员都会认为是问题，对问题的严重性，每个人的感受也不尽一致。这与个体对自己的角色知觉有关。一位学校管理者如对他自己的角色知觉有限，又缺乏信息渠道，他肯定难以了解潜伏已久的问题，直至问题爆发后才会恍然大悟。反之，如果学校管理者经常留意下属的人际关系，同时沟通系统良好，经常掌握有关信息与资

① Griffiths. *Administrative Theory* [M]. Appleton-Century-Crofts, 1959: 94.

② 中央教育科学研究所比较教育研究室．简明国际教育百科全书·教育管理［D］．北京：教育科学出版社，1992；台湾师范大学教育研究所．教育行政［M］．台北：台湾伟文图书出版股份有限公司，1979：103－115．

③ Griffiths. *Administrative Theory* [M]. Appleton-Century-Crofts, 1959: 95.

料，则对于潜在的问题及可能的冲突就会保持高度的警觉，随时采取可能的应对措施，防患于未然，或者事先将问题消弭于无形。因此，格里菲思说："有些管理者具有能力，更能正确而完整地知觉问题；正是由于得助于这种问题认识的技术，使得他们所在机构的工作更为成功。"①

教育管理人员能否认识问题与其人格结构有关。有的教育管理人员稍微察觉到一个问题的存在，对他个人的职务构成威胁时，也许会强加压抑，甚至视而不见；也有管理人员会设法认识和发现问题，不为问题所慑，接受客观的情势，以了解问题的全貌。美国肯塔基大学曾做过一项有趣的研究，发现："某些管理人员具有一种人格结构，允许他们接受自己的价值，并且相信其他人也一样，甚至更能接受他们的价值。……这些充满自信的管理人员与另外一类管理人员却迥然相异；这另一类的教育管理人员能接受自己，可是却相信别人比较不会接受他们。"② 后一类的教育管理人员比较能够经常改变或检查他们对问题的知觉。由于这两类人员在人格结构上有这样的差异，对他们能否知觉自己需要解决的问题造成影响。此外，能否认识问题，还与知识的多寡有关。如果教育管理人员对问题相关的知识相当丰富，则对问题的认识较为周延深刻；反之，则否。

问题既经发现后，就必须确切的界定问题。不但必须要对问题的性质及其形成的原因加以构思，以形成基本概念，而且也应明确的限定问题所涉及的范围，因为对于一个问题概念化的方式及对问题范围的限定，与能否正确的分析问题，并寻求解决的办法具有密切的关系。教育管理人员不仅要具有敏感及敏锐的知觉，而且要有丰富的认知背景及对正式与非正式组织的完整了解，才能正确地透视问题。一般教育管理人员对于问题的界定往往太过于仓促，也常常把它的范围限定得太窄。影响所及，限制了解决问题的变通办法，同时也只处理到问题的表面而已，难以把握到问题的症结及问题的本源。

① Griffiths. *Administrative Theory* [M]. Appleton-Century-Crofts, 1959: 95.

② 黄昆辉. 教育行政学 [M]. 台北：东华书局，1988: 517.

问题的界定，要切合实际。如果问题复杂或者说问题是多层面的，则界定也就更加繁杂。倘若情况果真如此，就应将问题细分为若干层次，每个层次的问题都必须通过做决策的过程予以处理。因此，问题需要若干解决的办法。教育管理人员必须随时对于即将酝酿而成的问题保持高度的警觉，并能事先予以化解。

第二个步骤是分析和评价问题。这个步骤包括以下几个阶段：第一，要对问题的性质进行分类。问题一经认识之后，即必须明确这一问题的性质究竟归属哪种类别的决策。如前所述，格里菲思把决策分为三类，即中介决策、上诉决策和创新性决策。第二，必须判断问题的重要性。这一阶段的分析，要特别强调四个问题：①对我来说，这个问题究竟具有何种意义？②对组织来说，这个问题又具有何种意义？③这个问题有无合理的解决办法？④我应采取什么措施来加以处理？这四个问题可以说是决策者分析并评价问题的出发点，也是思考问题的基本方向。第三，分辨问题解决的必要性。①这个问题是否有必要解决？②这个问题是否急需解决？③如需要解决，究竟何时为宜？④这个问题由他人解决是否比较好？⑤这个问题是由何人提出的？[①] 这些问题均须作细致分析。如果知道何种问题须做决策，何时做决策，由何人做决策，那么决策者确实已经具备初步的分析能力与技巧。第四，应分析潜在冲突的情况。这是教育管理人员应有的一种重要的技巧。要了解潜在的冲突情况，可以从分析和判断不同意见的原因开始。应从下列步骤进行：①当不同的意见在下属当中发展时，必须探明意见的不同性质，是由于所得事实资料的不同？还是目标、方法或价值观的不同？②调查清楚潜在不同意见的背景原因，是由于对消息的接触和了解不同，或是由于对相同消息的不同知觉，或是因为处于不同职位而有其不同的关注？③对于冲突的发生、发展，应深入了解，并加以评价。经过这三个方面的分析之后，就能够比较确切地了解潜在冲突的背景及原因。能把它消灭在萌芽状态是上策，如果不能，则可作为决策的参考。第

① Griffiths. *Administrative Theory* [M]. Appleton-Century-Crofts, 1959: 97－98.

五，应把握决策的原则，运用决策的艺术。巴纳德就此曾提出过相关的原则，他说："管理决策的艺术在于：对现在还不适当的问题不做决策；时机不成熟时不做决策；对不能有效地实行的事不做决策；对应由别人决定的事不做决策。"①

第三个步骤是建立解决问题的标准，这是决策过程中最重要的步骤。要进行这个步骤应特别注意以下五点：①制定一项满意的解决办法至少应具备哪些条件，换言之，要解决一个问题至少应达到哪些目标。②一项完美的解决办法，往往不易得到；完全令人满意的解决问题的标准，自然也常不切实际。因为根据理想，"须要"达成的目标与"想要"达到的目标之间总是存在若干的距离。③制定解决问题的标准，不应一味追求达到"可以接受"的程度，"可以接受"并非就是好的，决策者应尽量设法制定标准可行的目标层次。④决策者应罗列各项解决问题的标准，并逐项列出预期的满意程度，从"差强人意"到"最令人满意"，分别做出一个审慎的研判。⑤应建立"适宜性标准"（criteria of adequacy），也就是科学家所称的"临界条件"。最简单地说，任何解决问题的标准都应该具有相当的适宜性；也就是说，所谓适宜与不适宜，完全要看其与组织的任务是否吻合。如果不相符合，就是不适宜，也表示不合乎"临界条件"，当然也就不可取。

不过，在此需要特别强调的是，标准的建立常常受到个人或组织的价值系统及期望的影响。决策者总是在各种不同的价值系统、个人价值观、文化价值以及组织本身等架构内，完成其任务。价值取向对问题解决标准的建立影响极大。再者，也往往由于价值观的不同，社会大众对某种教育措施有不同看法。要建立问题解决的标准，必须要了解受决策影响的价值系统，因此，在决定重大问题时，诸如课程、学制、师资等，必须首先考虑社会的价值。格里菲思就曾这样说过："在某种意义上，制定决策标准

① 巴纳德．经理人员的职能［M］．孙耀君等译．北京：中国社会科学出版社，1997：152.

应先于做主要的决策。”[①] 至于判断标准的来源，是多方面的，如教育管理人员及组织成员的期望水平、每个成员的价值观及参与决策者的知觉与动机等因素都应包括在内。

第四个步骤是收集资料。格里菲思非常重视资料的收集，他曾指出：“改革教育管理有必要做的事，就在于收集资料，这是一种普遍流行的观念。”[②] 资料的收集涉及几个问题：一是收集哪些资料？二是从何处收集资料？三是收集资料的时间是否充足？

所要收集的资料，必须符合三个条件：一是要与问题密切相关，二是要中肯适用，同时还是可收集得到的。凡是有关问题的性质、问题的界定、问题的范围、问题的发展、问题的背景以及可作比较的资料，都应加以收集。另外，有关问题发展趋势的资料，也不可忽略。

有些资料已经建立档案，一般存放于官方的档案处或是收集在图书馆、资料中心或研究单位，这些收集起来并不困难。但是，也有一些有关问题的资料，还没有建立起来，要自己去收集建立。人们可以通过开会征求意见，或以书面资料收集看法，如果遇到复杂的政策性问题，还可以先经过专题研究，作系统的探讨，以建立资料库。当然，这种方式比较费时。除非万不得已，否则应尽量留有足够的时间，以便从容地收集资料。如果时间充裕，收集资料可能较完备；如果时间有限，则应先收集最必要的资料。

资料的收集，往往受到多种因素的限制。第一，常常在没有充分时间收集资料之前，就必须做决策。第二，由于时间的不足，适用的资料无法收集齐全。第三，如必须通过开会的方式收集资料，而问题的专业性又非常强，往往由于参与人数少，所能收集得到的资料也受到限制。第四，如果所面临的问题相当陌生，过去并无类似的经验可以参考，收集就比较困难。总之，没有充分而适当的资料，就难以掌握实际情况，所做决策也就

① Griffiths. *Administrative Theory* [M]. Appleton-Century-Crofts, 1959: 102.
② Griffiths. *Administrative Theory* [M]. Appleton-Century-Crofts, 1959: 9.

难免会发生偏差。

第五个步骤是研究与选择备选的解决方案。这个步骤可分三个程序进行。首先是产生解决问题的备选方案；其次是权衡评估每种备选方案将来可能的后果；最后是选择一个比较适当的方案。通过对问题的鉴别与界定，学校管理者应该产生而不是评价一系列的备选方案。也就是，所有的备选方案无论它们开始时看起来多么荒谬都应该包括进来。这些方案是否准备淘汰要以后决定，排除太早会降低做出最优选择的可能性。那么，学校管理者必须搜索各项备选方案的相关信息及其结果，这将有助于解决问题。

格里菲思指出，当几种解决问题的备选方案出来后，学校管理者就必须仔细评价每个备选方案的可能结果。管理学家雷茨（H. Joseph Reitz）将评价备选方案的过程分为三个步骤：①决策者必须识别每个备选方案的可能结果，无论是积极的还是消极的；②决策者必须估计每个结果的积极价值与消极价值；③决策者必须估计每个方案的可能结果。[①] 格里菲思则将此过程描述为一个典型的图示（见图 7－1）。[②] X 代表待作的决策；A1 及 A2 表示备选的行动方案；其他符号则代表各种可能的结果。例如，采取 A1 的行动方案，就可能产生 Y1A1、Y2A2、Y3A3 三种结果。事实上，评价各种方案的可能结果，并不能像图 7－1 所示的那样简单而机械，但是它能给决策者提供一种思考的模式，对于做决策有非常大的帮助。这种技术后来被称为“决策树”分析技术。利用决策树可以显示出经由不同的途径。最后可能得到的各种不同的结果路线。

---

① 伦恩伯格等．教育管理学：理论与实践［M］．孙志军等译．北京：中国轻工业出版社，2003：140.

② Griffiths. *Administrative Theory*［M］. Appleton-Century-Crofts，1959：105.

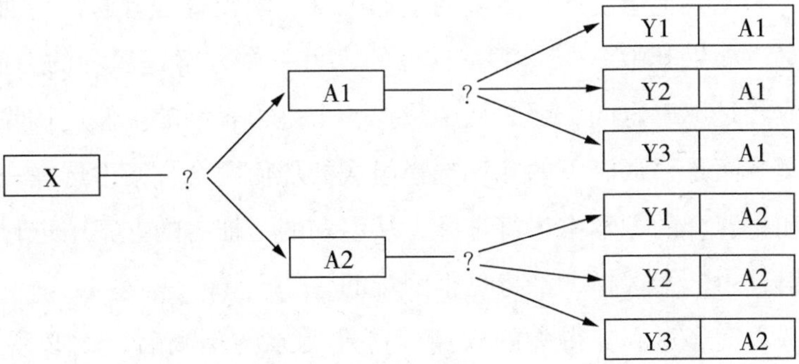

图 7－1　行动方案后果的评估

雷茨指出，对每种可能结果的估计需要决策者去评价和对比各种方案，通常是在三种条件下进行的：确定性、危机与不确定性。[①] 确定性发生于当决策者确切地知道每个备选方案可能的结果时。那么，他就必须估计各种结果可能发生的概率。危机发生于当决策者对各种备选方案结果的概率进行估计时。也就是说，100% 的成功率是不能保证的。那么，就必须做出预测，但危机确实与各种备选方案相联系。不确定性存在于当决策者不知道各种备选方案结果的发生概率时；也就是，成功或失败的可能性与备选方案的联系并不明显。在确定性、危机与不确定性这三种条件下，决策者应该将所有的备选方案从最好到最坏进行排序。

马奇（James March）和西蒙提供了五种备选方案：①良好的备选方案：获得积极评价结果的概率很高，获得消极评价结果的概率很低；②温和的备选方案：获得积极和消极评价结果的概率都较低；③混合的备选方案：获得积极和消极评价结果的概率都较高；④拙劣的备选方案：获得积极评价结果的概率较低，获得消极评价结果的概率较高；⑤不确定的备选方案：决策者不能对结果的各种可能性做出评估。[②] 这些不同类型的备选

① 伦恩伯格等．教育管理学：理论与实践［M］．孙志军等译．北京：中国轻工业出版社，2003：140.

② 伦恩伯格等．教育管理学：理论与实践［M］．孙志军等译．北京：中国轻工业出版社，2003：140.

方案组合会比其他组合产生更多的选择困难。学校管理者通常会面对两种备选方案。如果其中一个方案是良好的，另一个方案是温和的、混合的、拙劣的或者是不确定的，那么从中选择一个是很容易的。假定排除良好的备选方案，而是要从剩下的几种选择组成的任何两个方案中选择一个，比如从温和与混合的方案中进行选择，从温和的与拙劣的方案中进行选择或其他的组合中进行选择，都将是很困难的。

备选方案经过利弊得失的权衡、可能后果的预测后，就必须在“两利相权取其重，两害相权取其轻”的原则下，选择一个比较合理、确当、有效的方案来实施。

最后一个步骤是实施方案和执行决策。这包括三方面的工作。首先必须对选定的方案进一步加以设计，使之成为具体可行的实施方案。设计主要包括两项工作：第一是建立结构用来推行决策；第二是将所做决策转化为具体可行的实施方案。付诸实施的第二项工作，就是控制，所谓控制，就是确保组织成员的表现能够符合既定的标准，使组织的工作能够导向既定组织目标的实现。因为，任何决策一旦经过设计的过程之后，想要达成的具体目标、达成目标的可行方法与具体步骤以及成员表现的标准等，均须作出详细的设计。控制的任务，就在于使各项工作能够按照设计而进行，其目的即在于确保达成决策的目标。在此，学校管理者必须不但具有解决问题的能力，而且要具有将决策“卖给”那些具体执行者的技能。

阿博特（Max G. Abbott）曾提出学校管理者需要五种关键的决策技能，即：①对各种决定的区别能力；②为了做出决定而获取适当信息的能力；③让适当人选在适当时间以适当方式介入的能力；④定出每一阶段的重点并以身作则的能力；⑤对结果的预见能力。[①] 奥洛斯基还补充了一种能力，那就是判断进度以及评估结果的能力。当决策执行完毕后，决策的过程仍然没有结束。管理者还必须对各项决策的实施结果进行评价。评价工作也必须制定客观的标准为依据，即以决策实施结果实现学校目标的程

① 奥洛斯基等著．今日教育管理［M］．张彦杰等译．北京：春秋出版社，1989：22.

度为标准。评价的结果可以发现所做决策的优劣，也可借以发现问题，作为进一步的决策依据，以解决仍然存在的问题。

坎宁安的决策过程说

俄亥俄州立大学教授坎宁安提出决策过程分五个步骤，即：①着手工作；②明确问题；③审慎审议；④执行方案；⑤考察结果。[①] 在坎宁安看来，决策经常发生在问题的出现和发展过程中，董事会、管理者、教师、学生和家长们，在各种各样的争议和分歧的影响下，开始意识到问题的存在，因此，学校管理者了解问题并有意识地去解决是十分重要的。

解决问题的基本前提就是准确地识别问题。没有这一前提，进行富有建设性的工作就只能靠机遇。针对20世纪70年代学校管理者缺乏准确诊断问题能力的状况，坎宁安借用希尔斯（King Hills）的观点，非常遗憾地指出，“由于缺乏正确分析和解决问题的方法，学校管理者在解决问题过程中往往事倍功半”。[②] 这主要表现在：①管理者花费大量时间为那些未经识别或识别有误的问题寻求解决方法；②管理者花费大量时间去争论那些无法解决的问题；③管理者很少对问题产生的情况以及对所提目标的满意程度提出问题；④寻求解决问题的方法往往是一种漫无目的、缺乏系统性的过程；⑤解决问题的方法往往过于概括笼统，缺乏重点，而且解决问题的方法对所出现的问题来说并不适合；⑥从大量问题中指出某类问题的情况，往往十分武断，缺乏理智；⑦对造成产生问题的条件识别不够。很少把问题看作一种造成更大不幸的前兆；⑧倾向于把问题看作彼此孤立、分离、独立的现象。很少去查明问题之间的各种联系；⑨解决问题的倾向基于“头痛医头，脚痛医脚”，很少注意系统性和计划性。究其原因在于，教育管理者习惯于以过去一般化的方式处理问题，含糊地表述问

① 奥洛斯基等．今日教育管理［M］．张彦杰等译．北京：春秋出版社，1989：380.
② 奥洛斯基等．今日教育管理［M］．张彦杰等译．北京：春秋出版社，1989：381.

题，而使这类问题的表述扩散化，也使解决这类问题的方法含糊、笼统化。因此，坎宁安建议要审慎审议各种问题。

审慎审议步骤包括：从一切可能的方面考察所面临的问题和争议；构想各种可能的解决方法，然后考察每一解决方法对有关团体、公众以及学校系统资源的影响。这是一个十分困难的过程，有时需要董事会和教师的共同合作以考虑学校系统和社区的政策与动力。

当董事会做出决策后，学校管理者就要按照董事会的建议开始全面地贯彻执行政策，无论情况多么复杂，管理者都要对这一阶段的工作负责。

为了进一步的行动，最后还要对执行决策的实际结果进行考察、整理和评价。这时，要对执行过程进行可能的修正，还可能会放弃整个的行动路线。实际上，大多数董事会和管理者都希望在必要的时候、适当的地方对进行中的工作加以修正。

此外，坎宁安认为，决策是一个相当复杂的过程。因此，要理解决策过程，观察者必须了解这一过程发生的背景和环境，对此进行多方面的考察。只有把决策过程中发生作用的各种制度、个人和各团体间的相互关系放到人口、资源、地理位置、历史沿革、传统习惯和经济状况等背景中，才能对此加以理解。①

决策行为圈

继格里菲思和坎宁安之后，霍伊和米斯克尔对决策过程也给予了长期的关注与研究，并取得了丰富的成就。他们将格里菲思的决策过程作了简化，并用“行为圈”（action cycle）来表示（见图 7－2）。第一步：确定并界定问题；第二步：分析当前情境中的困难；第三步：确立令人满意的对策标准；第四步：制订行动方案；第五步：启动行动方案，并评估实施

① 奥洛斯基等．今日教育管理［M］．张彦杰等译．北京：春秋出版社，1989：379－380.

结果。①

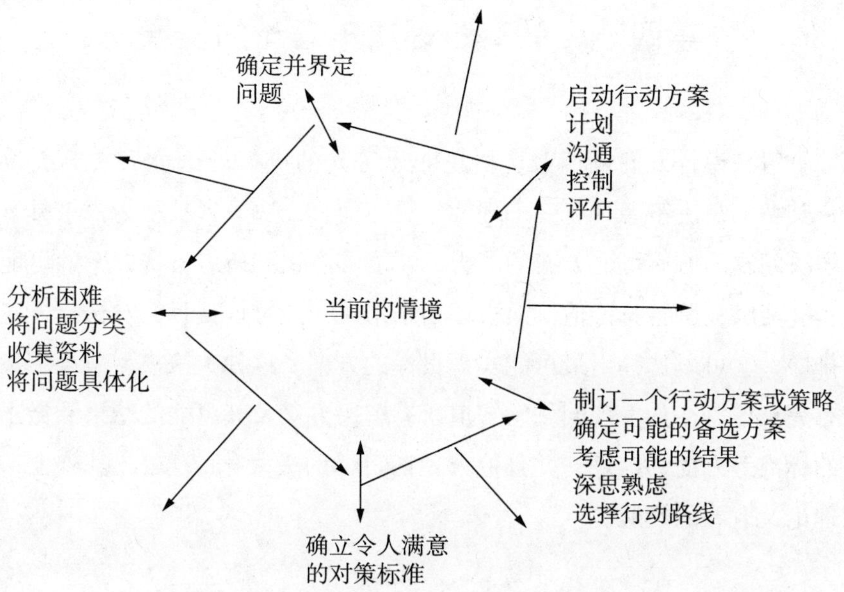

图 7－2　决策行为圈

霍伊和米斯克尔指出，由于学校决策过程相当复杂，为了保证有效地进行决策，教育管理者需要遵循以下五条原则：①为了保证决策的正确，有必要尽可能多地检查可供选择的事物。在进行决策前，对可供选择的事物考虑得越细致，所做出的决策就可能越合适。②决策环境必须是有益的。这意味着为了有效地进行决策，制定决策的全过程都要在最合适的时间内进行。③只要有可能，凡是与某一决策有关的人，都要用种种方法参与决策，即参与者分享民主权利或用协商的办法制定决策。参与制定决策会加强主人翁感和自信心，同时，会在执行决策的过程中进行协作。④要通过最有效的渠道和最得力的手段把决策传达到有关人员。⑤为了保证决策的最终实施，必须充分地进行控制，有力地进行指导。

① 霍伊，米斯克尔．教育管理学：理论、研究与实践（第七版）［M］．范国睿主译．北京：教育科学出版社，2007：292.

第四节　教育管理决策理论的发展

一般来说，人们把西蒙、格里菲思等人的决策理论称为古典决策模型，其特征是决策者具有完全理性。具体而言，决策者被视为：①具有识别解决问题的所有可能方案的能力；②能够意识到所有备选方案的可能结果；③能够克服自身价值倾向去评估结果；④能够根据目标对选择方案进行排序；⑤可以选择出最可能实现目标的方案。这种决策模型假设决策者拥有完全信息，如发现问题、知道所有解决方案及其可能的结果和做出决策的标准等方面的信息，并且追求预期目标的最大化。[①] 在此基础上，决策理论又有新的发展。

垃圾箱决策模式

1972 年，科恩（Michael D. Cohen）、马奇（James G. March）和奥尔森（Johan P. Olsen）首次提出“垃圾箱决策模式”（Garbage Can Model），探讨处于“组织化的无秩序”的大专院校如何进行决策，向西蒙的决策理论发起挑战。1976 年，马奇和奥尔森合编了《组织中的模糊与选择》[②]一书，详细探讨了非传统科层结构组织的决策过程，以及补充原先提出的概念。1980 年，帕吉特（John F. Padgett）发表了“经营垃圾箱体系”[③]一文，认为垃圾箱模式不只是有效适用于学校，也适用于强调分化、集权的科层组织结构中。1986 年，马奇和韦辛格－贝龙（Roger Weissinger-

① 伦恩伯格，奥恩斯坦．教育管理学：理论与实践［M］．孙志军等译．北京：中国轻工业出版社，2003：141.

② March & Olsen. *Ambiguity and Choice in Organization*［M］. Universitetsforlaget，Bergen. 1976.

③ Padgett. *Managing Garbage Can Hierarchies*［J］. *Administrative Science Quarterly* 25（4），1980：583－604.

Baylon）合编了《有关军事决策的模糊和控制观点》[①] 一书，认真分析了垃圾箱模式的限制，同时也做了一些修正。1989 年马萨奇（Michael Masuch）和拉普丁（Perry Lapotin）发表“超越垃圾箱：组织选择的人工智能模式”[②] 一文，建构了以垃圾箱模式为基础的组织决策“人工智能模式”（AI Model），尝试结合模糊选择与科层结构下的决策方式，以弥补垃圾箱模式的不足。

垃圾箱模式是针对西蒙决策理论而产生的。后者重视人类团体组成的次序与逻辑，并认为决策过程本身即是理性行为的高度发挥。20 世纪 60 年代后，又发展出许多管理决策技术。其中最著名的有成本利益分析、目标管理和计划预算系统。这些技术最大的特点在于：①对于团体目标的界定极为详尽，并使其过程可以量化或测量；②对成本与利益做出明确分析，以确定计划本身的最高效率；③对完成目标的步骤与子计划进行理性分析，并随时进行评鉴以确保其效率。

上述技术的应用并未在教育上产生预期的效果。学者们渐渐发现学校与理想中的古典理论组织之间是有所差别的，而且这种差别有逐渐加大的趋势。于是提出组织的“无政府状态理论”（Organized Anarchies），认为学校组织不适用古典理论有三个方面的原因[③]：

第一，学校的目标常常不确定与不清楚。我们常看到类似“改进教学”、“增进士气”等目标字眼，但很少对其加以明确界定。何谓“士气”？如何测量？如何评鉴？这种哲学化的句子常使计划者难以做精细的安排。测量标准的不统一，更使团体间因评价不公而加深冲突。

第二，达成学校目标的方法与技术并未被充分了解。以教学而言，多年来学校用了许多方法，如早期的协同教学、视听教育，乃至最新的多媒

---

① March & Weissinger-Baylon（eds.）. *Ambiguity and Command-organizational perspectives on military decision making*［M］. Marshfield，MA：Pitman Publishing Inc.，1986.

② Masuch & Lapotin. *Beyond garbage cans：an AI model of organizational choice*［J］. In *Administrative Science Quarterly*，1989（34）：38－67.

③ Cohen elt. *A Garbage Can Model of Organizational Choice*［J］. In *Administrative Quarterly*，17，No. 1（1972）：1.

体教学。其效用至今仍是学者们争辩的热门话题。教师并不完全了解这些教学方法的功能与影响，往往只以自己的经验来判断其得失。众说纷纭，造成许多不必要的混乱。

第三，参与的流动性。例如学生去了又来，教师与校长的不断迁调，有孩子入学的家长才关心学校的事务，学校的成员流动性很大，难以维持一个稳定的局面。

科恩等人把具有上述三种特性的团体视为组织的无政府状态。他们认为，表面上虽然有组织，但在实际运作过程中却表现出无政府状态，这从其决策的过程可以看出。古典组织理论认为决策应是一个高度理性和系统化的过程，首先按照需要提出各种方案，然后做成本利益分析并预测可能发生的问题，最后才产生最佳的策略。这种方式在某些无政府状态的组织中并未被应用。按照科恩等人的看法，决策行为只是在一个装有一堆松散结构意见的垃圾桶中随意抽取完成。整个程序只是参考过去的经验，决策者抱着尝试错误的心理。这样就形成了最后的决策，但大部分的成员却不知为何要这么做。①

他们认为，组织中决策过程从根本上看是模糊的，理解这一过程的关键就是把选择机会看成是一个“垃圾箱”，其中的各种问题及其解决的办法需要参与者投入。因此，决策是组织中四个相对独立的部分相互作用的结果，即：①问题，是组织内外的人们所关注的，需要解决但尚未解决的事情，如生活方式、家庭、工作挫折、职业、群体关系、地位、工资、意识形态等。但是，对问题做出选择并不等于问题得到了解决。②解决问题的方案总是由某个具体的人提出的。虽然人们总是认为没有正确地发现问题、明确问题，就不能很好地解决问题，但实际上，人们往往是在知道了答案后，才明确问题到底是什么。③由于组织的“入口”同时又是“出口”，组织的参与者是来去不定的，因而，组织入口的分布是根据选择的

① Cohen elt. *A Garbage Can Model of Organizational Choice* [J]. In *Administrative Quarterly*, 17, No. 1 (1972): 2.

特性来确定的。决策参与的程度主要取决于参与者的时间而不是决策的特点。④在期望组织做出决策时，选择的机会就出现了。机会的出现是有规律的，如合同的签订、人员的聘用、晋升与解雇、经费的分配、责任的分工等。

科恩等人指出，这种"垃圾箱决策"模式常发生在目标模糊、团体成员关系松散的组织中，学校便是这样的组织。我们常常看到，在教务会议上管理者与老师各持己见。由于平日极少沟通，校长最后所收到的只是一堆片面而缺乏积极建设意见的看法。最后可能造成校长根据以往经验，选取一项自认为大致不错的意见了事。这种方式虽然不能认为是高度理性的运用，但在目标不明，松散结合的学校组织，却是校长最常采用的决策方法。[1]

英国管理学者布什（Tony Bush）把垃圾箱决策模式看作典型的模糊模式。[2] 按他的说法，模糊模式主要包括所有强调组织中的无法预测性和易变性的理论。根据这种理论，组织的目标都是不确定的，按目标的次序来开展工作是困难的；学校组织系统内各部分之间的联系都是松散的；决策往往是在参与者不确定的状态下做出的；模糊性是学校这样的复杂组织的普遍特点。他们认为，以往关于决策的选择理论过低地估计了进行决策的混乱性和复杂性。在这一点上，科恩等人指出，人解决问题和进行决策的本质在于其模糊性和非合理性。垃圾箱模型将众多的选择机会看作垃圾，把问题、解决、决策者看作垃圾箱。组织并不是事前计划好的、进行演绎性思考的系统，而是对已经发生的事从后面追加意识的感知系统。马奇认为，经济学和决策理论领域中占支配地位的选好理论有相当的问题，人的选好是作为行为的结果存在，而不是事先就有并引导着人的行为的，即具有事后合理性。

垃圾箱模型的知识观与威克的"有组织的意识形成理论"（collective

① Cohen elt. *A Garbage Can Model of Organizational Choic* [J]. In *Administrative Quarterly*, 17, No. 1 (1972): 16.

② 布什. 当代西方教育管理模式 [M]. 强海燕主译. 南京：南京师范大学出版社，1998：177.

sensemaking under pressure）有密切关系。[1] 威克认为，意识形成是人们为了使自己和他人接受而合理地解释事物的努力。垃圾箱模型与意识形成理论注意到了组织内存在的模糊性和混沌状态，但其中并没有对个人和组织学习进行任何有意义的考察，也没有涉及组织内能动的知识创造的重要性，如果学习只是在个人层次发生的话，不仅学习者所产生的知识的范围是有局限性的，该知识也只是对产生知识者本人才有意义。这样的话，每个人所产出的知识之间就难以形成联结，因而也就无从构筑组织的知识平台。

垃圾箱模式的主要贡献是将问题与选择相分离。决策作为寻求解决问题方案的理性过程已经被一些根本无法联系起来的问题、解决问题的方案以及可能会做出决策的参与者替代了。垃圾箱模式在教育机构中显然是有用的，因为在学校决策的参与者中，许多人对不同的问题往往都有着不同的、现成的解决方法。

规范决策模式

1973 年，行为科学家弗鲁姆（Victor H. Vroom）及其合作者耶顿（Philip Yetton）设计了一个复杂的规范决策模式（Normative Model）。[2] 他们认为，各种类型决策最终的有效性取决于决策者对决策质量、决策的可接受性以及决策耗时等三个因素的重视程度，同时也取决于采用不同的决策方法所获得最终结果的差别程度。这里，决策质量是指一个决策有效的程度；决策的可接受性是指决策被下级执行人员接受的程度；决策耗时是指决策者做出决策的时间。他们同时指出，由于决策方法本身是不会随环

① Weick, Karl E.. *The Collapse of Sensemaking in Organizations: The Mann Gulch Disaster* [J]. In *Administrative Science Quarterly*, Vol. 38, 1993.

② Vroom and Yetton. *Leadership and Decision Making* [M]. Pittsburgh: University of Pittsburgh Press, 1973; Vroom & Jago. *The New Leadership: Managing Participation in Organizations* [M]. Englewood Cliffs, NJ: Prentice-Hall, 1988.

境变化的，因此，不存在对任何环境都适用的领导决策方式。领导者在进行决策时，都应当将精力集中在对环境特征性质的认识上，以便更好地针对环境要求选择领导方式和制定决策。

弗鲁姆和耶顿认为，领导者可以通过改变下级参与决策的程度来体现自己的领导风格。根据下级参与决策程度的不同，鉴定和描述了三种决策风格和五种决策方式，它们从高度独裁到高度参与排列成一个序列（见表7－2）。A表示属于独裁式决策风格，C表示属于协商式决策风格，I表示属于团队决策风格。

表7－2　弗鲁姆和耶顿模式的五种决策风格

决策风格	决策方式
AI	解决问题或运用所有可以得到的信息来决策。
AII	从下级那里获得任何必需的信息，然后自己决定一个解决问题的途径。你可以或者不告知下级你的问题的目的，或者给出问题的相关信息或者你打算做什么。他们的回答很清晰地回应了你所需要的具体信息。在界定问题或产生、评价解决方案的过程中他们并不扮演重要的角色。
CI	与相关的下级人员单独讨论问题，不将他们聚集在一起，征询他们的想法和意见。然后你就可以做出决策了。决策可以反映也可以不反映下级的影响。
CII	与下级在小组会议上一起共同讨论问题，获得他们的想法与建议，然后再做出决策，决策可以反映也可以不反映下级的影响。
GI	与下级在小组内讨论问题。一起产生或评价解决方案，并尽量在结论上达成一致。你的角色是扮演主席，协调讨论，使讨论聚集在问题上，并确保重要的有争议的问题得到谈论。你可以向下级提供信息、讲述你的观点，但不一定强迫他们采纳你的结论，要让他们自愿接受和执行由全队支持的结论。

资料来源：伦伯格等．教育管理学：理论与实践［M］．孙治军等译．北京：中国轻工业出版社，2003：145.

根据弗鲁姆和耶顿模式，领导者可以根据情境采用表7－4中所列出的全部五种决策风格。在实际决策过程中，领导者通常在一种情况下可能采取独裁式风格，而在另一种情况下则可能采取参与式风格，不同的情境要求运用不同类型的决策风格。为进一步将构成规范模式的基本环境和问题的特征分清，使领导者能够正确根据自己的条件认识所处的环境特性，有效地使用规范模式选择决策风格。他们给出了一套由两类七个诊断问题组成的、决定在什么情境中选用何种决策风格的方法。这些诊断问题是以旨在简化选择合适的决策风格的七个法则为基础的。前三个法则关注的是决策质量，后四个法则关注决策的可接受性（见表 7－3）。

表 7－3　决策选择的基本法则

保护决策质量的法则
1. 领导信息法则：如果决策的质量很重要，而决策者并不掌握足够的信息或没有独立解决问题的能力，就不要采用 AI 风格。 2. 目标一致法则：如果决策的质量很重要，但下属不想尽自己的努力去解决问题、追求组织目标的实现，就不要采用 CII 风格。 3. 非结构法则：在决定哪一个决策质量是重要的时候，如果领导者缺乏足够的信息或独立解决问题的经验，而面对的又是一个非结构性的问题时，解决问题的方法是为下属提供发挥作用的机会，获得信息，相应地就要排除采用 AI、AII、CI 这三种风格。
保护决策可接受性的法则
4. 接受法则：如果下属对决策的接受是有效执行决策的关键，而由领导者独立做出的决策不一定能得到下属接受的话，就不要采取 AI、AII 方式。 5. 冲突法则：如果决策的可接受性很重要，而领导者的个人决策不一定被下属接受，下属对于何种方案更适合可能抱有互相的看法。这时不要采取 AI、AII、CI 方式。 6. 公平法则：决策的质量并不重要，而决策的可接受性却是关键，这种情况下最好采用 CII 方式。 7. 可接受性优先法则：如果决策的可接受性是关键，独裁式决策又保证不了可接受性，而如果下属是值得信赖的，应采用 CII 方式。

资料来源：伦伯格等．教育管理学：理论与实践［M］．孙治军等译．北京：中国轻工业出版社，2003：146．

决策者通过对这七个问题逐个作出“是”或“否”的回答，用“决策树”的方法，按照选择法则的逻辑程序，筛选出一个或若干个可行的决策方式（见图7-3）。从左边开始，决策者沿着路径回答每个问题。每条路径的末端是一列可接受的决策风格。有些路径的末端只有一种可接受的决策风格，其他路径的末端有五种可接受的决策风格。要获得接受，决策风格必须满足保护质量与可接受性的七个决策基本法则。如果超出一种决策风格仍然不能通过质量与可接受性的检验，影响决策的第三个重要因素——决策耗时，就将成为决定最终要被采用到具体情境中去的唯一的、最好的决策风格的依据。

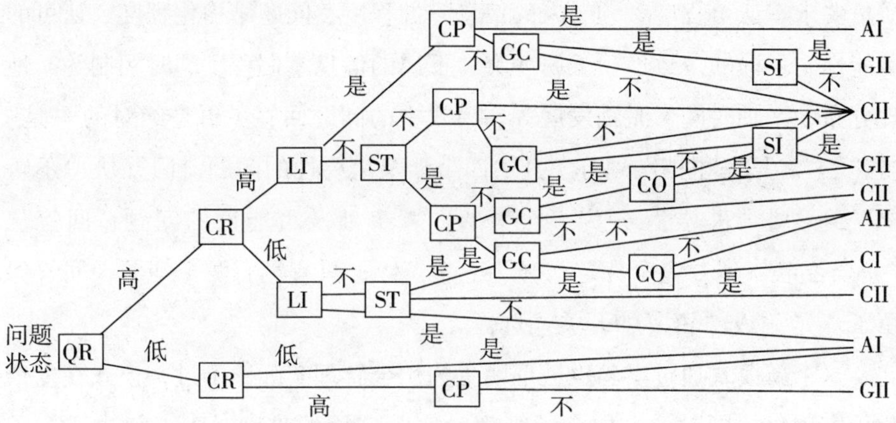

图7-3　弗鲁姆决策树

弗鲁姆—耶顿模式提出后，在社会上产生了巨大的影响，许多教科书引用这一模式，大量的学者和经理们针对这一模式进行了相关理论和实践的研究。弗鲁姆对此模式能够产生如此广泛的影响始料未及，因为在他看来，此模式的提出更多的是出于学术上的考虑，但这促使弗鲁姆反思其中存在的缺陷，并着手予以改进，以免对管理者的实践产生误导。他发现，原来的模式存在一定的缺陷，主要问题是简化了约束条件产生的误差问题。例如，在使用决策树时，只能回答“是”或“否”，这种绝对性的答案并不符合实际工作的需要，因为在不少情况下，管理者的回答属于“可能是”、“或许不是”这类不确定的答案；再如，七个问题并不能把复杂多变的环境因素全面涵盖。凡是建立模式，势必会产生这样的问题。因为建立模式时必然要筛选相关因子，简化逻辑关系，不可能把现实中的影响因素包揽无遗，否则，模式就过于庞大，关系就过于繁复。但这种筛选和简化，又会使模式产生偏离现实的风险，偏离过大就会使模式丧失意义。因此，需要根据模式运用情况予以适当调整。

1988 年，弗鲁姆与加哥（Arthur Jago）合作出版了《新领导》一书，对弗鲁姆—耶顿模式进行了改进，一是增加了相关因素，二是增加了回答问题的相对性。① 新模式中的权变因素由原来的 7 个增加到 12 个，包括质量要求、认可程度、领导人的信息掌握程度、问题结构化程度、认可的可能性、目标的一致性、下属冲突、下属的信息掌握程度、时间制约、地理分布、激励时间、激励发展等。模式中的问题回答不再是绝对的“是”与“否”，增添了档次划分。其中四个涉及重要性的问题，回答从“不重要”到“非常重要”分为五个等级；六个涉及可能性的问题，回答从“完全否定”到“完全肯定”分为五个等级；只有最后两个问题，回答保留了“是”或“否”的开关式选择。

这个新模式通过实验也被证明更为切合管理实际。不过，模式在复杂化、完善化的同时，也加大了管理者实际应用的难度。为了解决这一矛盾，弗鲁姆和杰戈利用计算机程序化运行，简化了实际操作过程。从最初的“弗鲁姆—耶顿模式”到后来的“弗鲁姆—加哥模式”，随着时代的发展、认识的深入、技术的进步，弗鲁姆的领导规范模式也在不断改进。

领导规范模式的优点在于充分运用了决策研究的成果，尤其是运用决策树法建立模式，在领导模式中是一大创新。另外，规范模式和描述模式的结合配套，把社会学的研究路径和方法运用于管理活动，为管理培训开辟了广阔的前景。弗鲁姆自己也强调，社会学能够为解决组织行为问题做出更大贡献，他所创立的领导规范模式就是一个例证。

① Vroom & Jago. *The New Leadership*: *Managing Participation in Organizations* [M]. Englewood Cliffs, NJ: Prentice-Hall, 1988.

有人认为，弗鲁姆的领导规范模式，会限制缺乏经验的领导者使用，而且不能涵盖全部环境的复杂性。这种批评，显然有失公允。任何模式化的研究，都必须以使用者具有一定经验为基础，也都不会涵盖环境的所有因素。弗鲁姆理论的真正缺陷，在于受西方社会科学的方法论影响，试图在领导研究中实现较为彻底的“科学化”，而这种“科学化”，会在一定程度上排除人的因素。因此，在弗鲁姆的模式中，非理性因素和情感因素是没有地位的，环境决定一切，人的主体性不见了。领导者、管理者都变成了环境的附属物，他们只能依据环境做出反应。这才是弗鲁姆模式中的真正软肋。这一缺陷，也是管理学发展史上所有理性主义者的弱点所在。所以，弗鲁姆代表了一个很有意思的现象：行为科学从理性主义的对立面出发，但绕了一个大圈子后，又以理性主义的科学化来建构和完善自己的理论基础。弗鲁姆自己也认识到了这一问题，但他在自己的模式内部无力解决也不可能解决这一问题。这也说明，“人性”和“理性”的关系问题，恐怕是管理学理论建设中长期存在的难点和焦点。

参与式决策

根据巴纳德的建议，1967 年行为科学家布里吉斯提出了“参与式决策”（participative decision-making）概念。他指出，不只是“参与”即可，而是要求员工的“自我投入”（Ego involvement）。员工将团体的成败当作自己的成败，愿意承担更多的责任，并进而齐心协力地制定团体的目标与政策。这种方法虽然不能完全消除组织的模糊性与不确定性，但至少使决策者多少能有所依据。

以往人们谈到参与式决策，就会想到一种“全体集合”的情况。事实上要团体中每个人都参与不但困难而且效率不高。那么到底在哪种情况下需要教师参与呢？布里吉斯和欧文斯分别提出看法，综合起来有以下三

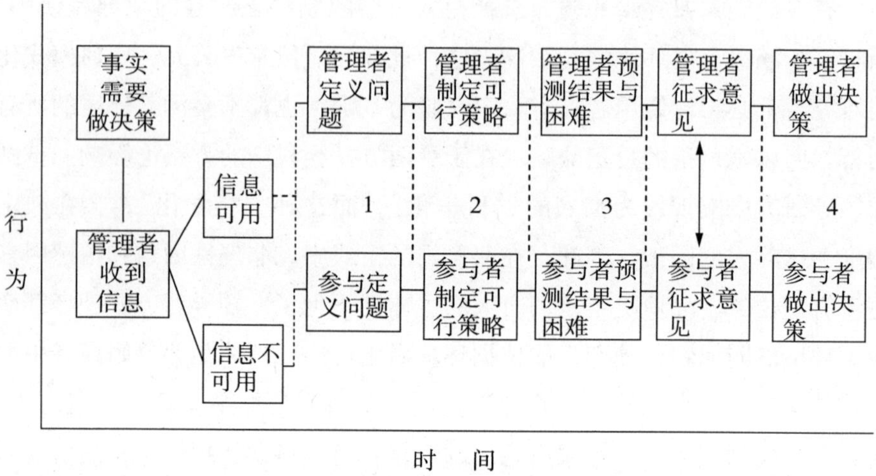

图 7－4　参与式决策的基本模式

条原则:[①] ①相关原则。如果决策内容与教师权益相关很大，则应该让其参与表达意见。教师对事关自己的决定如课程、教学方法，乃至福利等都会有较高的兴趣参与。否则事不关已，参与的动机很低。②能力原则。教师参与决策除了与自己的兴趣有关外，还应有能力与专业知识相关。③权限原则。学校在体制上是一种科层系统，权力分配依据职位而有所不同，参与决策的教师最好对所决定的事有管辖权，否则即使兴趣再高，专业知识再强，对于将来决定的执行没有影响力也是白费。

参与式决策对于不同的问题，所采用的参与方式也应不同。布里吉斯按照参与程度提出了参与式决策的五种方式:[②] ①讨论（discussion）。这种方式参与程度最低，也是最简单的方式。领导者告知有关成员自己在某事上要下一决断，这种讨论方式并没有征求成员的意见。②寻求意见（information seeking）。这种讨论方式又进了一步，管理者主动征求员工的意见，以帮助自己做出更好的决策。③民主集中制（democratic central-

① Bridges. *A Model for Shared Decision Making in the School Principalship*［M］. In *Educational Administration Quarterly*，1967（1）.

② Bridges. *A Model for Shared Decision Making in the School Principalship*［M］. In *Educational Administration Quarterly*，3，No. I（Winter 1967）.

ist)。这种方式最为常用。领导者向员工解释问题，并经过讨论后得到他们的意见与建议。领导者保有最后的决定权，但却尽量符合员工所提出的意见与期望。④投票表决（parliamentarian）。这种方式将最后决策权给予参与的全体成员。经讨论与辩论后还不能达成共识，则进行投票表决，由多数人意见达成最后决议。这种方式虽然民主，但却不可避免地造成胜利者与失败者对垒的局面。⑤参与者决定（participant-determining）。这种方式也是将决定赋权给参与者，但却要求达成共识。在许多重要问题上（如评价教师），必须要每个人都同意后才能做出决策。这种方式费时很多，而且有时很难达成共识，然而一旦达成共识，则其成功的概率较高，成为最有效的方式。

参与式决策在企事业中使用相当普遍。例如，英特尔公司内部就采用自己独特的而又非常典型的“参与式决策”模式，包括几个流程：第一步，要清楚地定义问题和解决问题的时间表；第二步，要确定决策者与核准者；第三步，为决策小组找一个领导人，这个人汇集所有相关人员的意见，包括赞成、反对以及变通方案等，并做出建议案。最后一个步骤，召开正式的决策会议，由决策者为其决定做简报，而决策小组的领导人代表的是种种赞成和反对意见以及其他可能的替代方案。很多时候，决策会议上被提出来的替代方案有时会完全替代讨论好的决策，只要是优秀的、合适的方案。英特尔的参与式决策克服了独断与协商一致的缺点，不但可以广泛吸收众人的建议，还可以使决策更有效率。

第八章

学校组织气候

1962年，哈尔平和克罗夫特正式采用“学校组织气候”（school organizational climate）概念来描述学校的组织行为，并被迅速而且广泛应用于教育管理领域。此后，有关学校组织气候的研究如雨后春笋般，形成了美国教育管理研究的一个新的重要的领域。虽然到20世纪80年代初期，兴起了“组织文化”（organizational culture）的研究热潮，但仍有许多学者沿用组织气候这一概念。学校组织气候理论有助于人们考察和比较透彻地了解学校内部的组织行为，提供了更有成效的指导和控制学校组织行为的策略。

第一节　关于学校组织气候

组织气候研究的缘起与发展

组织气候是伴随非正式组织研究的推展而产生的。早在20世纪30年代人际关系学说兴起之时，学者们对于个人如何在团体中社会化，及如何发展出对组织的价值观与信仰最为关心。广义上说，这种过程就是组织气候所探讨的对象，历来受到管理学者的重视。在心理学界，最早论及“气候”概念的是德国心理学家勒温（Kurt Lewin）及其学生李皮特（Gordon L. Lippit）和怀特（R. K. White）写于1939年的《在实验创造的气候中的攻击行为形式》一文。[①] 这三位作者虽然在论文中并未给气候下定义，但将物理学的“力场”引入心理学研究，提出要了解人类行为就需考虑行为发生的整个情境，而这整个情境包括个人和环境，所以人类行为是个人与其环境的函数。这一观念开辟了组织气候研究的新领域。

最早尝试定义组织气候概念的是美国著名心理学家、哈佛大学组织行为学教授阿吉里斯（Chris Argyris）。阿吉里斯在大学主修心理学，其后获得经济学及心理学硕士学位，并于1951年获博士学位，专攻组织行为。他早期对组织与个体的关系独辟蹊径的研究，使其在管理学界声名鹊起，大器早成，成为一代学术宗师。1957年出版的《个性与组织》,[②] 阐述“不成熟—成熟连续体”理论，堪称组织行为学的奠基之作。此后他转而研究变革对组织的影响，尤其是对高级管理层的影响。[③] 在这样的研究过程中，阿吉里斯开始思考社会科学家所扮演的角色，他认为社会科学家不但是研究者，更应该是介入者（interventionist）。20世纪70年代，阿吉里斯还首创了“学习型组织”（Learning Organization）概念，并由其得意门生彼得·圣吉（Peter M. Senge）发扬光大。

阿吉里斯在1958年一项基于银行组织气候的案例研究中，将“气候”界定为依据正式组织政策及成员需求、价值、人格而运作的一套活生生的、复杂的自我恒存的系统。“气候”包括三个有内在联系的变量系统：①组织的正式政策、程序和地位；②成员个体需求、价值和能力等个性因素；③个人适应组织的各种努力所表现出的复杂的运作方式。[④] 但他

---

① Lewin, Lippitt & White. *Patterns of Aggressive Behavior in Experimentally-created Climates* [J]. In *Journal of Social Psychology*, 1939 (10): 271 - 301.

② Argyris. *Personality and organizations: the conflict between system and the individual* [M]. New York: Harper Collins. 1957.

③ Argyris. *Organization and innovation* [J]. Homewood, IL: R. D. Irwin-Dorsey. 1965.

④ Argyris. *Some problems in conceptualizing organizational climate: A case study of a bank.* Administrative Science Quarterly, Vol. 2, No. 4 (Mar., 1958): 501 - 520.

在引用“气候”一词时仍加上引号，并与非正式文化（informal culture）一词交互使用。

对组织气候较早关注的学者，还有美国著名行为科学家、麻省理工学院心理学教授麦格雷戈（Douglas McGregor）。他在 1960 年出版的《企业的人性面》（*The Human Side of Enterprise*）中，不仅革命性地提出了 X－Y 理论，创立了人性假设学说，还在该书的第十章专门探讨“管理气候”（managerial climate）问题。他所说的管理气候是指企业组织的中层主管及其他重要人物的日常行为。在他看来，企业经理们不能把他们的下属看作机器中的齿轮，而是要看作有着个性追求的活生生的人，“管理的真正任务是创造各种条件，使那遍及整个组织的真正合作得以实现。创造着各种条件就是创造一种生活方式。这就是今日社会科学的发现所指向的中心结论。”① 他不仅在引用“气候”一词时未加引号，而且设计了非量化的测量工具。

总体上看，第一篇全面性概念化及操作化气候的论文由李特温（George H. Litwin）和斯特林格（Robert A. Stringer）于 1966 年共同发表。他们认为，组织气候是指一套可衡量的工作环境属性（properties），由环境中的人们直接或间接的知觉，并会影响人们的动机与行为；并认为可以用量表来衡量组织的组织气候。他们在文中列举组织气候的六个层面。1968 年，塔桂里（R. Taguiri）和李特温主编的《组织气候：概念探讨》② 一书，详细探讨了气候这一概念的性质、定义及早期的实证研究发现；同年，由李特温和斯特林格主编的《动机与组织气候》③，把研究的焦点放在气候影响人类的权力、成就及归属动机方面。根据李特温等人的研究，组织气候对组织和成员之间的关系，可分别从组织气候为自变量、因变量或中间变量三方面来分析：组织气候为自变量，则成员的工作行为和绩效，受组织气候的影响；组织气候为因变量，则组织领导型态和结构的改

---

① McGregor. *Leadership and Motivation*, MIT Press. 1966：140－141.

② Taguiri & Litwin. *Organizational Climate*：*Explorations of a Concept.* Boston：Harvard University, 1968.

③ Litwin & Stringer（eds.）. *Motivation and Organizational Climate*［M］. Boston：Harvard University, 1968.

变，会改变组织气候的型态；组织气候为中间变量，则组织领导型态和结构的不同，直接影响组织气候的模式，组织气候又影响员工的工作行为和绩效。由此，可从九个层面来测定组织气候：①结构：代表一个人在团体中所感受到拘束的程度，例如法规、程序等限制之类；②责任：代表一个人在团体中感到自己可以做主而不必事事请示的程度；③奖酬：代表一个人在团体中感到做好一件事将可获得奖酬的程度；④风险：代表一个人感到服务机构及工作上所具有之冒险及挑战性程度；⑤热情：代表一个人感到团体成员间的融洽程度；⑥支持：代表一个人在团体中感到上级与同僚间在工作上相互协助的程度；⑦绩效标准：代表一个人对于组织目标及绩效标准之看法，是否重视一个人的工作表现；⑧冲突：代表一个人感到经理及其他人员愿意听取不同意见的程度；⑨身份认同：代表一个人对于组织具有的隶属程度。有学者评论说，李特温等人研究勾勒了当代有关组织气候的研究框架。[①]

学校组织气候界说

“气候”一词是指以量化方式表示某特定地区一段时间天气变化的平均状况。将它应用到行为科学领域，则其概念比环境更为具体明确，但又比境遇、状态、背景等概括性更强，而与气候处于相同层次的概念有生态、社会环境、文化、社会系统及气氛等。[②]

关于组织气候的界定颇多，而且很不一致，概括起来主要有三种。第一种视组织气候为一组可以使用多种方法测量的组织属性或主要效果。例如，1964 年，组织行为学家福汉德（Garlie A. Forehand）和吉尔默（B. Von Haller Gilmer）把组织气候界定为一组描述组织的特征，包括五个客观的环境变量：组织规模、组织结构、系统复杂性、领导方式和组织

① A. E. Reichhers & B. Schneider. *Climate and Culture*: *An Evolution of Constructs*. In Schneider (ed.). *Organizational Climate and Culture* [M]. San Francisco: Jossey-Bass, 1990: 5 – 39.

② Taguiri & Litwin. *Organizational Climate*: *Explorations of a Concept* [M]. Boston: Harvard University, 1968.

目标，认为组织气候可以与其他组织特征相区别、持续一段时间并且影响组织成员的行为。[①] 第二种把组织气候视为一组关于组织主要效果的知觉变量。例如，犹他州立大学心理学教授詹姆斯博士（Lawrence R. James）和琼斯（Allan P. Jones）把组织气候界定为组织内在环境独特且持久的特质，来自组织成员（特别是高层管理）的行为与政策，为组织成员所知觉，可据以解释情境，是指引行为的压力来源。[②] 第三种观点属于综合的观点，认为学校组织气候包含客观性与主观性的知觉。例如，李特温和斯特林格认为，组织气候是组织成员对组织正式系统和领导者风格，即对态度、信念、价值以及动机等，具有影响的其他重要环境因素主观知觉的结果。由此得出结论，组织气候是否包含组织客观结构与主观知觉等全部特征，如果组织气候含有主观的知觉，那么是组织属性还是个人属性，这造成对组织气候定义的不一致。

一般而言，组织气候是指构成团体成员的工作、感情、态度、思想、精神所表现出的或所形成团体的一般或持久的行为气候。团体成员受客观的组织环境的刺激与影响而引起心理反应，而予以认知和辨识，遂形成其主观的意识形态。前者包括组织结构是否健全、成员的待遇是否合理、首长领导是否得宜、功过赏罚是否严明、权责分配是否确实、人群关系是否良好等。后者指成员的责任心、认同感、依附感、参与感、团体意识、服务精神及合作观念等。

学校组织气候简称学校气候，由于对组织气候定义的不一致，学者对学校气候的界定也有所不同。哈尔平和克罗夫特（D. B. Croft）是最早研究学校组织气候的学者。他俩于 1962 年共同发表了一份题为《学校组织气候》[③] 的研究报告，介绍了组织气候的概念。根据他们的定义，组织气候是组织成员所亲自体验的，因此假定，组织成员的看法就是可靠的资料来源。虽然有人会说：看法本身不能客观地反映现实，但是关键在于，凡

① Forehand & Gilmer. *Environmental variation in studies of organizational behavior* 1964.

② James & Jones. *Organizational Climate*: *A Review of Theory and Research* [M]. Psychological Bulletin, 1974 (81): 1096 – 1112.

③ Halpin & Croft. *School Organizational Climate*. 1967.

是组织成员作为亲身体验者所看到的事物都是所要描述的现实。评价组织气候的目的就是要获得有关这些看法的客观描述。霍伊把学校气候界定为学校环境相当持久的特质，受校长领导所影响、可被教师体验到、影响学校成员的行为，而且是基于共同的知觉。[①] 欧文斯认为学校组织气候是学校组织成员对于学校环境各个方面的认识，它是学校组织成员相互作用而形成的内在心理环境，而且能表现出学校独特性之所在。[②] 综上所述，学校组织气候是指一所学校区别于另一所学校的一系列组织心理特征，主要包括学校组织成员共同的价值观念、社会信念和社会标准等，它是一所学校独特的风格。

学校组织气候的分类

1968 年，心理学家勒温的学生、堪萨斯大学心理学教授巴克（Roger G. Barker）通过他在一个名叫 Oskaloosa 小镇的实地研究，说明环境对激发和形成人们在特定环境中行为模式产生深刻的影响。巴克的“生态心理学”（ecological psychology）认为，环境影响力之大，往往能克服组织成员之间众多的个体差异，其结果，在一些具体组织中人们容易表现出相互一致，又不同于常人的行为方式，以至于我们一眼就能看出，他们的行为是“属于”那些特定组织的。因此，巴克断言，只有根据行为背景才能最好地了解组织行为，这一背景是指始终与人相互作用的整个复杂的物质环境和心理环境。[③] 一些研究者通过进一步的调查得出结论：学生参加课外活动的多少及学生的成绩与学校的规模和学校所在地区的类别有关，依次可以划分学校组织气候类型。[④]

---

① Hoy & Clover. *Elementary School Climate*: *A Revision of the OCDQ*. In *Educational Administration Quarterly*, 22 (1), 1986.

② 欧文斯．教育组织行为学（第七版）［M］．窦卫霖等译．上海：华东师范大学出版社，2003：199.

③ Barker. *Ecological Psychology*. Stanford University Press, 1968.

④ 欧文斯．教育组织行为学（第七版）［M］．窦卫霖等译．上海：华东师范大学出版社，2003：206.

学校组织气候可分为学术气氛和社会气氛。学术气氛侧重课程教学与学生的学习。主要包括：①课程目标与每日教学，更能有效地配合；②根据评价结果指导学生作业；③学生继续努力，以便有较多的时间接受教师教导；④利用各种教学策略；⑤不断督导学生进步；⑥提供学生自我负责的机会。社会气氛事关学生行为与对外关系。主要包括：①明确地说明学校学术与行为的目标；②希望并维持秩序与纪律；③对学生的行为与成就抱有较高的期望；④对学生显示关怀的态度；⑤获得负有领导责任的行政官员的支持；⑥争取社区的支持。

学校组织气候还可以分为积极的学校气候与消极的学校气候。积极的学校气候其特征是：①学校成员均能觉察事情冲突的原因，采取措施，谋求解决；②对于不满意的批评与发生的冲突，均视为检讨学校缺失的根据；③学校成员共同解决问题与共同作决定；④校长重视所有成员的理念与建议；⑤学生缺课率低，学生以校为荣；⑥学校成员对学校信任；⑦有生产力、合作与参与；⑧敢于革新与有凝聚力；⑨显示彼此关切与利益分享。

消极的学校气候具有以下特征：①学校缺少方向感，成员工作不满意，缺乏沟通机会；②学生有疏离、挫折感，生产力低；③很少创新与改革；④工作单调，成员间彼此缺乏尊重与信任，自满与冷漠。

第二节　学校组织气候描述问卷

哈尔平和克罗夫特研究发现，每一所学校给人的感觉都不一样，“士气”一词难以比较准确地反映不同学校给人的感受；再有能力的校长到了一所需要改革的学校，如果面对的是顽强对抗的教师，也动弹不得；而学校的“人格”是一个有趣的概念，人格对于个人来说就如同组织气候对于组织一样，也就是说，组织气候显示了组织的独特性。他们借用社会心理学家罗基希（Milton Rokeach）对人格类型的分析①，建议采用“开

① Rokeach. *The Open and Closed Mind* [M]. New York: Basic Books, 1960.

放—封闭的连续体”（The Open and Closed Mind）来描述学校气候。他们假定一所学校气候是由校长或教师自发的领导行为，因此，组织气候的测量即以教师之间的互动及教师与校长之间的互动为焦点。1962 年，哈尔平与克罗夫特着手编制“学校组织气候描述性问卷”（*Organizational climate description questionnaire*，OCDQ），他们设计了近千个项目，从中筛选出 64 个作为问卷题项，内含八个组织气候的因素，其中四个因素用于分析校长的行为特征，四个因素用于分析教师的行为特征。

表 8－1　学校组织气候描述性问卷（OCDQ）中的部分项目与分量表

反应分类				很少发生	有时发生	经常发生	频繁发生
行为类别	要素	释义	指标				
校长行为	疏离	与下属保持心理上与物理上的距离。	教师会议只根据议事日程进行。				
			对校长所作的决定不发表意见。				
	强调成果	监督教师工作，密切关注任务。	校长决定所有的课程安排。				
			校长纠正教师们的错误。				
	以身作则	充当角色榜样应有的精力、朝气和动力，以适应任务和社会性需要。	校长平易近人，乐于帮助教师。				
			校长努力工作，以身作则。				
	关怀	关心作为个体的教职工。	校长帮助教师解决个人问题。				
			校长对教师个人恩宠。				

续表

反应分类				很少发生	有时发生	经常发生	频繁发生
行为类别	要素	释义	指标				
教师行为	离心	对工作不负责任，相互之间以及与学校保持心理上和物理上的距离。	在教师会议上，教师们谈天说地，只是提出一些毫不相干的问题。				
	阻碍	过重的非教学负担。	日常行政事务干扰教学工作。				
			行政文件在该校已成为一种负担。				
	工作精神	合作群体应有的精力、朝气和动力，以适应群体任务和社会性需要。	教师们的士气很高。				
			教师们精力充沛、兴致十足地完成其工作。				
	同事情谊	个人之间的相互关心。	教师最亲近的朋友是本校的其他教师。				
			教师们邀请同事到自己家里聚会。				

校长的行为特征

一般而言，校长的行为影响教师之间的人际交往活动，对学校气氛的形成有着重要作用。哈尔平和克罗夫特通过研究认为，校长的领导行为有四个层面：①

1. 疏远（aloofness）。校长与教师之间保持心理、物理上的距离。其特征是校长行为具有正式的特征：校长主持会议如同业务汇报，而且坚守

① Halpin. *Theory and Research in Administration* [M]. New York: Macmillan Company, 1966: 151.

决议事项；对于教职工建立严格的管理规则；不轻易允许访客参观教学。类似这种情形，即为疏远行为。哈尔平指出，疏远行为是普遍化而非特殊化的，校长在疏远行为的表现上差距十分大。

2. 强调成果（production emphasis）。这种行为特征是指校长主动监督全体教职员工的程度，也意味着监督角色的武断程度，包括给教师安排工作日程、纠正教师言行的错误以及监视教师努力工作的情形等。这种强调成果的架构通常也伴随由上而下的沟通渠道以及对教师们意见的漠视。

3. 以身作则（thrust）。校长的行为属于主动、精力充沛的角色模式，通常这样的校长很早到校，很晚才离开学校，树立一种认真工作的良好典范；另外，对于新的教育发展富有兴趣。如果一位校长属于以身作则型，他并不期望教师们比他对于学校付出更多，但他却为每一位教师树立了一种模范标准。

4. 关怀（consideration）。关怀包括对于组织成员的尊重、关心和仁慈，这种领导行为包括校长对教师的生活与工作表示个人的关怀，并且支持教师们的利益。校长们在这一行为特征层面的差异也很大。

哈尔平等人认为，校长这四种领导行为是彼此相互独立的，仅了解校长某种行为并不能就据此以推论另一种行为，必须分别评估这四种行为才能全盘了解。

教师的行为特征

教师作为一个组织群体，也有四种不同的行为特征对学校气氛产生很大影响。这四种行为是:①

1. 离心（disengagement）。这表示教师彼此之间以及对于整个学校存在心理和物理距离，教师的离心是教育过程中的脱轨现象。在一个高度离

① Halpin. *Theory and Research in Administration* [M]. New York: Macmillan Company, 1966: 150 - 151.

心的团体中，教师们相互攻击与批评；结营死党、讨好校长、彼此妨害对方、随时准备离职。学校在离心方面的差异也十分大。

2. 阻碍（hindrance）。阻碍是指教师疲于行政事务和其他毫无必要的“麻烦事”。在这样的学校里，教师超负荷地做着各种与教育教学无关的事务，常被工作、会议、报告以及例行工作压得喘不过气来，教育教学工作失去了作为学校中心工作的地位，处于被忽视、被耽误的境地。

3. 工作精神（esprit）。工作精神是指教师群体的道德、精神和士气。不同学校的教师，有着不同的精神状态，有的士气高昂、精神饱满，有的则士气低落、委靡不振。在以高昂的工作精神为特征的学校里，教师情绪高涨并全身心投入教育，他们彼此赞赏，互相尊重、帮助，全力以赴地工作并忠诚于自己的学校。哈尔平认为，教师在这种学校里可以实现他们个人的社会需求；同时，他们也能切身体验到专业成就的意义与价值。

4. 同事情谊（intemacy）。这种行为特征是指教师之间分享温暖的相互信赖的程度。同事情谊可以实现教师个人的社会需要，而不必依赖职务角色。在以高度亲密为特征的学校里，教师以开放的心态，彼此信任，相互评价，共同参加校外社会性活动，深入讨论私事。

与校长的行为特征一样，教师团体的四种行为也是彼此独立的。仅从一个方面并不能完全了解教师团体彼此交往的情形。

应当注意的是，校长行为和教师行为有时可能不会同时发生。例如，在一所学校中有一位属于疏远型的校长，教师们也可能会彼此相互紧密地交互作用而补偿这种疏远的感受。另外，如有一所学校也有一位疏远型的校长，而教师们也可能表现出离心的行为而予以抵制。

学校气候类型

哈尔平与克罗夫特将校长行为特征与教师行为特征联系起来加以综合研究，结果发现了六种不同的学校气候。他们用侧面图来说明这六种气候，每一种气候呈现出前述人际行为的八个层面的不同强度（见图 8－1）。

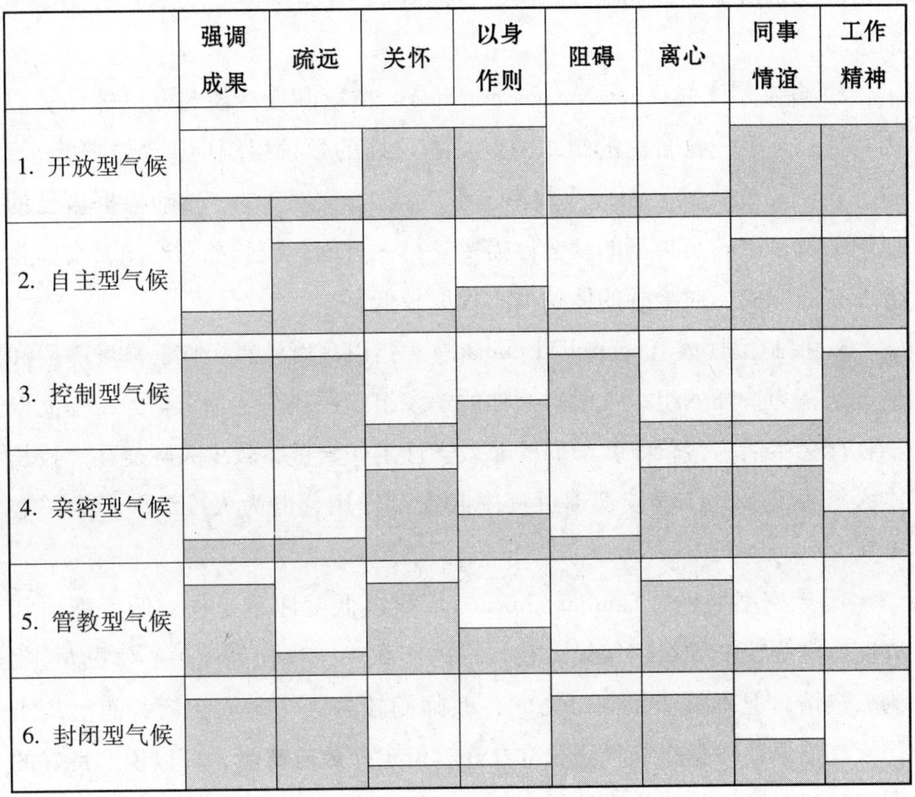

图 8－1　六种学校气氛的侧面图①

1. 开放型气候（open climate）。指以高昂的精神和由教师表现出来的低度的敷衍了事、高度的推进力为特征的氛围。在这样的学校里，校长精力充沛，而且关心、体贴甚至同情教师，不需要对教师严加管束，但确能控制和指挥教师，做到令行禁止；校长能与教职工和谐工作，促进学校发展。在开放气候的学校里，教师往往把校长的行为看成是官方角色同校长个性特点的必然结合，他们认同规章制度，并不认为是一种负担或束缚；教师觉得工作称心如意，学校鼓励教师发挥创造力自行解决工作中的各种

① 西尔弗．教育行政原理［M］．黄昆辉主译．台北：三民书局，1994：243．

困难和问题，战胜挫折；教师为自己是学校的一员而自豪，教师之间虽然不是高度亲密，但彼此配合默契，共同维护学校的利益，促进学校组织不断进步。

2. 自主型气候（autonomous climate）。指以高度冷淡与低度体贴关心为特征、近乎完全自由的组织气候。在这样的学校组织中，“精神状态”与“亲密”比较高，而且“敷衍了事”或“障碍”少。教师根据自己的愿望工作，以满足自己的社会性需要。另一方面，校长相对冷淡，在监督方面较为宽松，对教师的体贴关心程度较低。

3. 控制型气候（controlled climate）。指以高度注重工作、高度障碍和低度亲密为特征的组织气候。这样的学校组织往往为了追求努力工作而以牺牲社会生活为代价。教师们的非教学性工作繁重，较少人际交往。校长本人努力工作，在学校管理过程中起支配作用，但为人冷淡，不太关心下属。

4. 亲密型气候（familiar climate）。指以低度注重工作、低度障碍和高度亲密为特征的组织气候。在这样的组织中，校长高度关心体贴员工，为人热情，但不关心工作，由此，教师们较多关注个人生活，而远离工作，其结果往往是组织气候非常友好，但工作成效甚微，可以说，良好的组织气候是以牺牲工作为代价的。有人将这样的组织气候称之为联谊会式组织气候。

5. 管教型气候（paternal climate）。指以低冷淡与高体贴为特征的组织气候。在这样的组织中，校长是体贴、关心、热情的，但对于工作的强调过于唐突，从而导致工作效果极差；教师并没有过重的负担，但彼此之间往往不能很好相处，反而形成不同的竞争派系。这样的学校组织中的校长往往被看成是有较多仁慈的独裁者。

6. 封闭型气候（closed climate）。指以低精神状态、高敷衍了事、低推进力为特征的学校组织气候。在这样的学校里，校长注重规章，讲究照章行事，且常常主观武断，采用军事化、命令式管理方式；待人冷漠，高度冷淡，不近人情，毫无体贴可言，一味督促教师拼命工作。教师敷衍塞责，不能团结协作做好工作，认为校长在工作方面缺乏个人主动性，而且对他们的工作设置重重障碍，在为教师排忧解难方面更缺乏独创精神，不关心他们的个人福利，也不能有效地领导，因而对工作心怀不满，情绪低落，在极端的情况下，一些人纷纷要求离职。这是一个既不能很好地完成任务又缺乏社会满意度的组织气候，员工往往把学校发生的问题归因于自己不能控制的外部力量。

将这六种组织气候由开放至封闭联系起来，便形成一个组织气候连续体。其中，封闭型气氛和开放型气氛代表了极端的组织气候类型。它表明：开放意味着人们相互作用的真实性与可靠性，还意味着满足个人需要与完成学校工作的有效结合；而封闭性则意味着职业虚假性与非可靠性，并意味着既不能满足个人需要，也不能满足职业角色要求。各级各类学校，都应根据自身的实际情况，结合学校校长与教师的个性特征，有意识地努力营造适合学校组织发展的组织气候。

对 OCDQ 的修正

自从 OCDQ 问世后，虽然被广泛使用，但也招致许多批评。例如，它发展使用的资料来自小学，因此这份问卷并不适用于大型、城市地区和中等教育阶段的学校；一些重复性研究也并没有支持六种学校气候的分类，因此，将学校组织气候分成不同类型是否适切，而且除了开放型与封闭型气候外，其余类型并不容易清楚区分；概念架构缺乏清楚的逻辑、庞杂及缺乏简约性；未涉及学校组织的主要参与者——学生；OCDQ 发展时是以个人而不是学校为分析单位的。[①] 此外，自 OCDQ 发表到 20 世纪 80 年代中期，美国社会和学校都发生了变化，使得 OCDQ 的某些题目或分量表不再具有效度，有的分量表信度偏低，许多题目与目前的学校组织关

① Hoy & Sabo. *Quality Middle Schools*: *Middle and Healthy* [M]. Thousand Oaks, CA: Corwin, 1998; Hoy et al: *Open Schools / Healthy Schools*: *Making Schools Work* [M]. Newbury Park, C. A.: Corwin, 1991.

联性变小。[①] 为解决前述 OCDQ 过时、错误及不适用于中等学校等的缺点，霍伊及其同事开始一系列有关 OCDQ 在小学（OCDQ-RE）、初中（OCDQ-RM）及高中（OCDQ-RS）的修订工作，大大丰富了学校组织气候的内涵。

在小学开放气候与类型方面，霍伊与克洛弗于 1986 年首先发展了小学版的修订问卷。该问卷共有 42 个题目，包含两个大类六个层面内容，其中有三个层面描述校长行为，即校长的支持行为（supportive principal behavior）、校长的指示行为（directive principal behavior）、校长的限制行为（restrictive principal behavior）；另三个层面描述教师行为，即教师的同伴行为（collegial teacher behavior）、教师的亲密行为（intimate teacher behavior）、教师的疏离行为（disengaged teacher behavior）。将学校在前述六个层面的得分进行因素分析，结果获得两个因素：因素一包括层面四至六，代表教师互动的开放程度；因素二包括层面一至三，代表校长与教师互动的封闭程度。由于两个因素相互对立，因此，可将小学的组织气候划分为开放型（open）、投入型（engaged）、疏离型（disengaged）与封闭型（closed）四种类型（见表 8－2）。[②]

表 8－2　霍伊与克洛弗的四种学校气候剖析

气候层面	学校组织气候类型			
	开放型	疏离型	投入型	封闭型
一、支持	高	低	高	低
二、指示	低	高	低	高
三、限制	低	高	低	高
四、同伴	高	高	低	低
五、亲密	高	高	低	低
六、疏离	低	低	高	高

资料来源：Hoy et al. *Open Schools / Healthy Schools*：*Making Schools Work*［M］. Newbury Park，C. A.：Corwin，1991. p. 93.

① Hoy et al. *Open Schools/Healthy Schools*：*Making Schools Work*［M］. Newbury Park，C. A.：Corwin，1991.

② Hoy & Clover：*Elementary School Climate*：*A Revision of the OCDQ*［J］. In *Educational Administration Quarterly*，1986（1）：93－110.

在初中方面，霍伊与霍夫曼（J. D. Hoffman）、萨博（D. Sabo）和比利斯（J. R. Bliss）等人于1996年发展了OCDQ-RM。该问卷共有50个题目，包含两个大类六个层面，其中三个层面描述校长行为，另三个层面描述教师行为，即校长的支持行为、校长的指示行为、校长的限制行为、教师的同伴行为、教师的承诺行为、教师的疏离行为。将学校在前述六个层面的得分进行因素分析，结果获得两个因素：因素一包括层面一至三，代表校长与教师互动的封闭程度；因素二包括层面四至六，代表教师互动的开放程度。两个因素相互独立，因此初中的组织气候也可划分为四种不同的类型：开放型、投入型、疏离型与封闭型。

在高中方面，霍伊与科特坎普（R. B. Kottkamp）、马尔赫恩（J. A. Mulhern）等人于1987年开发了OCDQ-RS。该修订问卷共有34个题目，包含五个层面，其中有两个层面描述校长行为，另外三个层面描述教师行为：校长的支持行为、校长的指示行为、教师的投入行为、教师的受挫行为与教师的亲密行为。学校将在前述五个层面的得分进行因素分析，结果获得两个因素：因素一包括层面一至四，代表学校气候由开放——封闭的连续向度；因素二仅包括层面五，即教师的亲密行为。因此，高中的开放指数可用下列公式计算得知：

开放指数 =（支持 + 投入）–（指示 + 受挫）

第三节　学校组织气候测量

除了OCDQ外，还有许多学者不同角度提出测量学校组织气候的方法。其中有学校组织气候指数问卷（OCI）、学校特征测示表（POS）、学生控制意识表（PCI）、学校健康量表（OHI）等。

学校气候指数问卷

学校气候指数问卷由两位心理学家斯特恩（George C. Stern）与斯坦霍夫（Carl R. Steinhoff）设计而成。他们有关组织气候的理论基础直接来源于勒温的观点，即组织中的个人和团体必须从他们与环境相互作用的角度来理解，用公式表示：B = f（P，E），其中 B 代表行为，P 代表个人，E 代表环境特征。根据这个观点，行为既和人有关，又和环境有关，因此要想评价一个特定组织的气候，就不仅要测量其个人的特性，还要测量环境的特性。不仅如此，斯特恩还吸收了人格心理学家、美国哈佛大学教授默里（Henry A. Murray）于 1938 年提出的有关“需求—压力”（need-press）形成人的人格的思想。默里以 50 名大学生为对象研究他们的心理需求，结果发现他们的不同需求有 30 种之多[①]（见表 8 - 3）。他认为个体需求的产生有内在与外在因素，需求存在时即对个体构成一种压力，因压力而促使个体在环境中寻求满足而表现出行为。个体改变需求的程度，同时受到环境压力的制约。斯特恩就此认为，组织气候是组织的心理或社会环境，受成员个体需求及外在环境压力的影响。

表 8 - 3　默里的 30 种“需求—压力”

1. 自卑（Abasement）——自信（Assurance）
2. 成就（Achievement）
3. 适应性（Adaptability）——防卫性（Defensiveness）
4. 隶属（Affiliation）
5. 攻击（Aggression）——逃避责难（Blame Avoidance）
6. 变化（Change）——重复（Sameness）
7. 联结（Conjunctivity）——脱序（Disjunctivity）

① Murray and Others. *Explorations in Personality* [M]. New York: Oxford University Press, 1938: 124.

续表

8. 反攻（Counteraction）
9. 服从（Deference）——倔犟（Restiveness）
10. 独断（Dominance）——宽容（Tolerance）
11. 自我成就（Ego Achievement）
12. 情绪化（Emotionality）——稳定性（Placidity）
13. 精力充沛（Energy）——被动（Passivity）
14. 自我表现（Exhibitionism）——自我贬抑（Inferiority）
15. 梦想成功（Fantasized Achievement）
16. 避免受伤（Harm Avoidance）——冒险（Risk Taking）
17. 人文——社会导向（Humanities-social Science）
18. 性格冲动（Impulsiveness）——性格谨慎（Deliberation）
19. 自恋倾向（Narcissism）
20. 支持他人（Nurturance）——拒绝他人（Rejection）
21. 客观（Objectivity）——主观（Projectivity）
22. 讲究秩序（Order）——没有条理（Disorder）
23. 游戏（Play）——工作（Work）
24. 实用取向（Practicalness）——非实用取向（Impracticalness）
25. 反省（Reflectiveness）
26. 拒绝（Rejection）
27. 感官享受（Sensuality）——禁欲（Puritanism）
28. 性欲（Sexuality）——抑制（Prudishness）
29. 依赖（Supplication）——自立（Autonomy）
30. 理解（Understanding）

资料来源：Stern. *People in Context*：*Measuring Person Environment in Education and Industry*. New York：Wiley，1970.

1958 年，根据默里的“需求—压力”理论，斯特恩编制了“活动指数问卷”（Activities Index，AI）与“学院特征指数问卷”（College Characteristics Index，CCI），来测量影响高等教育机构的组织气候。前者用来测量个人的需求，后者用来了解个人在组织中所经受到的压力。这两套问卷曾用于美国各种类型大学中，如不同教派、公立或私立大学、不同成就需求、不同学术气氛等，结果发现“学术压力”是解释大学间差异的最重要因素。①

1963 年，斯特恩与斯坦霍夫将 CCI 修改成“组织气候指数问卷”(Organizational Climate Index，OCI)，用于测量中小学以及其他组织的气候。这个新问卷共有 300 道题目，内容主要是向教师提出一些可适用于他们学校情况的陈述，然后要求教师根据他们学校的实际情况回答“是”或“否”。OCI 出现的典型句子见表 8－4。由于 OCI 是由 CCI 改编而成，所以主要用来测量学校对教师个人的压力。

表 8－4　OCI 量表（部分内容）

是	否	
□	□	1. 人们发现周围的人喜欢帮助自己做事
□	□	2. 人们在团体中很能自主而且公开地发表意见
□	□	3. 好的工作表现在团体中受到肯定
□	□	4. 每个人对团体的一分子很重视
□	□	5. 人们可能会穿着鲜艳的服装
□	□	6. 大部分的活动都被紧密地指挥着
□	□	7. 团体中的社交活动热烈而且受到鼓励

1965 年，斯特恩与斯坦霍夫首次使用 OCI，对纽约州西拉库斯市的一所公立学校进行研究。通过对众多学校研究的数据所进行的分析，确定了六个 OCI 因素。②

因素一：学术气氛（intellectual climate）。在此因素上得分高的学校，具有有利于激发对人文科学、艺术、自然科学产生学术兴趣的环境，教师和教学设备都有益于这些兴趣的发展，普遍的工作气氛也以学术活动和学

① 欧文斯．教育组织行为学（第七版）［M］．窦卫霖等译．上海：华东师范大学出版社，2003：217.

② Stern. *Environments for Learning*. In N. Sanford（ed.）. *The American College*［M］. New York：Wiley，1962：690－730.

术研究为特点。

因素二：成就标准（achievement standards）。在此因素得分高的学校，强调个人成就的高标准，出色完成任务，保持高水平的动机和精力，赞赏保质保量的工作，期待教师获得最好的成就。

因素三：个人尊严/支持扶助（personal dignity/supportiveness）。在此因素得分高的学校气氛中，尊重不同学科或教师的学术背景，为依赖性较强的教师提供支持，在工作环境中提倡公平和公开。

因素四：组织效能（organizational effectiveness）。在此因素得分高的学校，具有激励和促进人们有效地完成任务的工作环境。工作进程计划得当，安排紧凑，人们为了实现组织的各项目标而卓有成效地共同合作。

因素五：秩序（orderliness）。在此因素得分高的学校表明其组织结构和工作程序井井有条，讲究整洁，迫使教师的行为符合个人仪表和学校形象的明确规范。这些是既定程序，要求教师遵守。

因素六：冲动控制（impulse control）。在此因素得分高的学校意味着在工作环境中存在大量限制和组织约束。教师几乎没有个人表现的机会或任何形式的冲动行为。

根据斯特恩的分析，以上六个因素可以再分为两组，一组是“发展压力分数”（development press score），由因素一、二、三的总和减去因素六求得；另一组是“控制压力分数”（control press score），由因素四、五相加而得。[①] 发展压力得分高的学校，其组织环境的特点是注重学术活动和交际活动，一般来说，这种环境激发智力，保持成绩的高标准，赞赏个人表现。这种学校的特征往往是激励员工，关心他们的个人需要，接受并鼓励参与者各种各样的行为方式。在控制压力得分高的学校具有强调秩序和结构的内部环境这一特点。在这样的学校里，规章制度及其执行手段至关重要。什么是适合行为的概念非常明确、严密，受到重视。简言之，这

① Stern. *People in Context: Measuring Person-Environment Congruence in Education and Industry* [M]. New York: Wiley, 1970.

种环境的学校往往是以工作为导向的，而不是以人为导向的。

根据以上两个层面，可在坐标上形成四种不同类型的组织气候：高发展高控制（第Ⅰ象限）、高发展低控制（第Ⅱ象限）、低发展低控制（第Ⅲ象限）和低发展高控制（第Ⅳ象限）（见图 8－2）。斯坦霍夫等人在实证研究中发现一般学校多落在第Ⅱ与第Ⅳ象限上，表示学校如果是发展压力分数高的，控制压力分数就低；反之亦然。① 从欧文斯与斯坦霍夫在 1969 年对 14 所小学所做的研究结果可以看出，大部分学校都落在对角线附近，分布像一个狭长的椭圆形（见图 8－3）。②

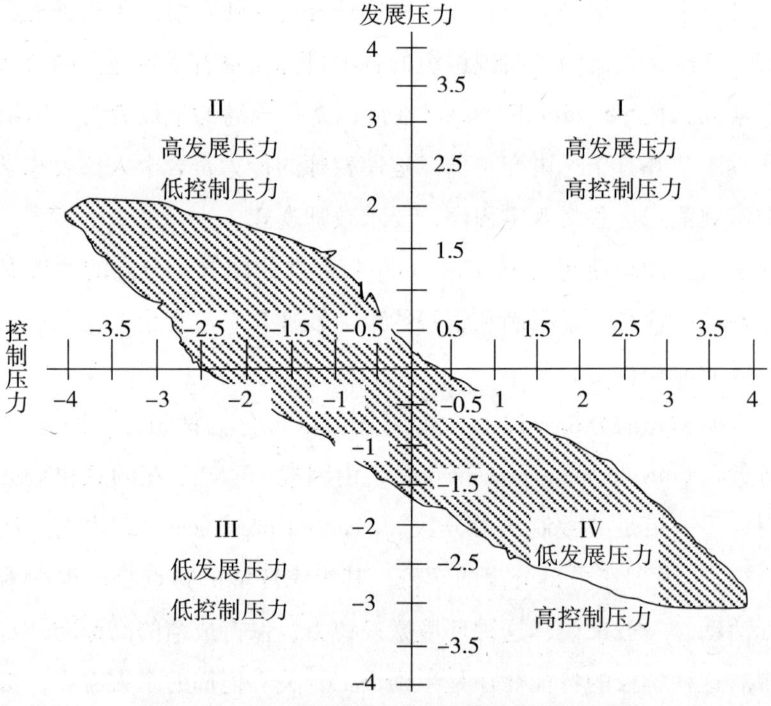

图 8－2　OCI 问卷两个层面所组成的四个象限

① Steinhoff. *Organizational Climate in a Public School System* [M]. Syracuse University, 1965; Owens & Steinhoff. *Strategoes for Improving Inner-City Schools* [J]. In *Phi Delta Kappa*, 1969 (5): 259－263.

② Steinhoff. *Organizational Climate in a Public School System* [M]. Syracuse University, 1965; Owens & Steinhoff. *Strategoes for Improving Inner-City Schools* [J]. In *Phi Delta Kappa*, 1969 (5): 259－263.

从图 8 - 3 可以发现，第 17 号学校与第 4 号学校位于两个极端。前者的教师几乎没有任何自我实现与创造的机会；而后者则完全相反，教师没有任何环境的限制，因而可以尽情地发挥。以上这些研究证明了即使同为小学，各校在组织气候上却有很大差异。这与以往大家认为学校都差不多的理论有很大的差距。

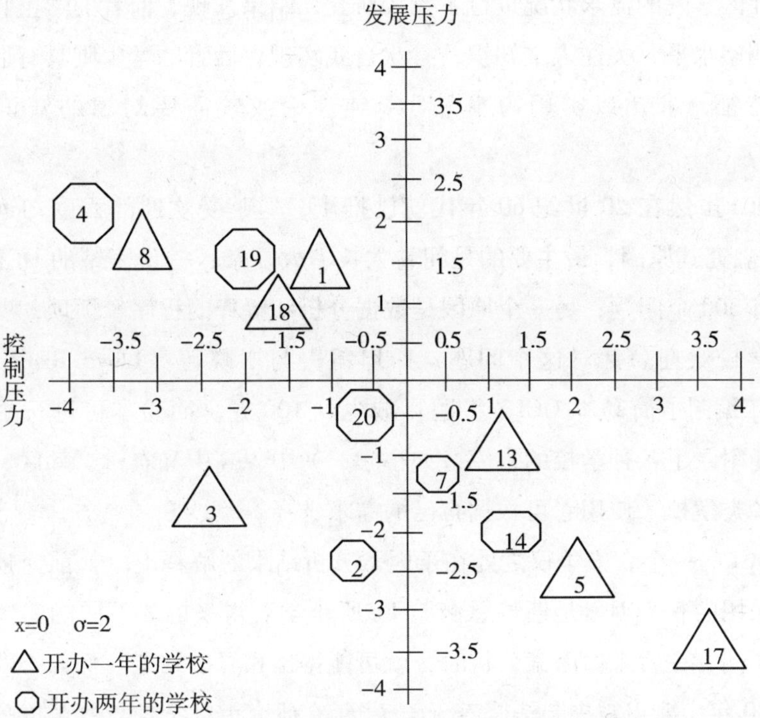

图 8 - 3　14 所小学在 OCI 四个象限上的分布情况

Owens & Steinhoff. *Strategies for Improving Inner-City Schools*. In *Phi Delta Kappa*, 50, No. 5（January 1969）. p. 261.

在利用 AI、CCI 与 OCI 所做的研究中，麦克迪尔（E. L. McDill）、迈耶斯（E. D. Meyers）和里格斯比（L. C. Rigsby）发现，学校气候与学生成就高度相关。[①] 西斯尔思韦特（D. L. Thistlethwaite）发现，教职员工所施加的压力类型对学生是否再向上进修有很大影响。[②] 通过对不同学校的比较，伊利诺州立大学吉利斯（John Gillis）发现，师范生在学术需要（如对人文学科的重视）上较低，但却在依赖需求（如自卑、自卫）上比其他学校学生为高。[③] 坎贝尔的博士学位论文利用 CCI 问卷对美国一般大学与社区学院的需求状况进行了比较研究，结果发现，前者的学生具有较高的期望水平，关注人文知识，喜欢自我实现；后者的学生则具有职业导向的特征，求知以实用为主，对于纯理论或较需要幻想的知识不感兴趣。[④]

OCI 虽然在 20 世纪 60 年代就已推出，但其受欢迎的程度却远不及 OCDQ。究其原因，最主要的是问卷太长、太复杂，一份完整的 OCI 问卷一次有 300 个问题；另一个原因是数据分析和解释的程序较烦琐，所以不太受学校欢迎。针对这个问题，斯坦霍夫与毕晓普（Lloyd Bishop）于 1975 年编制了简易本 OCI，将题目减少到 100 题。简易本可进行手工记分，还附录了各种学校的常模，如小学、初中、高中和农村、郊区、城市各级各类学校，使用者可根据自己的需求选择。[⑤]

OCI 另一个令人争议之处在于因素分析结果的解释上。如前所述，现在所采用的 6 个因素是斯特恩测验 11 所小学后得来的。不同的团体情况有所不同，在后来做因素分析时，就可能得出相异的结果。例如，欧文斯于 1970 年，斯坦霍夫与毕晓普于 1974 年在研究市区学校与教育行政部门

① McDill, Meyers & Rigsby. *Institutional Effects on the Academic Behavior of High School Students* [M]. In *School Review*, 1971 (80): 2-25.

② Thistlethwaite. *College Environment and the Development of Talent* [M]. In *Science*, 1959 (130): 71-76.

③ Gillis. *Personality Needs of Future Teachers* [M]. In *Educational and Psychological Measurement*, 1964 (24): 589-600.

④ Campbell. *Personality Needs of Community College and University Students and Their Perceptions of the Press of Their Institutions: An Experimental Investigation* [M]. Doctoral Dissertation, Michigan State University, 1964.

⑤ Bishop & Steinhoff. *Organizational Characteristics of Administrative Training Programs: Professors and Their Work Environments* [M]. In *Journal of Educational Administration*, 1975 (13): 54-61.

时，就得到不同的因素。[①] 所以，使用者在以 OCI 做研究时，宜参考各种有关报告，以最接近所取样本的团体研究结果为准，这样才有较高的可信性。

尽管 OCI 存在一些缺点，但与 OCDQ 不同，它仍不失为一种评价学校组织气候的良好工具。其优点包括：①OCI 是建立在完全站得住脚的组织气候的坚实概念或者理论之上的。②它经过长期的精细研究，从中产生了评价工具，其有效性和可靠性经过了仔细的检验。因此，OCI 是一个十分得力的工具，能得出比较丰富、条理分明、适合个别学校气候的数据。同时，它还能提供对研究团体（如特定学区的学校或参加某个实验项目的学校）所需要的各种规范性数据。此外，OCI 还可以应用到各种不同的教育组织，如小学、中学、学院、城市或郊区学校。各种形式的问卷也使人们不仅可以从成人教师那里得到数据，而且从各级学生那里得到数据。

学校特征测示表

从 1947 年起，美国行为科学家、组织心理学家利克特（Rensis Likert）在企业里进行了许多大规模的研究，旨在确定哪些人的因素将影响达成组织目标的最佳效果。利克特早年就读于密歇根大学。1946 年 10 月，应母校邀请，利克特在密歇根大学建立了社会调查研究中心，担任研究中心的第一任主任。两年以后，因为主持麻省理工学院群体动力研究中心的库尔特·卢因去世，密歇根的调查研究中心与麻省理工学院的群体动力研究中心合并，成立了密歇根大学社会研究所，深入开展领导行为、组织行为等方面的研究，取得累累硕果。在研究所期间，他于 1961 年出版了《管理的新模式》，提出管理类型、组织中的相互作用等因素影响组织效果，由此发展了组织气候理论。1967 年，利克特综合分析了当时所能

① Bishop & Steinhoff. *Organizational Characteristics of Administrative Training Programs: Professors and Their Work Environments* [M]. In *Journal of Educational Administration*, 1975 (13): 54 – 61.

得到的大量资料，又进一步提出了综合管理学说，把测量组织内部活动的特点与衡量组织成效联系起来。他指出，组织成效可采用四个标准来测定，即生产率（如赢利、投资所得利润、市场份额）、缺勤率和异动率、废品和损失率、质量管理；并根据领导过程、动机力量、沟通过程、决策过程、目标设置过程、控制过程六个变量勾画出相应的组织气候图。①

利克特通过分析相关资料后认为，可以把组织分为四类管理系统。如表8－5所示。每类系统都可以用组织气候和领导行为加以描述，用组织特征加以测量。这类管理系统是：系统一称为“严厉—权威型”（或惩罚—权威型），其基础是古典管理思想、X理论有关动机的观点和发号施令的领导作风；系统二称为“仁慈—权威型”（或家长—权威型），在有关工作问题上，下属与其他人不发生关系，强调领导对下属面授机宜。系统三称为“协商型”，更多地运用参与式领导，领导者愿意在决策过程中，与人单独商量。如赫西－布兰查德的S2和弗鲁姆的CI。系统四称为“团体参与型”（或团体相互作用型），利用Y理论有关人际活动的概念，在所有重要的组织过程中，强调团体的相互作用。如赫西－布兰查德的S3和弗鲁姆的CII。

① Likert. *The human organization: its management and value* [M]. New York: McGraw-Hill, 1967.

表 8－5　利克特管理系统

	系统一 严厉—权威型	系统二 仁慈—权威型	系统三 协商型	系统四 团体参与型
动机力量	畏惧心理，需要金钱和地位，忽视与外在动机相抵触的其他动机，态度敌对，媚上欺下，猜疑成风，除了在上层外，没有责任感，对工作、同事、监督人员及组织均不满意。	需要金钱，对诸如地位和权力期望有自我动机，有时畏惧。潜在动机常常抵消，有时则加强外在动机。态度有时敌对，有时对组织有利，媚上欺下，由于竞争而对同事敌视。管理人员对实现目标常感到有责任，但普通人员则漠然置之，对工作、同事、监督人员及组织从心怀不满到适度满意。	对金钱、自我动机和其他主要的个人动机有需要，动机的力量通常相互加强。态度一般友好。大多数人感到有责任，对工作、同事、监督人员及组织较满意。	除了畏惧以外，有所有主要的动机，包括来自团体过程的动机力量。动机力量之间相互增强。态度非常友好，互相信任。各级人员都有强烈的责任感，对一切都相当满意。
相互作用和影响过程	没有合作的团体工作，没有什么相互影响，仅对下属有适当的影响，对此又往往过高估计。	几乎没有团体合作或向上影响（除了通过非正式的渠道以外），对下则有适当的影响。	有一定的团体合作和向上的影响，向下也有适当的影响。	有大量的团体合作和向上、向下及横向的影响。
目标设置过程	发布命令，阳奉阴违。	发布命令，也许有机会评头论足，经常是阳奉阴违。	上级和下级讨论以后才确定目标、发布命令，人们通常表里如一地接受命令，偶尔有人暗地里反对。	除了紧急情况以外，集体参与目标的制订，全体成员表里如一地完全接受目标。

续表

	系统一 严厉—权威型	系统二 仁慈—权威型	系统三 协商型	系统四 团体参与型
沟通模式	几乎没有向上和横向的沟通，有些向下的沟通，但下属对此怀疑。有许多信息被歪曲和欺骗。	几乎没有向上和横向的沟通，有大量向下的沟通，但下属对此半信半疑。有些信息被歪曲和经过筛选。	上下沟通通常很好，横向沟通也大多较好，较少有筛选和歪曲信息的倾向。	信息自由、准确地流通于各个方向，实际上没有筛选和歪曲的压力。
决策过程	上级做出决策，其依据的信息片面、不精确，无视动机价值，以个人对个人的思想利益为基础，不利于团体合作。	上级决定政策，但实施策略则由下级做出，其依据的信息比较精确、充分，无视动机，以个人对个人的思想利益为基础，不利于团体合作。	上级决定大政策，但具体决定则由下级做出，其依据的信息相当精确、充分，有助于激发动机，有些是集体决策。	决策由相互交叉的团体连接起来的整个组织做出，其依据的信息全面准确。主要以集体为基础，有利于团体协作。
控制过程	只有上级才有控制权，控制的数据常被歪曲、伪造，有非正式组织存在，与正式组织对立，从而削弱了实际的控制力。	控制权主要在上级，控制的数据常常不全面、不准确，通常有非正式组织存在，与正式组织相对立，从而部分地削弱了实际的控制力。	控制权主要在上级，但也赋予下级一些权力，非正式组织可能存在，与正式组织部分抵消，从而部分地削弱了实际的控制力。	广泛而真正拥有控制权，对控制作用感到有责任，非正式组织和正式组织等同，因而不会削弱实际的控制力。

资料来源：Bowers，David G. *Systems of Organization*：*Management of the Human Resource*［M］. Ann Arbor：University of Michigan Press，1976：2－3.

1968 年，利克特夫妇设计出了用于学校的问卷，称为《学校特征测示表》(POS)。这个问卷是以商业部门和工业部门所用的调查问卷为基础的。为了调查有关情况，有各种相互联系的POS问卷，用于教育委员会、教育局、督学、校长、部门负责人和主席、教师、四至六年级的学生，七至十二年级的学生、家长，便于在学区开展大规模的调查活动。

为教师设计的POS示例题目可见表8－6。学生用问卷的示例题目可见表8－7。同时，利克特夫妇还设计出用于各种高等院校，包括巨型大学、文科学院和社区学院等的学院或大学特征测示表。

表8－6　利克特夫妇编制的《学校特征测示表（教师卷）》

表格三示例题目（1977年）

题　目	系统1		系统2		系统3		系统4	
50. 向校长传递的意见准确吗？	总是不准确		常常不准确		较准确		总是准确	
	①	②	③	④	⑤	⑥	⑦	⑧
60. 你能在多大程度上参加与工作有关的决策事宜？	几乎不能		有时能		相当能		常常能	
	①	②	③	④	⑤	⑥	⑦	⑧
61. 校长常常帮你解决问题吗？	几乎不		有时		常常		总是	
	①	②	③	④	⑤	⑥	⑦	⑧
62. 你能得到学校决策人的帮助吗？	几乎不		有时		常常		总是	
	①	②	③	④	⑤	⑥	⑦	⑧
63. 决策人知道多少下层的问题？	很少		一些		相当多		很多	
	①	②	③	④	⑤	⑥	⑦	⑧
64. 校长的管理风格是什么？	高度专制		有些专制		协商		团体参与	
	①	②	③	④	⑤	⑥	⑦	⑧
65. 督学的管理风格是什么？	高度专制		有些专制		协商		团体参与	
	①	②	③	④	⑤	⑥	⑦	⑧
68. 校长为教育工作而设的目标有多高？	很低		适中		相当高		很高	
	①	②	③	④	⑤	⑥	⑦	⑧

表 8－7　利克特夫妇编制《学校特征测示表（学生卷）》表格二示例题目（1972 年、1978 年）

题　目	系统 1		系统 2		系统 3		系统 4	
1. 教师的行为常常是友好和赞扬性的吗？	很少		有时		常常		总是	
	①	②	③	④	⑤	⑥	⑦	⑧
8. 教师信赖你吗？	很少		有些		许多		完全	
	①	②	③	④	⑤	⑥	⑦	⑧
11. 你感到校长关心你作为一名学生所取得的成功吗？	很少		有些		许多		完全	
	①	②	③	④	⑤	⑥	⑦	⑧
17. 你的教师是否常常征求和采用你有关专业方面如课程内容、学习科目和书籍的建议？	很少		有时		常常		总是	
	①	②	③	④	⑤	⑥	⑦	⑧
30. 你的教师知道你在校学习时面临的问题吗？	不知道		有些知道		相当知道		很知道	
	①	②	③	④	⑤	⑥	⑦	⑧
31. 你的校长知道你在校学习时面临的问题吗？	不知道		有些知道		相当知道		很知道	
	①	②	③	④	⑤	⑥	⑦	⑧

通过标绘从问卷调查中得到的资料，人们能够用图表显示一个组织中的相互作用——影响系统的特征。根据定义，用图示方法显示出对一个变量各个方面的测量结果就是特征测示表，因此利克特称之为学校特征测示表。人们能够很容易地从这样一种表中找到哪一种管理系统更适合于描述所研究的组织。POS 问卷方法已在许多学校和学校系统研究中得到运用。

为了说明 POS 测量技术的功能，利克特夫妇报告了一些中学的研究案例。在这些中学里，要求教师回答下列问题，表明他们对部门负责人的看法。他们是否认为部门负责人：①和蔼可亲；②信任教师；③征求和采纳教师的意见；④关心教师工作的成就；⑤帮助教师解决问题。在这些项目上得到高分的部门负责人所在部门（系统 4）与在这些项目中得低分的部门负责人所在部门（系统 1）相比，前者的教师出勤率高于后者。此外，前者的教师比后者的教师往往对校长更有好感。①

利用 POS 调查教师和校长各自的看法，也显示出，校长对自己领导类型的看法和教师对他们的看法之间常常存在差异。与教师的评价相比，校长易于把自己的类型看成与系统四的行为更接近。在 34 所实施个别指导教育的小学和 25 所没有实施这种方法的小学的比较中表明：对校长领导行为的描述，两类学校没有差别。认为校长的领导行为类型一般都集结在系统 2 和系统 3 之间。由此可见，仅就校长而言，采用个别指导教育的方法并不一定就确保能产生一种更开放、更体贴或在其他方面更有效的领导行为。

研究结果表明，学校气候越宽松，该系统的参与性就越强，学校组织的效能和卓越程度与参与性系统高度相关，学生和教师对参与性学校最为满意，而对权威性学校最不满意。这一研究结论与利克特对其他组织的研究结果不谋而合，因此，利克特的学校特征测示表对测量学校组织气候是有效的、可靠的。

学生控制意识

20 世纪 60 年代以后，有关学校气候的研究从管理取向转变到学生取向，即从以校长—教师、教师—教师关系的探讨转变到以师生关系为重心。由于教师的主要任务之一是建立及维持班级秩序，对学生的日常管理是教师在教学中必须面对的现实问题。从学校为非自愿性组织的性质来看，学校对于其所服务的学生并无选择的权利，同样的，学生对于上哪些学校也没有选择的权利。因此，学生的就学动机可能不强，无怪乎学生的管理向来是学校最感头痛的问题之一。所谓的“学生控制意识”是指学校人员如何看待学生，学校人员对学生控制的心态影响学生的学校生活品

① Likert & Jane Gibson Likert. *New Ways of Managing Conflict* [M]. New York: McGraw-Hill, 1976: 41.

质，构成每一所学校的独特性，因此，学生控制意识可用来描述学校的气候。

为测量学生控制意识，宾夕法尼亚大学的威洛尔（D. Willower）、艾戴尔（T. L. Eidell）和霍伊等人于1967年编制了20题的“学生控制意识表”（Pupil Control Ideology Form，PCI）。[①] 与OCDQ或POS相比，“学生控制意识表”相对简略些，它包括20题分量表问题，部分题目见表8-8。

表8-8 PCI的部分问题示例

* 以下陈述有关学校、教师和学生的问题。请指出您个人的意见，并用适当的字母填写。
SA：非常同意；A：同意；U：不能确定；D：不同意；SD：非常不同意
1. 教师应该考虑更正教学方法，如果这种方法受到学生批评为不适当。________
2. 学生在教室里不应对教师的言谈有所辩驳。________
3. 太多学生的时间花在遵守纪律上，而对功课的准备上用心较少。________
4. 对学生的友善常常导致相互之间过分亲近。________
5. 学生可被信任而且不必依靠管理就可互相合作。________
6. 常常提醒学生他们的地位与教师不同是必要的。________

PCI的设计者之所以选择把控制学生的做法作为评价工具，原因在于学校管理者对学生的不同看法会影响到组织气候。例如，如果认为学校与监狱或公立疗养院相同，基本上无权选择自己的客户，因此吸收的成员良莠不齐，有些人甚至根本不愿意，完全是被迫进来的，面对这个问题，控制就成为必要的手段。卡尔森（Richard O. Carlson）曾指出，如何选择适当的管理手段，常常是学校管理者最头疼的问题。[②] 尤其是20世纪60年

① Willower, Eidell & Hoy. *The School and Pupil Control Ideology* [M]. University Park, PA: The Pennsylvania State University, 1967.

② Carlson. *Environmental Constraints and Organizational Consequences: The Public School and Its Clients*. In Griffiths (ed.). *Behavioral Science and Educational Administration* [M]. Chicago: University of Chicago Press, 1964.

代中期美国学生运动兴起，更是表明学生次文化对学校管理的重要影响。因此，以往只重视校长—教师关系的学者，逐渐将其注意力转到教师—学生的关系上，通过教师管理学生的手段方式，可以看出学校的组织气候。

PCI 的研究结果将学校分为两种：一种是监控型学校（custodial school），另一种是人本型学校（humanistic school）。监控型学校的特征是严厉而且高度控制的校规。这种类型的学校多为传统式，完全以学生绝对服从为管理目的。对学生的判断常以其外表长相、行为以及家庭的社会经济地位而确定，例如调皮好动或来自工人家庭的学生常常会被视为捣蛋分子。学校意见的沟通只是单向上对下的命令，学生必须完全顺从。老师没有了解学生的意图，而只是把其视为不负责、不守规矩的人，所以必须要用惩罚来制裁。在这种学校中，组织气候是冷淡、不信任，老师与学生之间无任何感情。

与监控型学校相比，人本型学校则要求学生在合作与经验中学习；学生自我阅读代替了严格的教条；师生在民主气氛中相互沟通；学校要求教师从心理与社会两个方面来检查学生行为问题；在一定程度内，学生可以享受到自治，并各抒己见。这类学校的组织气候是公开的、民主的，学生不再被视为不负责之人，享有发言与沟通的权利，因而个人需要较容易被满足，学生的创造力也远比监控型学校要高。①

在现实生活中，很少有学校是完全监控型或完全人本型的，大多数学校介乎其间。1969 年，霍伊与阿普贝里（James B. Appleberry）研究发现，PCI 的结果与学校的开放程度呈 0.61 的正相关。两人并将研究中得出最具监控型或人本型特征的学校再用 OCDQ 检测之，来探讨 PCI 的信度，结果发现，监控型学校在疏离程度、刻板等因素上较高，人本型学校则在士气与以身作则因素上得分高（见图 8－4）。证明教师在人本型学校中较具有满足感，校长也不会死守着法规，而在解决问题上兼顾非正式的

① Hoy & Miskel. *Educational Administration: Theory, Research, and Practice* [M]. New York: McGraw-Hill, 1978: 142.

沟通，使组织气候趋向开放与和谐。①

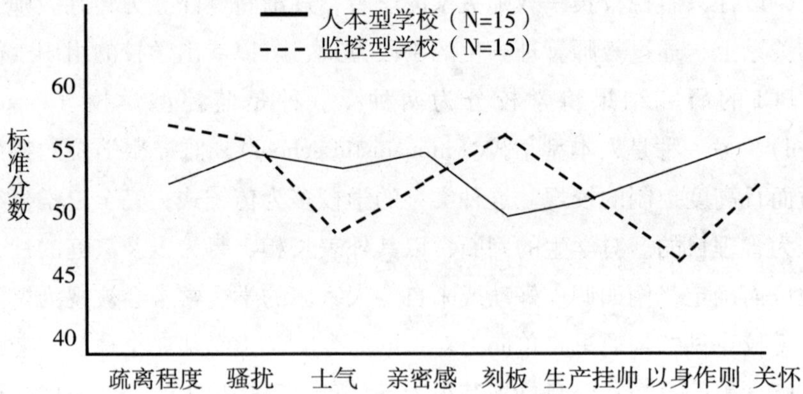

图 8-4 人本型学校与监控型学校的差别

参考资料：Hoy & Appleberry. *Teacher Principal Relationships in Humanistic and Custodial Elementary Schools* [J]. In *Journal of Experimental Educations*, 1970 (39).

霍伊和米斯克尔借鉴加利福尼亚大学社会学教授西曼（Melvin Seeman）的观点，提出了“学生疏离感”的概念，并把它作为评价一所学校组织气候的指标。② 西曼曾把疏离感分为五个层面，包括：无力感（powerlessness）、无意义感（meanigless-ness）、无规范感（normlessness）、隔离感（isolation）、自我流放感（self-estrangement）。③ 1972 年，霍伊与米斯克尔曾用 OCDQ 与 PCI 检测新泽西州 45 所高中，来探讨学校特征与组织气候之间的关系。他们假设在开放或人本型学校中，学生所感受到疏离感，应比封闭或监控型学校要低。运用多元回归统计分析资料的结果大致赞同以上假设。其中预测无规范感最佳的变量是高疏离程度、监控型导向的师生关系、位于较富有的学生；最佳预测无力感的为监控型导向、较富

① Hoy & Appleberry. *Teacher Principal Relationships in Humanistic and Custodial Elementary Schools* [J]. In *Journal of Experimental Educations*, 1970 (39): 27-31.

② Hoy & Miskel. *Educational Administration: Theory, Research, and Practice* [M]. New York: McGraw-Hill, 1978: 157-160.

③ Seeman. *On the Meaning of Alienation* [J]. In *American Sociological Review*, 1959 (34): 783-791.

有的地区、郊区学校、以身作则程度低。至于对于无意义感影响变量，则以学校少数民族学生的比例，与是否居住郊区等因素有关。根据这项研究发现，霍伊与米斯克尔认为学生疏离感较大的学校，其特征是：倾向监控型、师生之间疏离程度高、骚扰程度高、以身作则的程度低、少数民族学生比重较少、学校位于非市中心。①

PCI 的目的在于探讨学生与学校其他成员之间的关系。由于组织气候的不同，学生的疏离感、成就、人格上或多或少会受到影响。PCI 提供了这些方面的经验，贡献巨大。总体上看，PCI 虽然比起其他问卷，其规模较小，但从教育的视角来看，它仍具有易于使用与解释的双重优点。

学校健康量表

组织健康（organizational health）是用来衡量组织气候的一个重要概念，1957 年由著名行为科学家阿吉里斯（Chris Argyris）首先提出。他认为，如同人体健康一样，一个组织也有好坏之分。1965 年，哥伦比亚大学教育心理学教授迈尔斯（Matthew Miles）提出用组织健康的隐喻来分析学校的特性。他指出，一个健康的组织“不仅在现有的环境中茁壮成长，而且在面对往后的困境时，也能够继续发展与延续其生存能力”。② 迈尔斯描述了健康组织的三大类十个重要特性。第一类是任务的需求（task needs）：包含目标导向（goal focus）、充分的沟通（communication adequacy）与最佳的权力均等化（optimal power equalization）三项特性；第二类是维持的需求（maintenance needs）：包含资源的利用（resource utilization）、凝聚力（cohesiveness）、士气三项特性；第三类是成长与发展的需

① Hoy & Miskel. *Educational Administration: Theory, Research, and Practice* [M]. New York: McGraw-Hill, 1978: 158.

② Miles. *Planned Change and Organizational Health: Figure and Ground*. In F. D. Carver & T. J. Serioranni (eds.). *Organizations and Human Behavior* [M]. New York: McGraw-Hill, 1969: 378.

求（growth and development needs）：包含革新（innovativeness）、自主（autonomy）、适应（adaptation）、妥善的问题解决（problem-solving adequacy）四项特性。①

由于迈尔斯所编制的组织健康测量工具在心理计量方面存在很多缺点，因此，霍伊等人认为迈尔斯的概念框架无助于组织健康的测量；一个健康的学校应能在技术、管理与制度等不同层次之间调和；在学校对付外在分裂力量及完成其任务时，能同时满足其工具性与表意性需求。为此，20 世纪 80 年代中期开始，霍伊及其同事先后开发了一系列学校组织健康测量工具，应用于小学、初中、及高中等，取得了许多重要成就。

在高中方面，霍伊与费尔德曼（J. Feldman）于 1987 年研制出 44 题《高中健康气候量表》（OHI-S），包含三大层面七个维度：② ①制度层面：含有制度完整性这一维度；②管理层面：校长影响力、体贴关怀、倡导结构以及资源支持四个维度；③技术层面：含有士气、强调学术性两个维度。将学校在前述七个维度的得分进行因素分析，结果也获得一个因素。

在小学方面，霍伊等人于 1991 年研制出 37 题《小学健康气候量表》（OHI-E），包含三大层面五个维度：③ ①制度层面：有制度完整性这一维度；②管理层面：有同伴领导及资源影响力两个维度；③技术层面：有教师同盟及强调学术性两个维度。将学校在前述五个维度的得分进行因素分析，结果获得一个因素。因此，所谓健康的学校即为在五个维度均获得高分的学校；反之，则为不健康的学校。

在初中方面，霍伊与萨博（D. Sabo）于 1998 年研制了 45 题《初中健

---

① Hoy et al. *Open Schools/Healthy Schools*: *Making Schools Work* [M]. Newbury Park, CA: Corwin, 1991.

② Hoy & Feldman. *Organizational health*: *The concept and its measure* [M]. Journal of Research and Development in Education, 1987 (20): 30 – 38.

③ Hoy et al. *Open Schools/Healthy Schools*: *Making Schools Work* [M]. Newbury Park, CA: Corwin, 1991.

康气候量表》(OHI-M),包含三大层面六个维度:[①] ①制度层面:含制度完整性这一维度;②管理层面:有同伴领导、校长影响力及资源影响力三个维度;③技术层面:有强调学术性及教师同盟两个维度。将学校在前述六个维度的得分进行因素分析,结果也获得一个因素,即为健康的学校。

霍伊指出,健康组织是指在技术层面、管理层面和制度层面处于和谐状态的组织。当组织集中精力完成其使命的时候,它不仅能满足自身需求,而且能够成功地应对外部的各种破坏性力量。[②]

具体而言,健康学校能免遭社区和家长的不合理压力。学校董事会成功地抵制各种既得利益集团试图影响政策的所有努力。健康学校的校长采取的是动态的领导,即兼顾任务取向和人际取向的领导。这样的行为受到教师的支持,指出了明确的方向,并保持较高绩效标准。而且,校长除了拥有独立思考和行动的能力,还能对上级产生影响。健康学校的教师投身于教和学。他们为学生规定较高但能够达到的目标;他们保持较高的绩效标准;学习环境有序而又严肃。学生努力学习学术性内容,动机很强,尊重其他学业优异的学生。教室设施和教学材料方便可用。最后,在健康学校里,教师们互相友爱,互相信任,对工作充满热情,并且以校为荣。

与此相反,不健康学校易受外部破坏性力量的冲击。教室和管理者被来自家长和社区集团的不合理要求所困扰,被公众心血来潮的念头所冲击。校长不具备领导能力,没有明确的方向,对教师不关心、不支持,对上级几乎没有影响力。教师士气低下,对同事、对工作都没有好感。教师群体中充满冷漠、猜疑和戒备。最后,学校追求学业卓越的压力有限,大家都只是在“消磨时光”。

---

① Hoy & Sabo. *Quality middle schools*: *Open and healthy* [M]. Thousand Oaks, CA: Sage Publications, 1998.

② 霍伊,米斯克尔,教育管理学:理论. 研究(第七版)[M]. 实践. 北京:教育科学出版社,2007:185.

第九章

作为开放系统的学校

理论运动的早期倡导者们把教育组织看成一种类似自然系统的封闭系统，到了 20 世纪 60 年代以后，这种教育管理思想受到美国社会和教育本身的挑战。随着美国社会和教育背景的变化，学校逐渐变成为一个开放机构。作为对变化着的教育管理实践的反映，理论运动开始从“旧正统”转向“新正统”（New Orthodox），把教育组织视为一种开放的系统，注重组织与环境之间的相互作用。由于开放系统学说适应当时美国社会环境的变化，提出要关注学校外部环境的变化，它在 20 世纪 70 年代以后成为一种极其引人注目的管理思想。有学者指出，开放系统学说为分析和理解学校的变革过程提供了一个有效的结构。[①]

第一节 一般系统论

一般认为，开放系统学说主要源于美籍奥地利理论生物学家和哲学家冯·贝塔朗菲（Ludwig von

① 伦伯格等．教育管理学：理论与实践［M］．孙志军等译．北京：中国轻工业出版社，2002：183．

Bertalanffy）所提出的一般系统论。1937 年，贝塔朗菲首次提出“一般系统论”（General System Theory），此后，他陆续发表著作和文章阐释一般系统论思想。

贝塔朗菲的一般系统论

1901 年 9 月 19 日，贝塔朗菲降生在维也纳一个古老而显赫的家族之中。在受父母朋友的影响下，他从小就受到学术氛围的熏陶，尤其是对生物学产生了浓厚的兴趣。1928 年时 27 岁的贝塔朗菲在维也纳大学完成了博士论文后，不久便出版了《现代发育理论》（*Nikolaus von Kues*），提出了有机体系统论。他反对生物学中机械论的思想，强调生物学中有机体概念，主张把有机体当作一个整体或系统来考虑，认为生物学的主要任务应当是发现生物系统中一切层次上的组织原理。[①] 这些观点是一般系统论的萌芽。1932 年，贝塔朗菲发表了“理论生物学”（Teoretische Biologie）一文，1934 年又出版了《现代发展理论》（*Modern Theories of Development*）一书，进一步论述了整体性原则，提出用数学和模型来研究生物学的方法和有机体系统论的主张。

贝塔朗菲的有机体系统论尽管获得某些学者的赞赏，但却招致生物学界权威人士的责难。1937 年，贝塔朗菲应邀参加美国芝加哥大学哲学讨论会，他利用这一机会，首次提出“一般系统论”的概念，但是由于当时来自政治方面的压力很大而没有发表。1945 年他在《德国哲学周刊》（*Blätter für deutsche Philosophie*）上发表《关于一般系统论》（*Zu einer*

① 贝塔朗菲是一个生物学家，事实上从他开始，尽管人们把系统的观察扩展到了任何地方，但有一点是一直未变的，即在考察一个系统时，总是着重考察和研究这个系统的生态属性和生态模拟。生态、生态系统从本质上讲无疑也属于生物学的范畴。1866 年德国生物学家海克尔（Ernst Haeckel Heinrich，1834—1919）在《生物体普遍形态学》中首次对“生态”、“生态学”这两个概念作了符合逻辑的界定。1935 年英国生物学家坦斯利（A. G. Tansley）比较完整地提出了生态系统这一科学概念，标志着人们对生态研究的崭新阶段的开始。从此，人们在关注“生态”时，总要考察其“系统性”；在研究“系统”时，总要注重其“生态性”。

allgemeinen Systemlehre）一文，但很快毁于战火，几乎未被人所知。直到1947年，贝塔朗菲在美国讲课和专题讨论中才有机会阐述了他多年倡导的系统论思想。他指出："存在着适用于一般化系统或子系统的模式、原则和规律，而不论其具体种类、组成部分的性质和它们之间的关系或'力'的情况如何。我们提出了一门称为一般系统论的新学科。它的任务仍然是确定总的适用于'系统'的一般原则"。[①] 1954年，贝塔朗菲加入加利福尼亚州斯坦福行为科学研究中心，他同经济学家博尔丁（Kenneth Ewart Boulding）、数学家拉波波特（Anatol Rapoport）、生物学家杰拉德（R. Gerald）一起，以社会科学、行为科学、政治科学和经济学等领域的研究者为主体，创办了"一般系统论学会"（the General System Theory Society，后改称"一般系统论研究会"）[②]，得到美国科学促进协会（AASA）的承认，出版机关刊物《行为科学》（*Behavioral Science*）和《一般系统》（*General Systems*）年鉴。一般系统论学会的主要目的是"促进可应用于不止一种知识部门的理论系统的发展"。学会的成立为贝塔朗菲等人发展和宣传一般系统论提供了坚实的平台。

虽然贝塔朗菲再三重申系统论是在控制论、信息论之前酝酿、诞生的，但这门学科起初的影响却远远不如后者，没有得到学术界的高度重视。一般系统论真正受到人们的重视，还是20世纪60至70年代的事。1968年3月，贝塔朗菲在加拿大亚尔塔特大学出版了《一般系统论：基础、发展和应用》（*General System Theory*：*Foundations*，*Development*，*Applications*）一书，阐述了系统论的一般原理，提出了系统论的三条基本原则：整体性、综合性和最佳化。他在该书中根据战后系统方法应用于各方

① 周吉，陈文生．管理哲学——系统学［M］．上海：上海交通大学出版社，1985：8.

② 美国一般系统论学会成立于1954年，为美国科学促进协会（AAAS）的一个分会。根据其最初纲领，一般系统论学会的主要职能是："①研究各个领域中概念、规律和模型的同型性并促进各领域之间有益的转移；②鼓励欠缺理论模型的领域发展适当的理论模型；③尽量减少不同领域中重复性的理论工作；④通过加强各专家之间的交流来促进科学的统一。"贝塔朗菲．一般系统论：基础、发展和应用［M］．林康义等译．北京：清华大学出版社，1987：13.

面所取得的成效，进一步历史地、系统地阐述了他的一般系统论思想。该书共分十章，是目前能见到的比较全面地论述系统论的完整著作，被西方学者认为是一般系统论的经典著作。

贝塔朗菲试图寻求一种各个学科的统一，他认为有可能制订出一种系统的、理论的框架（general formulas），来描述现实世界中的各种关系。各门学科有其相似之处，可以发展成为一种“一般系统模型”。每一种科学或学科都有一个模型，即用来反映现实世界的某些方面的概念结构，但是，并没有一门科学可以垄断全部知识。因为各门学科只不过反映现实世界的某一小部分。

贝塔朗菲认为，一般系统论的任务在于要找出各门学科的类似性，并概括出一种理论框架来。他指出，所有的学科都有以下一些类似的特点：第一，对整体或有机体的研究；第二，整体或有机体趋向于一种“稳定状态”，即取得均衡；第三，所有系统的“开放性”，即有机体受到它所处环境的影响，同时又对环境施加影响。[①] 贝塔朗菲指出，整体或有机体的特点在于一个系统的相互依存的各个部分之间的关系。正是这种关系保证了整体或有机体的生存。对这个系统的各个单独部分的研究并不能提供一幅正确的关于整体的图画。一个系统的最本质的要素是它的“组织联系”。这种组织联系既是各个部分的“信息渠道”，又是它们“动态的相互作用的结果”。所以，作为一个整体来看的系统，同其组成部分和子系统在性质上是不同的，不能把它简单地看成是它所包含的各个要素的总和。

20 世纪 60 年代后期，贝塔朗菲又指出，当代的系统研究已出现了进一步普遍化的倾向，即不仅在生物学中，而且在行为科学和社会科学中，很多现象已能应用数学表达式和模型了。不同领域的系统在结构上的类似性是显而易见的。而有关秩序、组织、整体性、目的性等最重要的概念，就是一般系统理论的基本观念。他注意到不仅生物科学是一般系统理论的

① 孙耀君．西方管理思想史［M］．太原：山西人民出版社，1987：545.

生长点，其他一些领域也属于系统研究的范围。特别是诺伯特·维纳（Norbert Wiener）等人在信息和反馈基础上建立的控制论，形成了许多与一般系统理论相似的观点。贝塔朗菲把控制论研究的自动调节系统作为一般系统理论的一个特例或一个部分，并注意到工程系统分析的迅速发展。

1972年，贝塔朗菲逝世当年发表了《一般系统论的历史与现状》，提出了一般系统论原理，奠定了这门科学的理论基础。他认为，把一般系统论局限于技术方面当作一种数学理论来看是不适宜的，因为有许多系统问题不能用现代数学概念表达。[①] 一般系统论作为一个新的科学规范，可以广泛运用于各个研究领域，其中有三个主要领域：[②] 一是“系统科学”，即对各种不同的具体科学的系统进行科学的理论研究，和作为适用于一切（或一定的）种类的系统的根本学说，它要求运用精确数学的语言描述各种系统。二是“系统技术”，涉及系统工程的内容，着重研究系统思想、系统方法在现代科学技术和社会各种系统中的实际运用。三是“系统哲学”，研究系统的科学或哲学方面的性质，即研究系统的本体论、认识论以及研究人与世界的关系、价值观和人本主义等等，使系统论取得哲学方法论的地位，尽管系统论尚处于不成熟的发展阶段，但它已在许多方面取得了令人鼓舞的成就。贝塔朗菲指出，系统方法必须包括狭义的一般系统论、控制论、自动化理论、信息论、集合论、图论、网络理论、关系数学、博弈论与决策论、排队论、计算机科学、模拟等。由于以往对系统的研究属于哲学概念的范畴，未能成为科学，所以，贝塔朗菲强调一般系统论属于逻辑和数学的领域，其任务是确立适用于“系统”的一般原则。

贝塔朗菲为系统科学理论做出了一生的努力。他的一般系统理论，没有以功利性的标准去建立系统理论，也不仅仅是一个技术处理问题，而是一个蕴涵着丰富的人文性和哲学意义的系统理论。因此，有人称系统论是

---

① Bertalanffy. *The History and Status of General Systems Theory* [M]. In The Academy of Management Journal, Vol. 15, No. 4, Dec., 1972: 407 - 426.

② 贝塔朗菲. 一般系统论：基础、发展和应用 [M]. 林康义等译. 北京：清华大学出版社，1987：修订版序言.

继相对论和量子力学之后，又一次“改变了世界的科学图景和当代科学家的思维方式”；是“思想领域大变动”的一个重要标志。① 这正是贝塔朗菲思想的永恒魅力，也是一般系统论的终极价值所在。

博尔丁的系统等级论

美国著名经济学家博尔丁是贝塔朗菲在斯坦福行为科学研究中心的合作者。博尔丁 1910 年出生于英国利物浦的一个虔诚的卫理公会教徒之家，他从小就上教会学校，宗教深深影响了他的一生和经济学研究。博尔丁 1928 年进入牛津大学，师从著名经济学家莱昂内尔·罗宾斯（Lionel Robbins），1931 年就在凯恩斯主编的《经济学季刊》（*Economic Journal*）上发表论文。1937 年起定居美国，先后在密歇根大学、科罗拉多大学等校任教。博尔丁一生撰写了近 40 本书和 1000 多篇文章，其中不乏佳作。他在 1941 年写的《经济分析》（*Economic Analysis*）是萨缪尔森《经济学》出版之前最畅销的教科书，曾 4 次重印，被 150 多所大学采用。作为一名新制度经济学家，他关于经济学应该建立跨学科整体体系的思想至今仍有影响。他提出的浴缸定理（积累率等于生产率减消费率，即把生产作为流入浴缸的水，消费作为流出浴缸的水，积累作为浴缸中剩下的水）仍然是经济学家常用的概念。1968 年当选为美国经济学会会长。

博尔丁发展了贝塔朗菲的早期观点，并试图把控制论和信息论结合起来。他指出，我们不仅需要一般系统论，更需要用于解释复杂现实的一系列概念。他通过 1956 年发表的《一般系统论：科学的框架》一文，系统阐述了一般系统论的主要概念。②

博尔丁首先挑选出那些具有相当一般性质并被许多学科所研究的对

① 贝塔朗菲．一般系统论：基础、发展和应用［M］．林康义等译．北京：清华大学出版社，1987：译序．

② Boulding. *General Systems Theory*: *The Skeleton of Science*［M］. In *Management Science*, 1956（2）：197－208.

象，然后他把这些现象按其复杂程度，通过一个系统的等级来予以分类。这些被分类的对象无论是属于动物、社会阶级、商品或分子，都作为不同学科的一种共同课题。这些具有一般意义的因素包括：①个体：电子、原子、分子、细胞、植物、动物、人、家庭、部落、国家、教会、公司等。每个个体都同包括其他个体在内的环境发生相互作用，其结果是产生一定的行为，即活动、变化等。②每个个体由其结构决定自己的行为，它可以解释为一种维持或恢复现状的趋势。③增长。这是行为的一种重要而特殊的方面，所以应该列为一种特殊的范畴。④情报和信息的联系。由于它们的特殊重要性而从整个复杂的相互关系中单独列为一种独立的范畴。

在确定了每一种系统的要素和范畴后，博尔丁列出了由简到繁的九个等级系统（见表 9－1）。从博尔丁的九类系统中，可以看出其发展脉络，系统一至三是物质系统，系统四至六为生物系统，系统七为人类系统，系统八为社会系统。至于系统九，则是目前人类所未知的系统，留下了一个伏笔。组织行为学家斯科特（W. Richard Scott）指出，系统一至八呈现五个方面的发展趋势。首先，在运作上越来越复杂；第二，在组织结合上越来越松散；第三，越来越依靠信息的传递；第四，越来越自我维持、成长与革新；第五，越来越与外在环境维持开放的关系，其中又以社会系统最为明显。①

表 9－1　博尔丁的系统等级

系统等级	系统名称	系统特征
系统一	架构 (framework)	最原始和最基本的系统。如原子、地球、太阳系。这种系统存在于现实世界的任何领域，并作为任何系统知识的框架或组织结构。

① Sccott: *Organizations: Rational, Natural and Open Systems* (3rd ed.) [M]. Englewood Cliffs, New Jersey: Prentice-Hall, 1992: 78.

续表

系统等级	系统名称	系统特征
系统二	时钟结构 (clockworks)	动作已事先确定的系统。包括蒸汽机和发电机这样一些复杂的机器，以及物理学、化学和经济学中相当大一部分知识。
系统三	自动控制论系统 (cybernetic system)	如温度自动调节机构。这类系统是保证系统能自动调节并维持均衡的信息传递和解释系统。
系统四	开放系统 (open system)	也可以叫做细胞一级的系统。在这一等级，生物开始同非生物有区别。开放系统还包括火焰和河流。
系统五	计划成长系统或植物 (blueprinted-growth system)	在这一等级，细胞之间有了明确的分工，形成了有根、叶、种子等的“细胞社会”。
系统六	内在意象系统或动物 (internal-image system)	同信息接收器很不发达的植物不同，在这一等级动物有了特殊的信息接收器（眼、耳等），由神经系统联系起来的大脑成为调节动物行为的情报的组织者。
系统七	符号处理系统或人 (symbol-processing system)	这种系统具有自我意识，不仅知道而且意识到自己知道。人具有高度发展的记忆、语言、制造、吸收、解释符号和过去经验的知识的能力等——所有这些都使得人不同于动物。
系统八	社会系统或社会组织 (social system)	这种系统更加复杂且多元化，社会组织成员不但具有符号处理的能力，而且相互之间共同创造出特殊的社会规范与文化。
系统九	超自然系统 (transcendental system)	这种系统超乎经验之外，具有绝对的真理与规则。例如，目前对于浩瀚的宇宙与星辰来说，人类所知道的非常有限，并不能以在地球上的经验推理之。

在贝塔朗菲和博尔丁之后，还有一些学者对一般系统论的发展做出了

贡献，例如，生物数学家拉波波特（Anatol Rapoport）、运筹学家阿考夫（Russell L. Ackoff）、埃克曼（Donald P. Eckman）、数学家和经济学家卡尔曼（Rudolf E. Kalman）、扎得（Lotfi Zadeh）等，从动态的角度更深入地研究一般系统的概念和原理，进一步拓展了一般系统论的基础理论。他们认为，系统是由相互联系、相互作用的若干要素结合而成的、具有特定功能的有机整体，系统不断地同外界进行物质和能量的交换而维持一种稳定的状态。1969 年，比利时物理学家普里高津（Ilya Prigogine）研究远离平衡状态开放系统时，提出了非平衡热力学和统计物理学中的耗散结构理论。1973 年，德国物理学家哈肯（Hermann Haken）发现，不同系统之间共同存在着同一要素之间的协同现象，并创立了具有更普遍意义的协同论。1975 年，苏联学者 A. N. 乌耶莫夫还提出了“参量型一般系统论”，用一组关系参数和一组属性参数来描述系统。与此同时，在技术和工程领域方面，系统工程快速地向社会实践领域中深入，出现了像系统工程方法论、系统动力学、灰色系统理论和泛系统理论等一般系统工程方法。这些都是对系统变化一般规律的研究、探索和实践，可以看作对贝塔朗菲首创的一般系统论的进一步发展。

行为科学的系统观

系统究竟是什么，很多管理学家都试图对此做出回答。《行为科学》杂志 1956 年创刊号曾对“系统”做出扼要的说明：“我们目前的观念（可能会随时间改变），认为一般理论是处理系统的结构性和行为性的特质。系统的分歧性很广，分子、细胞、器官、个体、团体、社会等均是系统。系统除了在组织层面上会改变外，在其他重要层面也会改变，可能变为有生命的、无生命的或者两者的混合；物质的或概念的，等等”。社会学家赫恩（Gordon Hearn）则明确指出：“一般系统理论学家均认为，各种有生命和无生命的物质，均能看作系统；也就是各种形式的事物，由原子微粒到原子、分子、结晶体、病毒、细胞、器官、个体、团体、社会、行星、太阳系乃至银河，均可看作系统。不同领域的科学家们，都曾多次地在各自不同领域中，发现了相同的原理原则。”①

按照贝塔朗菲的定义，系统是相互联系、相互作用的各个部分的综合体。这个定义强调的不是功能，而是各部分之间的相互作用以及系统对部分的整合作用，以及由此形成的整体特性。因此，系统具有以下六个基本特征。

1. 整体性。系统是由相互依赖的若干部分组成，各部分之间存在着有机的联系，构成一个综合的整体，以实现一定的功能。这表现为系统具有集合性，即构成系统的各个部分可以具有不同的功能，但要实现系统的整体功能。因此，系统不是各部分的简单组合，而要有统一性和整体性，要充分注意各组成部分或各层次的协调和连接，提高系统的有序性和整体的运行效果。

2. 相关性。系统中相互关联的部分或部件形成“部件集”，“集”中各部分的特性和行为相互制约和相互影响，这种相关性确定了系统的性质和形态。

3. 目的性和功能性。大多数系统的活动或行为可以完成一定的功能，但不一定所有系统都有目的，例如太阳系或某些生物系统。人造系统或复合系统都是根据系统的目的来设定其功能的，这类系统也是系统工程研究的主要对象。例如，经营管理系统要按最佳经济效益来优化配置各种资源；军事系统为保全自己，消灭敌人，就要利用运筹学和现代科学技术组织作战，研制武器。

4. 环境适应性。一个系统和包围该系统的环境之间通常都有物质、能量和信息的交换，外界环境的变化会引起系统特性的改变，相应地引起系统内各部分相互关系和功能的变化。为了保持和恢复系统原有特性，系统必须具有对环境的适应能力，例如反馈系统、自适应系统和自学习系统等。

---

① 墨菲等．教育组织与行政［M］．蔡保田等译．台北：五南图书出版股份有限公司，1986：42.

5. 动态性。物质和运动是密不可分的，各种物质的特性、形态、结构、功能及其规律性，都是通过运动表现出来的，要认识物质首先要研究物质的运动，系统的动态性使其具有生命周期。开放系统与外界环境有物质、能量和信息的交换，系统内部结构也可以随时间变化。一般来讲，系统的发展是一个有方向性的动态过程。

6. 有序性。由于系统的结构、功能和层次的动态演变有某种方向性，因而使系统具有有序性的特点。一般系统论的一个重要成果是把生物和生命现象的有序性和目的性同系统的结构稳定性联系起来，也就是说，有序能使系统趋于稳定，有目的才能使系统走向期望的稳定系统结构。

一般系统论的影响

20 世纪 70 年代，一般系统论以一种新的科学方法论流派活跃于国际学术论坛，令人瞩目。许多国家都纷纷建立了专门的研究机构，掀起了一股“系统”研究的热潮。英国管理学家斯图沃特（Rosemary R. Stewart）曾就当时情形指出：“当我们翻开一本有关管理或组织的书时，如果发现其中没有‘系统’一词，那才有些怪哪。我们通过阅读而了解了系统途径、社会系统观和系统分析……‘系统’一词究竟使我们懂得了哪些有关组织的新东西？有时，这个问题的回答是：什么新东西也没有——‘系统’一词可能仅仅是用来随便多加一些时髦叫法；当我们不理会这种时髦的空谈时，有时反而会对管理和组织产生一些值得管理者注意的新见解。从系统的角度去看待组织，其价值在于能够改变人们描述和分析组织各个部分的做法，使人们的注意力从组织的各个部分转移到各部分之间的相互关系。这种系统观所强调的是，我们不应当孤立地看待和处理各个问题，而应当认识到它们的相互影响。”①

一般系统理论的产生和运用不仅对现代科学技术的发展产生了积极的

① Stewart. *The reality of management* (2nd ed.) [M]. The MacMillan Co., 1985: 19 - 20.

影响，而且更值得重视的是，它提供了一种新的系统思维方式，对抵制、克服形而上学的思想和笛卡儿主义在学术界的影响起了有益的作用。有人称系统论是继相对论和量子力学之后，又一次“改变了世界的科学图景和当代科学家的思维方式”，“是思想领域大变动的一个重要标志”。[①]

首先，一般系统理论通过对组织的研究来分析管理行为，体现了管理哲学的改变。它使人们从整体的观点出发，对组织的各个子系统的地位和作用，以及它们之间的相互关系，得到了更清楚的了解。同时，它也使人们注意到任何社会组织都具有开放系统的性质，从而要求管理者不仅要分析组织的内部因素，解决组织内部因素的相互关系问题，还必须了解组织的外部环境因素，注意解决组织与外部环境的相互关系问题，为人们处理和解决各种复杂组织的管理问题提供了一种十分有用的思路和方法。

其次，从系统的观点来考察和管理组织，有助于提高组织的整体效率。组织领导人有了系统观点，就更易于在组织各部门的需要和组织整体的需要之间保持适当的平衡，使得组织的管理人员不至于因为只注意一些专门领域的特殊职能而忽略了组织的总目标。

但是，也有不少学者指出，现代组织和管理面临着十分复杂的条件，用系统的一般原理和模式来解决如此复杂的现实问题是难以奏效的。他们认为，系统方法过于抽象，实用价值不大。结果，使曾经风行一时的“系统热”渐渐地冷落下去。就连系统管理理论的主要代表人物卡斯特和罗森茨韦克，在他们的后期著作《组织与管理——系统方法和权变方法》中，也把系统管理理论同权变管理理论结合起来。[②] 系统理论是通过对组织的研究来分析管理行为，虽然在理论上是正确的，但系统理论对组织的构成因素的分析存在一定的问题，导致其理论并未能提出具体的管理行为和管理职能，只是笼统的提出一些原理和观点。因此，与其他管理理论相

① 贝塔朗菲．一般系统论：基础、发展和应用［M］．林康义等译．北京：清华大学出版社，1987：译序．

② 卡斯特，罗森茨韦克．组织与管理：系统方法与权变方法．李柱流等译．北京：中国社会科学出版社，1985．

比较，它在解决具体的管理问题上的研究显得不足，许多人只是把它看作解决管理理论的一种崭新的方法，而不是一种新的管理理论。

第二节　开放系统理论

贝塔朗菲在《理论生物学》第一卷中，首次使用“开放系统”的概念来描述生命体。他认为，开放系统通过持续地与环境交换物质与能量，从而维持其动态存在，新陈代谢就是这样一种过程。在他看来，开放系统没有固定的途径和模式，相反，由于与内外环境交换信息的结果，促使开放系统走向一个既定的目标。作为有机体的开放系统，不是机械被动地对环境变化作出反应，而是具有自主性的活动。有机体作为整体应是统一的、连续的和高度自动化的系统，它具有从活有机分子到多细胞生物的多层结构。所以，贝塔朗菲坚持认为生物体是一种开放系统，研究这种系统中相互联系的规律性是生物学的主要任务。这一观点为开放系统理论的建立奠定了最重要的基础。

开放系统的理论框架与普遍特征

贝塔朗菲指出：“生命系统本质上是开放系统。开放系统被定义为与环境交换物质的系统，表现为输入和输出，物质成分的组建与破坏。”①开放系统与封闭系统最大的不同在于对环境变化的处理，然而这并不代表前者不注重团体内部的组织与沟通渠道。一般而言，封闭系统理论所主张的团体目标设定、决策系统与组织分层等在开放系统理论中仍然受到重视，并借以规划团体内部的方向。只不过在运作过程中，特别强调“开

① 贝塔朗菲．一般系统论：基础、发展和应用［M］．林康义等译．北京：清华大学出版社，1987：132.

放”的观念，主张不能封闭自己，必须接受外在环境的冲突。如图 9－1 表示，可以分成输入（input）、转换（transformation）、产出（output）与反馈（feedback）四个步骤（见图 9－1）。这个流程与封闭系统理论的目标设定、沟通进行、决定执行有微小差别。

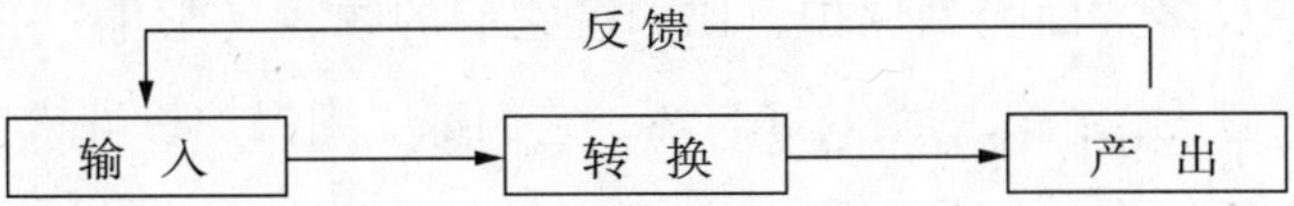

图 9－1　作为开放系统的组织的一般模型

根据丹尼尔·卡茨（Daniel Katz）和罗伯特·卡恩（Robert Kahn）的观点，封闭系统理论注重的是组织“应该”如何运作；然而，事实上在运作过程中，很少能完全按照既定目标和步骤进行，中间必有所转变。针对这个特点，开放系统注重团体“实际上的运作”（actually function），从输入开始，到转换（和外界环境与内部子系统的交会），乃至产生输出，再经过反馈开始另一个循环，彼此相延不断。[①] 他们指出，所有的开放系统都具有以下九个普遍特征。

1. 输入。开放的系统从外界环境中摄入人力、物力和信息。

2. 加工。开放的系统把吸入的能量进行转化，从而生产出一种产品、对人员进行培训、提供一种服务或对原料进行加工。

3. 输出。开放系统把其产品输出到外界环境中。在学校中，这种输出便是学生的知识、技能和态度。

4. 循环。在开放系统中，加工活动是循环进行的。产品的输出为循环的进行提供能量。在学校中，人力、物力、信息等资源的投入被用来教育学生，这些学生被输出到外界环境中后转而又给学校提供人力、物力、信息等资源，这样，系统就又获得了新的能量，新一轮的循环就又开始了。

① Katz & Kohn. *The Social Psychology of Organization*（2nd ed.）［M］. New York：Wiley，1978：452.

5. 衰亡。衰亡作为一种自然规律是指所有的组织都会走向衰退或死亡。因为开放的组织能够摄取更多的能量，所以它能够生存并扩大。但是并不是所有的组织都能够做到这一点，因此，每年都有很多组织破产。公立学校是一类特殊的组织，被归入“受驯养”的组织一类。换句话说，公立学校在很多方面受到保护，比如说它们的顾客（学生）必须进入这个组织，而且无论组织的绩效好与坏，它们都受到保护，虽然它们也必须为争取资金而努力，但是实际上它们的存在受到法律的保护，它们不会破产。

6. 反馈。因为组织处理信息的能力是有限的，所以进入到组织中的信息要经过识别和筛选。信息反映外界环境中的情况，而反馈能够反映现实情况与理想状况之间的偏差，这是一个调控机制。

7. 动态平衡。组织与环境之间有不断的输入与输出，但这种输入与输出总是保持一个相对的平衡。这一过程是为了保持系统的特征和稳定性，但是这种平衡不是静止的。例如，当组织的目标变化了的时候，一个新的特征就会作为一个新的平衡基础而出现。

8. 分化。开放系统倾向于职位的精确化和功能的细化。例如，教育行业中的职位，包括教育厅长、校长、教师、其他专家等。

9. 整合。开放系统为了达到一个目的会使用多种不同的方法。

开放系统与封闭系统的比较

根据组织与外部环境之间的关系，系统可以划分为封闭的和开放的两种。封闭的系统通常使组织与其外部环境的接触缩小到最低程度，而且在确定组织目标与活动时，几乎不考虑外部的意见。“封闭的系统与其环境的关系以及系统内部各组成部分之间的相互关系是固定不变的。它们之间的界线是分明的，而且趋于抵制相互间的影响”。[①] 例如，过去有的小学，只要求家长把孩子送到学校门口即可，这种情况到20世纪70年代以后则大大改变。

格里菲思把系统看作是一种复合体。他指出：“系统就是互动元素的一种复合体。系统可以是开放的，也可以是封闭的。开放系统不仅和环境有关，也和环境产生交流；而封闭系统则与环境无关，彼此之间也不产生交流。进而言之，封闭系统具有熵（entropy）不断增长的明显特征，而开放系统却趋向于平稳状态（尽管输入不断，但元素间的恒常比率却被维持着）。”[②]

开放系统理论主张组织应与外部环境进行交流。一方面，对外部环境的要求做出反应，另一方面，又从环境中寻求有利因素来支持组织的目标。在教育机构中，开放系统理论反映了学校与诸如家长、社区和地方教育行政机构等外部团体和部门之间的关系。里奇曼（Barry M. Richman）和法默（Richard N. Farmer）对开放系统进行了解释，并指出了开放系统对组织未来发展的重大意义。他们认为：“组织与其外部环境相互作用，在资金、人员、能量、物资、商品和服务、信息等方面进行输入和输出……相互作用是维持系统的生存力、再生能力或持续发展能力以及应变能力的根本因素。”[③]

还有学者将封闭系统与开放系统的异同作了比较（见表9－2）。

① Landers, T. J. & Myers, J. G. *Essentials of Schools Managemen* [M]. W. B. Saunders: Philodephia, 1977: 398.

② Daniel E. Griffiths ed. *Behavioral Science and Educational Administration* [M]. Chicago: University of Chicago Press, 1964: 116.

③ Richman & Farmer. *Management and Organizations* [M]. New York: Random House, 1975: 5.

表 9－2　封闭系统与开放系统的比较

封闭系统	开放系统
1. 注重团体的目标与“应该”完成的任务。 2. 组织的特征是层层向下的官僚体制与各司其职。 3. 各种行动都需要设定正式目标，并以之为执行准则。 4. 只有一种最佳方式来达到最大效率或效能。 5. 静态的关系。 6. 主管对所处团体有绝对的责任，不得以任何理由推卸。 7. 所有活动都在团体的封闭系统中执行运作。 8. 沟通的渠道已被设定，并局限于内部系统之中。	1. 注重环境的限制与“可以”完成的任务。 2. 组织的特征是内部各子系统间的互动，与外部体系之间的平衡。 3. 各种行动的导向由环境的需求来决定，不死订标准。 4. 有一种以上的方式来达到满意度与效能。 5. 动态的关系。 6. 主管因环境变量的限制，所以不能责任一肩挑。 7. 团体借由“输入——输出”的过程来与环境交会，并取得平衡。 8. 沟通的渠道不但存在于各子系统中，也存在于内部系统与外部环境间。

资料来源：秦梦群．教育行政：理论部分［M］．台北：五南图书出版股份有限公司，1998：182．

组织是一个开放系统

美国管理学家、系统学派的代表人物卡斯特（F. E. Kast）、罗森茨韦克（J. E. Rosenzwig）接受了开放系统观点，他们认为，物理系统和机械系统在它们与其环境的关系中可以认为是封闭系统。与此相反，生物系统与社会系统则不是封闭的，而是与其环境不断相互作用的。这种将生物和社会现象视为开放系统的观点对社会科学和组织理论具有深远的意义。概言之，传统管理理论把组织看成是个封闭系统，而现代管理理论则认为组织在它与其环境的相互关系之中是个开放系统。[①]

① 卡斯特，罗森茨韦克．组织与管理［M］．李注流等译．北京：中国社会科学出版社，1985：119．

组织的开放性指的是，组织具有不断地与外界环境进行物质、能量、信息交换的性质和功能。任何具体组织作为整体，都不是孤立存在的，它总是处于一定的环境之中，并且同环境相互联系、相互作用着，从而表现出自己的整体性能。组织向环境开放是组织得以向上发展的前提，也是组织得以稳定存在的条件。

在现实世界中的一切组织都是开放系统，都同其周围环境相互联系、相互作用，进行着物质、能量或信息的交换和转换。不同的只是开放程度的大小有所差别罢了，根本不存在与周围环境完全隔绝的、绝对孤立的封闭系统。科学上所谓“孤立系统”、“封闭系统”，是指同外界环境无热、功和质量交换的系统。其实，这不过是科学研究和科学实验中为了一定的目的，暂时撇开系统和环境的关系而设想的理想系统，在现实生活中是不存在的。实际上，假如有完全与世隔绝的“桃花源中人”，如果不同自然环境相互联系、相互作用，也不可能生存。

事实上，因为客观世界是一个多层次的世界，任何组织都是相对的，即组织都是按一定程度向环境作某种开放，世界上的各种组织，都是同周围环境相互联系、相互作用着的开放系统，其存在和发展都有赖于同其周围环境进行物质、能量和信息的交换和转换。例如，工厂能够输出产品，是由于外界环境对工厂输入原材料经过加工得到的。没有输入，就没有输出，绝不可能无中生有。一个纺织厂能输出棉布，是由于有棉花的输入。当输入原材料减少，产品也会减少。

组织的运动和发展，主要取决于组织内部诸要素的相互联系、相互作用，即组织内部的矛盾运动，组织的要素决定组织的功能，这是第一位的。但一个组织的功能表现，除了组织的内部要素之外，还同它与环境间的相互作用有关。组织表现出哪些功能，是组织本身与它的环境共同决定的。组织作为整体同环境的相互联系、相互作用，对于组织的运动和发展也有着不可忽视的作用，它可以促进组织的发展，也可以阻碍组织的发展，在一定条件下，甚至可以对组织的存在和发展起着决定的作用。环境也是组织发展的必要条件，任何组织都同其周围环境相互联系、相互作用着，都不可能孤立地存在和发展。一个城市，要是封闭起来，人流、物流、能流和信息流统统切断，不能进出，那么，不要多久，就会变成一座死城。在当今世界上，一个国家的经济，不同其他国家的经济相互联系、相互交流，互通有无、取长补短，就不可能迅速发展。

因此，把组织看作封闭系统而不与外部环境发生联系，是不符合实际的。这种认识正是在开放系统学说的影响下获得的。但是，开放系统学说并不仅限于此，而是进一步探究组织的环境、环境因素刺激组织的方式，以及组织在它们的环境中建立起来的种种关系。正是这种研究，构建了教育管理开放系统学说的基石。

第三节　学校系统的开放运作

开放系统学说的研究者致力于构建组织与环境之间的动态平衡，这种努力取得了成效。正如霍伊指出的那样："在20世纪60年代，组织的开放系统模式开始取代封闭系统的模式，及至20世纪70年代末，这个转变事实上已经完成。"[①] 按照美国斯坦福大学教育管理学教授斯科特的说法，开放系统观点迅速赢得了最近的广大信徒，并使"那个封闭、独立的、自给自足的旧系统形象难以再现了"。[②] 总之，开放系统学说把学校视为开放系统，着重研究学校与其环境的动态联系，深刻地改变了学校组织的概念，对教育管理理论与实践产生了深刻的影响。

学校开放系统三要素

20世纪60年代以前，人们普遍把学校看成封闭系统，认为学校与外部现实世界不发生任何关系。到了60年代后期和70年代，人们普遍把反

① 坎贝尔等．现代美国教育管理［M］．袁锐锷译．广州：广东高等教育出版社，1992：167.
② 坎贝尔等．现代美国教育管理［M］．袁锐锷译．广州：广东高等教育出版社，1992：139.

对积极改革、反应迟钝的学校系统说成是“封闭系统”。欧文斯指出，“从原则上说，学校与它的更大环境之间的输入—输出关系是学校与它的更大的环境之间的一种无限循环的相互作用。”他把正规学校教育描述成一个开放系统过程，这个过程包括：（1）从更大的社会环境而来的输入，如在这个社会中所具有的知识，所坚信的价值标准，所希望达到的目标以及资金；（2）发生在学校这个社会系统内的过程，包括组织结构、人、技术和任务四个子系统；（3）向社会输送合格的毕业生。（见图9－2）因此，“在这个意义上讲，让一所学校事实上成为一个封闭系统是不可能的”。

来自社会的输入——→	教育过程——→	向社会输出
知识 价值 目标 资金	结构（如，年级、班级、各级学校、部门、组织层次） 人（如，教师、公共汽车司机、顾问、教练、监护人、视导员、营养学家、管理人员、护士） 技术（如，建筑、课表、课程、实验室、图书馆、黑板、书、视听设备、公共汽车） 任务（如，教课、生活服务、开车、实施测验、计划开支、伙食财务管理、个别指导、组织课外活动）	个人之所以更有能力为自己和社会服务，是因为在下述方面有了提高： 智力和体力 推理和分析的能力 价值观、态度和动机 创造发明能力 交往能力 文化欣赏 世界观 社会责任感

图9－2　作为一个输入—过程—输出系统的正规学校教育

霍伊和米斯科尔则更为直接地指出，“社会系统从外部环境吸取资源，如学生、劳动力、社区指导等，通过教育转换过程把输入转为受教育的学生、毕业生和知识。”① 在他们看来，开放系统是一组互相作用的要素，它获取来自外界的输入资源，并将之转化，然后再将产品输出到环境之中。人、原材料、信息和资金都是典型的组织输入。在转化过程中，这些输入要素转化为可称之为产出的有价值的东西，随后，这些东西将被输

① Hoy & Miskel：*Educational Administration：Theory，Research and Practice*［M］. MaCraw-Hill. 1996.

回到环境中去。产出品通常指产品和服务，但它同时还可能包括员工的满意度和转化过程的其他副产品。在理想条件下，学生将被学校系统转化为有教养的毕业生，然后，他们进入一个更为广阔的环境或社会。这样，学校教育成为一种“输入—转化—产出”的循环反复模式。

学校组织与环境

开放系统重视组织与环境的关系。开放系统包括结构与过程，它是一个稳定而有弹性的动态系统，有着既紧密又松散的结构关系。作为一种角色与关系安排，组织是不稳定的。为了生存，组织必须适应，为了适应必须进行变革。因此，组织与其环境之间的相互依赖非常重要。管理学家斯科特指出：“开放系统模型强调了组织与其周边的和渗透于其中的各种要素相互制约、相互关联的互惠关系。的确，环境甚至可以被看成是秩序本身的源泉。”①

一般来说，环境是指组织外部的一切事物。但与物理系统不同，社会系统是开放的，因此它的边界更加模糊，环境的影响更加深入。对一所具体学校来说，地方政策、中央管理者、其他学校建筑和社区都是学校环境的重要特征。要彻底把组织与环境区分开来几乎是不可能的。显而易见，环境对于学校的组织功能非常重要。霍伊指出：“它是系统的能量源，它为系统提供资源、价值观、技术、要求与历史，所有这些都为组织行为提供了约束和机会。”②

哪些环境特征可以约束学校行为呢？没有简单快捷的答案。影响学校结构与行为的环境要素既有宏观的也有具体的。从大的方面讲，社会、法律、经济、政治、人口统计和技术趋势都对学校有潜在的强有力的影响，

① Scott. *Organization: Rational, Natural, and Open System* (2nd ed.) [M]. Englewood Cliffs, NJ: Prentice-Hall, 1987: 91.

② 霍伊，米斯克尔. 教育管理学：理论 · 研究 · 实践（第七版）[M]. 范国睿主译. 北京：教育科学出版社，2007：27.

但这些一般性的环境力量造成的结果并不明晰。相反，利益相关的委托人和利益相关者，如家长、纳税人、工会、协调机构、大学和学院、州立法机关、教育协会等，对学校有更为直接的和即时的影响。但是，影响的结果同样不明确。

在教育管理实践中，开放系统思想也得到明显的反映。美国学校和学区的管理人员越来越多地重视他们各自组织的内部人员和外部的有关人员，各区的教育委员会承认了教师组织并倾听他们的呼声，家长参与越来越多。更为重要的是，联邦和州各级政府通过法律和拨款手段对学校管理的影响越来越大，作为一个必然结果，学校管理人员的工作方式和工作性质也发生了显著的变化。沃特（F. M. Wirt）和柯斯特（Michael Kirst）在《冲突中的学校》（*Schools in Conflict*）一书中对学校组织外部环境对学校管理的影响作了生动的描绘，“我们现在不是在讨论应该怎样管理学校……我们的研究重点在于为什么学校中的决策过程具有可以被称为政治的特点。我们将要说明，由于在州、地方政府、公民与学校系统的相互关系中发生了重大的变化，学校的决策过程变得越来越强烈和明显的具有政治性。学校目的新定义、对学校资源的新要求、使学校关心特定群体及其价值观念的新做法，所有这一切使得围绕着地方学校的各种政治关系更加错综复杂”。①

事实上，教育系统作为社会系统的一个组成部分，教育管理所应讨论和处理的问题不能仅仅局限于教育内部的各项管理事务，而应从教育系统内部和外部各种重要因素的联系中去探索新的观点和实践。随着社会的不断进步，教育作为公民的一种基本权利受到普遍的关注。家长及家长委员会、教师协会、社区委员会、政府组织和非政府组织、各种利益集团、甚至一些宗教团体，都在向教育施加影响，这已是不争的事实。教育与教育管理必然迎接各种外来的刺激与挑战，才能获得最大的发展。霍伊和米斯

① 坎贝尔等．现代美国教育管理［M］．袁锐锷译．广州：广东高等教育出版社，1992：204－205．

科尔就此指出："对阐明和处理教育管理者遇到的新问题，封闭的系统模式已无能为力了……学校现在都被看作开放的系统，学校已经变得更加实际了，首先是为了适应变化着的外部条件，其次从长远来说，是为了学校能够生存下去。"[①] 这从一个侧面反映了开放系统学说受到欢迎的重要原因。

开放系统学说也受到了批评和挑战，批评主要来自两个方面：一是开放系统学说的某些概念在学校情境中的应用十分笼统，致使学校管理人员难以精确区分诸如学校和学区环境、松散结合的系统和开放系统等概念的区别。另一种更为有力的批评则认为，在开放系统学说中，变量如此之多，它们的相互关系又如此难以确定，以致进行科学研究是毫无希望的。

的确，在组织与环境之间，在学校系统的内外部环境之间，存在着许多迄今为止仍未弄清的一些变量，诸如在组织与环境之间，哪些因素是影响组织与环境之间相互依存、相互作用的主要变量、次要变量？影响学校的内部因素和外部因素到底是什么？它们是怎样联系起来的？学校管理人员对这些变量能控制到何种程度？等等。这些变量在今天日益发达和纷杂的社会中，在学校日益开放的过程中，变得越来越多，它们之间的联系也越来越复杂。虽然这方面的研究取得了一定的进展，但离目标还很遥远。因此，不解决"变量"问题，开放系统学说就只能停留在理论研究和描述的水平上，而对于实践的指导则力不从心。就目前来说，开放系统学说的理论与实践的连接工作还远未完成。

但是，不管怎样看，开放系统学说强调系统组成部分的复杂性和可变性，强调系统各组成部分之间联系的松散性，而且使我们"比以前更清楚地认识到组织既是结构又是过程，这些过程中有些不是周而复始的循环，而是改变着现存结构的力量"。这正是开放系统学说的理论和实践价值所在。虽然开放系统学说仍有不尽如人意之处，但毫无疑问，它确实为教育管理的学者和实际工作者提供了一种新的思维方式和看待现实的更为准确的观点。

---

① Hoy & Miskel. *Educational Administration: Theory, Research and Practice* [M]. MaCraw-Hill. 1987.

第十章

理论运动的终结

从发展过程看，理论运动在 20 世纪 70 年代初达到顶峰，但是以后的进展并不十分顺利，甚至有人断言理论运动失败了。1974 年在英国布里斯托召开的国际互访计划（IIP）第三届年会，成为理论运动急转而下的分水岭。在此次会议上，时为加拿大安大略省教育研究所教授的格林菲尔德（T. Barr Greenfield）发表论文，正式对以实证主义为传统的理论运动展开批判。为此，格里菲思描述说，这种对组织理论的批判是"彻头彻尾的"。总体上看，20 世纪 70 年代以后，众多学者发起的对实证主义的批判及其后发效应，使理论运动曾引以为豪的概念和体系及其理论基础都受到了质疑和批判，陷入了发展困境。

第一节　理论运动的困境

迷惘、困惑与反思

早在 1965 年，美国教育管理学家希尔斯（Jean Hills）就对当时教育管理学界不加批评地"完全模仿错误的形式"，提出了批评。他说："在理论运动开始以来的近20年里，与其说教学和研究发生了实际变化是一个事实，倒不如说是一个神话。"[①] 理论运动在经历了轰轰烈烈的时期之后，随之而来的是迷惘和困惑，理论运动学者们更加关注教育管理研究发展方向。

作为理论运动的两位重要的代表人物哈尔平和格里菲思，也对理论运动进行了反思。1970年，哈尔平在《管理理论：搜寻火把》[②] 一文中，对理论运动的两本奠基之作《教育管理理论》和《管理理论与研究》，进行了检讨、批判与反思。哈尔平承认，理论运动期间对理论所做出的一系列承诺是过于乐观和自大了。理论本身有不少不足之处。教育管理理论本身的承诺是一种假象，是一种妄想。它误导轻信者，使其偏移了真正的管理问题。

其实，在20世纪60年代初，哈尔平就已察觉到理论运动可能在某些方面出了问题。他声称："确实，我们在某些方面出了错。这种错误就是，科学家的管理理论模式太理性化了、太整齐划一了、太客观了。我们最好是重新审视一下我们当前的观点。"[③] 后来，哈尔平更是系统地阐述了自己的这一态度。他对理论运动表现出一种既爱又恨的复杂心情。他一方面坚持管理行为学这种新的社会科学所设定的标准。例如，他认为将研究严格限定在行为或者行为结果这些可以界定的概念体系上是可取的，而区分行为的描述与行为的评价也是极其重要的。另一方面，他又十分矛盾地强调，学校管理者仅仅接受实证主义方法的训练是不够的。逻辑实证主义的形式化牢笼根本就无法认识人类存在的现实，即便是基于一个更加复杂的哲学的研究计划，也终将无济于事。学校管理者必须接受真正的艺术

① Hills: *Educational Administration. A Field in Transition* [J]. In *Educational Administration Quarterly*, 1965 (1): 58 - 66.

② Halpin. *Administrative Theory: The Fumbled Torch.* In A. M. Kroll (ed.). *Issues in American Education* [M]. New York: Oxford, 1970: 156 - 183.

③ Halpin. *Ways of Knowing*, Cited in Jack A. Culbertson, *A Century's Quest for a Knowledge Base.* In Norman J. Boyan ed., *Handbook of Research on Educational Administration* [M]. Longman Inc., 1988: 19.

和人文学科的培训。在《管理理论与研究》的后半部分，哈尔平表露出对理论运动部分改革的悲观，他以一种看起来似乎是与该书前一部分矛盾的观点指出，“这里我要做一个自我批评。我必须与行政官员和科学家们划清界限。在重申我的主题中，我建议，如果我们要学会怎样观察——即怎样看待‘外在’之物——我们就最好是使用那些为行政官员和科学家们所有意忽视了的丰富遗产：人文遗产。须知，在审视和描述令人困惑的人类状况之谜时，还有谁比诗人、剧作家和小说家更能担当此重任呢？除了那些创造力丰富的艺术家外，还有谁更有资格去描述这种‘全面的’人呢？然而，文人却遭受了市场规律的羞辱。而我们这些教育工作者，竟然也接纳了市场规律的标准，也同样羞辱起文人来。市场规律的声音就是要为日益增强的技术专门化进行辩护，而大学也急于讨得野心勃勃的商人的欢心，他们要什么就给他们什么。”①

格里菲思在1957年写作《教育管理行为》一书时，曾对理论对于管理者的作用坚信不疑而且充满自信。他声称：理论作为行为的指导，在管理当中居于首位。除了不适用于价值世界之外，理论能解决其他方面的种种问题。然而，自20世纪60年代起，在其他学者陆续的批评声中，格里菲思也对理论运动产生质疑。60年代初期，他对教育管理理论大发展提出了一些批评，其中包括：没有一项具体的研究是有关管理的特有模式，大多仅是教授们的演绎推论；概念的建立常根据自己的语言文字来表达而没有共同的术语；较强调理论整体性发展，即包罗一切的理论研究，而较忽略中间阶层的理论；在理论的成果上很多理论皆无法产生可预测的假设，同时很少有理论接受数理的严格考验。② 而在1969年，格里菲思更深入地思考理论运动的假设和主张，他认为教育管理理论运动应该放弃大一统、高度抽象理论的建立，转而寻求基本的、中间阶层的理论；同时这种理论化的过程，不应再局限于实证主义的基本立场，而是应采取多样化

① Halpin. *Theory and Research in Administration* [M]. New York: The Macmillan Company, 1966: 296.

② 格里菲思. 教育行政之决策理论 [M]. 许智伟译. 台北: 国立编译馆, 1982: 78-81.

的方式，包括：归纳法、类型学、演绎、历史研究等方法，或是多学科的研究、学科整合研究等，来对教育管理现象进行说明。① 不过，因为格里菲思1964年接任纽约大学院长一职，工作繁忙，这样的反思便无法继续进行，使其难以对教育管理的整体建构作出更直接的贡献。

换个角度，在许多学者看来，理论运动的最高期望没有实现，这是因为实证主义关于理论的定义实际上制造了一种让人灰心的、难以逾越的障碍，它对建立一般的教育管理理论并未起到预想中的作用。理论运动的拥护者威洛尔认为，在理论运动中，许多观点往往被毫无保留地采纳，实质性的进展不是通过理论的作用实现的，而是通过从社会科学，如社会心理学、人类学和社会学、经济学和政治科学中借鉴概念和技术，其中包括：领导行为和组织气候的研究，运用决策理论和交换理论进行的管理研究，角色和角色冲突，神经机械学模型运动和系统分析的研究。这种研究在方法论上的复杂性常常能给人以深刻的印象，但这种复杂性并不总是符合概念分析的特点或重要假设的进展。美国一位研究者经过长期观察，甚至表达出这样一种非常悲观的想法：我们在教育管理中已经尝试了许多无望的观点。

在这个过程中，理论运动倡导者逐渐修正了他们自己早期所确信的观点。格里菲思宣称："围绕理论所进行的探求（如果有人在探讨的话）应该被放弃……我们已经认识到一种价值不高的理论方法失败了。"② 哈尔平和海斯（Andrew Hayes）在《破碎的圣像——理论到底怎么了?》一文中写道："由于我们许多人希望得太多、太快、太早，以致我们把自己搞得非常失望。我们成为了奢望的牺牲品。"③ 在坎贝尔的退休会上，教育

① Hare, D. B.. *Theory Development in Educational Administrational Administration from* 1947 *to* 1995 [M]. Unpublished doctoral dissertation, Virginia Polytechnic Institute and State University, 1996: 106－109.

② 黄志成．近期外国教育管理理论的发展［M］．外国教育资料，1995（1）：22.

③ Halpin & Hayes. *Broken Ikon or Whatever Happened to Theory*. in M. L. Cunningham, W. Hack, R. Nystrand (eds) *Educational Administration: The Developing Decades* [M]. CA: McCutchan, Berkeley, 1977: 202－230.

管理学者坎宁安指出："（20世纪）70年代，教育管理领域在学术上有些困惑，并正在寻求确定近期的研究方向或指出未来的适当选择。"① 时任美国大学教育管理委员会（UCEA）主任的卡伯特森（Jack A. Culbertson）认为，"教育管理理论运动在很大程度上已疲惫不堪，……基本假设的重新验证已经开始"。② 1979年，格里菲思承认教育管理领域的"学术困惑"和"要奋起批判"。他说："这似乎是对我一生中所接受的所有理论进行挑战。"③ 他指出，要自己考虑脱离与其一起生活，甚至对其作过贡献的准则，这是一个极其痛苦的过程。面对格林菲尔德等人的挑战，格里菲思认为，教育管理科学化和"对效率的崇拜"未能提供道德指导和使性别问题理论化，未能支持政治的分析或调解利益的冲突，因此，到20世纪70年代末，教育管理作为一个领域正处于一种智力的混乱之中。

除了哈尔平和格里菲思的意见之外，许多美国教育学者曾对教育管理研究作过阶段性的研究回顾和综述。奇怪的是，这些回顾和综述在评判理论运动的作用时，显得那样的苛刻。例如，斯坦福大学行为科学家布里吉斯曾于1982年作出如下的结论："1967—1980年间，有关教育管理者的研究使我们想起了一句格言：事情越是多变，越是万变不离其宗。……尽管研究者们明显地表露出他们对结果的兴趣胜于对先前阶段的事实本身的兴趣，但是他们还是表现得过于依赖调查的设计、含糊其辞的问卷的效度和信度，以及统计分析的相对简单化的方式。而且，这些研究者们坚持把研究的问题当做特定案例而不是当做一种程序来处理。……尽管对理论的界定不甚严密，但（理论）还是被用来对研究样本进行分类，而其中的大部分（理论）被证明是毫无理论性可言的。同样，那些研究看起来也

① 黄志成．近期外国教育管理理论的发展［M］．外国教育资料，1995（1）：22.

② Culbertson. *Theory in Educational Administration*: *Echoes from Critical Thinkers*［J］. In *Educational Researcher*, 1983（10）：15.

③ Griffiths. *Intellectual Turmoil in Educational Administration*［J］. In *Educational Administration Quarterly*, 1979（3）：43.

几乎没有或根本没有实际的效用。"① 布里吉斯的这个结论是建立在对两代与教育管理理论运动有关的学者所作的实证及理论研究工作的理性评价之上的。更值得一提的是，布里吉斯本人曾在芝加哥大学理论运动智力中心接受过培训。这的确是一项令人困惑的批评，因为这项批评来自美国的一位顶尖学者。

从某种程度上说，理论运动的起因可以解释为什么这场运动长期未能达成其目标。这场运动缘起于对20世纪前半叶在学校管理中占支配地位的实践性、非理论性学说的不满足。当时在兴起这场运动时，曾有两个同时并存的愿望，一是希望提升教育管理学者在学术机构中的地位，二是希望走出那种"如何去（做）"式的管理描述的局限。然而正如布里吉斯所暗示的那样，理论运动的实际结果无论是在理论上还是在实践上，均令人失望：既不能发展一种与教育管理领域有关的可信而有效的知识基础，又没有在研究者理解实践问题方面取得什么进步。在20世纪80年代初，当教育管理内外部出现的新形势共同对教育管理这个专业形成压力时，一场危机就出现了。

第二节　格里菲思的反思

除前述格里菲思对理论运动的质疑外，当1974年格林菲尔德发表文章正式对理论运动发起批判时，格里菲思此时也受到几件事情的影响，重新回到教育管理学术界，并提出一些新见解。

对理论运动发展的检讨

面对格林菲尔德的批判，美国大学教育管理委员会与罗彻斯特大学于

---

① Bridges. *Research on the School Administrator: The State of the Art, 1967—1980* [J]. In *Educational Administration Quarterly*, 1982 (18): 12 - 33.

1977 年共同赞助举办了一个研讨会，直接探讨教育管理的理论和方法论问题，同时也检查教育管理研究的实质性成果。在这次会议上，争论十分激烈，一部分学者希望借由另一种科学理论，来改善教育管理理论的困境。例如，威洛尔强调传统教育管理仍然有好的外形，教育管理的再生不需要浴火重生，而是需要总结提炼。同时他认为传统教育管理本身包括自我修正的机制，因此仍是接近真理的唯一道路。① 另一派学者则主张通过新的方法论和不同观点的理解才可达到教育管理学术发展的目的。这派学者认为这不但是必须，而且还是唯一的一条道路。例如，艾里克森借用库恩的“范式转换”概念，提倡一种“实践研究”，主张不应再试图以理论为教育管理研究的引导。而伊梅加特（G. L. Immegart）和博伊德（W. L. Boyd）则主张政策导向的研究，他们批判传统的理论运动研究不但观点太狭窄，而且常以管理者或教师为焦点，关心组织对人的影响，而忽略了其他组织因素，特别是学校外部情境因素的分析。

另外，面对早先理论运动学者采用费格尔对理论的定义，也有许多学者发现，其标准既不能工作（working），也不能运转（workable）。例如，威洛尔就曾表示，费格尔强调理论是一组从逻辑数学推论而来的假设，但是这种标准却排除了目前教育管理理论所进行的每一件事，因此他从杜威的实用主义中提炼出另一种新的理论定义。而扬纳科恩（L. Iannacone）则以较批判的口吻，强调理论运动本身是以假的研究、存疑的研究与理论为主。

面对这样的批判，在 20 世纪 70 年代末期和 80 年代初期虽然仍有部分学者主张以“科学”的路线来研究教育管理，如威洛尔的教育管理理论、霍伊与米斯克尔的“新传统”（New Tradition）理论、艾弗斯与拉克姆斯姬的后实证主义主张，但是，确实引发另一股非传统教育管理理论的产生，如格林菲尔德的主观主义、贝茨的批判理论、霍奇金森的人文主义

① Greenfield & Ribbins. *Greenfield on Educational Administration* [J]. London: Routledge, 1993: 176.

等。这些非传统的教育管理理论，都强调经验主义的不当，认为其将消除人们对人类与人类组织生活的理解，同时忽略了道德在整个管理行动中的复杂性，因此大多数主张教育管理的研究应使人自由，回到人的道德与人性观点来理解事物。另外，从结构主义、后现代主义、女性主义、混沌理论对教育管理理论的探讨也随之而起。

理论研究的再出发

重新触发格里菲思对理论运动的反思，主要受到其自身大学行政生涯经验的影响，以及三篇文章的启迪。其中，1974 年布里斯托年会上格林菲尔德以及莫里斯（Lord Morris）的文章是其中的两篇。格林菲尔德有关主观主义的文章使格里菲思察觉到仅以抽象语言来讨论管理行为的偏失；而莫里斯的文章则剖析管理与领导者的难处使格里菲思察觉到教育管理者需要更多的政治艺术与技巧。第三篇重要文章是 1972 年科恩、马奇和奥尔森有关垃圾箱决策模型的合作研究，格里菲思从中发现，现实的管理与组织生活中存在非理性的一面。[①] 这些因素促使这位理论运动的开创者产生明显的转向。[②]

总体上看，格里菲思此时拒绝传统管理科学中的许多假设，如组织为目的控制、管理行为是理性的、成员动机是秩序等范式。他认为，这些范式是没用且不合适的，因为它不再产生有力的概念与假设，因此也不再对管理有所帮助。他改以范式的多样性来支持方法论中的折中主义。[③] 在 20 世纪 70—80 年代，他陆续发表几篇文章，不但承认实证主义无法有效说

① Gronn, P. C.. *Rethinking Educational Administration: T. B. Greenfield and His Critics* [M]. ERIC Document Reproduction Sevice (No. ED283257), 1983: 27 - 28.

② Greenfield & Ribbins. *Greenfield on Educational Administration* [M]. London: Routledge, 1993: 40 - 41.

③ Greenfield & Ribbins. *Greenfield on Educational Administration* [M]. London: Routledge, 1993: 176 - 177.

明管理情境的弱点，同时也批判其在理论建树上的缺失。① 他认为今后教育管理的发展，应该向以下五个主要方向前进。

第一，重视个体经验而非抽象的言论。格里菲思认为过去运用心理学、社会学、经济学与人类学的理论来处理教育管理问题时，常是抽象地使用语言来讨论。其结果正如哈尔平所说，只是使人陷入文字深渊，而且容易受到欺骗而已。受格林菲尔德主观主义的影响，格里菲思认为应该从观察法或者传统的自传等方式，来关注“真正人的真正行为”，包括个体经验、价值、情感与态度的分析。

第二，重视个体事实而不是组织的规则。格里菲思认为一般传统所提到的社会传统理论、角色理论、决策理论、科层理论，均属于一种巨型理论。其中特别强调组织的规则层面，强调管理与组织行为的秩序性与理性。这样的理论假设，其结果终将在努力达成组织目的时忽视个体的存在，而无法解决问题。② 格里菲思此时认为理论的建构，不能以组织为主要出发点，而应重视个体经验，强调人在组织与环境中找到一个平衡点。这样不再是要组织完全根据环境的变化而变化，有时也应是环境根据组织的需要而变化；在组织中不再全以规则为核心，有时也应考虑特殊的现象。

第三，重视特殊现象而不是宏大科学的产生。格里菲思认为过去理论发展的问题之一，是未批判地使用其他领域的理论与研究，不但未能考虑教育的特殊性，同时还希望促成一种宏大科学理论的产生。对此，格里菲思认为管理理论并不具备普遍性，组织规模大小、互动以及相互依赖程度、组织成员的性格、组织目的和成员需要与目的之间的一致性与差异性等，都会影响整个组织行为的表现。因此，新的理论不需要紧守着某些固

---

① Griffiths. *Another Look an Research on the Behavior of Administrators*. In G. L. Immegart & W. L. Boyd (eds.). *Problem-Finding in Educational Administration*: *Trends in Research and Theory* [M]. Mass.: D. C. Heath, Lexington, 1979: 1-62.

② Griffiths. *Another Look an Research on the Behavior of Administrators*. In G. L. Immegart & W. L. Boyd (eds.). *Problem-Finding in Educational Administration*: *Trends in Research and Theory* [M]. Mass. D. C. Heath, Lexington, 1979: 51-52.

定理念发展，而应寻求一种较有限的理论，而不是寻求一种普遍性的宏大科学管理理论。如，科恩等人提出的“垃圾桶理论”，威克的“松散结合理论”，以及非正式组织对成员情感与态度的研究等，都是最好的例证。

第四，重视多元的方法论而不是单一的实证论。在20世纪70年代后期，格里菲思、哈尔平、希姆费尔、盖茨尔斯、格罗斯等人均不完全否认实证主义对教育管理理论运动的贡献，同时也不完全反对以科学方法来研究管理。[①] 但是此时格里菲思等人认为仅仅强调单一方法，特别是主张它是唯一的，则将犯下严重的错误。这就如同在20世纪60年代时，格里菲思曾强调教育管理的艺术层面，以及理论的可变性一样，他认为科学是不断在改变的，因此必须能广泛包括各种不同观点。1982年，格里菲思曾根据组织社会学家伯勒尔（G. Burrell）和摩根（G. Morgan）提出的四种不同范式，分析了教育管理领域中四种不同的研究方式，包括激进人文主义、激进结构主义、功能主义、解释学等。[②] 就在1979年，格里菲思还曾预测认为，未来十年教育管理理论受到组织理论和社会理论的影响，不可避免地将面临“范式转型”。[③]

第五，重视多元化的主题而不是固定不变的论题。格里菲思一再强调个体经验与事实应成为教育管理学者研究的重点，他认为当今最为人所忽视的管理问题，包括教师组织、女性、少数民族、组织外在环境控制等，都值得深入研讨。[④]

---

① Griffiths. *Theories*: *Past*, *Present and Future* [M]. Paper presented at the IIP. Nigeria, August. 1982.

② Griffiths. *Theories*: *Past*, *Present and Future* [M]. Paper presented at the IIP. Nigeria, August. 1982.

③ Bates, R. J.. *Is There a New Paradigm in Educational Administration*? [M]. ERIC Document Reproduction Service (No. ED219839), 1988: 1 - 2.

④ Griffiths. *Evolution in Research and Theory*: *A Study of Prominent Research* [J]. In *Educational Administration Quarterly*, 1983 (3): 201 - 221.

第三节　格林菲尔德革命

20 世纪 70 年代格里菲思回归教育管理研究领域，部分原因是受到格林菲尔德主观主义的影响，如他在 1975 年发表的《关于教育管理理论的某些想法》[①] 一文，即是对格林菲尔德主观主义观点的回应。虽然当时批判教育管理实证主义传统的还包括霍金森与贝茨等人，支持科学传统对格林菲尔德展开回应的也有威洛尔等学者，但由于格里菲思与格林菲尔德两人之间的讨论在当时最为激烈，而且分别代表教育管理理论两种流派，因此也常为学者所关注，被称为"'两格'论战"（Greedfield-Griffiths Debate）。[②] 按澳大利亚教育管理学家埃弗斯和拉克姆斯基的说法，20 世纪 70 年代中后期，由格林菲尔德掀起的有关教育管理研究范式的讨论，在西方教育管理学界引发了一场声势浩大的"格林菲尔德革命"（Greenfield Revolution）。[③]

"两格"论战：20 世纪 70 年代初

格林菲尔德和格里菲思两位大师的论战分两个时期。20 世纪 70 年代初，当格林菲尔德开始对实证主义教育管理展开批判时，两人在理论上有明显差异。此时，格里菲思代表着从 1947 年以来教育管理理论运动的基本主张，而格林菲尔德则是教育管理主观主义的代表。从 70 年代后期，当格里菲思接受主观主义部分观点后，对教育管理理论的观点有所调整，

① Griffiths. *Some Thoughts about Theory in Educational Administration* [J]. In *UCEA Review*, 1975 (1): 12 – 18.

② English, Fenwick W.. *Educational Administration: The Human Science* [M]. New York: Harper Collins Publishers, 1992: 159.

③ Evers, C. & Lokomski, G.. *Knowing Educational Administration* [M]. Oxford: Pergamon, 1991: 76 – 98.

产生了一些融合的说法。

按照教育管理史研究者格朗（Peter C. Gronn）的分析，虽然“两格”均出身于教育管理界，具备教育管理工作的实际经验，在早期也都是理论运动的支持者。然而，就格林菲尔德而言，由于管理工作不顺，加上受到较多欧洲文学、戏剧、艺术及社会理论的影响，在70年代强调个人经验的教育管理研究，被称为主观主义；[①] 而格里菲思坚持实证主义传统研究方法，因此产生非常明显的差异，主要反映在五个方面。

第一，社会实践观点的差异。格里菲思早期认为社会实践是一种“外在之物”，随时可以对理论加以测试。因此，他要求承认费格尔理论中有关逻辑数学程序经验法则的假设，以及“假设—演绎”的方法；同时并强调建立理论的目的，就是为了说明和预测组织中人类的行为，因此必须谨慎思考任何理论对社会实践说明的有效性问题。相比较而言，格林菲尔德则认为理论是对人类行为理解与洞察的一组意义，理论表达了每天每个人如何塑造他世界的意义。这些洞察不但常常因研究者而不同，而且会从不同的角度和观点来观察社会实践。

第二，客观性与中立性观点的差异。格里菲思认为，存在一种客观中立观察的语言。而格林菲尔德则强调个体行动的主观理解，提供对人类经验解释的基础。他强调理论家与研究者并非中立的观察者。

第三，语言使用的差异。格里菲思强调操作性定义及基本词汇的共享，同时也支持科学语言的逻辑分析，主张命题是具有意义的句子，命题架构可以被反复测试。至于格林菲尔德虽然在其方法论中也包括语言意义的分析，但这种意义是行动使用者语言的意义。

第四，教育管理科学与逻辑观点的差异。格里菲思认为社会现象与自然现象相同，只是在复杂程度上存在差异，因此二者同为科学的一支，是强调客观、正确与逻辑的，同时并以发现社会与人类行为的普遍法则，以

① Gronn. *Rethinking Educational Administration*: *T. B. Greenfield and His Critics* [M]. Victoria: Deakin University Press, 1983: 27-30.

预测人类行为表现为主要目的。格林菲尔德质疑量的分析，他认为量的逻辑在每日生活世界没有力量，而是必须根据情境逻辑才能提供社会和组织世界的理解。因此，他强调解释的重要性。

第五，理论与实践观点的差异。格里菲思认为研究发现对管理人员的训练是很重要的。但是，格林菲尔德认为理论对实践并不是很重要的，因为一个人的假设反映出他的理论。

“两格”论战：20 世纪 70 年代后期

与前一个时期不同，20 世纪 70 年代后期的“两格”论战，不再是一种实证主义与主观主义在教育管理上的争论，而是格里菲思面对格林菲尔德对传统实证主义教育管理学说的批判，自我反思后对自己特殊立场的表白。[①] 此时在论战中，并非完全针对彼此的论点进行讨论，以格里菲思为例，倒是在很多时候是站在支持格林菲尔德的立场，对未来教育管理理论发展提出具体的建议。

面对理论运动发展的困境，以及对实证主义研究方法的质疑，格里菲思认为格林菲尔德的主观主义观点，虽然有点纯真且发展不全，但是对原本不活泼的理论不仅有重大的刺激作用，同时还能促使教育管理研究与实际范式的改变。因此，格里菲思十分赞同格林菲尔德对整个教育管理研究带来新视野的努力。其中，格林菲尔德对组织个别现象的重视，颇受格里菲思的赞同。因此，格里菲思在 70 年代后，不但不再坚持传统教育管理理论的主张，也不再坚守实证主义强调唯一与普遍性的宏大理论的追求。反倒是如前所述，极力支持格林菲尔德对个体日常经验或特殊现象的重视，强调教育管理中的知识，只有通过个人研究的密集观察，以及日常经验中语言探究才能获得。其中，还要特别注意教师组织、女性、少数民

① Gronn. *Rethinking Educational Administration*: *T. B. Greenfield and His Critics* [M]. Victoria: Deakin University Press, 1983: 27 - 28.

族、组织外在控制等问题。除此之外，格里菲思也强调在教育管理理论中区分事实与价值、理论与实践、理性与常识、教育与管理，将是无法掌握管理本质的。①

然而，上述情况，并不意味着格里菲思完全支持格林菲尔德的观点。格里菲思虽然同意格林菲尔德的部分主张，也吸收其中个体经验很重要的思想，但他认为管理幅度的说法还是无法具体落实在教育管理的实际运作中。实际上，其实证主义的基本立场还是未变，只是去除了传统实证主义的唯一性，赞同科恩、马奇和威克等人采用一种新的观点、新的概念与新的理论，来看待教育管理问题。他不愿割舍理论运动的遗产，他还是希望建立一种更具包容性的教育管理科学理论。另外，他虽然赞同个体经验的重要性，并依此来怀疑通则与速记语言，但它并不全然否定这种语言的使用。同时，格里菲思也反对格林菲尔德视社会实在为个体所创造的说法。虽然他现在已发现在教育管理领域中是不可能发展出一种数学般的科学理论，但他仍坚信可建立较不严格、可被接受与有用的科学理论。对贝茨等人传统科学理论的驳斥，格里菲思认为这是以偏概全的说法。事实上，此时格里菲思虽然承认外在环境中科学理论是不断在改变的，但其内心还是希望理论不能随外在实在观的改变而改变，否则将是非常危险而且无用的，而这其实正是格里菲思自 1947 年以来教育管理理论主张的基本观点。

“两格”论战是不是就决出了优劣和胜负呢？看来问题并没有这么简单。事实上，通过两位教育管理大师的论战，他们之间的根本分歧反而愈加明显了。也许，这是一个遗憾。但是，从另一个方面来看，论战未能决出高低和达成共识，也许是件幸事。其实，通过论战，这两位大师彼此都加深了了解和理解。正是这种了解和理解，使得他们获得了推动教育管理理论向纵深发展的巨大动力，并进一步明确了各自理论应该努力的方向。仅此而论，“两格”论战已取得了远比达成共识更为重要的目的。

① Griffiths. *Evolution in Research and Theory*: *A Study of Prominent Research* [J]. In *Educational Administration Quarterly*, 1983 (3): 201 - 221.

对理论运动的评析

1986年，格林菲尔德撰文，对格里菲思所倡导的以逻辑实证主义为基础的教育管理理论提出了直接而露骨的批评："我们有一种管理科学，它仅仅顾及事实，而不去考虑人的感情、弱点、实力、确信度、希望、意志、同情心、脆弱、利他主义、勇气、邪恶和美德等人的因素……这个理论存在严重的缺陷，既缺乏解释的力度，又令人厌烦；它所进行的只是自我欺骗，从而导致自我失败。"①

格林菲尔德认为，理论运动中大量运用的定量研究忽略了发生于管理实践活动中的本质，它包括两个特征：一是传统组织理论将组织具体化，即对待组织如同事物一般，而不是将它视为组织的个人的社会建构，二是实证科学关心的是描述，而不是管理所基于的价值。因此，格林菲尔德所下的结论是：在管理领域中，大部分的理论研究是由单一的研究类型所主导的，并标示为科学的途径。因此，他建议另一种可能的研究范式：管理研究应该以价值与伦理、自由与强制的问题以及组织中的冲突，还有在管理与组织生活中，由自由意志、意向权力与选择所主导的部分作为取向。他引用作为规范的许多研究，大都偏好于质的研究类型。

格林菲尔德在多篇论文中猛烈批判了理论运动所信奉的科学观。格林菲尔德认为，理论运动的科学观具有四个严重缺陷：一是管理科学并没有像科学那样发挥作用，管理科学没有增进我们对组织的理解与控制；二是管理科学忽视了权力关系，对实质性的教育问题视而不见，而讨论一些无关痛痒的"管理问题"；三是管理科学将它的全部力量都集中在组织上，而不是集中在管理的现象学现实上；四是管理科学舍弃了人类选择和理性研究当中的价值。管理科学主张，决定问题完全可以用理性的逻辑的术语

① Greenfield. *The Decline and Fall of Science in Educational Administration* [J]. In *Interchange*, 1986 (2): 61.

加以解释。这使得管理科学在客观和公平的伪装下，能够暗中处理价值问题。

格林菲尔德进一步指出，理论运动的科学观，本质上是一种狭隘的科学观，它势必要把教育管理研究带入到一个单一的狭窄的羊肠小道上去。为此，他提出用一种广义的科学概念来取代之。这种广义的科学概念不仅研究事实问题，而且承认价值说明了人类的状况，承认价值是日常生活和管理中各种行为的动力。“当然，存在着一种科学家不仅是现实的观察者而且也是现实的解释者的广义科学概念。这种观点认为，我们所称之为的科学真理内含了人类的兴趣及其种种可能的偏见。我认为，这种广义的科学概念在教育管理研究中是适用的。而且，它们实际上已开始运用于教育管理研究，至少有一些赞成使用不同观点的少数派已开始这样做”。格林菲尔德强调，广义的管理科学概念将把管理科学看成是具有价值并从属于价值的科学，它将彻底摒弃觉得和组织本身可以为科学所控制的观念，科学不再是为了更强有力的控制，而是赋予人们一种更深刻的洞察。

格林菲尔德还在逝世前撰写的一篇题为《科学与服务》（*Science and Service*）的重要论文中，系统总结了近20年来对理论运动所作的各种批判。这些批判主要是：

第一，事实与价值的分立观，如何看待和处理事实与价值的关系，是各种教育管理理论都必须正视的、无法回避的问题。每种教育管理理论都必须阐述它们对于事实与价值关系的看法。而正是这种看法，成为了我们识别教育管理理论本质的重要依据。在事实与价值的关系问题上，理论运动所信奉的实际上是一种分立观。这种分立观极其错误地割裂了事实与价值。当该运动试图将教育管理专业实践建立在一个纯粹的事实取向的科学之上时，这种事实与价值的分立观所隐含的严重弊端就被带入到教育管理之中。

第二，理论运动是反历史的，它将过去那些本身颇有价值的教育管理知识和观点通通扫地出门。事实上，当理论运动割断了它与法律、历史以及哲学研究的渊源时，它也就戕害了教育管理本身。

第三，理论运动虽然重视数量化研究，但对统计学基本原理的研究却缺少耐心。“统计软件包”和计算机决定了研究设计和所要研究的问题。对于这种由理论运动所快速建立起来的和轻松获得的教育管理科学，人们流露出明显的不满情绪。

第四，理论运动在开展了 20 年后，人们对作为该运动知识基础的实证主义科学的不充足性，有了越来越明确的认识。

第五，理论运动的倡导者们认为，组织管理问题主要是一个结构问题。格林菲尔德指出，这种观点是极其错误的，它将管理科学与学校的现象学现实、管理者的现象学现实和管理的现象学现实人为地分开了。

第六，理论运动的承诺与假设并没有从当代教育管理领域中消失，反而以一种新的替代形式出现。例如，在过度追求学校效能运动中，人们只强调程序，面对教育目的和手段缺少判断和反思。正是在大量推广这种有效性的程序当中，伪科学又死而复生了。

第七，重视管理研究课程的时刻即将到来。教育管理研究迫切呼唤那种在法律、历史和哲学中存在的更为自由的研究。社会科学将继续帮助我们更好地理解教育管理，但它们如果要发挥更大的作用，就必须彻底摆脱那种在理论运动来临之后，由实证主义的盲从者们所强加给社会科学的狭隘观点。

第八，由于理论运动的影响，管理者通常只看重结构、形式、工具和手段的作用，至于教育目的的重要性则被抛到九霄云外。格林菲尔德指出，一个优秀的和富有洞察力的管理者，必须既重视手段、工具，也重视目的，必须分析和反思目的与手段之间的交互关系。诚然，教育管理研究应力求概括，应具有多方面的适用性，但更重要的是要加强问题指向的研究。

对格林菲尔德主观主义的再反省

对于格林菲尔德的批判，理论运动的维护者也在作批判性的反省。他们认为，格林菲尔德的主观主义观点与格里菲思的实证主义观点之间缺乏明显的关联。威洛尔提出两点充分的理由：第一，格林菲尔德的主观主义是一项对于研究与理论类型的批判，但它并没有提供可以引导研究进行的解释架构，或者一种明确界定的概念，甚至于他对研究的建议，仅属于用来指明重要主题的一般性建议。第二，因为缺乏研究归类的宣示，他们无法分辨与主观主义相关的主题所完成的研究，是否由这种研究观点所引导。为了处理组织或其他机构中的个人问题，发展出来的“质性研究”已有很长的历史，致力于质性研究的工作者之中，有的接受主观主义，但有的则反对所有或一部分广泛的主观主义论点。然而，格林菲尔德的论述却可能有助于鼓励应用质的研究方法，来进行教育管理的研究。①

再者，格林菲尔德旨在正告教育管理学者：社会科学正经历巨大的变革，理论运动所依赖的哲学方法论基础——逻辑实证论，现在被大多数的科学哲学家视为已经过时了，如果一成不变地继续沿用这种基于逻辑实证论所发展的理论范式，值得怀疑；相反地，我们应该致力于发展使用多元的研究范式与方法的可能性，以利于增进教育管理学知识。

值得一提的是，20 世纪 90 年代后，受各国社会经济快速发展、社会思潮多元化、信息网络化以及教育本身发展的影响，各国更加重视和加强教育管理，教育管理研究同时出现了一些令人欣喜的新趋势。“教育管理研究已经上升到了一种潜在的主宰位置。不仅有关教育管理各方面的文本开始成为教育管理出版物中的重头戏，而且更为普遍的是，有关管理的语言、设想、理念开始主宰着那些教育工作者们的语言、意识、行为和分析问题的方式。”②从各国教育管理研究的总体情况看，进入 21 世纪后，将再现教育管理理论的“丛林”。与此同时，在当代教育管理学的领衔学者人物的积极推动下，“新管理主义”的教育管理思想在全球范围内逐步传

① Willower. *Educational administration*: *intellectual trends*. in Alkin, M. C. (eds.). *Encyclopedia of Educational Research* (6th ed.) [M]. Macmillan, 1991: 367.

② Grace. *On the Study of School Leadership*: *Beyond Educational Management* [J]. In *British Journal of Educational Study*, 1993 (4): 353.

播和被采纳，出现教育管理理论趋同的国际化倾向。[①] 但是，这些理论真正应用于实际研究的较少。[②]

第四节　理论运动的深远影响

理论运动的核心思想

有关理论运动的核心思想，卡伯特森在 1983 年总结理论运动发展史时所给出的六点概括，备受西方教育管理学界的推崇。应该说，这六点比较准确地概括了理论运动的实质。卡伯特森所概括的内容是：[③]

第一，有关组织和管理应做什么的陈述不应包含在理论或科学之中。譬如，哈尔平就主张理论应只关心管理者做什么，而对管理者应怎样做不感兴趣。

第二，科学理论如实地对待现象本身，但不规定现象。理论的功能是描述、解释和预测现象，但不规定现象。芝加哥学者通过分离“实然”与“应然”，很快就与过去的研究划清了界限，并在理论上与原有的实践及教育管理区别开来。

第三，有效的研究有其理论来源并为理论所指导，哈尔平为研究被固定在纯粹的经验论上感到悲哀，他认为教育管理这一领域最大的问题是“理论的贫乏”。哈尔平认为，只有在研究中发展和运用理论，教育管理才能摆脱理论的贫乏状况。

第四，假设—演绎体系是最好的理论范例。哈尔平认为过去的教育管理对理论的界定和理解过于模糊，理论不应理解为别的什么，而应被理解

① 杰夫·惠迪等．教育中的放权与择校：学校、政府和市场［M］．马忠虎译．北京：教育科学出版社，2003：70.

② 秦梦群．教育行政：理论部分［M］．台北：五南图书出版股份有限公司，1998：37.

③ Culbertson. *Theory in Educational Administration*：*Echoes from Critical Thinkers*［J］. In *Educational Researcher*, 1983（4）：15－22.

为一种“假设演绎体系”。譬如，盖茨尔斯模式就具有某种假设—演绎体系的特征。

第五，社会科学对于理论发展和培训是极其重要的。社会科学理论能够也应该被用来帮助管理者发展其所需要的、能增进对组织和社会的理解的有关理论。

第六，就理论发展的目的而言，管理最好是被看成一种在所有组织中都能发现的普遍现象。“形容词的”管理定义应被摒弃。

格里菲思对于卡伯特森所作的六点概括表示同意，并指出，关于理论运动的核心思想，最好还补上一条“操作主义”。[①] 他特别赞同哈尔平的做法，即在管理研究中大量使用布里奇曼（Percy W. Bridgman）的操作主义概念。布里奇曼是美国实验物理学家、科学哲学家，主张把所有科学概念与经验过程、操作过程联系起来。按他的基本观点，“概念与相应的操作是同义的”，凡是操作上不可确定的概念应该清除出科学概念的范围。这里所说的操作主要指实验操作，也包括非仪器的操作，即精神操作。这种观点在当时美国哲学界引起强烈反响，以后发展成为“操作主义”，形成实证主义的一个重要流派。在格里菲思看来，操作主义是教育管理著作中那些广为人知的模糊概念的“解毒剂”。

理论运动的学术影响

理论运动对教育管理的发展究竟产生了什么影响？在霍伊等人看来，由于全国教育管理学教授大会、教育管理合作计划和大学教育管理委员会的努力，使教育管理的发展能与其他管理学齐头并进，并且使教育管理学得以成为一门独立科学，并为未来指出一个研究与发展的方向。[②] 格里菲思认为，理论运动主要产生了三大影响：首先，由于管理的词汇、语言较

① Griffiths. *Administrative Theory in Normal J. Boyan (ed.) Handbook of Research on Educational Administration* [M]. New York: Longman, 1988: 29.

② 霍伊，米斯克尔．教育行政学［M］．王家通主译．台北：台湾复文图书出版社，1983：18.

之于 1954 年前已有很大不同，教育管理的研究者及其所研究的内容等都发生了变化。那些谈论教育管理并从事著述的人，大多是来自其他学科而不是管理学科，或者是来自其他专业而不是教育专业。很多教育管理的博士论文选题也出现了变化。他们的论题性质从根本上说都毫无例外地可归属在卡伯特森所说的理论运动的核心思想之下，外加对操作主义的广泛运用。其次，教育管理的研究和理论性文章增长极快。从 20 世纪 50 年代早期以来，教育管理领域中所发生的一个有目共睹的变化就是，研究及其理论性文章都极大地增长了，尽管与企业管理相比还存在着很大的差距。在教育管理的教科书中，其讨论的主题和研究的性质也变得越来越具有理论性，越来越指向于社会科学。第三，教育管理理论运动使教育管理学由最初的实际艺术的地位，逐渐变成为一门具有学术性地位的学科。教育管理学科的这一发展是与商业管理、工业管理、军事管理和政府管理的快速发展分不开的。①

理论运动的兴起，不仅改变了教育管理知识基础原有的格局，也使教育管理学专业知识得到快速的扩充。卡伯特森认为，20 世纪 50 年代，西蒙、格里菲思、盖茨尔斯和哈尔平这些主要的学者以一种简明扼要的形式，将逻辑实证主义哲学传播到教育管理中。正是这种逻辑实证主义哲学使人们更进一步地看到了建立管理科学的希望。研究变得越来越以理论为基础；主要学者的思想也开始从应然规则转向描述规则和解释规则；教育管理学者和社会科学家之间所确立起来的新关系，为教育管理带来了新的研究；越来越多的概念性内容支撑着培训计划；同时还创办了传播理论运动成果的一些新杂志。②

卡伯特森指出，一百余年来，教育管理中的“科学”概念是不断变化的。1951 年至 1966 年期间，教育管理研究的对象主要是管理行为与组

① Griffiths. *Administrative Theory*. In Normal J. Boyan (ed.). *Handbook of Research on Educational Administration* [M]. New York: Longman, 1988: 29.

② Culbertson. *A Century's Quest for a Knowledge Base*. in Normal J. Boyan (ed.). *Handbook of Research on Educational Administration* [M]. New York: Longman, 1988: 17.

织行为，研究策略遵循的是演绎规则，在管理和组织研究中，社会科学的教授们扮演着主要角色，知识的目标是要科学地确证经验法则，而理论合法性的模式是假设——演绎模式。研究中的所有假设都严格地从理论中产生，并在实际中去证实或者证伪这些假设。卡特伯森曾用两个表来简要说明教育管理科学观在这一百年里所发生的种种变化（见表 10－1 和表 10－2）。①

表 10－1　教育管理中科学概念的不断变化情况：若干显著的特征

阶段	探究范围	研究范例	研究策略
1875—1900	特别广泛：从学校到国家以及文明的比较研究	佩恩的《教育论》及哈里斯的《教育心理学基础》	演绎及辩证
1901—1925	重点强调地方与州学校系统	赖斯的时间与任务研究	归纳
1926—1950	民主——人际背景中的管理功能	莫特的学校系统的适应力研究	归纳
1951—1966	管理行为与组织行为	盖茨尔斯的社会过程理论及由此而引发的研究	演绎
1967—1985	社会、经济与政治背景中的政策和组织	改革者极大关注评论	归纳与辩证

表 10－2　社会科学、专业知识与合法性模式

阶段	社会科学角色	知识目标	合法性模式
1875—1900	非学术性社会科学被运用；教育被看成是社会科学的主要领域	通则是从思辨哲学中构建起来的	通则是否合法要由"纯粹理性"过程来判定

① Culbertson. *A Century's Quest for a Knowledge Base in Normal J. Boyan* (ed.). *Handbook of Research on Educational Administration* [M]. New York: Longman, 1988: 21－22.

续表

阶段	社会科学角色	知识目标	合法性模式
1901—1925	提出运用学术性社会科学；但实际的运用仍很有限；与心理学的联系最密切	法则建立在关系之上；“原则”包含着事实与价值，实际上是做了判断	科学方法常用于分析现实世界中与物体、属性及关系相关的感性材料
1926—1950	教授们在其学术活动中运用的概念来自于社会心理学、社会学、人类学和政治科学	通则使实践更理性化而较少日常惯例；但“原则”仍普遍盛行	精心设想的假设经受了有效解决问题的检验
1951—1966	在管理和组织研究中唱主角的是社会科学教授	科学地确证经验法则，但该目标通常并未实现	假设来源于理论，并在操作层次上对假设加以检验，从而证实或证伪它们
1967—1985	革新者抵制实证社会科学，接受“批判”和“解释”社会科学	解释性通则和那些与科学通则相对抗的种种批判	解释性通则的一致性与理智判断的彻底性

格林菲尔德的评价

格林菲尔德指出，从教育管理理论基础上建立起来的组织管理理论，尽管它承诺力求客观、量化与价值中立，但它依然包含了重要的价值与哲学假设。如果仔细审视这些价值与假设，就会发现，理论运动对教育管理学的发展产生了四个重要影响。①

第一，管理是科学的信念日益增强。指导组织的客观科学已创造出来

① Greenfield & Ribbins. *Greenfield on Educational Administration*: *Towards a Humane Science* [M]. London: Routledge, 1993: 145 - 151.

的这一信念的合法性是由理论运动所赋予的。随着该信念越来越多地为人所接受，这样一种思想也逐渐被确立起来，即管理者应在大学通过学习计划接受科学培训。通常这些学习计划是由国家授权的，并与相关证书紧密地结合在一起。诸如此类的计划将组织科学传授给管理者，并深信这样做能使管理者达到他们想要达到的目的，即指导组织以一种对它们最有效和效率最高的方式实现其目标。格林菲尔德从现象学观点出发，认为这种不断增长的科学信念引发了两个严重问题：一是作为主体的具有责任和道德的个体消失了，取而代之的是组织。组织被当做了一种脱离个体而存在的真实力量而接管了人类事务，它比个体更重要。二是管理科学使得人们将注意力投放在组织问题的研究之上，而管理者的现象学现实——即运用权力的那些人的现实与受权力控制的那些人的知觉——却被忽视了。

第二，管理研究的“去价值”（devaluation）。格林菲尔德指出，教育管理理论运动与这样一种观念关系密切，即价值中立的管理科学不仅是可能的，而且就在眼前。由于去除了价值，组织行为被缩减为纯粹的技术术语。决策的本质已无关紧要，重要的只是做决策的方式。管理研究的“去价值”导致了两个问题：一是将管理问题从教育问题中分离出来，以为管理可以脱离具体背景而抽象地存在；二是“教育管理”徒有虚名。虽然从名称上看，它要说的似乎是教育的管理，但常常看不见对教育问题的讨论。教育管理的书籍通篇写的都是怎样领导、激励、沟通，怎样提高士气，怎样维持组织的动态平衡，却不讨论任何实质性的教育问题。

第三，管理科学具有隐形价值。格林菲尔德认为，尽管管理科学标榜客观、中立，但它通常还是被认为站在了维持现状的这一边。这里问题的关键不在于日常社会必然就是错误的，而在于实证主义的管理科学在尚未揭示如此做所存在的缺陷之前，不能也不应该就去维护社会现实。遗憾的是，虽然管理科学宣称中立，但最终还是难以抗拒充当社会护法者的角色。格林菲尔德指出，事实上，管理科学常常从其客观、中立的道德口号中得到了丰厚的回报，管理科学标榜自己只提供技术专家而不产生价值专家的主张是虚伪的。“客观性的外衣使得科学家在对事物的实然状态进行评论时，往往掺杂了价值因素却不着痕迹，并轻而易举地转移到对某种应然状态的拥护上。”在当代的各个领域，诸如此类的科学家比比皆是。正因如此，“所有宣称其处方是建立在客观科学基础之上的组织理论专家，都必须接受挑战。因为，是他们的价值而不是他们的科学，构成了他们知识的真实基础。”从本质上讲，“管理科学并没有像它所标榜的那样，提供了一种有关世界和人类选择的客观描述，相反，管理科学仅仅只是提供了另一套价值取向的处方。”①

第四，科学使培训计划合法化。理论运动使培训计划和证书制度合法化。在20世纪50年代的美国，一个以基本原理为支撑的运动开始将陈旧的培训计划改造成以现代组织理论和科学管理为基础的崭新的培训计划。这些培训计划通过以大学为基础的拥护者们的持之以恒的努力，很快地传播到其他国家。格林菲尔德认为，培训计划之所以能够接纳科学，而科学之所以又能进入培训计划，很重要的一点就是，政府和科学彼此需要对方，二者缺一都将难以有效地生存下去。“如果没有其他理由，那么，看起来站在科学一边在政治上是有利可图的，正因如此，我们看到当局正逐渐转向科学取向的培训计划。这种结果对双方来说都是愉快的。统治者可以宣称其决策的科学合法性，而科学则从统治当局那里获得了接近利益的特权。”②

应该说，从20世纪50年代至70年代，理论运动推动了美国乃至整个教育管理科学的发展，使教育管理成为一个重要的学术研究领域。当时，在企业、公共管理、社会学、社会心理学和政治学等学科中，涌现出的许多新思想和新模式，如管理方格、矩型组织结构、系统理论、计划评审技术（PERT）和计划预算系统（PPBS）等，不断地被介绍和引入教育管理领域，促进教育管理理论的快速发展。教育管理人员也较善于借鉴其

① Greenfield & Ribbins. *Greenfield on Educational Administration*：*Towards a Humane Science* [M]. London：Routledge，1993：147－149.

② Greenfield & Ribbins. *Greenfield on Educational Administration*：*Towards a Humane Science* [M]. London：Routledge，1993：150.

他学科的成果来发展教育管理理论和实践，在当时教育管理研究中确实产生了一些重要的影响。例如，制订了描述领导行为的调查表，哈尔平和汉普希尔对领导行为的研究，“古巴—盖茨尔斯模式”为行为角色的研究提供了框架，格里菲思及其同事在分析校长的角色中走在了前面，卡尔森对督学任命的研究和进行的改革，哈尔平和克罗夫特制订了组织气候调查表，威洛尔进行的学生控制方面的研究，等等。这是一个硕果颇丰的时期，其结果是令人振奋的、十分有益的，也是切实可用的。

尽管理论运动促进和推动了教育管理的研究和实践，也取得了可喜的成果，然而，问题是许多学校的负责人只知道 20 世纪 70 年代前的思想和理论，对以后的研究一无所知，更不知如何去适应、改变甚至取代先前的那些教育管理理论和思想观念。例如，查普曼（Judith Chapman）在对小学校长研究后发现，学校的管理人员理解的改革过程大部分仍是传统的，是在 20 世纪 70 年代阐述过的和实践过的，而通常又冠以“革新”的名称。校长似乎很少相信企业家的活动、松散结合的结构、改革的文化成分等。因而，在 20 世纪 70 年代末，也出现了一些新的思想，并在学校管理中产生了一定的影响。

第五节　理论运动在世界

20 世纪中期理论运动在美国兴起后，对国际教育管理界产生了很大的影响，这些影响主要是通过会议、出版书刊、合作交流、人员互访、学生交换等几个渠道传播的。在 20 世纪 60 年代以后，大学教育管理学教授委员会（UCEA）所举办的教育管理研讨会和有关的学术活动，一般都对西方英语国家的学者开放。由于语言、历史、文化等方面的因素，英国、加拿大和澳大利亚学者有较多的参与，理论运动对这几个国家的影响也就较为直接。此外，由于美国与英国、加拿大、澳大利亚等国使用的是同一种语言，理论运动时期的众多著作所承载的学术信息无须翻译便能直接传递到这些国家的学界。加之美国教育管理学者赴英国讲学、受聘于澳大利亚大学以及澳大利亚学生到美国攻读教育管理学博士学位都是常见的情况，因此，英国、加拿大和澳大利亚学界较早受到了理论运动的影响，并由此促进了这三个国家的教育管理研究的发展和教育管理学术地位的确立，像加拿大和澳大利亚在美国教育管理理论之后还产生了类似的管理理论运动。20 世纪 70 年代以前，教育管理领域可以说几乎是美国学者独霸天下。而到了 70 年代后期，一些美国之外的专家学者逐渐加入到了这个研究领域。

加拿大的教育管理理论运动

由于与美国毗邻，加拿大的教育管理研究的发展有一种“近水楼台先得月”的特点。在 20 世纪 50 年代以前，加拿大学校管理人员大都只接受过传统的通识教育，仅有少数人接受了教育管理研究生程度的进修教育。受美国教育管理理论运动的影响，在 1955 年加拿大教育学会（CEA）年会上，有学者提出要重视大学参与学校管理人员专业教育的问题，并得到了广泛回应。1956 年，艾伯塔大学在美国凯洛克基金会的资助下，率先成立了教育管理部，招收来自加拿大各地的研究生，通过接受教育管理专业教育，把他们培养成为未来的学校管理者，它也由此获得了加拿大教育管理研究的中心地位。1958 年，加拿大历史上第一个独立培养的教育管理博士学成毕业。

艾伯塔大学教育管理部成立初期，其教育管理研究明显受到美国的影响。虽然一部分教育管理论文描述了加拿大的历史、教育和教育管理的特殊背景，但当时大部分的教育管理知识基础是建立在美国社会文化环境之上的，并且经由美国出版的教育管理学教科书以及由曾接受美国教育的大学教授来传播的。这种影响是直接的、弥散的、深刻的，犹如“宏大理论的树杈”（Slender Tree of Grand Theory），迅速扩展到加拿大各地。[1] 许多在艾伯塔大学接受过新的教育管理课程的毕业生，回到或担任至省教育部门、学校的高级行政职务，以及担任大学教职时，对加拿大的教育管理研究、学科建设、教育管理人才培养，乃至教育管理实践开始产生影响。

此外，在很长一段时间里，加拿大教育管理研究受其他领域的管理研究及其观点的影响。例如，古典管理理论、科学管理思想、人际关系理论以及权变管理理论等对教育管理理论化都有重要的影响。那时，许多加拿大教育管理学者认为，教育管理与其他领域的管理具有许多共通性，这种观点确实对教育管理研究产生了普遍性的影响。

早期的加拿大教育管理研究还重视从社会科学学科领域中汲取营养。一些特殊的教育管理领域的研究与社会科学学科有着密切的关系，例如，教育财政对经济学、教育控制对政治学、教育督导对心理学与社会学等。因此，教育管理的研究和教学对社会科学的依赖程度大大增加。教育管理专业的学生直接与社会科学家接触，或者选修与这些学科领域相关的课程，或者参加一些来自这些领域的教授参与的跨学科研讨活动。人们普遍认为，这些活动不仅有助于提升教育管理人员的能力，而且带来多元的观点，以便他们专注于教育及其管理问题的分析。这种倾向产生了持续的影响力，社会科学的基本概念已经成为教育管理领域概念基础的一部分，许多其他社会科学领域所完成的研究成果被应用到教育管理领域文献之中。

这种状况一直持续到 20 世纪 70 年代中期。1974 年在英国布里斯托召开的“国际互访计划（IIP）”第三届年会上，格林菲尔德递交了一篇论文，对教育管理理论运动以来所产生的各种理论假设进行了猛烈的批判，他倡导用主观主义和解释学的观点来研究教育管理。[2] 尽管格林菲尔德在 20 世纪 50 年代末和 60 年代初曾是艾伯塔大学教育研究所的研究生，但

---

① Evers & Lokomski. *Knowing Educational Administration* ［M］. Oxford：Pergamon，1991.

② Greenfield. *Theory about Organization：A New Perspective and Its Implication for Schools.* in M. Huges (ed.). *Administering Education：International Challenge* ［M］. London：The Athlone Press，1975.

他对逻辑实证主义和理论运动提出的批评和质疑，揭开了“范式论战（Paradigm Debates）”的序幕，有关研究学校组织方法论、各种不同的研究范式及其适当性的讨论，便从此开展起来。

不仅如此，格林菲尔德的挑战还大大拓宽了教育管理领域，使教育管理研究从重视一般客观性与通则，转到关注其意义价值以及社会文化背景的特殊性上来，进而影响到加拿大教育管理研究的发展方向。此后，加拿大开始发展出带有本国文化背景特色、体现多元主义观点的教育管理理论知识体系。例如，20 世纪 90 年代出现的女性主义教育管理观点，不仅批判实证主义的教育管理学具有男性支配性知识的缺失，而且揭示了使用女性主义观点研究教育管理学，能够丰富教育管理知识内涵的可能性。使用多元文化主义观点来探究教育管理政策问题，是加拿大教育管理研究的另一个特色，并显示出运用加拿大独特文化背景的观点来建构教育管理知识的可能途径。

澳大利亚的教育管理理论发展

理论运动是通过沃克尔（William G. Walker）引入澳大利亚的。[①] 沃克尔毕业于美国伊利诺大学。他于 1959 年在澳大利亚新英格兰大学首开教育管理学课程，并担任教育管理学教授。1963 年，他还创办了澳大利亚著名的《教育管理期刊》（*Journal of Educational Administration*），分别聘请来自加拿大、新西兰、英国与美国的学者担任编辑，对澳大利亚教育管理学术发展做出了巨大贡献。沃克尔认为，教育管理成为一项新的专业，必须超越“尝试错误与学习”的层次，而教育管理理论的发展正好能满足这一目标。1965 年，他发表了一篇具有新的里程碑意义的论文《教育管理理论与实践》（*Theory and Practice in Educational Administration*），对教育管理理论的功能作了最清楚明确的叙述。他在该文中指出，

① 王如哲. 教育行政学［M］. 台北：五南图书出版股份有限公司，1998：409.

教育管理中唯一的明确区分是好的理论与不好的理论，而没有所谓的理论相对于实践，或者甚至于理论与实践的分野。因此，理论的功能与目的在于提供一种具有凝聚力的系统性基础，能够用来协助管理人员预测未来的面貌，并引导其行动。简言之，管理理论可以引导人员做出较佳的行动或决策。这些观点与理论运动学者的基本主张一脉相承，同时也逐渐形成了澳大利亚教育管理研究的理论色彩。

20 世纪 70 年代中期，人们对理论运动所主张的教育管理研究的“科学”方法产生怀疑，揭开了有关教育管理理论基础的争辩，教育管理研究领域出现了各种研究范式，到 80 年代末已演变成教育管理研究范式和理论主张多元化的局面。但从总体上说，在 20 世纪 70—80 年代之间，澳大利亚的教育管理研究是微不足道的。[①]

从 20 世纪 80 年代起，与加拿大的做法相似，澳大利亚开始发展本土的教育管理理论。著名学者贝茨受到新教育社会学和哈贝马斯（J. Habermas）的影响，对传统的以逻辑实证主义为基础的教育管理理论采取了一种批判研究的立场。他从宏观的角度，针对社会结构中普遍存在的意识形态问题加以探查，包括知识结构与控制结构之间关系的说明，象征暴力与文化再造的阐释，最后归结出“管理如控制科技”的论述。一方面批判逻辑实证主义对教育管理研究的不当，另一方面强调教育管理应重视教育的理念，包括文化协商、民主参与和理性沟通。也因此，贝茨与另一位澳大利亚教育管理学者福斯特，被视为当代批判理论教育管理理论的主要代表人物。

1991 年，澳大利亚教育管理学家埃弗斯和拉克姆斯基出版了《了解教育管理》[②] 一书，对过去 50 年来具有优势地位的各种教育管理学派的知识论基础进行批判性研究，提出“自然融贯论”（naturalistic coherentism，又译“自然连贯论”）以作为教育管理科学的基础。这种理论与逻

---

① 墨菲，路易斯．教育行政研究手册［M］．王如哲等译．台北：心理出版社，2004：140.

② Evers & Lokomski. *Knowing Educational Administration*［M］. Oxford：Pergamon，1991.

辑实证主义迥然不同，它主张理论的选择应该以“超越经验的指标”（extra-empirical virtues）来进行，这些指标包括：一致性、简易性、包容性、解释的统一性、可学习性与生产力等六项。通过在组织、领导等方面的研究，“自然融贯论”成为澳大利亚教育管理研究发展的重要方向，它不仅促使人们探究与了解教育管理知识基础的架构，而且将教育管理理论与实践更为密切地联结在一起。

英国的教育管理研究

与加拿大、澳大利亚相比，英国的教育管理研究受到理论运动的影响稍迟，约在20世纪60年代初才启动。1960年，伦敦大学教育学院开设了英国最早的教育管理课程，虽然其内容大都是从美国照搬照抄而来的，并为此遭到牛津、剑桥等具有浓厚学术传统大学的不屑和拒绝，但它标志着独立的教育管理课程开始进入英国大学，在某种程度上冲击了英国大学对教育管理研究的保守态度。从那时起，像巴伦（George Baron）、格莱特（Ron Glatter）和休斯（Meredydd Hughes）等学者已着手展开教育管理研究，并形成了长期研究的主题。

到20世纪70年代，英国开放大学和伯明翰大学率先设置教育管理教授席位，以上三位著名学者成为英国教育管理学的开山教授，这两所大学则确立了英国教育管理学术研究中心的地位。[①] 这个时期，英国教育管理研究主要关注教育机构的内部运转、学校及其所在社区以及与对其负责的上级部门和团体的关系，教育管理研究的范围较为明确。

20世纪80年代以后，英国的教育管理研究发展很快。1983年，英国教育与科学部提出校长管理培训计划，并在布里斯托大学建立了“英国学校管理培训发展中心”，大学的教育管理课程随之大量出现。英国学者一改以往青睐管理实务而对管理理论的排斥态度，认为“一方面，理论

① 布什等．教育管理学新论［M］．冯丰仪译．台北：韦伯文化国际出版有限公司，2003：4.

绝不是什么神秘的东西，理论必须能够对管理实践中的各种现象和问题做出令人信服的解释。另一方面，理论与实践是不同的。理论具有跨社会和跨文化的特点，而实践不可能脱离国情和社会文化背景”。① 同时还认为，教育管理是一门应用性学科，它必须适应环境变革而不断发展。到20世纪90年代，英国教育管理已发展成为拥有相当研究成果的专业领域。

理论运动在欧洲和英语系国家的传播

由于英国在欧洲和英联邦国家中地位特殊，英国教育管理研究的兴起以及它与加拿大和澳大利亚等国家的学术互动，理论运动又被传递到了其他欧洲国家和英联邦国家，从而产生了更为广泛的影响。20世纪70至80年代，在英国与其他欧洲国家形成了教育管理学科和教育管理研究并行发展的喜人局面，表现在以下几个方面：②

一是20世纪50年代以后的25年中，欧洲国家纷纷仿效美国，在大学中建立教育管理系。

二是教育管理学术组织纷纷建立。1970年，英联邦教育管理委员会（CCEA，后更名为“英联邦教育行政与管理委员会”，CCEAM）成立，到20世纪末已发展到40个成员国，其主要任务是鼓励教育管理领域的教学与研究，并且促进国际合作交流。20世纪70年代后期，英国教育管理和行政学会（BEMAS，后更名为“英国教育领导、管理及行政学会”，BELMAS）、加拿大教育管理研究学会（CASEA）和澳大利亚教育管理委员会（ACEA，后更名为“澳大利亚教育领导委员会”，ACEL）相继建立。1976年，上述国家的教育管理学会，与包括法国、德国和欧洲其他国家共同组织成立了欧洲教育管理论坛（EFEA），现已发展到20个成员国，成为欧洲各国从事教育管理研究与发展的重要国际组织。这些国际组

① 布什．当代西方教育管理模式［M］．强海燕主译．南京：南京师范大学出版社，1998：中文版序．

② 冯大鸣．美、英、澳教育管理前沿图景［M］．北京：教育科学出版社，2004：27－28．

织还与马来西亚、尼日利亚、肯尼亚等国家进行国际交流活动。

三是上述学术组织纷纷创办教育管理学术刊物。仿效美国的《教育管理季刊》，英国教育管理和行政学会出版了《教育管理与行政》（*Educational Management and Administration*），艾伯塔大学教育管理系出版了《加拿大教育管理者》（*The Canadian Administrator*）与《学校绩效与改革国际期刊》（*The International Journal of School Improvement and School Effectiveness*）。澳大利亚创办了《从业管理者》（*The Practicing Administration*）和《教育管理期刊》等国际一流的教育管理学术刊物，促进了教育管理学者之间的思想沟通和成果交流。

· 理论运动对亚洲国家和地区的影响

在亚洲国家和地区，日本最先受到美国教育管理理论运动的影响。20世纪80年代初期，日本当代教育行政学者久下荣志郎和堀内孜主编的《现代教育行政学》一书，在某种程度上反映了20世纪70年代末之前日本教育行政学的发展状况。他们指出，日本的教育行政学研究始于第二次世界大战结束后，到他们出版书稿时，"从理论上进行探讨的时间才不过30几年"，这期间，美国教育管理学占据日本教育行政学的主导地位。① 他们还专列一节勾勒了美国教育管理理论发展的过程，尤其是对美国教育管理理论运动中的主要人物、重要观点以及发展脉络作了简要且客观的介绍和评述。例如，他们非常明确地指出，"无论从哪方面说，美国都很少把价值问题放在理论体系中去研究，或者把行政所具有的政治性、权力性提到日程上去研究"。这些分析直指教育管理理论运动的不足和弊端。不仅如此，美国教育管理研究忽视管理责任和对于教育的责任问题，因此，日本教育行政学研究者应认真考虑那些"美国的思想表达方式"，并使之

① 久下荣志郎，堀内孜．现代教育行政学［M］．李兆田等译．北京：教育科学出版社，1981：作者序．

适应日本的情况。[①]

久下荣志郎等人对美国教育管理研究状况的介绍和分析以及他们所持的一些观点，后来为我国教育管理学者广为参考，并成为我国教育管理学界接触和了解美国教育管理研究和理论运动的最初的却非常重要的线索。[②]

由于“文化大革命”闭关锁国的原因，我国大陆对美国理论运动的熟知比较晚。20 世纪 80 年代初，刘付忱曾编译了美国学者德罗斯特（Walter H. Drost）为《教育百科全书》所撰“教育管理史”之条目，[③] 改编成《美国的教育管理学》一文提交到第三次外国教育学术讨论会。该文指出，美国教育管理学界在 1950 年以后受行为科学的影响，从政治学、经济学、法律学、社会学、社会心理学等方面来开展教育管理研究，提出了许多意见，使教育管理工作更富有科学性。[④] 但该文并没有直接提及“理论运动”，与理论运动擦肩而过，错失了一次“捅破窗户纸”的良机。

根据现有文献资料，最早介绍和描述“理论运动”的是黄志成的《近期外国教育管理理论的发展》（《外国教育资料》1995 年第 1 期）一文。较详细地接触和了解理论运动，则是通过翻译欧文斯的著作《教育组织行为学》（1987）、马克·汉森的《教育管理与组织行为》（1988）以及坎贝尔等的《现代美国教育管理》（1991）而获得的，此三本著作均提供了理论运动的进程和许多线索。对理论运动的来龙去脉及其知识基础的分析，则是通过唐莹编译卡伯特森的《对教育行政知识基础的百年探究》（1992）而得到更深刻的认识和把握。

---

① 久下荣志郎，堀内孜．现代教育行政学［M］．李兆田等译．北京：教育科学出版社，1981：32－33.

② 这方面的著作有：陈孝彬．教育管理学［M］．北京：北京师范大学出版社，1991：20－25；黄云龙．现代教育管理学［M］．上海：复旦大学出版社，1993：12－21；金含芬．学校教育管理系统分析［M］．西安：陕西人民教育出版社，1993：第一章；安文铸．现代教育管理学引论［M］．北京：北京师范大学出版社，1995：12－17.

③ Drost. *History of Educational Administration*. in Dayton（ed.）. *Education Encyclopedia*（Vol. I）［M］. MaCmillan Company，1971.

④ 刘付忱．美国教育管理学［Z］．教育行政与学校管理．北京：人民教育出版社，1982：169.

但从总体上看，这些研究都极为零散，不足以反映理论运动所取得的众多研究成果和巨大影响力。到20世纪90年代中期以后，这种状况逐渐得到改变，不少带有介绍性的、综述性的文章不断发表，许多教育管理学著作也纷纷介绍和运用理论运动的研究成果，例如黄志成、程晋宽合著的《现代教育管理理论》（1998）、吴志宏的《教育行政学》（2000）、张新平的《教育组织范式论》（2001）等。在对理论运动的最新研究中，冯大鸣的《美、英、澳教育管理前沿图景》（2004）和孙绵涛、罗建河的《西方当代教育管理理论流派》（2008）一书，列专章纵览教育管理理论运动，全面总结归纳了理论运动的产生背景、起落经过以及对美国和国际教育管理学界的影响，标志着目前我国大陆有关理论运动的研究取得了新的进展。

在亚洲，我国台湾地区教育管理研究深受理论运动的影响。自20世纪70年代末开始，台湾派出大批进修生和留学生到美国、英国等国家学习，至今在台湾教育管理学界活跃的诸多知名学者都有留学美、英等国的经历。大量教育管理学英语著作被翻译成中文，如林文达译霍伊和米斯克尔的《教育行政学》，蔡保田主译墨菲特等人的《教育组织与行政》，黄昆辉主译西尔弗的《教育行政原理》，将理论运动直接介绍和宣传到台湾。台湾许多著名大学广泛设立教育行政学系科、专业，开设研究生课程，大量采用美英的教育管理研究方法和课程内容，移植色彩极为明显。从总体上看，台湾接受理论运动的影响大致可分为三个时期，恢复时期（？—1988）、建构时期（1988—1995）和本土化时期（1995至今）。黄昆辉的《教育行政学》（1988）、秦梦群的《教育行政理论与应用》（1988）以及《教育行政：理论部分》（1997）、王如哲的《教育行政学》（1998）分别反映了这三个时期学习借鉴美国教育管理理论运动的成果。黄昆辉教授指出：美国教育管理的理论化，自20世纪初叶以后，随着社会及行为科学的发展，已获得非常可观的成就；从“组织结构”和“组织历程”两个基本范畴出发，形成了组织结构理论、组织过程理论、组织气候理论、领导理论、决定理论、计划理论以及沟通理论等。[①] 秦梦群被台湾教育管理学界称为“后现代的舞者”[②]，他将教育管理理论区分为理性系统模式、自然系统模式、开放系统模式、非均衡系统模式。王如哲属于台湾教育管理学界的新生代，20 世纪 90 年代初期留学英国曼彻斯特大学，较早接受英国教育管理学术的熏陶，1996 年学成返回台湾，主要从事教育管理政策与管理研究。他把教育管理理论发展分为规范性知识时期、行为科学时期和辩证新纪元时期，对分析把握理论运动发展脉络有积极意义。

① 黄昆辉. 教育行政学［M］. 台北：东华书局，1988：作者序.

② 黄桂芝. 后现代的舞者——秦梦群教授［J］. 台湾教育月刊，2000（8）：76.

主要参考文献

一、中文著作

1. 浏玉琦，沈李龙．西方管理理论分析·借鉴·思考［M］．天津：天津教育出版社，1994.

2. 孙耀君．西方管理思想史［M］．太原：山西人民出版社，1987.

3. 杨砾．当代西方管理学［M］．北京：世界知识出版社，1990.

4. 周吉，陈文．管理哲学——系统学［M］．上海：上海交通大学出版社，1985.

5. 巴纳德．经理人员的职能［M］．孙耀君译．北京：中国社会科学出版社，1997.

6. 北原贞辅．现代管理系统论［M］．于延方等译．北京：中国人民大学出版社，1987.

7. 贝塔朗菲．一般系统论：基础、发展和应用［M］．林康义，魏宏森等译．北京：清华大学出版社，1987.

8. 雷恩．管理思想的演变［M］．赵睿等译．北京：中国社会科学出版社，2000.

9. 卡斯特，罗森茨韦克．组织与管理［M］．李柱流等译．北京：中国社会科学出版社，1985.

10. 孔茨．管理学［M］．黄砥石，陶文达译．北京：中国社会科学出版社，1987.

11. 皮尤．组织理论精粹［M］．彭和平，杨小工译．北京：中国人民大学出版社，1990.

12. 西蒙．管理决策新科学［M］．李柱流等译．北京：中国社会科学出版社，1985.

13. 西蒙．管理行为［M］．杨砾等译．北京：北京经济学院出版社，1988.

14. 西蒙．现代决策理论的基石［M］．杨砾，徐立译．北京：北京经济学院出版社，1989.

15. 陈孝彬．教育管理学［M］．北京：北京师范大学出版社，1999.
16. 冯大鸣．沟通与分享：中西教育管理学者世纪汇谈［M］．上海：上海教育出版社，2002.
17. 冯大鸣．美、英、澳教育管理前沿图景［M］．北京：教育科学出版社，2004.
18. 黄昆辉．教育行政学［M］．台北：台湾东华书局，1988.
19. 黄崴．教育管理学：概念与原理［M］．广州：广东高等教育出版社，2002.
20. 黄志成，程晋宽．现代教育管理论［M］．上海：上海教育出版社，1998.
21. 林志忠．教育行政理论：哲学篇［M］．台北：心理出版社，2004.
22. 秦梦群．教育行政：理论部分［M］．台北：五南图书出版股份有限公司，1998.
23. 秦梦群，黄贞裕．教育行政研究方法论［M］．台北：五南图书出版股份有限公司，2001.
24. 王如哲．教育行政学［M］．台北：五南图书出版股份有限公司，1999.
25. 吴志宏．教育行政学［M］．北京：人民教育出版社，2000.
26. 吴志宏，冯大鸣，周嘉方．教育管理学新编［M］．上海：华东师范大学出版社，2000.
27. 张新平．教育组织范式论［M］．南京：江苏教育出版社，2001.
28. 郑燕祥．教育领导与改革［M］．香港：高等教育出版社，2003.
29. 布什．当代西方教育管理模式［M］．强海燕译．南京：南京师范大学出版社，1998.
30. 布什，博拉姆．教育管理学新论［M］．冯丰仪译．台北：韦伯文化国际出版有限公司，2003.
31. 霍伊，米斯克尔．教育管理学：理论·研究·实践（第七版）［M］．范国睿主译．北京：教育科学出版社，2007.
32. 胡森，波斯特尔斯威特．国际教育百科全书·教育管理［D］．中央教育科学研究所比较教育研究室译．北京：教育科学出版社，1992.
33. 坎宁安，科尔代罗．教育管理：基于问题的方法［M］．赵中建主译．南京：江苏教育出版社，2002.
34. 伦伯格，欧尼斯丁．教育管理学：理论与实践［M］．孙志军等译．北京：中国轻工业出版社，2003.
35. 墨非特，约翰斯，莱勒尔．教育组织与行政［M］．蔡保田主译．台北：五南图书出版股份有限公司，1987.

36. 欧文斯．教育组织行为学（第2版）［M］．孙绵涛等译．武汉：华中师范大学出版社，1988.

37. 欧文斯．教育组织行为学（第7版）［M］．窦卫霖等译．上海：华东师范大学出版社，2001.

38. 西尔弗．教育行政原理［M］．黄昆辉主译．台北：三民书局，1983.

二、英文著作

1. Blake，R. & Mouton J. *The managerial grid*［M］. Houston，Texas：Gulf. 1964.

2. Blau，P. M. *The dynamics of bureaucracy*［M］. Chicago：University of Chicago Press.

3. Campbell，R.，Bridges E.，& Nystrand R. *Introduction to educational administration*（6th ed.）［M］. Boston：Allyn and Bacon. 1983.

4. Campbell，R. & Gregg R. T.，eds.，*Administrative behavior in education*［M］. New York：Harper. 1957.

5. Etzioni，A. *Modern organizations*［M］. Englewood Cliffs，NJ：Prentice-Hall. 1964.

6. Etzioni，A. *A comparative analysis of complex organizations*［M］. New York：Free Press. 1961.

7. Fiedler，F. E. *A theory of leadership effectivenes*［M］. New York：McGraw-Hill Book Company. 1967

8. Getzels，J. *Administration as a social process*［J］. In A. Halpin（ed.），Administrative Theory in Education，New York：MacMillian. 1967.

9. Getzels，J.，Lipham J.，& Campbell R. *Educational administration as a social process*［M］. New York：Harper and Row. 1968.

10. Greenfield，B. T. February. *Theory about what? Some more thoughts about theory in educational administration*［J］. UCEA Review，1976.

11. Greenfield，B. T. *Organization theory as ideology*［J］. Paper presented at the meeting of the American Educational Research Association，New York. 1977.

12. Gregg，R. & Campbell，R. F. *Administrative behavior in education*［M］. New York：Harper.

13. Griffiths，D.（1959）. *Administrative theory*［M］. Englewood Cliffs，N. J.：Prentice

Hall, Inc. 1957.

14. Griffiths, D. *Educational administration: Reform PDQ or RIP* [J]. A UCEA Occasional Paper, University Council for Educational Administration, Tempe, AZ, 1988.

15. Griffiths, D. *Behavioral science and educational administration* [M]. Sixty-third Yearbook of the National Society for the Study of Education. Chicago: University of Chicago Press.

16. Halpin, A., ed. *Administrative theory in education* [M]. Chicago: University of Chicago Press. 1958.

17. Halpin, A., (ed.). *Theory and research in administration* [M]. New York: Macmillan.

18. Halpin, A. & Croft, D. B. (1963). *The organizational climate of schools* [M]. Chicago: Midwest Administration Center, University of Chicago. 1966.

19. Hersey, P. & Blanchard K. *Management of organizational behavior* (4th ed.) [M]. Englewood Cliffs, NJ.: Prentice-Hall. 1982.

20. Likert, R. *New patterns of management* [M]. New York: McGraw-Hill Book Company. 1961.

21. Likert, R. & Likert, J. G. *New ways of managing conflict* [M]. NY: McGraw-Hill. 1976.

22. Lipham, J. & Campbell, R. *Educational administration as a social process* [M]. New York: Harper and Row. 1969.

23. Meyer, J. W. & Rowan, B. *The structure of educational organizations* [J]. In John W. Meyer and W. Richard Scott, eds., Organizational environments: Ritual and Rationality. Beverly Hills, CA: Sage Pub. 1983.

24. Mintzberg, H. *The Structuring of Organizations* [M]. Englewood Cliffs, N. J.: Prentice-Hall Inc. 1979.

25. Morphet, E. L. et al. *Educational organization and administration* [M]. Englewood Cliffs: Prentice-Hall. 1967.

26. Owens, R. *Organizational behavior in education* (6th edition) [M]. Needham Heights, MA: Allyn and Bacon. 1998.

27. Reddin, W. J. *Managerial effectiveness* [M]. New York: McGraw-Hill. 1970.

28. Sergiovanni, T. & Carver, F. *The new school executive: A theory of administration* (2nd ed.) [M]. New York: Harper and Row. 1980.

29. Sergiovanni, T. & Elliot, D. *Educational and organizational leadership in elementary schools* [M]. Englewood Cliffs, NJ: Prentice-Hall. 1975.

30. Silver, P. *Educational administration: Theoretical perspectives on practice and research* [M]. New York: Harper and Row. 1983.

31. Stogdill, R. M. *Handbook of leadership: A survey of theory and research* [D]. New York: Free Press. 1974.

32. Weick, K. E. *Educational organizations as loosely coupled systems* [M]. Administrative Science Quarterly, 1976.

后 记

《教育管理理论运动》是《效率与民主》的姊妹篇，其主要目的是总结和描述发生于20世纪40年代末至80年代中期的美国教育管理思想发展过程。

写作该书的最初念头产生于1989年初入北京师范大学攻读教育管理专业硕士生时，当我读到日本著名学者久下荣之郎在《现代教育行政学》中把格里菲思作为美国教育管理学的革新派时，突发奇想要进一步了解这个人物的情况，然而只得到只言片语的资料，甚至连格里菲思那本最著名的《学校管理中的人际关系》也无从查考。后来，因为论文选题方向和工作的缘故，暂停了相关的思考，直至1995年重回母校攻读博士学位，再次拾起这个最初的想法。当完成博士学位论文《效率与民主》后，更是希望对教育管理理论运动有彻底深入的了解，但当时搜遍全国各处，相关的资料极其缺乏，原来中国教育管理学界把“理论运动给忽略了”。自然，这项研究又停顿下来。2001年调到中央教育科学研究所后，我接触到大量的英文资料和港台中文资料，加上受所内浓厚的学术研究气氛的影响，我又鼓起对理论运动作深入研究、完成写作的信心和勇气。

整个写作工作持续了大概八年时间，大多数时间在收集、翻译、考证和研读有关的资料，真正动笔开始写作花了两年左右的时间。美国教育管理理论运动中，诸多学者广泛借鉴和运用社会行为科学的研究成果，构造起“宏大的教育管理理论体系”，留给后世浩瀚的理论成就。有时候，面对极其丰富的资料，如何更好地把握和处理令我沮丧无比，甚至产生打退堂鼓的想法，但是最后我还是坚持下来了；真正的写作更为艰辛，不仅要牺牲休息和娱乐时间，苦中寻乐，而且要尽力排除各种干扰，闹中取静，以至于如今研究和写作已成为我的一种生活方式。

本书的写作和出版得到诸多老师、朋友和同事的支持与鼓励。我的导师吴式颖先生、陈孝彬先生对学生的提携和给予的莫大鼓励，是促进我终身学习的强大动力。我的同事郭伯良博士在香港中文大学时，复印了格里菲思、哈尔平等人的重要著作。旅居美国的堂妹陈晓鹏女士也给我寄来十分珍贵的英文资料。教育科学出版社的领导慧眼识珠，毅然同意出版本书，编校人员在百忙之中审读、校对本书的稿件。以上诸位给予我的鼓励和支持，在此谨表感激之情！

由于相关资料的严重缺乏和作者的研究水平有限，难免出现手拙的境况，不足之处谨请读者指正。

陈如平
2011 年 2 月

出 版 人　所广一
责任编辑　孙袁华
版式设计　孙欢欢
责任校对　贾静芳
责任印制　曲凤玲

图书在版编目（CIP）数据

教育管理理论运动/陈如平著．—北京：教育科学出版社，2012.3
（教育管理新概念丛书）
ISBN 978-7-5041-6343-1

Ⅰ.①教…　Ⅱ.①陈…　Ⅲ.①教育管理学—研究　Ⅳ.①G40-058

中国版本图书馆 CIP 数据核字（2012）第 035817 号

教育管理新概念丛书
教育管理理论运动
JIAOYU GUANLI LILUN YUNDONG

出版发行	教育科学出版社		
社　址	北京·朝阳区安慧北里安园甲 9 号	市场部电话	010-64989009
邮　编	100101	编辑部电话	010-64989559
传　真	010-64891796	网　址	http://www.esph.com.cn
经　销	各地新华书店		
制　作	北京金奥都图文制作中心		
印　刷	保定市中画美凯印刷有限公司	版　次	2012 年 3 月第 1 版
开　本	169 毫米×239 毫米　16 开	印　次	2012 年 3 月第 1 次印刷
印　张	27.25	印　数	1—3 000 册
字　数	367 千	定　价	42.00 元